一次读懂中华文化的群经之首

图解易经

还原真实的《易经》

蒙巽 编著

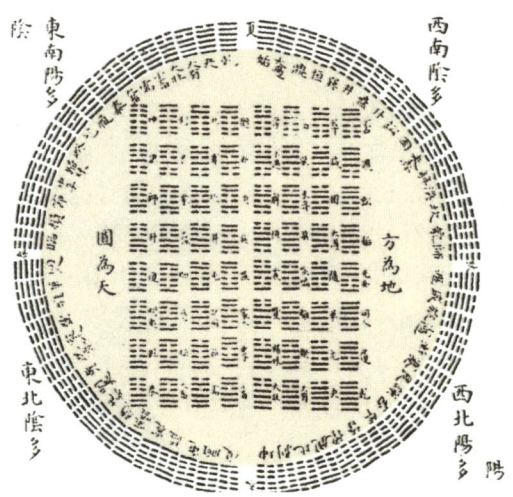

（鄂）新登字08号

图书在版编目（CIP）数据

图解易经 / 蒙巽编著. —武汉：武汉出版社，2010.4
ISBN 978—7—5430—4744—0

Ⅰ.①图… Ⅱ.①蒙… Ⅲ.①周易—图解②人生哲学—通俗读物
Ⅳ.①B221.5－64②B821－49

中国版本图书馆CIP数据核字（2010）第037501号

编　　著：	蒙　巽
责任编辑：	曹汝珉
装帧设计：	含章行文｜装帧
出　　版：	武汉出版社
社　　址：	武汉市江汉区新华下路103号　　邮　编：　430015
	http://www.whcbs.com　　　E-mail:zbs@whcbs.com
电　　话：	（027）85606403　　85600625
印　　刷：	北京华戈印务有限公司　　经　销：新华书店
开　　本：	889mm×1194mm　　1/16
印　　张：	32.5　　字　数：531 千字
版　　次：	2010年5月第1版　 2010年5月第1次印刷
定　　价：	56.00元

版权所有·翻印必究
如有质量问题，有承印厂负责调换。

序言

　　《周易》是流传至今最古老的一部占筮书，神秘的形式中却蕴藏着极其丰富的智慧。初萌芽于上古至殷商，成形于周代，内容包括重叠八卦而成的六十四卦，每卦有六爻（爻的顺序由下而上，依次称为初、二、三、四、五、上），爻分阴（以"六"来表示）阳（以"九"来表示），共三百八十四爻，此外还有解释卦与爻的卦辞与爻辞。

　　《周易》产生后，大约从春秋战国至汉代，出现了一些解释、阐发易理及卦辞、爻辞的专题论文，重要的有七种十篇，故称《易传》，又称"十翼"，相应地改称原本的《周易》为《易经》了，后人又将《易经》与《易传》合称为《周易》。"十翼"是：《彖》上下篇、《象》上下篇，《系辞》上下篇及《文言》、《说卦》、《序卦》与《杂卦》，其中《彖》与《象》中的大传解说卦辞，《象》中小传解说爻辞，《文言》专门解说《干》、《坤》两卦的卦辞、爻辞。

　　《周易》都是用阴阳的对立统一对天、地、人进行说明，并推知过去，预见未来，在不同条件下阐述事物的绝对性，并肯定事物的相对性，包含了深刻的哲学道理。

　　老子曾有"祸兮福之所倚，福兮祸之所伏"的说法，得到古今中外广大学者的推崇。但《周易》却比他高明得多。《周易》认为，任何事物都有与之相对立的事物，同一事物也有对立的两方面，这是绝对的。两个相互对立的事物，同一事物的对立面是相互依存、相互转化的，是有条件的、具体的。如：第一卦先肯定为"大吉大利"卦，然后告诉人们，要像潜龙一样，苦心修炼，等待时机。时机一旦成熟，便干大事，这是吉利的。相反，就有凶险；上九的爻辞告诉我们，龙飞起的高度达到自己的极限，会有灾祸之困，但这并不是没有回旋的余地，紧接着用九的爻辞提出了解决的办法：把自己看成一群龙中的一条，并且在这群龙中，不知谁是首，即让各方英杰各尽其能，把"一枝独秀"换成"百花齐放"。

　　万事万物都是运动变化的，人有从弱小的幼儿——健壮的青年——衰弱的老年——痛苦的死亡——回归自然的过程，植物也有从幼芽——开花——结果——死亡——回归自然的过程，就是对被称之为恒星的太阳来说，也是遵循这一规律。所以我们应用发展的观点看问题。屯卦告诉我们，当事物处于萌芽状态时，是不堪一击的，并有各种现象表明创业的道路是曲折的，创业的历程是艰辛的，但我们不能被困难吓倒，因为没有永远的低谷，珠穆朗玛峰也是从海的底部一点点地上升起来的。泰卦告诉我们，当事业处于顶峰时期，要时时以"人无千日好，花无百日红"提醒自己：凡事量力而行。否卦鼓励处在危机四伏中的人们要消除不利的因素，锐意进取，大胆改革，创建合理的新秩序。

事物是相互联系的，我们要用全面的、一分为二的观点看问题。凶吉并提的既济卦暗示我们，成功是件值得庆祝的事，但成功中往往潜伏着危机，所以应在安定中窥探出不稳定的因素，防微杜渐，才能确保事物顺利发展。

《周易》所蕴涵的道理非常丰富。其中有一些道理非常深刻，非常有实用价值。它是怎样把这深刻的道理阐述清楚的呢？

它是通过平易质朴的卦辞、爻辞叙写种种不合常理的现象，或对同一现象下完全矛盾的判语，让读者感觉不通，然后因不通而苦苦思索，从而找出它所具备的条件与使常理成立的条件的不同之处，推导出常人难以想到的哲理。这也许是《周易》的高明之处：先给读者一个悬念，让读者苦苦在智慧门口徘徊，最后灵光一闪，触到了隐藏在不通之处的玄机的开关，那光芒四射的智慧便呈现在读者面前。如："群龙无首，吉"。按照一般的常理，群龙无首是凶险的。读者读到这里，不禁疑团四起：一个单位没有领导，还是吉？左想想不通，右想也想不通，是不是自己有哪一个条件没考虑到，是不是误解了它在此处的含义？往上一看，上爻是："亢龙有悔"。此时，不禁又生出疑问：难道一个人的事业已发展到顶峰，就一定要走下坡路吗？就没有避免的办法吗？此时，民主决策的智慧的光芒突然在眼前一闪：哦，原来"群龙无首"是防止"亢龙有悔"的办法。它在此处的真实含义是：在事业达到顶峰时，作为一个领导不居功自傲，在决策上，让大家畅所欲言，提出好的行动方案。像这样一个人尽其才的单位又怎么会走向衰败呢？

前面已提及《周易》非常有实用价值，为什么这么说呢？

《周易》每一卦、每一爻都蕴涵一个人或一个团体所处的具体环境，并根据具体环境写卦辞、爻辞，暗示人们在实践中该怎么具体运用它所包含的深刻哲理。

《周易》被誉为群经之首，是中国经学中最高深的一门学问，十分难以理解。针对这种情况，我们查了诸多资料，探讨了多时，编写了这本书。其主要特点有：

一、原字为首释经文。《周易》离当今时代非常遥远，难免会产生一些有争议的字、词。对于这些解释有争议的字、词，我们一方面查阅原注，另一方面根据卦画、上下文进行解释。

二、新字在心写启示。这本《周易》，侧重于对经的部分进行深入而详细的解析，并以现代杰出人物特有的新视角看问题。古代有许多学者挖掘了《周易》所蕴涵的智慧，给予了封建社会的英雄们莫大的启迪，促使他们在中华文明史上创造出一个又一个的奇迹，它虽然是在封建王朝的具体应用，但今天我们仍可得到许多有益的历史借鉴。

三、透字当头阐疑难。一方面根据《周易》的奇特的引导方式，对《周易》的不通之处作重点解析，在解析中如发现爻辞有难懂的地方，便参阅卦画，以求挖掘其最闪光的智慧。如大过卦中九二爻辞："枯杨生稊，老夫得其女妻，无不利"的大意是：枯萎的杨树生出新的嫩芽，老头子娶了一位年轻的女子做妻子，这没有什么不利的。而九五爻辞"枯杨生华，老妇得其士夫，无咎无誉"的大意是：枯萎了的杨树一反常态开起了花，老妇人得到年轻男子做丈夫，这既没有灾难，也不值得称道。这明显有三处不通之处：

1.按一般的常理来说，枯杨生，老夫得其女妻，都是违背了自然规律，应是不吉利的，而这却说"无不利"，这是为什么呢？

2.如果说"枯杨生，老夫得其女妻，无不利"是正确的，那为什么说"枯杨生华，老妇得其士夫，无咎无誉"呢？

3."枯杨生华，老妇得其士夫，无咎无誉"中的"无咎"之处在哪里，"无誉"之处又在哪里呢？

"大过"有动荡不安的意思，这就表明在动荡不安的年代要突破常规地用奇人。为什么要这样做呢？

一方面是奇人思维的角度与常人不一样，能开发常人不曾涉及的领域，能从常规中推出常人不能推出的结论，采取不同常人的策略，从而出奇制胜。另一方面是这个社会之所以动荡不安，是因为原有的运行模式已不能适应新的时代了，要想转危为安，就必须起用奇人，用奇招。

"老妇得其士夫"是反常的事，而且不为当时的人所认可，是违背当时的道义的，是违背当时的政策的。再联系上下文，就知它的无咎是因为在非常时期，正义往往不能通过正常的手段维护，对当时而言，采取非常手段伸张正义是最明智的选择。

但由于它违背了当时的政策，所以不值得提倡。而且，提倡违背政策的事，就会给社会造成更大的混乱。首先，不是每一个人的素质都达到很高的层次，能辨别是非，这样做错事的可能性就很大，便善意地颠倒黑白，造成混乱；其次，由于人是有感情的，往往难以摆脱感情的羁绊，以致明知是错，还是要去做；最后，让小人有了混进来的空隙，他们乘机干有损他人利益的事。所以说，它又是不值得称誉的。

本书的经文部分为读者提供了详细的注释及解析，部分传文只取原文，尽管如此，内容仍十分广泛，它将指引我们成为各种竞争领域内的"善之善者"。由于作者水平有限，书中难免有不足之处，望同行们不吝赐教。

目录

序言　3
易卦中的处世哲学　10
六十四卦横图　　18
阅读导航　　20

上经

壹	乾	乾为天卦 …………… 23
贰	坤	坤为地卦 …………… 34
叁	屯	水雷屯卦 …………… 43
肆	蒙	山水蒙卦 …………… 51
伍	需	水天需卦 …………… 58
陆	讼	天水讼卦 …………… 65
柒	师	地水师卦 …………… 72
捌	比	水地比卦 …………… 79
玖	小畜	风天小畜卦 ………… 86
拾	履	天泽履卦 …………… 93
拾壹	泰	地天泰卦 ………… 100
拾贰	否	天地否卦 ………… 107
拾叁	同人	天火同人卦 ……… 114
拾肆	大有	火天大有卦 ……… 121
拾伍	谦	地山谦卦 ………… 128
拾陆	豫	雷地豫卦 ………… 134

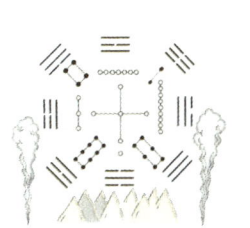

后天八卦配洛书图

八卦取象图

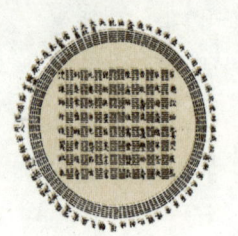

六十四卦方圆图

乾卦：飞龙在天

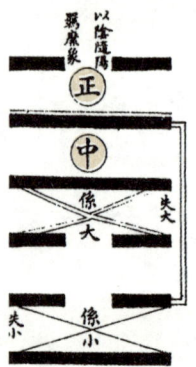

随卦係失图

拾柒	随	泽雷随卦	141
拾捌	蛊	山风蛊卦	148
拾玖	临	地泽临卦	155
贰拾	观	风地观卦	162
贰拾壹	噬嗑	火雷噬嗑卦	169
贰拾贰	贲	山火贲卦	176
贰拾叁	剥	山地剥卦	183
贰拾肆	复	地雷复卦	190
贰拾伍	无妄	天雷无妄卦	197
贰拾陆	大畜	山天大畜卦	205
贰拾柒	颐	山雷颐卦	211
贰拾捌	大过	泽风大过卦	218
贰拾玖	坎	坎为水卦	226
叁拾	离	离为火卦	233

下经

叁拾壹	咸	泽山咸卦	241
叁拾贰	恒	雷风恒卦	248
叁拾叁	遯	天山遯卦	256
叁拾肆	大壮	雷天大壮卦	264
叁拾伍	晋	火地晋卦	271
叁拾陆	明夷	地火明夷卦	279
叁拾柒	家人	风火家人卦	286
叁拾捌	睽	火泽睽卦	293
叁拾玖	蹇	水山蹇卦	300
肆拾	解	雷水解卦	306
肆拾壹	损	山泽损卦	313
肆拾贰	益	风雷益卦	320
肆拾叁	夬	泽天夬卦	327

坤卦：牝马之贞

肆拾肆	姤	天风姤卦	334
肆拾伍	萃	泽地萃卦	341
肆拾陆	升	地风升卦	348
肆拾柒	困	泽水困卦	355
肆拾捌	井	水风井卦	363
肆拾玖	革	泽火革卦	370
伍　拾	鼎	火风鼎卦	377
伍拾壹	雷	震为雷卦	384
伍拾贰	山	艮为山卦	391
伍拾叁	渐	风山渐卦	398
伍拾肆	归妹	雷泽归妹卦	405
伍拾伍	丰	雷火丰卦	411
伍拾陆	旅	火山旅卦	419
伍拾柒	巽	巽为风卦	426
伍拾捌	兑	兑为泽卦	433
伍拾玖	涣	风水涣卦	440
陆　拾	节	水泽节卦	447
陆拾壹	中孚	风泽中孚卦	454
陆拾贰	小过	雷山小过卦	461
陆拾叁	既济	水火既济卦	467
陆拾肆	未济	火水未济卦	474

文王八卦图

升卦：高山植木之卦，
积小成大之象

易传

系辞上传	483
系辞下传	485
说卦传	488
序卦传	490
杂卦传	491

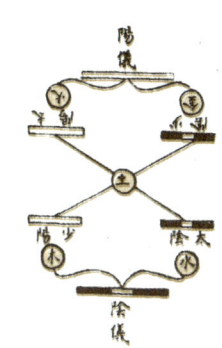

两仪生四象图

| 附　录 | 492 |

大有卦：金玉满堂之卦，
大明中天之象

易卦中的处世哲学

坤 卦

十一个口字，表示大吉；一匹母马扬蹄昂头，主禄马，吉祥之兆；一位官人等着接台上金甲神人抛过来的文书，意味着学业会得到神的帮助；另一官人坐守一堆钱，意为有才华的显贵之人。此卦寓有"天尊地卑"、"地以承天"的寓意。

屯 卦

一人在翘首盼望，旁边有一根竹竿，这是满心期盼，而不顾安危的意思；车子陷入泥中不能前行，意为事情遇到阻碍；刀在牛角上，是一个角字；卧着的狗头上有一个回字，表示哭泣的意思；一个人在射文书，意指占卜财运；一个盒子，这是和合的吉祥之兆。此卦喻示事物初生时期的情况，意在说明"初创艰难"。

需 卦

皓月当空，意指一片光明；一扇门，代表龙门；一人攀附在龙尾上，仿佛想把真龙变成其他的事物；一僧人接引，表示将得到贵人的帮助。需卦阐发了"需待"之义，说明事物在发展过程中应耐心等待时机。

泰 卦

月宫中桂花已开，一位官人站在天梯上，意欲摘取月中的丹桂；一头雄鹿衔来一封文书，象征天赐福禄；一个小孩在云中玩耍，意指年少时即可平步青云；一只羊回头，表示未年月将有喜事。此卦以上下交通，阴阳应和，阐明了事物"通泰"的道理。

蛊卦

　　一个小孩站在漂浮的云中向下张望，象征将富贵得子；大雁衔一封书信飞来，表示将有好消息；一只鹿象征福禄；一串钱表示将有钱财；一男一女跪地互拜，意为将有喜事庆贺。此卦大义主于除弊治乱。

噬嗑卦

　　天上有北斗七星，象征着灾难祸福；一位妇人心诚地焚香祭拜，表示答谢之意；不完整的忧字，完整的喜字，表示无忧而有喜庆之事；一只大雁在吃稻谷，一堆钱，一只鹿，表示高官厚禄皆有，事事称心。此卦以口中咀嚼食物为喻，阐发了"施用刑法"之理。

贲卦

天空浓云密雨，雨水润泽着万物；车在路上行驶，有转运的意思；江中的船扬帆航行，顺风顺水；身着官服的官人在攀爬梯子，是要攀云梯折桂；云中仙女手执桂枝，表示嫦娥倾慕少年的意思。此卦集中阐发了"文饰"的意义。

颐卦

天上落下绵绵细雨，象征天降恩泽；三位少年，表示少年获得恩泽；太阳当空，象征着君主；烟雾缭绕的香案，代表御筵；金紫官人引导着一个人，表示需要他人接引才可成功。此卦主于阐释"守正"以"颐养"的道理。

恒 卦

太阳在云中,表示太阳照耀大地的意思;一只凤口衔书信,象征诏书;一位官人在路上慢慢行走,表示将会遇到贵人;一个道士手指一扇门,表示身入天门之意;一只老鼠下有两个口字,表示子月日时官人可回去。此卦阐发了事物"恒久"的道理,教人立身处世要有"持之以恒"的精神。

晋 卦

有一个文字破损,表示不全;一位官人掩面而泣,独自悲伤,地上有一个球,说明事情受阻;一只鸡口衔秤杆,说明鸡鸣有准;远处一棵枯树开花,说明发迹较晚;一只鹿口衔文书,说明将接到任命文件;一堆金元宝,表示财利皆至。此卦揭示了事物"进长"的途径。

解 卦

迎风招展的旗上，写着一个"捷"字，表示上奏请功；一把刀插在地上，表示练武；一只兔子跑过，表示没有怀疑；贵人站在云中，是步云梯之意；一只鸡在旁边鸣唱，声名远播的意思；一位道士手指大门，表示身入天门；另一道士献书，表示将受到表彰得到功勋。此卦说明了舒解"险难"的道理。

萃 卦

一位贵人在磨玉，表示去除瑕疵；山路崎岖，一僧人为孩童指路，表示为小孩赐福，保佑其前行；一人倾水救火，是消除灾殃的意思；一条鱼在火上，幸免于伤；一只凤口衔书，表示诏书至，有喜事的预兆。此卦以人与人在政治关系中的相聚为喻，揭示事物"会聚"之理。

困 卦

地上一个轮子，表示不能运动；一人卧病在床，表示身处危难难以解脱；一个药炉，治病的用具；贵人往池中倒水，救池中的鱼，表示有复活的兆头；水池中长有青草，有生机之意。此卦喻示了处于"穷困"的道理。

井 卦

金甲神人一手执符，象征天降祥瑞；女子抱一个盒子，表示好合；金钱元宝闪闪发光，表示钱财有气；一人落入井中，表示遭遇危难；官人用绳子搭救落井之人，表示得贵人相助而脱险。此卦通过展示水井"养人"的美德，比喻君子应该修美自身、惠物无穷。

丰 卦

竹筒往外冒火，象征阳春已动；龙蛇交错，为变化之象；官人身着公服而立，表示将见贵人；一个盒子，表示和合之意；一人吹笙竽，乐声欢快；一人脚踩虎尾，为变在足下之意。此卦说明了事物必须道德盛美、光明常照才能"丰大"的道理。

涣 卦

山上有一座寺庙，表示清净的境界；一位僧人，表示遁入空门之人；一人跟在僧人之后，是清闲之人；一鬼跟随在清闲人之后，表示要提防有人暗中窥算；金甲神人从天而降，表示将得到神人的庇护。此卦从对立的角度揭示了"散"与"聚"互为依存的关系。

六十四卦横图

初为太极,太极分成阴、阳两仪,阳上交于阴,阴下交于阳,而生成太阳、太阴、少阳、少阴四象。阳交于阴,阴交于阳,而生天之四象;刚交于柔,柔交于刚,而生地之

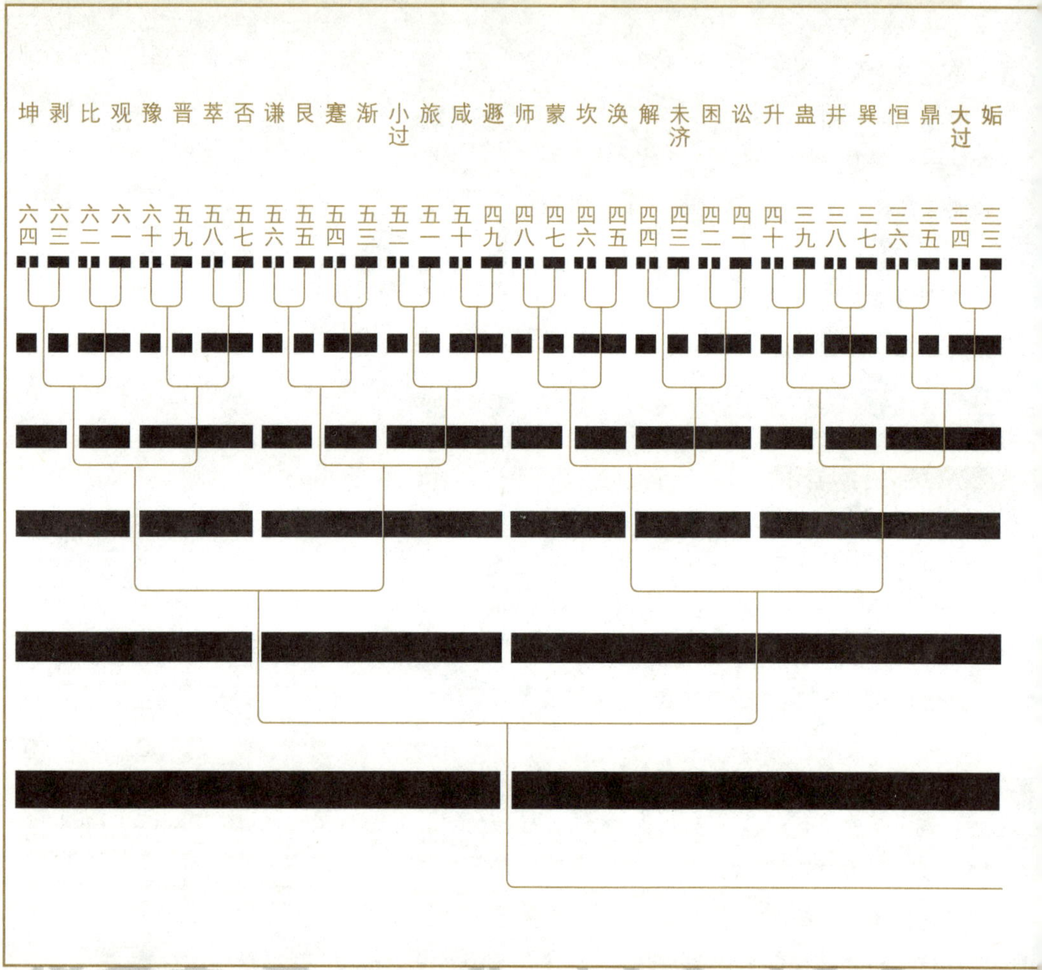

坤 剥 比 观 豫 晋 萃 否 谦 艮 蹇 渐 小过 旅 咸 遯 师 蒙 坎 涣 解 未济 困 讼 升 蛊 井 巽 恒 鼎 大过 姤

六四 六三 六二 六一 六十 五九 五八 五七 五六 五五 五四 五三 五二 五一 五十 四九 四八 四七 四六 四五 四四 四三 四二 四一 四十 三九 三八 三七 三六 三五 三四 三三

四象，因此八卦生成。八卦相错相交而后万物皆成。因此一分为二，二分为四，四分为八，八分为十六，十六分为三十二，三十二分为六十四，就像根生树干，而树干生枝，愈大则愈小，愈细则愈繁。此图正是说明太极、两仪、四象、八卦、六十四卦逐一生成的过程和画卦的方法，也是伏羲作易之本。

六十四卦横图

阅读导航

图解易经

本节主标题
本节所要探讨的卦名及卦的序号。

图解卦意
以图解的方式阐述本卦最基本的含义。

正文
包括《易经》的原文和译文，以准确而精炼易懂的文字，把《易经》的思想完全呈现出来。

贰 坤为地卦

图解易经

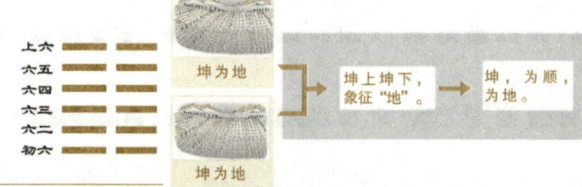

| 上六 |
| 六五 |
| 六四 |
| 六三 |
| 六二 |
| 初六 |

坤为地

坤为地

坤上坤下，象征"地"。

坤，为顺，为地。

坤：元亨。利牝马之贞。君子有攸往，先迷；后得主，利。西南得朋，东北丧朋。安贞吉。

《彖》曰：至哉坤元，万物资生，乃顺承天。坤厚载物，德合无疆。含弘光大，品物咸亨。牝马地类，行地无疆。柔顺利贞，君子攸行。先迷失道，后顺得常。西南得朋，乃与类行。东北丧朋，乃终有庆。安贞之吉，应地无疆。

《象》曰：地势坤；君子以厚德载物。

《文言》曰：坤至柔而动也刚，至静而德方。后得主而有常，含万物而化光。坤道其顺乎！承天而时行。

《坤卦》：大大亨通。有利于占问母马的吉凶。君子有所行动，如不遵循客观规律，则会迷失方向。相反，则会到达目的地，吉利。如往西南方，则会得到朋友。如往东北方，则会失去朋友。卜问是否平安，得到吉兆。

《彖传》说：多么崇高啊，大地滋生了万事万物，遵守着大自然的规则。厚实的土地孕育了万物，大地的品德无比美好。大地内涵丰富，辽阔无边，万物顺利成长。像母马这样柔顺的动物，和地属同类，善于在无边的大地上任意驰骋，性情温和，动作敏捷，做事执著。君要有所行动，虽然刚开始迷失了方向，但只要顺从天道，就能找到正确的路。如果往西南方，会得到朋友，与他共创伟业。如果往东北方，可能失去朋友，但最终还是可能获得成功。遵循客观规律办事得到吉祥。正如无边无际的大地随处伸展一样。

《象传》说：大地地势顺天而行。君子应效法大地，凭着宽厚的德行来容

34

图解标题

针对每卦的含义进行图解，以图文的形式帮助读者更深入的了解卦中所包含的思想。

断易天机问占图

生载万物之卦，博厚无疆之象

对卦象的概括

以简练的文字概括每卦的卦象。

坤卦卦象解义

古解：坤者，顺也。乃顺承天，万物滋生，用动则浊，用浊则清，所作有顺，万物皆成。

今译：坤为柔顺，为地气舒展之象，其顺承天，生养万物，用动则浊，用浊则清，一切皆为柔顺，万物也遵循规律生长发展。

此卦汉高祖与项羽相争卜得，乃知将夺得天下。

古图图解

源自明代的古图，配以文字，帮您读懂卦象之意。

一匹母马扬蹄昂头，主禄马，吉祥之兆

十一个口字，表示大吉

一位官人等着接台上金甲神人抛过来的文书，意味着学业会得到神的帮助

手绘插图

精美的手绘卦象图，配有牵线文字，让您对图中每个细节有准确、深入的了解。

另一官人坐守一堆钱，意为有才华的显贵之人

坤为地卦

上 经

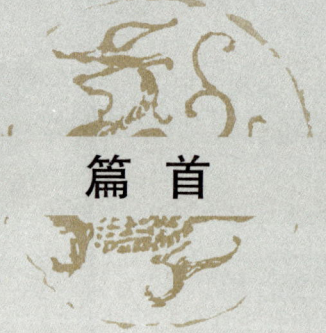

篇 首

至哉坤元，万物资生，乃顺承天。坤厚载物，德合无疆。含弘光大，品物咸亨。牝马地类，行地无疆。柔顺利贞，君子攸行。先迷失道，后顺得常。西南得朋，乃与类行。东北丧朋，乃终有庆。安贞之吉，应地无疆。

——《象传——坤卦》

壹. 乾为天卦

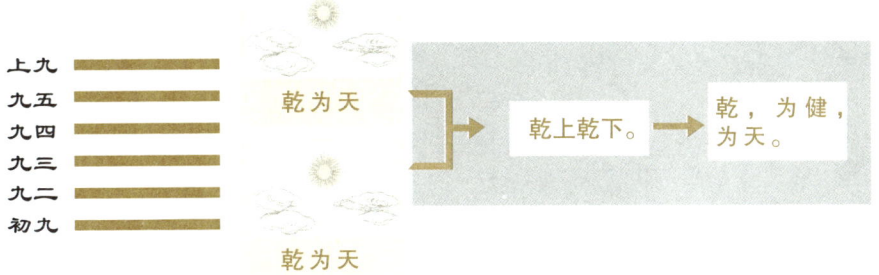

乾：元，亨，利，贞。

《彖》曰：大哉乾元，万物资始，乃统天。云行雨施，品物流形。大明终始，六位时成，时乘六龙以御天。乾道变化，各正性命，保合太和，乃利贞。首出庶物，万国咸宁。

《象》曰：天行健，君子以自强不息。

《文言》曰：元者，善之长也；亨者，嘉之会也；利者，义之和也；贞者，事之干也。君子体仁，足以长人，嘉会，足以合礼，利物，足以和义，贞固，足以干事。君子行此四德者，故曰："乾，元、亨、利、贞。"

《文言》曰："乾元"者，始而亨者也；"利贞"者，性情也。乾始能以美利利天下，不言所利，大矣哉！大哉乾乎！刚健中正，纯粹精也；六爻发挥，旁通情也；时乘六龙，以御天也；云行雨施，天下平也。

乾：乾为卦名，象征天。元、亨、利、贞为卦辞，由某种仪式演变而来。洋溢着无穷生命力的你排除万难，到达目的地，自然是大吉大利的。

《象传》说："象"为解释卦辞的话，称《象传》。《象传》认为，伟大的上天，是万物之母，万物都依靠它产生。云行雨施，滋润万物，宇宙间的一切都发展成形，具备不同的特征。太阳落了又升，《乾卦》六爻的位置也应时变化，其变化发展反映了自然变化发展。自然界有其固有的规律，万物只有遵循这一规律，才能保持平衡，从而茁壮成长。天的非凡之处在于能凌驾于万物之上，使天下安宁。

断易天机问占图

六龙御天之卦，广大包容之象

乾卦卦象解义

古解： 乾者，健也。大哉乾元，荫覆无偏，玄运造化，万物资始。云行雨施，变化不言，东西任意，南北安然。

今译： 乾为天，为伟大，覆盖万物无偏无倚。万物生机勃勃，按照一定的规律休养生息，行云施雨，东西南北四方都是这样。

此卦汉高祖与吕后走在绍荡山，卜得之，余人难压也。此卦卦身为巳，不入卦。

缭绕的云雾中有一只鹿，象征着福禄从天而来

巨石上，一块璞玉熠熠发光，一位匠人在精心雕琢，待其显露才华

皓月当空，月光倾洒下来，一个书生站在云梯上望月，似乎想奔月折桂

《象传》说：天的运行是刚健有力的，有志向的人应自强不息。

《文言传》说：元始，是众善的首位；亨通，是美的集合；有利，是义的和谐；正固，是万事的根本。君子用仁心作为根本，可以当人们的尊长；寻求美好的会合，就符合"礼"；施利于他物，就符合"义"；坚持正固的节操，就可以办好事务。君子就是施行这四种美德的人，所以说："《乾卦》，元，亨，利，贞。"

《文言传》说："《乾卦》象征天、元始"，说明天的美德在于首创万物并使之通顺自然；"和谐有利，贞正坚固"，是天所蕴涵的本质和内情。天一开始就能用美好的事物来恩及天下，却不说出它所施予的利惠，这是极大的利惠啊！伟大的天啊！刚强劲健、居中守正，通体不杂、纯粹至精；《乾卦》六爻的运动变化，曲尽万物的发展情理；犹如顺着不同时节套上六条巨龙，驾驭着大自然而奔驰巡行；行云降雨，给天下带来安康和太平。

【启示】《乾卦》为六十四卦之首，为纯阳卦，象征天。天的特点是刚健有力，运动不息，并且其运动是有规律的。所以我们不仅要奋发图强，为实现自己的理想而积蓄力量，而且要遵循客观规律办事。

【乾之爻】阳刚强健，奋发向上

① 初九　潜龙勿用　　　　养精蓄锐，等待时机
② 九二　见龙在田　　　　已具才能，初露头角
③ 九三　终日乾乾　　　　努力不懈，警惕谨慎
④ 九四　或跃在渊　　　　审时度势，待机奋进
⑤ 九五　飞龙在天　　　　盈满则溢，及时引退
⑥ 上九　亢龙有悔　　　　天时地利，大展宏图
⑦ 用九　群龙无首　　　　平等相处，同舟共济

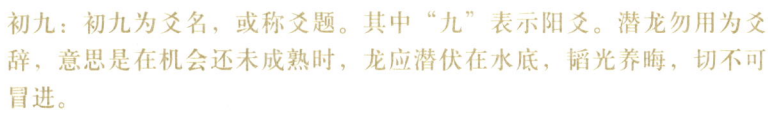

初九：初九为爻名，或称爻题。其中"九"表示阳爻。潜龙勿用为爻辞，意思是在机会还未成熟时，龙应潜伏在水底，韬光养晦，切不可冒进。

【原文】《象》曰："潜龙勿用"，阳在下也。

《文言》曰：初九曰"潜龙勿用"，何谓也？子曰："龙，德而隐者也。不易世，不成名；遁世无闷，不见是而无闷；乐则行之，忧则违之，确乎其不

可拔，'潜龙'也。"

《文言》曰：君子以成德为行，日可见之行也。"潜"之为言也，隐而未见，行而未成，是以君子弗用也。

【译文】《象传》说："潜伏在水底的龙不能有所行动"，是因为时机还未成熟。

《文言传》说：初九爻辞说"巨龙潜伏水中，暂时不施展才用"，这是什么意思呢？孔子说："这是比喻像龙一样，有品德而隐居的人。他不会受污浊的世俗玷污而改变节操，不会贪图功名利禄；远离世俗而隐居不感到苦闷，不被世人称赞也一样不为之苦闷；高兴的事就付诸实施，不遂心愿的事决不实行，而且拥有坚定不可动摇的意志，这就是'潜龙'。"

《文言传》说：君子把成就德业作为行动的目的，每天都可以看得出来他的行为。初九爻辞所讲的"潜"，意思是隐藏不曾看见，行动尚未显著，所以君子暂时不施展才华。

【启示】这一爻告诉我们，在时机未成熟时，我们应勤练本领，切不可贸然出击。

九二：见龙在田，利见大人。

九二：龙出现在大地上，有利于出现德才兼备的人，或是有地位的贤人。

【原文】《象》曰："见龙在田"，德施普也。

《文言》曰：九二曰"见龙在田，利见大人"，何谓也？子曰："龙德而正中者也。庸言之信，庸行之谨；闲邪存其诚，善世而不伐，德博而化。《易》曰：'见龙在田，利见大人'，君德也。"

《文言》曰：君子学以聚之，问以辩之，宽以居之，仁以行之。《易》曰"见龙在田，利见大人"，君德也。

【译文】《象传》说：龙已出现在大地上，君子已具备成就大事的才能，应积极会见王公贵族，求得将恩德普遍施与人的机会。

《文言传》说：九二爻辞说"巨龙出现田间，利于出现大人"，这里讲的是什么意思呢？孔子说："这是比喻像龙一样，有品德而立身中正的人。他的平凡言论说到做到，他的日常举动谨慎有节；防止邪恶的言行而保持诚心，净化世俗的行为伟大而不自夸，道德博大以感化天下。《易经》说：'巨龙出现田间，利于出现大人'，正是说明会出现具备君主品德的贤人。"

《文言传》说：君子通过不断的学习来积累知识，靠不断地发问来解决

乾坤易简之图

古代学着认为乾坤在数上代表一和二，在形状上代表圆和方，在气上代表清和浊，在理上代表动和静。所以乾具有阴阳两仪，坤包括四象。两仪和四象合为六数，再加上乾坤两者，共有八数，那么就达到八卦的数目了。

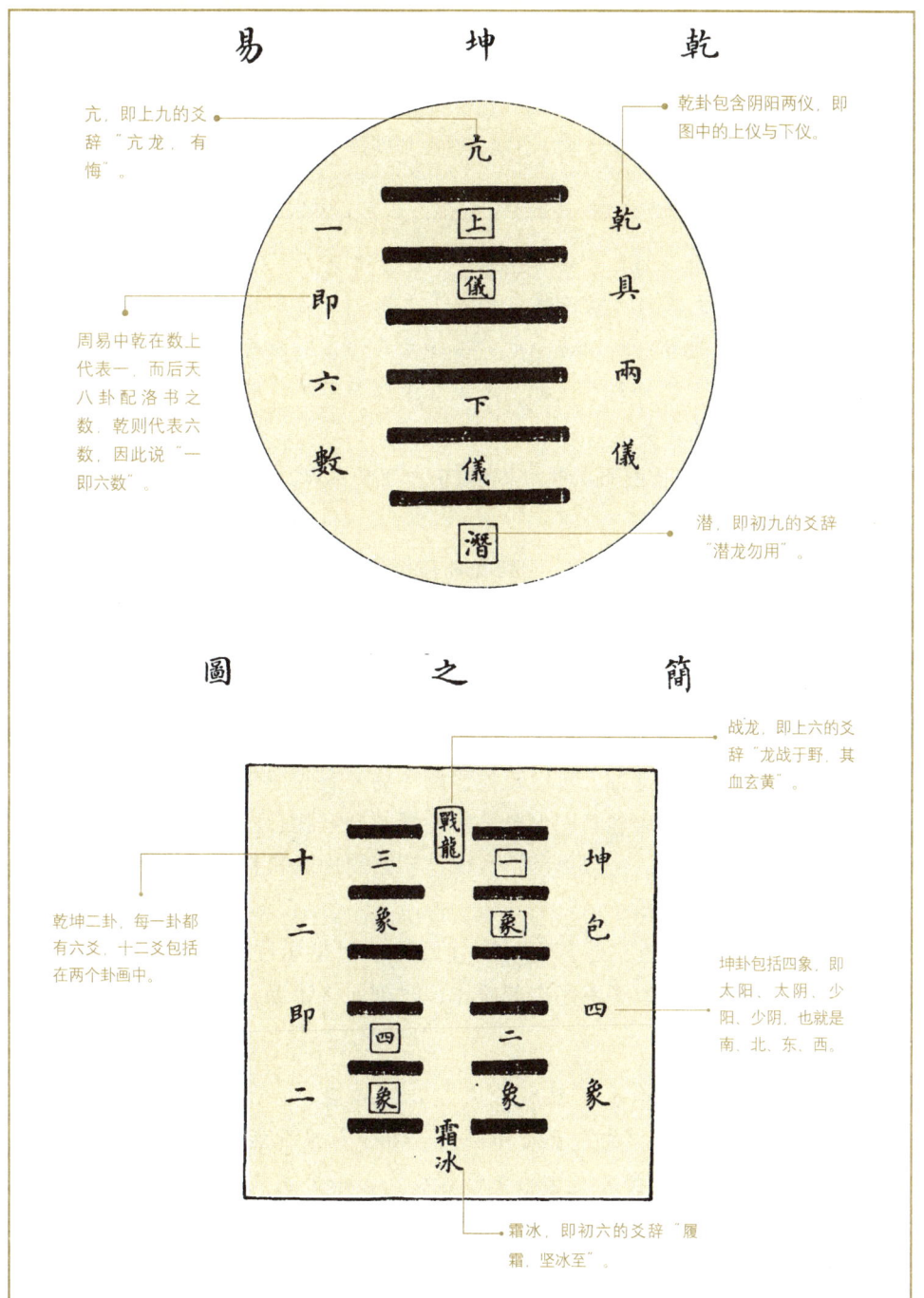

疑难问题，胸存仁心而居于适当之位，心存仁爱并以此付诸行动。《易经》说"巨龙出现田间，利于出现大人"，这种"大人"具备了君主的德行。

【启示】这一爻告诉我们，一个人如已具备相当丰富的学识，但还处在"女在深闺人未识"，应向有地位的人推销自己，或是请求有才德的人指引自己。

九三：君子终日乾乾，夕惕若，厉无咎。

九三：君子整天努力不懈，时时刻刻警惕着，这样即使遇到危险，也无凶险。

【原文】《象》曰："终日乾乾"，反复道也。

《文言》曰：九三曰"君子终日乾乾，夕惕若，厉无咎"，何谓也？子曰："君子进德修业。忠信，所以进德也；修辞立其诚，所以居业也。知至至之，可与言几也；知终终之，可与存义也。是故居上位而不骄，在下位而不忧。故乾乾因其时而惕，虽危无咎矣。"

《文言》曰：九三重刚而不中，上不在天，下不在田，故乾乾因其时而惕，虽危无咎矣。

【译文】《象传》说：一天到晚勤奋努力，不断地用道来充实自己。

《文言传》说：九三爻辞说"君子整天强身健体，振作精神，乃至深夜依然警惕慎行，这样即使面临危险也会免遭灾祸"，这里讲的是什么意思呢？孔子指出，"这是比喻君子要提升自己的修养和美德、建功立业。忠诚信实，就可以提升修养；修饰言辞出于诚挚的感情，就可以建功立业。明确自己进取的目标，进而努力实现它，这种人可以跟他预测事物发展的征兆；知道进退的时机而及时终止，这种人可以跟他共同保全事物发展的合宜状态。若能如此居上位而不骄傲，处下位而不忧虑。所以能够恒久保持不断前进的状态，随时警惕慎行，即使面临危险也可免遭灾祸了。"

《文言传》说：九三是多重阳刚叠成的，但是居位不正中，上不达于高天，下不立于地面，所以要不断奋起振作、时刻保持警惕，这样即使危险来临也会免遭咎害。

【启示】乾卦中各爻都以"龙"作为喻体，只有九三一爻中称"君子"。在乾卦爻辞中，"龙"象征阳刚，"君子"象征强健，从这点来说，两者皆寓意了刚健不息的含义。这一爻告诉我们，一个胸怀大志的人要一直努力学习，行事谨小慎微，时时刻刻提防灾难的到来，这样即使遇到危险，也会逢凶化吉。

九四：或跃在渊，无咎。

九四：龙已在深渊里，或跃动，或静观，进退有据，不会有灾难。

【原文】《象》曰："或跃在渊"，进无咎也。

《文言》曰：九四曰"或跃在渊，无咎"，何谓也？子曰："上下无常，非为邪也；进退无恒，非离群也。君子进德修业，欲及时也，故'无咎'。"

《文言》曰：九四重刚而不中，上不在天，下不在田，中不在人，故"或"之。"或"之者，疑之也，故无咎。

【译文】《象传》说：龙要么一跃而起，要么潜入深渊里，表示可以有所行动而没有灾难。

《文言传》说：九四爻辞说"或上进腾跃，或退处在渊，必无咎害"，这里讲的是什么意思呢？孔子说："这是比喻贤人的上升或下降是没有定数的，并非出于邪念；他的进取、引退也是未知数，并非脱离众人。这就好比君子提升道德、建功立业，是想抓住时机进取，所以'必无咎害'。"

《文言传》说：九四是多重阳刚叠成的，但是居位不正中，上不达于高天，下不立于地面，中不处于人境，所以强调"或"。强调"或"的意思，就是说明疑而未定，所以这样就能免遭咎害。

【启示】这一爻说明君子已到了跃跃欲试的阶段，只要决策谨慎，就能做到"进可攻，退可守"。

九五：飞龙在天，利见大人。

九五：龙得到天时、地利，飞上天空，有利于出现德才兼备的人，或有地位的贤人。

【原文】《象》曰："飞龙在天"，大人造也。

《文言》曰：九五曰"飞龙在天，利见大人"，何谓也？子曰："同声相应，同气相求；水流湿，火就燥；云从龙，风从虎；圣人作而万物睹。本乎天者亲上，本乎地者亲下，则各从其类也。"

《文言》曰：夫"大人"者，与天地合其德，与日月合其明，与四时合其序，与鬼神合其吉凶。先天而天弗违，后天而奉天时。天且弗违，而况于人乎？况于鬼神乎？

【译文】《象传》说：龙飞上了高空，意味着君子到了大展宏图的时候。

《文言传》说：九五爻辞说"巨龙腾飞在天，利于出现大人"，这里讲的是什么意思呢？孔子指出，"这是比喻同类的声音互相应和，同样的气息相互求取；水会流向湿处，火会趋向干处；景云随着龙吟而出，谷风随着虎啸而生；圣人奋发立业而万物皆仰望可见；依存于天的亲近于上，依存于地的亲近于下，各以其类别跟从而发挥作用。"

《文言传》说：九五爻辞中所说的"大人"，其德行与天地覆载万物相吻合，他的圣明如同日月一样普照大地，他的恩威如同四时转换一样井然有序，他判断吉凶、指示赏罚如同鬼神一样奥妙莫测。他先于天象而行动，天不违背他；后于天象而处事，也能遵循天变化的基本法则。天尚且不违背他，何况人呢？又何况鬼神呢？

【启示】这一爻告诉我们，时机已成熟，万事俱备，只欠那帮他成就大业的东风——贤人，此时的首要任务是去求见贤人。

上九：亢龙，有悔。

上九：龙飞到一定的高度就达到极点了，若继续向上飞，可能会招来灾祸，导致悔恨产生。

【原文】《象》曰："亢龙有悔"，盈不可久也。

《文言》曰：上九曰"亢龙有悔"，何谓也？子曰："贵而无位，高而无民，贤人在下位而无辅，是以动而'有悔'也。"

《文言》曰："亢"之为言也，知进而不知退，知存而不知亡，知得而不知丧。其唯圣人乎！知进退存亡，而不失其正者，其唯圣人乎！

【译文】《象传》说：龙飞到一定的高度就达到极点了，若继续向上飞，可能会招来灾祸，导致悔恨产生，因为凡事过了头就不会长久。

《文言传》说：上九爻辞说"巨龙升腾高飞到极端，终将有所悔恨"，这里讲的是什么意思呢？孔子说："这是比喻有些人尊贵而没有实位，地位崇高却无力治理百姓，贤明的人身居下位却无人辅助他，所以一旦轻举妄动必将'有悔'。"

《文言传》说：上九爻辞中所说的"亢"，是说明有些人只知进取而不知及时引退，只晓得生存而不明白终将衰败，只晓得得到利益而不知其所得终将失去。大概只有圣人才是明智的吧！深知进取、引退、生存、灭亡的道理，行为不偏失正确途径的，大概只有圣人才能做到吧！

【启示】这一爻说明，胸怀大志的人，在取得了最高的成就之后，不要急于继续向上爬。

用九：见群龙无首，吉。

用九：群龙聚集在一起，不知道龙头在哪，都自由地飞翔，是非常吉利的。（此爻为特有爻题，只在乾、坤两卦中出现，坤卦为"用六"）。

【原文】《象》曰："用九"，天德不可为首也。

《文言》曰："潜龙勿用"，下也；"见龙在田"，时舍也；"终日乾乾"，行事也；"或跃在渊"，自试也；"飞龙在天"，上治也；"亢龙有悔"，穷之灾也；乾元"用九"，天下治也。

《文言》曰："潜龙勿用"，阳气潜藏；"见龙在田"，天下文明；"终日乾乾"，与时偕行；"或跃在渊"，乾道乃革；"飞龙在天"，乃位乎天德；"亢龙有悔"，与时偕极；乾元"用九"，乃见天则。

【译文】《象传》说：六爻全阳，这正是阳集中的地方，天下英杰集中的地方，天的品德的集中反映，不能有头目。

《文言传》说："巨龙潜伏水中，暂时不施展才华"，说明地位低下卑贱；"巨龙出现田间"，指暂时屈藏于低势，时势已开始舒展；"整天奋起振作"，说明事业付诸实践；"或腾跃上进，或退处在渊"，说明正在自我检验；"巨龙高飞上天"，说明形成最好的政治局面；"巨龙高飞穷极，终将有所悔恨"，说明穷极带来的灾难；天有元始之德而"用(阳刚化为阴柔的)九

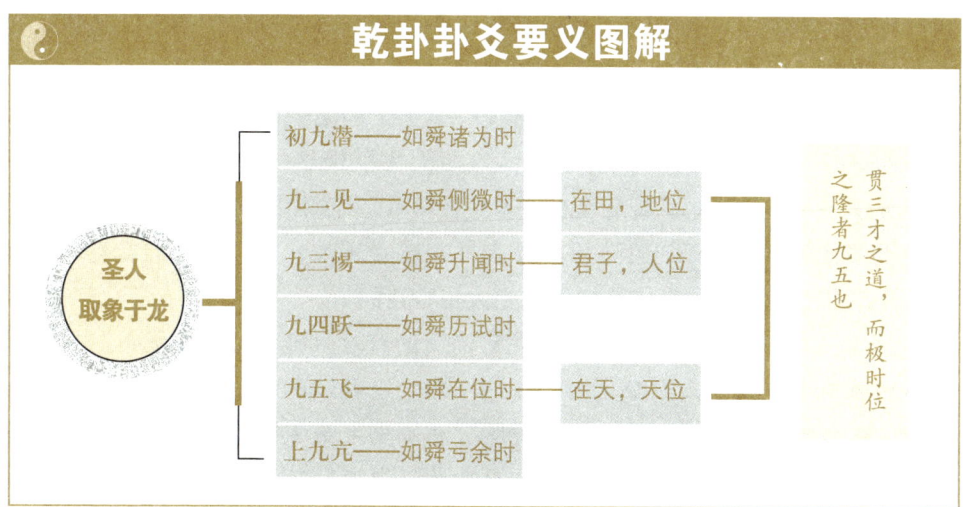

乾卦卦爻要义图解

数",说明天下大治是势所必然。

《文言传》说:"巨龙潜伏水中,暂不施展才用",说明阳气潜藏未现;"巨龙出现田间",说明天下文采灿烂;"整天奋起振作",说明追随时光向前发展;"或腾跃上进,或退处在渊",说明"天道"转化、出现变革;"巨龙高飞上天",说明阳气旺盛正当天位,具备"天"的美德;"巨龙高飞穷极,终将有所悔恨",说明随着时节的不断变化而穷尽衰落;天有元始之德而"用(阳刚化为阴柔的)九数",这是体现大自然的基本规律。

【启示】这告诉我们,一个人的事业到达巅峰时,就应该集思广益,以防止"亢龙有悔"。

【总论】乾卦作为《易经》六十四卦之首,以"天"为象征形象,揭示了"阳刚"元素、"强健"气质的本质作用及其发展变化规律。《易经》的辩证哲学体系,在此铺下了第一块基石。要是进一步从"《易》者,象也"(《系辞下传》)这一特征细加考究,还可以发现,本卦的卦体取"天"为象,固是比喻;六爻的爻辞取"龙"为象,也是比喻。大旨无非揭明"阳刚"的内在气质。朱熹说:"《易》难看,不比他书。《易》说一个物,非真是一个物,如说'龙'非真龙。"(《朱子语类》)这种假象寓意,一直贯穿于《易经》全书,也是这部现存最古老的哲学著作的重要特色。

【疑难解析】"亢龙有悔"和"见群龙无首,吉"

"亢龙有悔"是乾卦上九(乾卦最高、最后一爻,其位置也到了最高点)的爻辞,这表明一个人的事业已到了巅峰,为什么这时很可能有悔恨产生呢?

首先,我们可以把一个人经营自己的事业比作登山,当一个人已登到山的顶点,如再往前走,就会走下坡路。其次,当一个人登上山的顶峰时,回望自己辉煌的历程,一种自豪的感觉涌上心头:没有自己干不了的事,瞧,这么高的山也爬上来了。于是,就可能不听别人的劝阻,贸然去登另外一座山,谁知,山峰之间没有桥梁可通,这就造成一落千丈的结局。再次,高处不胜寒,在下的老百姓也难以理解他的举动,这便失去了铺垫的基石,自然容易往下跌。所以,一个人登上了最高峰时,容易做错事,导致悔恨产生。

为了永远没有悔恨产生,我们干脆永远停止不前,对吗?我们看看"见群龙无首,吉"的具体含义,就知道这是大错特错的。

因为"群龙无首"是防止"亢龙有悔"的有效措施。"群龙无首"的意思是不知道龙头在哪,大家都自由自在地飞翔,这就好比一个总经理创办了一个企业,该企业已走上了极其兴盛的道路,在那里聚集了相当多贤明的人,他们各有千秋,都对企业的壮大立下了汗马功劳,虽说有总经理在,但总经理的意见只能代表他个人的意见，真正的决策权在大家，这就表明"群龙无首"的实质是不独断专行，不自满，这自然能带来几大好处：

一、一个人在自己已进入事业的高峰时，不会贸然向前走，因为他的周围有许多贤明的人，他们的合力足以阻止他一个人的错误行动。

二、由于他不以主子身份自居，不但他身边贤明的人都愿意为他出力，而且在另外一峰的贤明的人也愿意归附他，于是，在内的和在外的合力构筑连通两峰的桥梁，使他登上了更高的山峰。

三、在下的老百姓也愿意在这种民主的氛围中生活，自然不会擅自离职。

所以，我们应用"群龙无首"来防止"亢龙有悔"。

六十卦象象义图

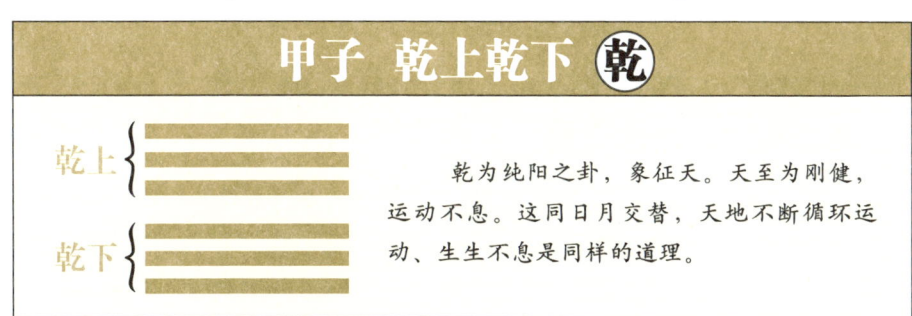

▶ 日月交替，循环往复

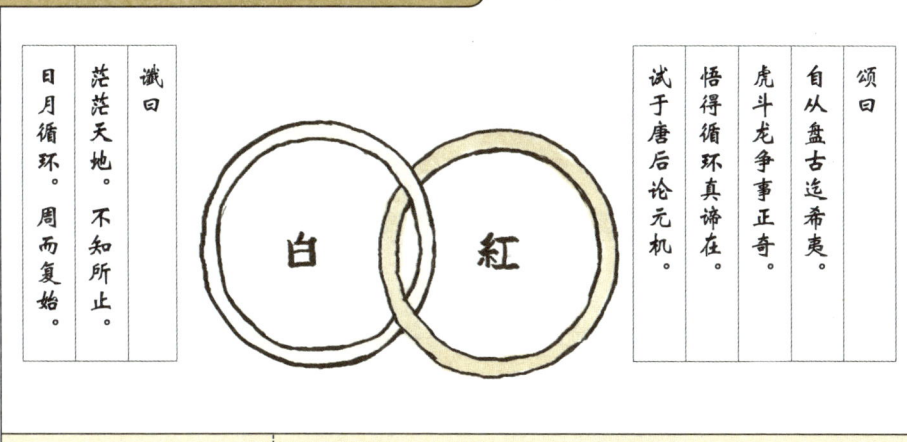

颂曰

自从盘古迄希夷。
虎斗龙争事正奇。
悟得循环真谛在。
试于唐后论元机。

谶曰

茫茫天地。不知所止。
日月循环。周而复始。

金圣叹评注

此象古今治乱相因，如日月往来，阴阳递嬗，即孔子百世可知之意，红者为日，白者为月，有日月而后昼夜成，有昼夜而后寒暑判，有寒暑而后历数定，有历数而后系统分，有系统而后兴亡见。

贰. 坤为地卦

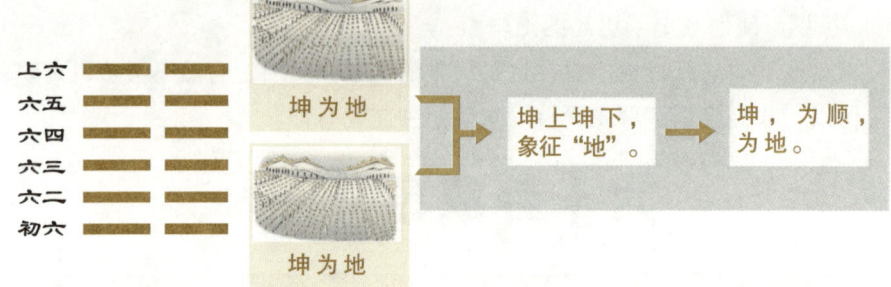

坤：元亨。利牝马之贞。君子有攸往，先迷；后得主，利。西南得朋，东北丧朋。安贞吉。

> 《彖》曰：至哉坤元，万物资生，乃顺承天。坤厚载物，德合无疆。含弘光大，品物咸亨。牝马地类，行地无疆。柔顺利贞，君子攸行。先迷失道，后顺得常。西南得朋，乃与类行。东北丧朋，乃终有庆。安贞之吉，应地无疆。
>
> 《象》曰：地势坤；君子以厚德载物。
>
> 《文言》曰：坤至柔而动也刚，至静而德方。后得主而有常，含万物而化光。坤道其顺乎！承天而时行。

《坤卦》：大大亨通。有利于占问母马的吉凶。君子有所行动，如不遵循客观规律，则会迷失方向。相反，则会到达目的地，吉利。如往西南方，则会得到朋友。如往东北方，则会失去朋友。卜问是否平安，得到吉兆。

《彖传》说：多么崇高啊，大地滋生了万事万物，遵守着大自然的规则。厚实的土地孕育了万物，大地的品德无比美好。大地内涵丰富，辽阔无边，万物顺利成长。像母马这样柔顺的动物，和地属同类，善于在无边的大地上任意驰骋，性情温和，动作敏捷，做事执著。君要有所行动，虽然刚开始迷失了方向，但只要顺从天道，就能找到正确的路。如果往西南方，会得到朋友，与他共创伟业。如果往东北方，可能失去朋友，但最终还是可能获得成功。遵循客观规律办事得到吉祥。正如无边无际的大地随处伸展一样。

《象传》说：大地地势顺天而行。君子应效法大地，凭着宽厚的德行来容

断易天机问占图

生载万物之卦，博厚无疆之象

坤卦卦象解义

古解：坤者，顺也。乃顺承天，万物滋生，用动则浊，用浊则清，所作有顺，万物皆成。

今译：坤为柔顺，为地气舒展之象，其顺承天，生养万物，用动则浊，用浊则清，一切皆为柔顺，万物也遵循规律生长发展。

此卦汉高祖与项羽相争卜得，乃知将夺得天下。

一匹母马扬蹄昂头，主禄马，吉祥之兆

十一个口字，表示大吉

一位官人等着接台上金甲神人抛过来的文书，意味着学业会得到神的帮助

另一官人坐守一堆钱，意为有才华的显贵之人

贰 坤为地卦

载万物。

《文言传》说：大地本是极为柔顺的，但变换时却显露出刚强，安静且柔美的品德才能得以流传四方。随从人后、有人做主，于是保持福庆久长；包容一切、普载万物，于是焕发无限光芒。大地之道是多么柔顺啊！它秉承天的意志按四时而运行得当。

【启示】坤象征地，地的特点是顺从、宽厚。这说明宽厚为怀是做人的基础，并强调了遵循客观规律办事的重要性。

【坤之爻】温和柔顺，生养万物

①	初六，履霜，坚冰至	情势不利，积极防御
②	六二，直，方，大	正直端方，行无不利
③	六三，含章可贞	蕴藏才华，恪尽职守
④	六四，括囊，无咎无誉	谨言慎行，无益无损
⑤	六五，黄裳，元吉	品德高尚，大吉大利
⑥	上六，龙战于野	均势相争，双方不利
⑦	用六，利永贞	顺从天道，一帆风顺

初六：履霜，坚冰至。

初六：踏踩在霜上，就预示将有坚硬的冰块出现。

【原文】《象》曰："履霜坚冰"，阴始凝也。驯致其道，至坚冰也。

《文言》曰：积善之家，必有余庆；积不善之家，必有余殃。臣弑其君，子弑其父，非一朝一夕之故，其所由来者渐矣！由辩之不早辩也。《易》曰："履霜，坚冰至"，盖言顺也。

【译文】《象传》说：踏踩在霜上，就预示将有坚硬的冰块出现。说明阴气开始聚集、凝结，根据自然规律便可推知，寒冷的冬季就要到来。

《文言传》说：积德行善的家族，必然留下许多吉庆；作恶多端的家族，必然留下许多祸害。臣子弑杀君主，儿子弑杀父亲，并非是一朝一夕之事，作恶的由来是逐渐萌发的！是由于君父不曾早日辨清真相。《周易》说："踩上微霜，将要迎来坚冰"，大概是比喻阴恶事物往往按照一定的趋向发展。

【启示】这告诉人们，当有坏苗头出现时，我们要积极采取防护措施。

六二：直、方、大，不习，无不利。

六二：正直、方正、宏大，不玩弄花招，没有什么不吉利的。

【原文】《象》曰：六二之动，直以方也。"不习，无不利"，地道光也。

《文言》曰："直"其正也，"方"其义也。君子敬以直内，义以方外。敬义立而德不孤。"直、方、大，不习无不利"，则不疑其所行也。

【译文】《象传》说：六二的爻象是正直且端正的。不沾染别的习气，不会有什么不利；因为地顺从天道，值得发扬光大。

《文言传》说："直"说明品德纯正，"方"说明行为得当。君子恭敬不苟，所以内心才会正直，行为得当便可促使外形方正。做到恭敬不苟、行为得当，就能使美德遍布而不会被孤立。"正直、端方、宏大，不学习也未必不获利"，说明美德充沛、一切行为都无须怀疑。

【启示】这强调自然的品质，反对虚伪矫饰，即要顺从事物发展的客观规律，顺从大众的利益。

六三：含章，可贞。或从王事，无成有终。

六三：胸怀才华而不向外张扬，则可得到吉庆的占卜。如果去为君王做事，能恪尽职守，虽然没有什么成就，但也能善始善终。

【原文】《象》曰："含章可贞"，以时发也。"或从王事"，知光大也。

《文言》曰：阴虽有美，含之以从王事，弗敢成也。地道也，妻道也，臣道也。地道无成而代有终也。

【译文】《象传》说："胸怀才华而不表现出来"，等时机一到来，其才华便显现出来了。"如果为君王做事"，其才智会全部显露出来，其德行便得到发扬光大。

《文言传》说：阴柔而身居下位，纵然有美德，只是含藏不露，辅助君王的事业，不敢自己占有成功的地位。这是地顺天的道理，妻从夫的道理，臣忠君的道理。地顺天的道理表明成功不归己有而要替天效劳、奉事至终。

【启示】这告诉我们，不可因自己有才智，就骄傲自满，只有更加谦虚

乾坤之策

根据古代蓍草占卜的过程推解，乾卦由阳爻组成，阳为九，则每爻四揲为三十六，即取九的四倍，六爻共含二百一十六策。坤卦由阴爻组成，阴为六，每爻四揲为二十四，故六爻共含一百四十四策。因此乾坤共有三百六十策，正合"周天三百六十度"。所以乾坤之策变化的三百六十之全息周期相当于一年之日的全部变化。这反映了八卦与天文历数的关系。

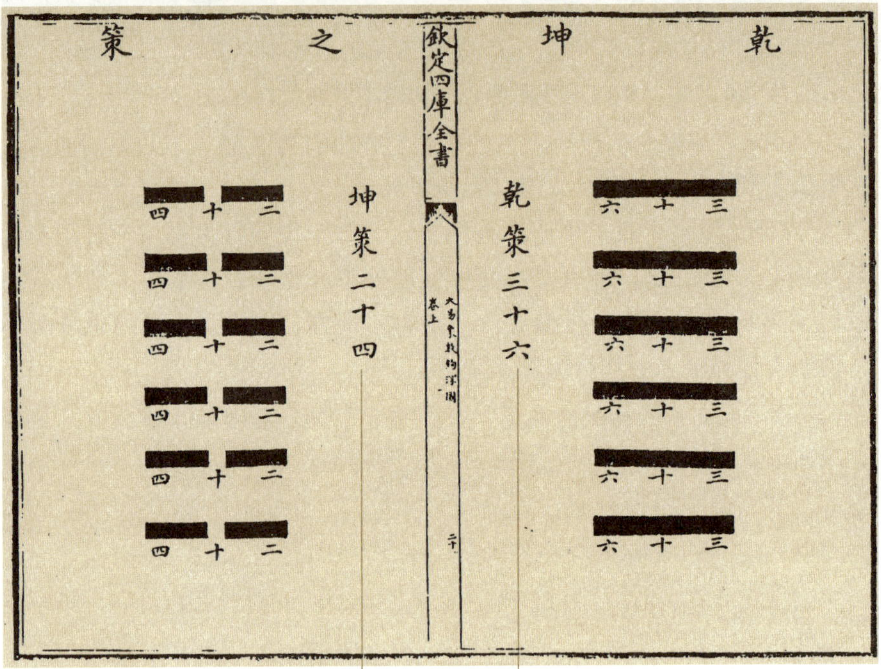

坤卦每爻均为阴爻，阴为六，则每一爻四揲为二十四，因而"坤策二十四"。

乾卦每爻均为阳爻，阳为九，则每爻四揲为三十六，因而"乾策三十六"。

努力，才能使自己的才能得到更好的发挥，从而有一个比较好的结果。

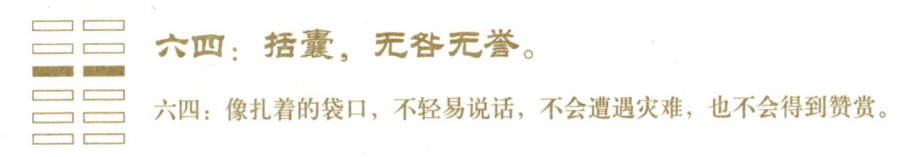

六四：括囊，无咎无誉。

六四：像扎着的袋口，不轻易说话，不会遭遇灾难，也不会得到赞赏。

【原文】《象》曰："括囊，无咎"，慎不害也。

《文言》曰：天地变化，草木蕃；天地闭，贤人隐。《易》曰："括囊，无咎无誉。"盖言谨也。

【译文】《象传》说："像扎着的袋口,不轻易说话,可以免遭祸患",说明谨慎行事,不会有坏处。

《文言传》说:天地变换运行,草木茂盛衍生;天地闭塞阴沉,贤人引退匿迹。《周易》说:"束紧囊口,免遭咎害,不求赞誉。"大概是比喻谨慎处世的道理吧。

【启示】六四位于上卦,这就暗示我们,地位很高的人每一句话都能产生非同小可的影响,这就更需谨言慎行。

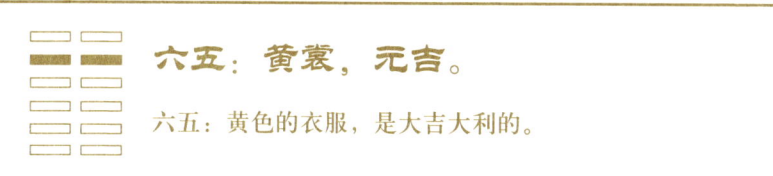

六五:黄裳,元吉。

六五:黄色的衣服,是大吉大利的。

【原文】《象》曰:"黄裳元吉",文在中也。

《文言》曰:君子黄中通理,正位居体,美在其中而畅于四支,发于事业:美之至也!

【译文】《象传》说:"黄色的衣服,是大吉大利的",由于黄色的衣服象征身份高贵的人有美好的品德。

《文言传》说:君子的美好品德好比黄色中和、通达文理,端正所处的地位而守礼,将才美蕴存在内心,畅流于四肢,发挥于事业,这才是最美的品德啊!

【启示】一个人虽说身居高位,但不自傲,为人谦虚,待人和善。这样,会赢得人民的信任,得到人民的帮助,从而为成功铺平道路。

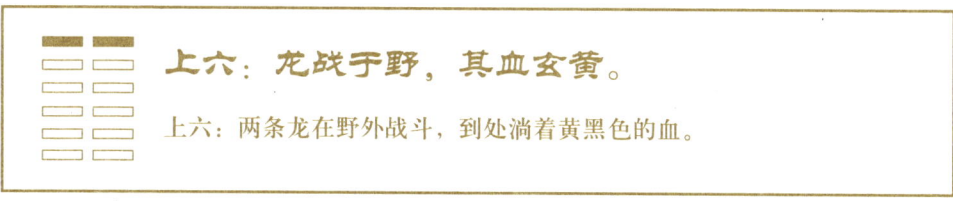

上六:龙战于野,其血玄黄。

上六:两条龙在野外战斗,到处淌着黄黑色的血。

【原文】《象》曰:"龙战于野",其道穷也。

《文言》曰:阴疑于阳必战。为其兼于阳也,故称"龙"焉;犹未离其类也,故称"血"焉。夫玄黄者,天地之杂也;天玄而地黄。

【译文】《象传》说:两条龙在野外战斗,说明双方的道路都被对方堵塞,谁也不愿意谦让,只有拼死一战,这对双方都不利。

《文言传》说:阴气凝结于阳气必然势均力敌,相互争斗。作《易》者是怕读者对《坤卦》没有阳爻而感到困惑，所以在爻辞中称"龙"代表阳；又因为阴不曾离失其配偶阳，所以在爻辞中称"血"代表阴阳交合。至于血的颜色为青黄相间，正是说明天地阴阳的血相互交合，所以天色玄而地色黄啊。

【启示】这一爻告诉我们，当双方的力量都非常强大，并且一方的发展将阻碍另一方的发展时，为了达到双赢，必须有一方能够从大局出发，包容对方，先退一步，让出大道让对方先过。

用六：永远保持顺从天道，这是吉利的。（此爻为特有爻题，只在《乾》、《坤》两卦中出现，《乾卦》为"用九"）

【原文】《象》曰："用六永贞"，以大终也。

【译文】《象传》说：用六表示纯阴，即永远顺从天道，这样就会有好的结果。

【启示】人们像地一样，永远顺从天道，具有柔顺、宽容等高贵品质，则会一帆风顺。

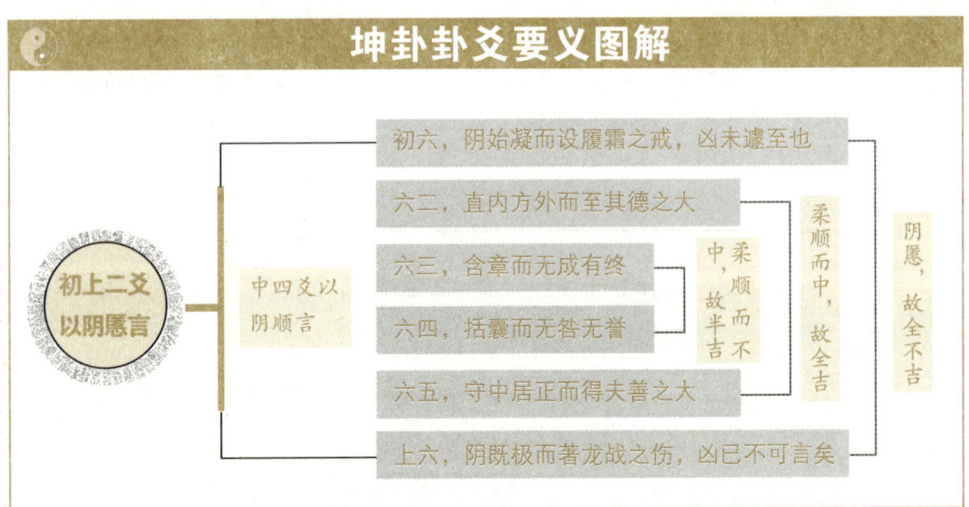

【总论】《周易》以《坤卦》继《乾卦》之后，寓有"天尊地卑"、"地以承天"的意旨。全卦，在于揭示"阴"与"阳"既相对立、又相依存的关系。《周易》一书发端于《乾》、《坤》两卦，正反映了作者对阴阳辩证关系具有一定深度的认识；换言之，作者要表达的是这样的观点，阴阳的相互制约和交合，正是宇宙间事物运动、变化、发展的动力和源泉。

【疑难解析】含章，可贞。或从王事，无成有终

"含章，可贞"的意思是才华不外露，则可得到吉祥的预兆。为什么才华不外露的人总能得到吉祥的预兆呢？首先，"含章，可贞"是六三爻的爻辞，从爻位来看，六三是阴爻阳位，是半刚半柔，所以这里的才不外露，指的是谦虚，谨慎，而不是指自卑。再说，"满招损，谦受益"是经许多人证明的真理。所以，才华不外露的人永远得到吉祥的预兆。

"或从王事，无成有终"的意思是才华不外露的人去为君王做事，即使没有什么成就，也会做到善始善终。这是为什么呢？

一般才华不外露的人很容易过分的谨慎，以至于难以替君王抓到有风险的大机会，但由于他天生谦虚，愿意改正自己的缺点，愿意听从君王及下属的意见，所以不会执迷不悟，自然不会导致大的灾祸。再说，从最终的决策权来说，他是属于君王的，自然不会由于他的优柔寡断而坏大事。其次，才华不外露的人天生谨慎，做事细心，自然而然对事物的考虑十分周全，在一般情况下，不会出差错，不会让一件事半途而废。再次，他的才华不外露会使他的行为是谦恭的，这样就会赢得君王的信任，于是，他的忠言往往容易进入君王的心里。

因此，有才华而不张扬的这种行为是值得提倡的。

括囊，无咎无誉。

"括囊"中"括"的意思就是系起来，"括囊"就是把口袋口扎起来。"无咎"就是没有灾，"无誉"就是没有赞誉，没有夸奖，在这里实际上是比喻人，如果一个人像扎口袋一样，遇到任何事情，不说话，不表示态度，那么他就既没有灾祸，也不会得到赞誉。

这是坤卦六四的爻辞。六四不同于六三，六三阴居阳位，有静有动，可退可守；但六四阴爻居阴位，又处于危惧之地，上下不交，无承无应，所以要秉持柔德自处。"括囊"，扎紧袋口，表面看上去很保守，但也很必要，这正表现了古人的智慧。"无咎无誉"，人往往想得到赞誉，却也因此就会获咎。所以孔子在《象传》中说："括囊无咎，慎不害也"。就是说言行谨慎，所以才会无害。

在古代，如果人生在乱世，世道非常混乱，说话就容易招来灾难，因此有的人就遇到什么事情都不说话，最后果然没有灾难。但是同样什么好事也没有他的，因为什么情况下他都不表态，不说话，即使人家有好事的话也不会想起他来。其实这种态度也是古人的一种处世哲学，值得我们思考，但却不能完全学习。

六十卦象象义图

壬子 坤下坤上 坤

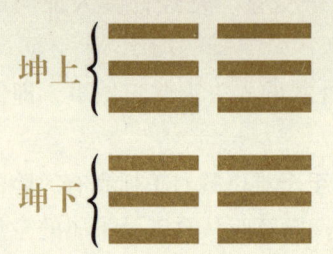

坤上

坤下

坤为至阴之卦，象征大地：元始，亨通，利于像雌马一样柔顺，守持正固将获得吉祥。从卦象上来看，坤卦的预言并不凶险，反而具有柔顺温和的特征。这就暗示着，即使有分裂，也会由于文明和顺而再次回归和合状态。

▶ 合久必分，分久必合

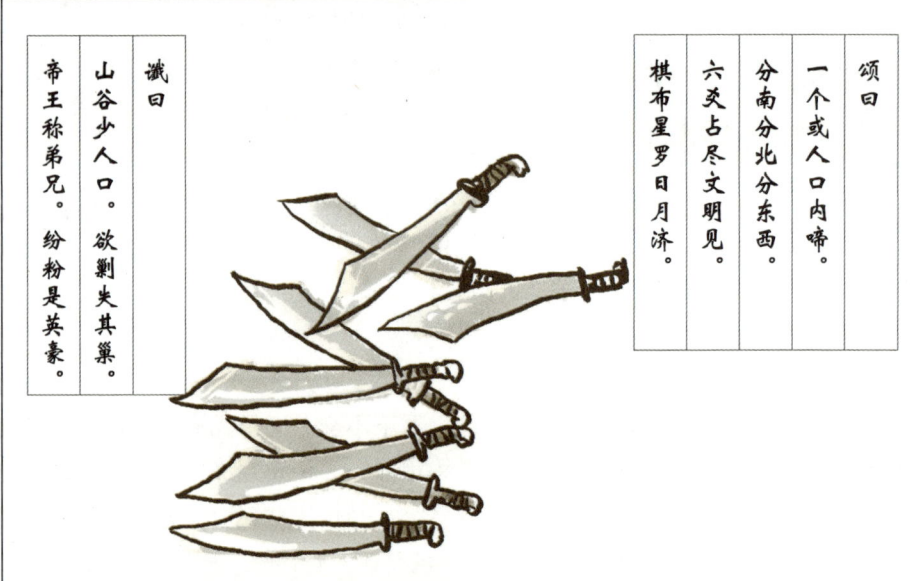

颂曰

一个或人口内啼。
分南分北分东西。
六爻占尽文明见。
棋布星罗日月济。

谶曰

山谷少人口。
欲剿失其巢。
帝王称弟兄。
纷纷是英豪。

| 金圣叹评注 | 久分必合，久合必分，理数然也，然有文明之象，当不如割据者之纷扰也。 |

叁. 水雷屯卦

屯：元亨利贞。勿用有攸往。利建侯。

《彖》曰：屯，刚柔始交而难生。动乎险中，大亨贞。雷雨之动满盈，天造草昧。宜建侯而不宁。

《象》曰：云雷，屯。君子以经纶。

《屯卦》：广大、亨通，去占卜能得吉卦。不能有所行动。有利于树立伟大的志向。

《彖传》说：《屯卦》是阴阳开始相遇，交汇在一起而生成险象，在艰难险阻中勇往直前，奋力扫除障碍，就会顺利。雷雨的动荡充满宇宙，使万物滋生，草木茂盛，生机盎然。宜于建国封侯，但这不是安宁的生活。

《象传》说：《屯卦》的上卦是坎，坎为云，下卦是震，震为雷，即一阳陷于两阴之间，此为屯卦。君子看到这个卦象，就应该立下壮志，规划实现目标的大体步骤。

【启示】《屯卦》包含着充满信心、艰苦奋斗的精神内涵。越是"初生"的事物，处于"草创"阶段的事业，越需要扶持、治理。此卦告诉我们，在创业伊始的困难扑面而来时，必须要做好面对新事物、新项目，应对艰难的思想准备。我们既不能无视困难，也不能被困难吓倒，要勇于面对种种困难，挑战挫折，磨砺意志，应坚信只要志坚不变，只要不盲目行事，就一定会迎来黎明的曙光。只有做到这些，才能在竞争中立于不败之地，才能不断发展壮大。所以，如果想要事业有所成就，想要有所作为，就要学习屯卦充满信心、艰苦奋斗的精神。

断易天机问占图

龙居浅水之卦，万物始生之象

屯卦卦象解义

古解：屯者，难也。象屯之时，动则难生，如常之事，先易后争。

今译：屯象征困难，处于"屯"的情况下，妄动则会陷入困境，平常的事情，要努力改变，刚毅果敢地去争取，就会有转机。

此卦为季布逃难卜得，高宗悯其忠，赦其无罪。此卦缺妻财。

- 一人在翘首盼望，旁边有一根竹竿，这是满心期盼，而不顾安危的意思
- 车子陷入泥中不能前行，意为事情遇到阻碍
- 一个人在射文书，意指占卜财运
- 刀在牛角上，是一个角字

- 一个盒子，这是和合的吉祥之兆
- 卧着的狗头上有一个回字，表示哭泣的意思

图解易经

【屯之爻】 初创艰难，奋发图治

① 初九，盘桓　　　　　　　　志行端正，居正不出
② 六二，屯如邅如　　　　　　阴柔中正，守正待时
③ 六三，即鹿无虞　　　　　　失正不中，应当舍弃
④ 六四，乘马班如，求婚媾　　解除"屯难"，前往获利
⑤ 九五，屯其膏　　　　　　　中正居尊，广施恩泽
⑥ 上六，乘马班如，泣血涟如　屯极终通，转祸为福

初九：磐桓，利居贞，利建侯。

初九：巨石压住草木。只要意志坚定、品行端正，就会吉利。这时，立下凌云壮志是大吉大利的。

【原文】《象》曰：虽磐桓，志行正也。以贵下贱，大得民也。

【译文】《象传》说：虽然徘徊不前，但志向正确和品行贞正。认为亲近比自己地位低下的人是可贵的，这样会深得民心。

【启示】处在创业的初期，困难重重，不要轻举妄动，应坚守正道，礼贤下士，以获得广大民众的帮助。

六二：屯如邅如，乘马班如。匪寇婚媾，女子贞不字，十年乃字。

六二：一群人骑着马却不行进，老在路上徘徊。不是前来抢劫的强盗，而是为了迎娶新娘的娶亲队伍。占卜预测女子近期不能生孩子，十年后才有孩子生。

【原文】《象》曰：六二之难，乘刚也。十年乃字，反常也。

【译文】《象传》说：六二爻的困难，是由于阴爻在阳爻之上。婚后十年才有孩子生，这是违反常理的。

【启示】这说明创业的道路是曲折的，十分艰难，要想成就大业，就要耐心等待时机成熟。

六三：即鹿无虞，惟入于林中。君子几不如舍，往吝。

六三：在捕捉野鹿时，没有管山林之人的帮助，独自一人跑进树林中去。君子认为继续追赶不如放弃猎物。因为如果继续追踪，很可能遭遇灾祸。

【原文】《象》曰："即鹿无虞"，以从禽也。"君子舍之"往吝穷也。

【译文】《象传》说：在捕捉野鹿时，即使没有管山林之人的帮助，也随鹿跑进树林。君子应放弃追捕野鹿，如继续追赶，很可能因找不到回去的路而遭遇灾祸。

【启示】在主客观条件都不成熟的条件下，我们不能为利所惑，盲目行动。

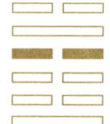

六四：乘马班如。求婚媾，往吉无不利。

六四：骑马的人都聚集在路口。若是去求婚，是吉祥的，并没有什么不利。

【原文】《象》曰：求而往，明也。

【译文】《象传》说：求婚者为了娶到自己心爱的女子而有所行动，是明智之举。

【启示】这一爻告诉我们，找到了能帮助你成就大业的指路人，尽管遭到拒绝的可能性很大，但是为了自己事业的成功，就应该勇敢地迈出第一步。

九五：屯其膏。小贞吉，大贞凶。

九五：囤积肥肉为祭祀作准备。囤积大量的肥肉占问小事则吉利，占问大事则凶险。

【原文】《象》曰："屯其膏"，施未光也。

【译文】《象传》说：囤积了大量的肥肉，是说明没有真正把恩惠施给广大民众。

屯象之图

坎卦在八卦方位图中位于北方，被称为太阴，震卦居于东方，被称为少阳。震卦的阳气下而上进入坎卦，阳气动，阴气陷，所以称为屯。

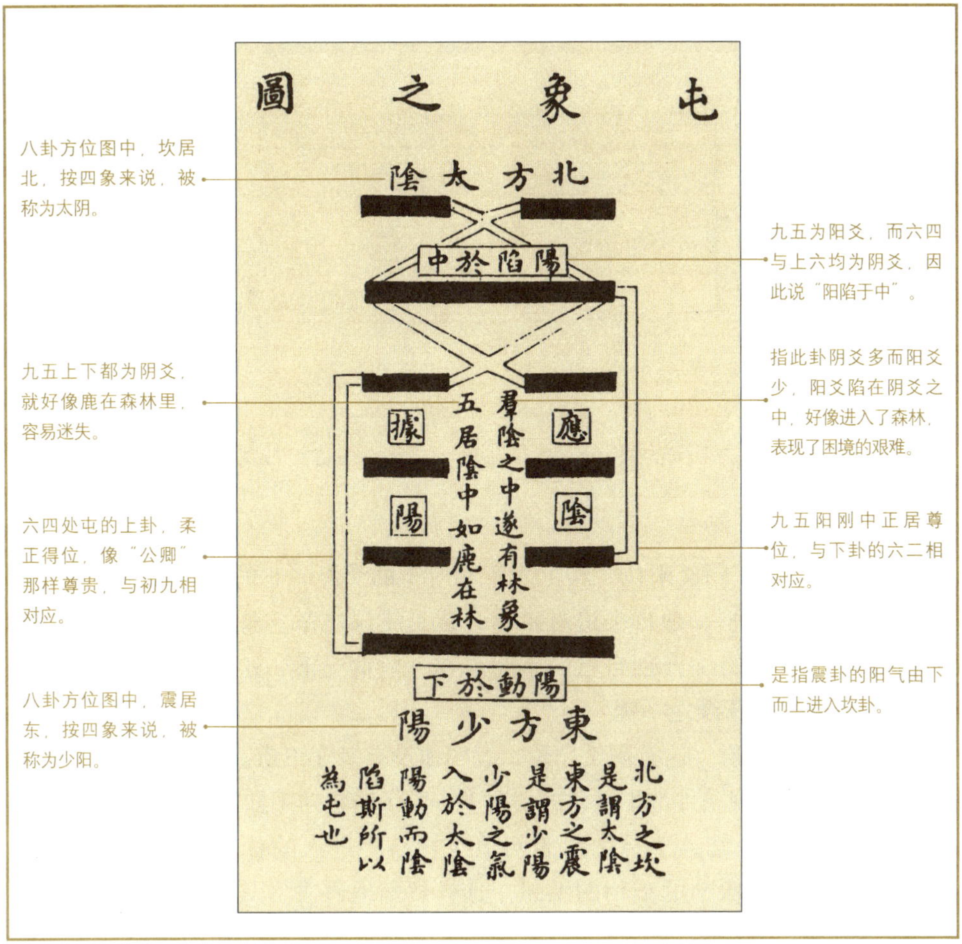

八卦方位图中，坎居北，按四象来说，被称为太阴。

九五为阳爻，而六四与上六均为阴爻，因此说"阳陷于中"。

九五上下都为阴爻，就好像鹿在森林里，容易迷失。

指此卦阴爻多而阳爻少，阳爻陷在阴爻之中，好像进入了森林，表现了困境的艰难。

六四处屯的上卦，柔正得位，像"公卿"那样尊贵，与初九相对应。

九五阳刚中正居尊位，与下卦的六二相对应。

八卦方位图中，震居东，按四象来说，被称为少阳。

是指震卦的阳气由下而上进入坎卦。

【启示】这一爻指出做大事的人要广施恩泽。

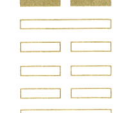

上六：乘马班如，泣血涟如。

上六：骑着马在路上转来转去，眼睛哭出了血，血和泪混在一起，涟涟而下。

【原文】《象》曰："泣血涟如"，何可长也？

【译文】《象传》说：眼睛哭出了血，血和泪混在一起，涟涟而下，这怎么能维持长久呢？

【启示】这一爻告诉我们，穷则变，变则通。

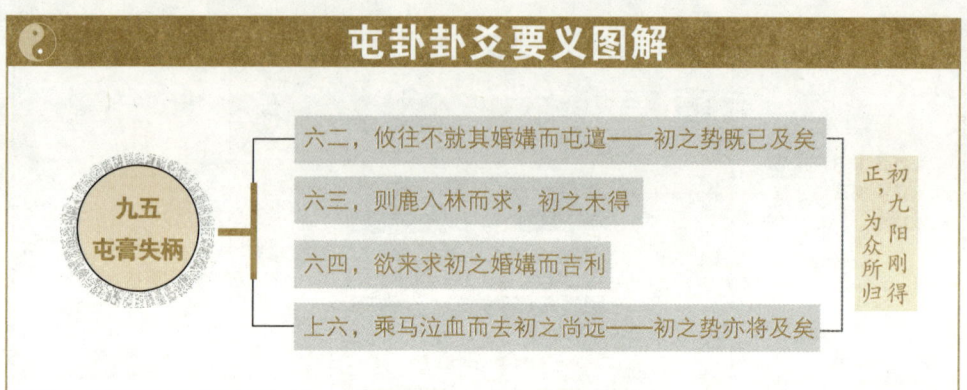

【疑难解析】即鹿无虞，惟入于林中。君子几不如舍，往吝。

这是六三爻（阴爻阳位，与上六不相应）的爻辞。它的大意是，如一个人在没有别人的帮助下，独自去追赶猎物，这是错误之举。就好比一个人在没有别人的指引下，独自去开创自己的事业。在一般情况下，这应是勇敢之举，为什么在这里变成了错误之举呢？

我们从卦画上看，这是阴爻阳位，表明他没有坚守正道。联系上下文，这里的正道是指在主客观条件都不具备的情况下，为了防止迷不知返，应断然放弃。

"即鹿无虞，惟入于林中"表明他对自己要进入的林子不熟悉，他之所以要进去，是受到眼前的猎物的诱惑。这样贸然地进去，其结果会怎样呢？显然是凶多吉少。也许你会觉得太言过其实了，不就是进林子追捕猎物吗？大家想想看，鹿也算珍贵的猎物，它在普通的林子里能藏身吗？显然不能。它必须找一个比较隐蔽的地方去藏身。所谓"隐蔽"是指地势复杂，状貌复杂，让人难以辨别，普通的人不敢进入。如果一个人进入一个自己分不清东南西北的地方，能不迷路吗？最糟糕的是，独自一个人去，想找个指点迷津的人都找不到，想回头都没有机会啦！

如果把它与现实联系起来，"即鹿无虞，惟入于林中"就好比一个人为了追逐名利，贸然进入一个自己不熟悉但回报丰厚的领域。就他个人实力而言，他是在创业的初期，拥有的资本非常有限。此时，他既无钱雇用内行作指导，又无耐心等待与他合作的内行的到来。很明显，无论是主观条件还是客观条件，都不成熟，结果自然是血本无归，再也没有翻身的机会。

从上述可知，如一个人在主客观条件都不成熟的情况下贸然行动，这是意气用事，不是勇敢之举。

屯其膏。小贞吉，大贞凶。

"屯其膏。小贞吉，大贞凶"的大意是：囤积大量的肥肉为祭祀作准备，去卜问小事是吉利的，去卜问大事是凶险的。为什么作了同样的准备，去卜问大事和小事的结果不一样呢？

首先，我们可以把这里的祭祀比作施恩惠。如囤积了大量的肥肉去祭祀某路神仙，那么就会造成不能广施的恩惠，因为根据能量守恒定律，在一定时期、一定范围内，财物是有限的，能让人施舍的恩惠也是有限的，有人得到大量的恩泽，就必定有大部分人得不到恩泽。

再说，干小事只需几个人帮忙，就能干成，而干大事必须要广大人民的帮忙，才能干成。

其次，从得到恩惠的少数几个人来看，当他们看到施惠者只施舍恩惠给少数几个人，而自己居然是其中的一个，便会感到无比的荣幸，愿意为他竭尽所能。但他们的力量是有限的，所以不利于去干大事。

再次，从得不到恩惠的人来看，如一个人只施舍一定的恩惠给周围的几个人，他们可能认为此人的视野不够开阔，眼光不够长远，是狗眼看人低，而且有拉帮结派之嫌，他们鄙视他，甚至敌视他，自然成为他成就大业的阻碍。

乘马班如，泣血涟如

"乘马班如，泣血涟如"意思是：骑着马在路上转来转去，眼睛哭出了血，血和泪混在一起，涟涟而下。这是上六的爻辞，《屯卦》中阴爻处阴位，且靠近阳爻的爻均有"乘马班如"的情形，且都与婚媾有关，这即表明阴阳两爻象男女二人乘马并行，这与当时的婚俗有密切联系。此卦中只有两个阳爻，九五与六二阴阳相应，但最终初九与六二相应，九五与六四相应，只剩下上六没有婚配，所以爻辞中说"泣血涟如"，正表现了上六无所应的悲伤。但《象传》说："泣血涟如"，这样的情况能够长久吗？所以只要跟随"时"、"位"的变化，终会"屯极终通"，而"吉无不利"。

上六爻虽从"时"与"位"的角度分析，事情已经到了初创完成的阶段，可仍旧处于初创期，所以应保持谨慎、警惕，需要踏实地创业，若满足于现状而不求进取，或忽视危机的存在，将来也许就只有"泣血涟如"的份儿了。

六十卦象象义图

乙亥 震下坎上 屯

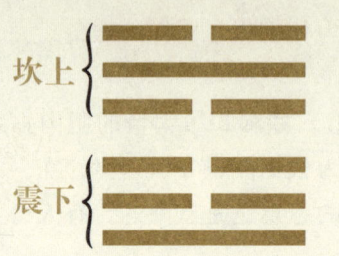

坎上
震下

屯卦上坎为水，下震为雷，水在雷上表示雨尚未形成，是即将下雨的征兆，象征初生。这里表示天地初创，国家始建，而石敬瑭也正是为了做皇帝，建立属于自己的王朝，才向契丹乞求称臣的。

▶▶ 国之兴亡，系铃解铃

谶曰

统二八州。
己非唐土。
块然一石。
谓他人父。

颂曰

反兆先多口。
出入皆无主。
系铃自解铃。
父亡子亦死。

金圣叹评注	此象主石敬瑭求救于契丹。唐主遣张敬达讨石敬瑭，敬瑭不得已，求救于契丹，事之以父礼，贿以幽蓟十六州。晋帝之立国契丹功也，然卒以契丹亡，故有系铃解铃之兆。

肆 山水蒙卦

蒙：亨。匪我求童蒙，童蒙求我；初筮告，再三渎，渎则不告。利贞。

《彖》曰：蒙，山下有险，险而止，蒙。"蒙，亨"，以亨行时中也。"匪我求童蒙，童蒙求我"，志应也。"初筮告"，以刚中也。"再三渎，渎则不告"，渎蒙也。蒙以养正，圣功也。

《象》曰：山下出泉，蒙。君子以果行育德。

《蒙卦》：亨通。不是我去求蒙昧的人来接受教育，而是蒙昧的人请求我传播知识给他。第一次向神请教，神灵给了他一些告示。如果一次又一次地卜问，以得到令自己满意的结果，将会亵渎神灵，神灵一定不会理睬他。但只要品行纯正，诚心诚意，就有利于去占卜。

《彖传》说：《蒙卦》的卦象是山下有水，水被高山阻隔，无法流入大江大河，汇入大海，因而处于蒙昧状态，所以把它叫做《蒙卦》。"蒙昧却能宏大、顺利"，是因为思想相通，而且行动合乎中庸之道。"不是我去求蒙昧的人来接受教育，而是蒙昧的人请求我传播知识给他"，是说明占筮者与求筮者的关系是相互应和的。"第一次占筮，神灵会给他一些信息"，这是因为阳刚居中。"一次又一次地卜问，以得到令自己满意的结果，因此亵渎了神灵，神灵一定不会理睬他"，这表明亵渎就是蒙昧的表现。通过启蒙教育，可以把蒙

断易天机问占图

人藏禄宝之卦，万物始生之象

蒙卦卦象解义

古解： 蒙者，昧也。山下有泉，回还反覆，迷闷相连，多忧过失。病患相缠，欲进欲退，疑惑不前。

今译： 蒙，即蒙昧的意思。山下有水，道路昏暗，不明险阻，将担忧过失。可能会有病患缠身，想进又想退，疑惑不前。

此卦为王莽篡汉卜得之卦，乃知汉室必有中兴之王。卦中缺妻财。

一只鹿驻足回首，旁边有一堆钱，表示财禄皆至

两人在江中奋力撑船，船中满载奇珍异宝

河边李树上一枝条被折断，但还有其他枝条

盒子代表自然和合的吉祥之兆

【蒙之爻】启蒙育智，去除蒙昧

① 初六，发蒙　　启发蒙稚，树立典范
② 九二，包蒙　　包容蒙昧，大吉大利
③ 六三，勿用娶女　阴柔失正，不合礼仪
④ 六四，困蒙　　陷于蒙稚，有所憾惜
⑤ 六五，童蒙　　得中居尊，承教于师
⑥ 上九，击蒙　　教治蒙稚，不宜过急

昧无知的人培养成品质纯正的人，这就是圣人的工作。

《象传》说：《蒙卦》的卦象是坎在下、艮在上，坎为水、艮为山，即山下有泉水，所以把它叫做《蒙卦》。君子看到这种情况，必须果断行事，完善自身，培养高尚的品德。

【启示】这一卦告诉我们，对一个人而言，要想在社会上立足，要想有所作为，必须先接受教育，解除蒙昧状态；对社会而言，要想发展，必须大力推行教育，并且要把教育看成双边活动。

初六：发蒙，利用刑人，用说桎梏，以往吝。

初六：在启发蒙昧的人时，像用刑具惩罚罪犯一样施用一些非常手段，是有利的。如果不规范，任其发展下去，必然会遭遇灾祸。

【原文】《象》曰：利用刑人，以正法也。

【译文】《象传》说：像用刑具惩罚罪犯一样施用一些非常手段，是有利的，说明要依照严格的法规端正蒙昧的人的行为。

【启示】这一爻告诉我们，在孩子还处于蒙昧状态时，要对孩子严加管教，以免误入歧途。

九二：包蒙，吉。纳妇，吉。子克家。

九二：包容蒙昧儿童的愚昧无知，这是很吉利的。纳娶新媳妇，也是吉祥的。儿子能自撑家业了。

【原文】《象》曰："子克家"，刚柔接也。

【译文】《象传》说：儿子能自撑家业，这是因为男女刚柔相济的结果。

【启示】这一爻告诉我们，在对蒙昧儿童施行惩罚之后，我们不能在其伤口上再撒一把盐，应包容他们的缺点，鼓励他们敢于正视自己的缺点，从而改正错误，走上正轨。千万记住，教育的目的是使他们走上成功。

六三：勿用娶女，见金夫，不有躬，无攸利。

六三：不要和这样的女子成婚，因为她见到有钱有势的男人就会变心，不会保护自身。娶她做老婆没有什么好处的。

【原文】《象》曰："勿用娶女"，行不顺也。

【译文】《象传》说：不要和这样的女子成婚，是因为这个女子的行为违反了人民认可的礼仪。

【启示】这一爻暗示我们，如果蒙昧的儿童品行不端正，意志不坚定，则会以他所学的对付人民，甚至自己的恩师，所以在收弟子时，要注意对他的品德进行考核。

六四：困蒙，吝。

六四：人为蒙昧所困扰，将会遭遇灾祸。

【原文】《象》曰："困蒙之吝"，独远实也。

【译文】《象传》说："人为蒙昧所困扰"，是因为与世隔绝，脱离了现实社会。

【启示】它告诉我们，人要摆脱蒙昧，就要脱离他所处的蒙昧的环境。

六五：童蒙，吉。

六五：儿童愚昧无知，是吉利的。

【原文】《象》曰："童蒙之吉"，顺以巽也。

【译文】《象传》说："儿童蒙昧无知之所以吉利"，是因为他们柔

蒙象养正图

蒙卦所蕴含的哲学意义就是行中正之道，即《象》辞中说的“‘初筮告’，以刚中也。‘再三渎，渎则不告’，渎蒙也。蒙以养正，圣功也。”

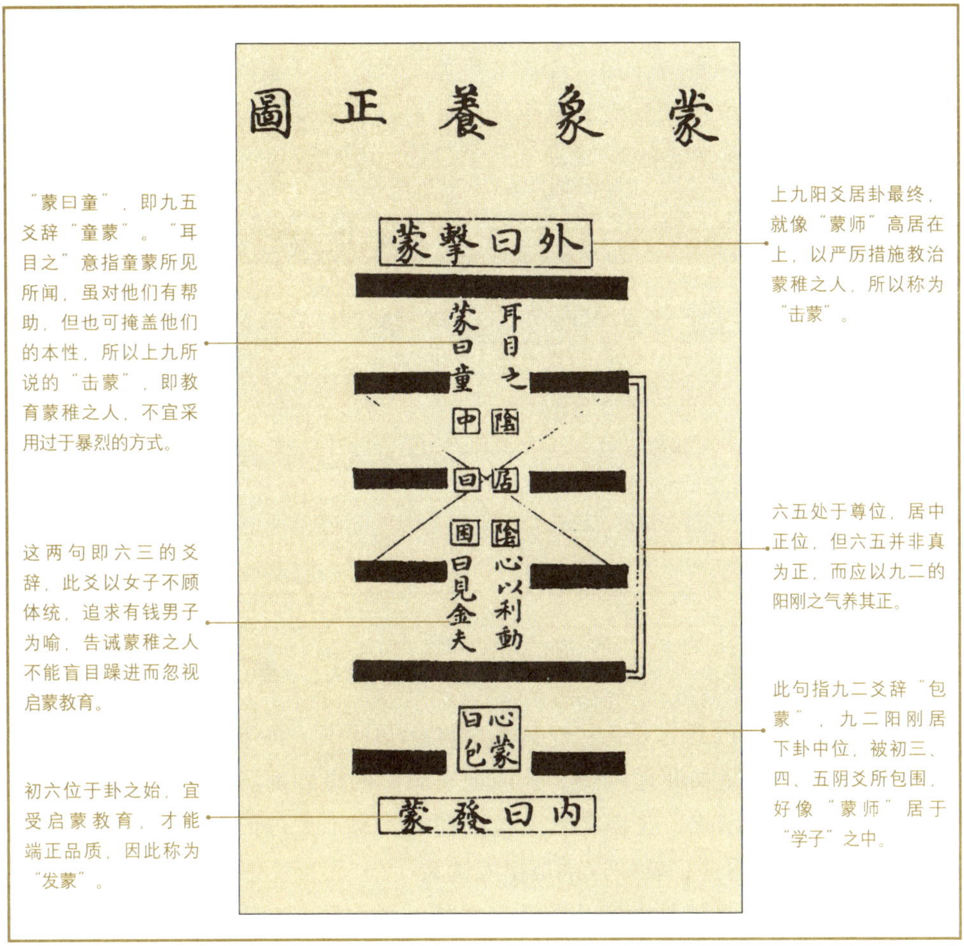

蒙象養正圖
外曰擊蒙
內曰發蒙
“蒙曰童”，即九五爻辞“童蒙”。“耳目之”意指童蒙所见所闻，虽对他们有帮助，但也可掩盖他们的本性，所以上九所说的“击蒙”，即教育蒙稚之人，不宜采用过于暴烈的方式。
这两句即六三的爻辞，此爻以女子不顾体统，追求有钱男子为喻，告诫蒙稚之人不能盲目躁进而忽视启蒙教育。
初六位于卦之始，宜受启蒙教育，才能端正品质，因此称为“发蒙”。
上九阳爻居卦最终，就像“蒙师”高居在上，以严厉措施教治蒙稚之人，所以称为“击蒙”。
六五处于尊位，居中正位，但六五并非真为正，而应以九二的阳刚之气养其正。
此句指九二爻辞“包蒙”，九二阳刚居下卦中位，被初三、四、五阴爻所包围，好像“蒙师”居于“学子”之中。

顺、乖巧，能虚心学习。

【启示】一个人不怕愚昧无知，怕的是认识不到自己的短处，不愿虚心向比自己强的人请教。

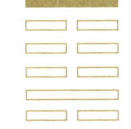

上九：击蒙。不利为寇，利御寇。

上九：打击蒙昧的人。像强盗一样野蛮就可能招来灾祸，用来抵御强盗的入侵是吉利的。

【原文】《象》曰："利用御寇"，上下顺也。

【译文】《象传》说："用来防御强盗之所以有利"，是因为上下关系顺畅，目标一致。

【启示】对蒙昧无知的人进行教育时，如采取过于暴烈的手段惩罚受教育者，则会适得其反，我们应向他们讲清教育者和受教育者的目标是一致的：推进人类社会从蒙昧走向开化，走向文明的进程。说得具体一点，就如老板应向员工做这样的宣传："我们的目标是一致的，就是要共同努力，共同在激烈的竞争中求一席之地得以安身。"

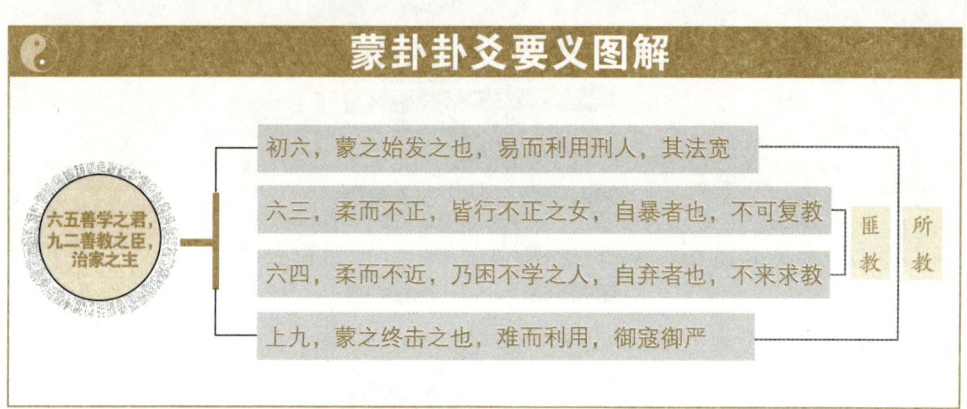

蒙卦卦爻要义图解

六五善学之君，九二善教之臣，治家之主

- 初六，蒙之始发之也，易而利用刑人，其法宽
- 六三，柔而不正，皆行不正之女，自暴者也，不可复教　匪教
- 六四，柔而不近，乃困不学之人，自弃者也，不来求教　所教
- 上九，蒙之终击之也，难而利用，御寇御严

【疑难解析】"困蒙，吝"和"童蒙，吉"

"困蒙，吝"的意思是，一个人为蒙昧无知所困，将遭遇灾祸。世界是千变万化的，而且它是如此地广阔，谁能把它蕴涵的奥妙都洞悉到？以此类推，我们都会被蒙昧所困扰，灾祸将紧紧包围我们。这不太可怕了吗？其实，只要我们理解它真正的含义，就知道这是杞人忧天。

"困蒙，吝"是蒙卦六四爻的爻辞。从卦画上看，六四是阴爻阴位，与上九阳刚隔得太远，这就好比一个人本身愚昧无知，又处在愚昧的环境中，在那里，谁都不认为自己是愚昧的，更不愿意虚心向别人学习，自然无知的领域越来越大，而且为了掩饰自己的无知，还不懂装懂，结果在处理问题时，力不从心，给自己也给别人造成灾害。此时，我们不难看出，"吝"的真正原因不是为蒙昧无知所困，而是被蒙昧无知所困时不能虚心向别人学习。

现在，我们再仔细揣摩"童蒙，吉"的含义，就更不用担心"困蒙，吝"，而且知道怎样摆脱蒙昧。

"童蒙，吉"的意思是儿童愚昧无知，是吉利的。首先，从儿童的特性来看，儿童虽说蒙昧无知，但他天生柔顺，愿意虚心向别人学习。其次，在儿童所处的社会存在这样一种思想，儿童无知是天真可爱，但成年人无知是愚蠢，是会遭人耻笑的。所以，儿童会毫不掩饰自己的无知，而且谁都愿意为他解除这种蒙昧的状态，这样儿童会变得越来越聪明，无知的领域越来越少，避免因无知带来的灾难的手段就会越来越高明。

综上所述，我们要获得吉祥，就要做到虚心向别人学习。为达到这个境界，应做到以下几点：一、呼吁全社会的人学会包容成年人的缺点，让所有人不以自己的无知为耻；二、即使社会没形成良好的学习之风，我们也要"不耻下问"，因为"不耻下问"的耻辱是一时的，而不去问的话，就会永远为无知所困，而且不懂装懂会使自己面临险境，因为别人不知真实情况，会让我们去做力所不能及的事。

六十卦象象义图

戊申　坎下艮上　蒙

艮上
坎下

蒙卦卦辞中说：不是我有求于幼童，而是幼童有求于我。当他第一次向我请教，我有问必答，如果一而再、再而三地没有礼貌地乱问，则不予回答。利于守正道。可见，此卦说的正是由于其他国家对另一国家的不断挑衅，而爆发了海上战争。

▶ 太平之世，又见兵戎

谶曰

有客西来。至东而止。
木火金水。洗此大耻。

颂曰

炎运宏开世界同。
金乌隐匿白洋中。
从此不敢称雄长。
兵气全销运已终。

金圣叹评注

此象于太平之世复见兵戎，当在海洋之上，自此之后，更臻盛世矣。

伍. 水天需卦

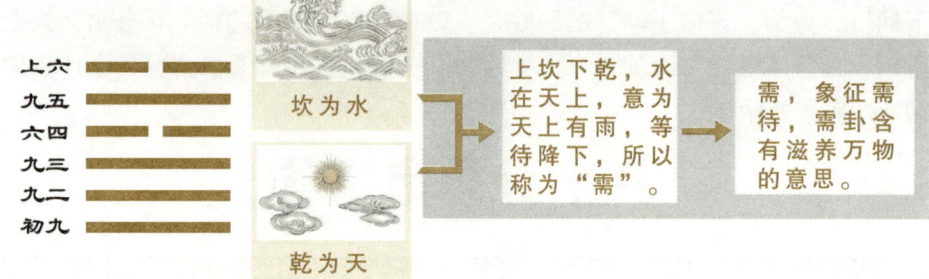

需：有孚，光亨，贞吉。利涉大川。

《彖》曰："需"，须也，险在前也。刚健而不陷，其义不困穷矣。"需，有孚，光亨，贞吉"，位乎天位，以正中也。"利涉大川"，往有功也。

《象》曰：云上于天，需。君子以饮食宴乐。

《需卦》：有诚心，能得到人们的信任，顺利排除万难，去占卜，能得到吉祥的预兆，有利于渡过大江大河。

　　《彖传》说：需是等待的意思，即有危险在前面。强壮且有阳刚之气就不会陷入危险的境地，因为耐心等待佳机就不会为绝境所困扰。"《需卦》：有诚信、宏大、通达，卜问的结果是大吉大利的"，这时处于"天"的位置，这是正中之位。如此时去渡大河是有利的，积极行动便能建立功业。

　　《象传》说：《需卦》的卦象是下卦为乾，乾为天；上卦为坎，坎为水，表示水在天上，水汽在天上聚集在一起，便形成了云层，乌云密布，雨还未下，需要耐心等待时机，所以称之为《需卦》。此时，君子可以去饮酒作乐，尽情享受，等待适当的时机。

　　【启示】《需卦》中"需"字，意为停留等待。卦辞认为，初遇困难，要耐心等待有利时机，时机一旦成熟便积极行动，一定会有所成就的。也就是说，既要求其所"需"，又要"待"其适时。所以，人们一方面要谨慎，明确自己的奋斗目标，另一方面要时刻准备出击。

断易天机问占图

云霭中天之卦，密云不雨之象

蒙卦卦象解义

古解：需者，须也。云行于天，见险不前，将身有危，恐破勾连，大事欲主，忧虑悬悬，光亨贞吉，利涉大川。

今译：需为踌躇、等待。下卦乾为刚健，但前面有险，将有危难，心里有很多忧虑，事情决定不下来，但守正可得吉，利于涉越大川。

此卦蔡顺遇赤眉贼，卜得之后乃知，必脱大难也。此卦缺父母。

- 一人攀附在龙尾上，仿佛想把真龙变成其他的事物
- 皓月当空，意指一片光明
- 一座坟墓，预示戌年会得到福禄
- 一僧人接引，表示将得到贵人的帮助
- 一扇门，代表龙门

伍 水天需卦

【需之爻】容忍守静，守正需待

① 初九，需于郊　　保持恒心，不要盲动
② 九二，需于沙　　略受责难，静待不躁
③ 九三，需于泥　　敬谨审慎，避免危败
④ 六四，需于血　　顺应变化，听命时势
⑤ 九五，需于酒食　刚健中正，守持正固
⑥ 上六，入于穴　　刚柔相应，恭敬相待

初九：需于郊，利用恒，无咎。
初九：在郊野等待时机，如果有恒心，这是有利的，没有危险。

【原文】《象》曰："需于郊"，不犯难行也。"利用恒，无咎"，未失常也。

【译文】《象传》说："在郊野等待时机"，不能冒着危险轻率地采取行动。"有恒心地等待时机，是吉利的，没有危险"，因为没有违背常理。

【启示】这一爻告诉我们，如耐心地等待时机，就不会有危险。

九二：需于沙，小有言，终吉。
九二：在沙滩上等待，即使会被责难，但不被闲言闲语动摇，最后也是吉祥的。

【原文】《象》曰："需于沙"，衍在中也。虽小有言，以终吉也。

【译文】《象传》说："在沙滩上等待"，水流在沙中漫延。即使稍有议论，但最终是吉利的。

【启示】这一爻为"九二"，比"初九"更接近危险，虽然还没有大的灾难，但贸然迎难而上，很可能会招致灾难。因此我们必须再耐心地等待，等时机成熟才行动，就能成功。

九三：需于泥，致寇至。

九三：在泥泞中等待，随时可能招来强盗的侵扰。

【原文】《象》曰："需于泥"，灾在外也。自我致寇，敬慎不败也。

【译文】《象传》说：在泥泞中等待，灾难就在外边，随时都有可能降临。自己招来强盗，要更加谨慎，才不会失败。

【启示】这一爻告诉我们，越接近危险，越要谨慎，不可妄进，以免陷

需须之图

需卦四阳二阴，六爻不论刚柔，各能容忍守静、敬慎待时，所以或吉，或无咎，或化险为夷，或有人相助，皆不呈凶相。

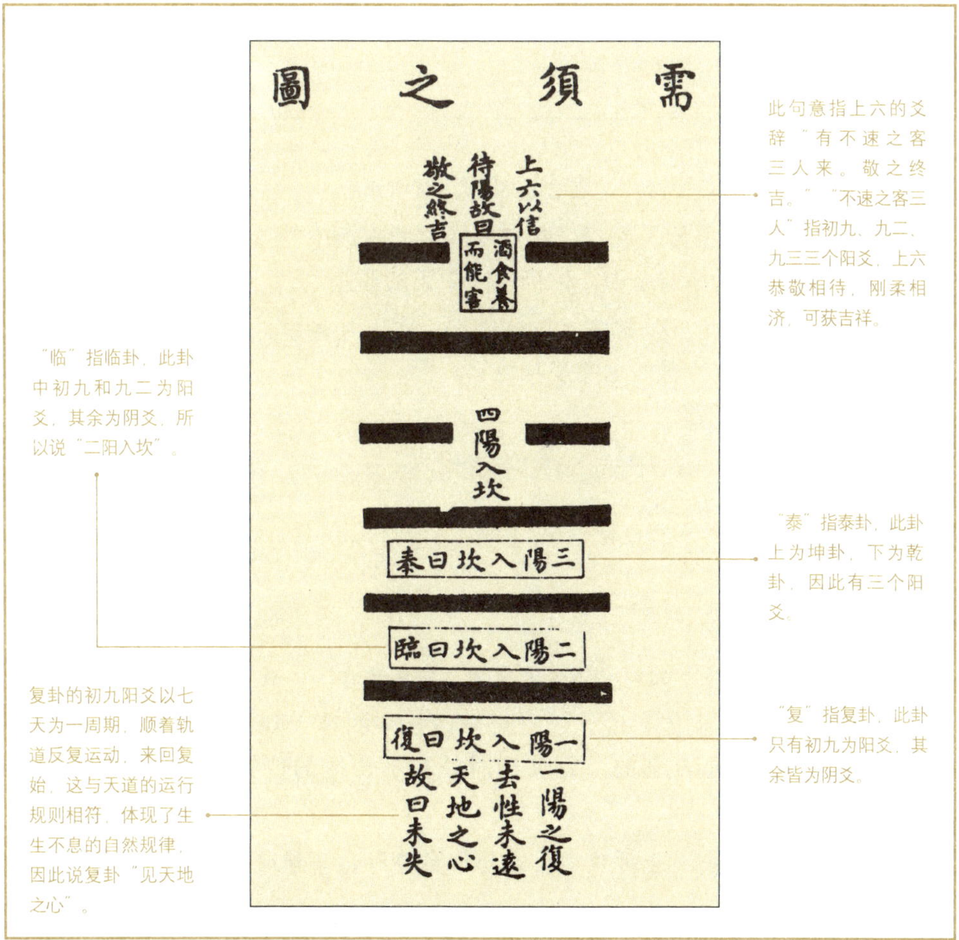

此句意指上六的爻辞"有不速之客三人来。敬之终吉。""不速之客三人"指初九、九二、九三三个阳爻。上六恭敬相待，刚柔相济，可获吉祥。

"临"指临卦，此卦中初九和九二为阳爻，其余为阴爻，所以说"二阳入坎"。

"泰"指泰卦，此卦上为坤卦，下为乾卦，因此有三个阳爻。

"复"指复卦，此卦只有初九为阳爻，其余皆为阴爻。

复卦的初九阳爻以七天为一周期，顺着轨道反复运动，来回复始，这与天道的运行规则相符，体现了生生不息的自然规律，因此说复卦"见天地之心"。

入不可自拔之地。

六四：需于血，出自穴。

六四：在血光凶险之地等待，对手随时有可能从洞穴中出来袭击。

【原文】《象》曰："需于血"，顺以听也。

【译文】《象传》说："在血光凶险之地等待"，顺应天道，等待化险为夷的时机。

【启示】这一爻告诉我们，已处在非常危险的境地，稍有不慎，就会招致大的灾祸。因此，我们不可意气用事，应顺应变化以转危为安。

九五：需于酒食，贞吉。

九五：在安闲的饮酒吃饭中等待，占卜的结果是吉祥的。

【原文】《象》曰："酒食贞吉"，以中正也。

【译文】《象传》说："在安闲的饮酒吃饭中等待，占卜的结果是吉祥的。"这是因为虽然在安全中，但仍遵守中正的原则。

【启示】"九五"是阳爻阳位得正，在上卦得中，处于安全的位置。这表明，即使在安全等待时，也要坚持纯正。

上六：入于穴，有不速之客三人来，敬之，终吉。

上六：突然有三位客人未经邀请就来到了洞里，热情招待他们，最终会得到吉祥的预兆。

【原文】《象》曰："不速之客来，敬之终吉"。虽不当位，未大失也。

【译文】《象传》说，"三位不请自来的客人到来了，恭敬、热情地招待他们"，终究是吉利的。即使当时处在不合适的位置，但也没有太大的损失。

【启示】这一爻告诉我们，在处于劣势时，不能硬碰硬，应以退为进，以柔克刚。

需卦卦爻要义图解

【疑难解析】入于穴，有不速之客三人来，敬之，终吉

"入于穴，有不速之客三人来，敬之，终吉"的大意是：如有不速之客前来，好好招待他们，就能获得吉祥。乍一看，觉得不可思议，如仔细想想，就懂得了其中的缘由。

一、一个人处于劣势时，好好招待不速之客，能为自己赢得时间。一方面能为自己赢得观看他人意图的时间，这样不会因仓促行事而造成误会。另一方面为自己采取正确策略赢得时间。因为别人看到他从容行事，也不知他的葫芦里卖的是什么药，即使他们有坏的企图，也不敢贸然行事。

二、好好招待他们，还有可能感化他们，或消除误会。因为在一般情况下，人们都认可：以恩报恩，以德报德。再说，也许他们是受小人的唆使而来的，如他们看到他的善意的招待，那么小人的谎言就会不攻自破。

三、好好招待他们，还能引起别人进行错误的猜想：这个人肯定是弱者，不值得提防。而他将计就计，假装无能，使客人麻痹大意，便有了进行反攻的机会。

所以说，热情招待他们，最终是吉利的。因为它是一种更高明的等待，以退为进，伺机而动。

上六为需卦之终，处卦之极，极则反下于穴，所以易招来不速之客。在历史事件中，刘邦与项羽之争可解此爻之义。

刘邦先入关中，本应为关中的主人，项羽后率大军气势汹汹而来，可以说是"不速之客"。项羽之后又为刘邦设下鸿门宴，刘邦礼敬相待，终于化凶为吉。人一生中，难免会遇到这样的不速之客，处于这种境况之时，在没有把握能打败对方，就必须恭敬地礼待他，哪怕是虚假的，也要对其相敬以待，以免遭致杀身之祸。这种情况下的礼敬虽不是发自内心的，但不失为人自卫的一种手段。这也是为人处世，尤其是应对不怀好意的不速之客的一种好方法。

六十卦象象义图

戊午　乾下坎上　需

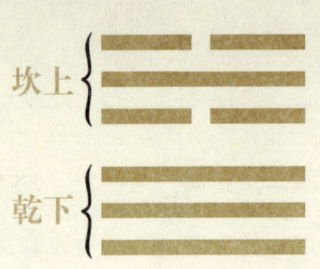

坎上
乾下

需卦上坎下乾，即水在天上，等待降下，象征"需待"。这一卦象暗示着，初遇困难，要耐心等待有利时机，时机一旦成熟便积极行动，一定会有所成就。正如国家出现政治斗争，要等待有利时机，主动出击将叛乱势力铲除。

▶ 政治斗争，始乱终治

谶曰
惧则生戒。无远勿届。
水边有女。对日自拜。

颂曰
觊觎神器终无用。
系翼小心有臣众。
转危为安见节义。
未必河山自我送。

金圣叹评注：此象有一石姓或刘姓一统中原，有一姓汝者谋篡夺之，幸有大臣尽忠王室，戒谨惕励，一切外侮不灭自灭，虽乱而亦治也。

陆. 天水讼卦

上九
九五
九四
六三
九二
初六

乾为天

坎为水

上乾下坎，天西转而水东流，两者背向而行，像人与人不和而争辩，因此称为"讼"。

讼，即争讼的意思。

讼：有孚窒惕，中吉，终凶。利见大人，不利涉大川。

《彖》曰：讼，上刚下险。险而健，讼。"讼：有孚窒惕，中吉"，刚来而得中也。"终凶"，讼不可成也。"利见大人"，尚中正也。"不利涉大川"，入于渊也。

《象》曰：天与水违行，讼。君子以作事谋始。

《讼卦》：有诚信的人要谨防道路被堵塞，途中是吉利的，最后有凶险。拜见位尊且德高的人是吉利的，贸然去渡大江大河是不吉利的。

《彖传》说：《讼卦》，是指上面有刚健下面有凶险，就个人而言，外表刚强的人可能会遭遇凶险，因为他生性耿直，容易与人发生争斗，这就是《讼卦》。"《讼卦》卦辞说：有诚信，但要谨防道路被堵塞，途中是吉利的"，这是刚健的人面临危险还能坚守纯正的原则。"后来有凶险"，表明最终难以成就大业。"有利于会见位尊且德高的人"，说明人民崇尚品行中正的人。"不利于涉水渡河"，说明如恃强倚勇，贸然前往，将会坠入深渊。

《象传》说：《讼卦》的乾卦三阳爻位于坎卦之上，坎为水，乾为天，天与水各自向相反的方向运行，因此会发生争斗，所以君子在开始做事时，要细细谋划。

【启示】《讼卦》告诉我们，一个外表刚强、品行纯正的人容易与人发生矛盾，一旦与人发生争论，这就会成为他成就大业的阻碍。这就暗示我们，如果不是原则问题，应该退让，尽量与人和谐相处。

断易天机问占图

俊鹰逐兔之卦，天水相违之象

讼卦卦象解义

古解：讼者，论也。天道西往，水却东流，求事未遂，心常怀忧，争讼宜止，可用和休。

今译：讼为争论、诉讼，上卦乾天，向西转动，下卦坎水却向东流，所求之事未成，有着诸多忧虑，宜停止争讼，求取和合。

此卦汉高祖斩丁公疑惑，卜得之，后果遭戮也。

一人站在老虎附近，象征将会受到惊吓

"口舌"二字，表示祸从口出

文书在云中漂浮，表示还未出现争讼

山下有一只睡着的猛虎，意指人将有惊恐

【讼之爻】持中守正，息讼免争

① 初六，不永所事　　略受中伤，辩明是非
② 九二，不克讼　　　适可而止，及时逃避
③ 六三，食旧德　　　守持正固，正直自勉
④ 九四，不克讼　　　放弃争讼，守持正固
⑤ 九五，讼，元吉　　明决争讼，公平公正
⑥ 上九，终朝三拕之　讼不可极，禄不可争

初六：不永所事，小有言，终吉。

初六：不要为小事与人长久地争吵，即使遭遇到一点责难，最终也是吉利的。

【原文】《象》曰："不永所事"，讼不可长也。虽"小有言"，其辩明也。

【译文】《象传》说："不要为小事与人长久地争吵"，说明争斗的时间不能太长。即使遭遇到责难，但还是有利于辨明其中的是非。

【启示】这一爻告诉我们，长期与人为小事争吵是无聊的，是毫无作用的，我们应及时抽身，让时间作出公正的判断。对于个人而言，不要为了满足自己一时的好胜心理，出言不逊，伤了和气。

九二：不克讼，归而逋，其邑人三百户。无眚。

九二：不能在争斗中胜出，回去并逃到有三百户人家的村子里。没有什么灾难。

【原文】《象》曰："不克讼"，归逋，窜也。自下讼上，患至掇也。

【译文】《象传》说："不能在争斗中胜出"，回到家里，并赶紧逃亡到外地，这是躲避灾祸。因为自己没什么地位，与比自己势力强的人进行争斗，很容易招致更大灾祸。

【启示】这一爻是阳爻阴位，在下卦，在争斗中处于劣势，此时，应采取明智之举——退避三舍。

陆　天水讼卦

六三：食旧德，贞厉，终吉。或从王事，无成。

六三：坚守着祖先传下来的规矩，恪守正道，虽遇危险，但终究会得到吉祥；或者顺从九五所推行的德行，争讼不会发生。

【原文】《象》曰：食旧德，从上吉也。

【译文】《象传》说：坚守着祖先传下来的规矩，最终得到吉兆，说明只要依仗祖先的阴德就可以获得吉祥。

讼象之图

乾卦居于亥位，坎卦处于子位，亥和子都代表北方，五行之中都属于水，所以最初是没有争执的。但是乾为天，而坎为水，天西转，水东流，云气上蒸，坎水下注，因此就有了争讼的意思。

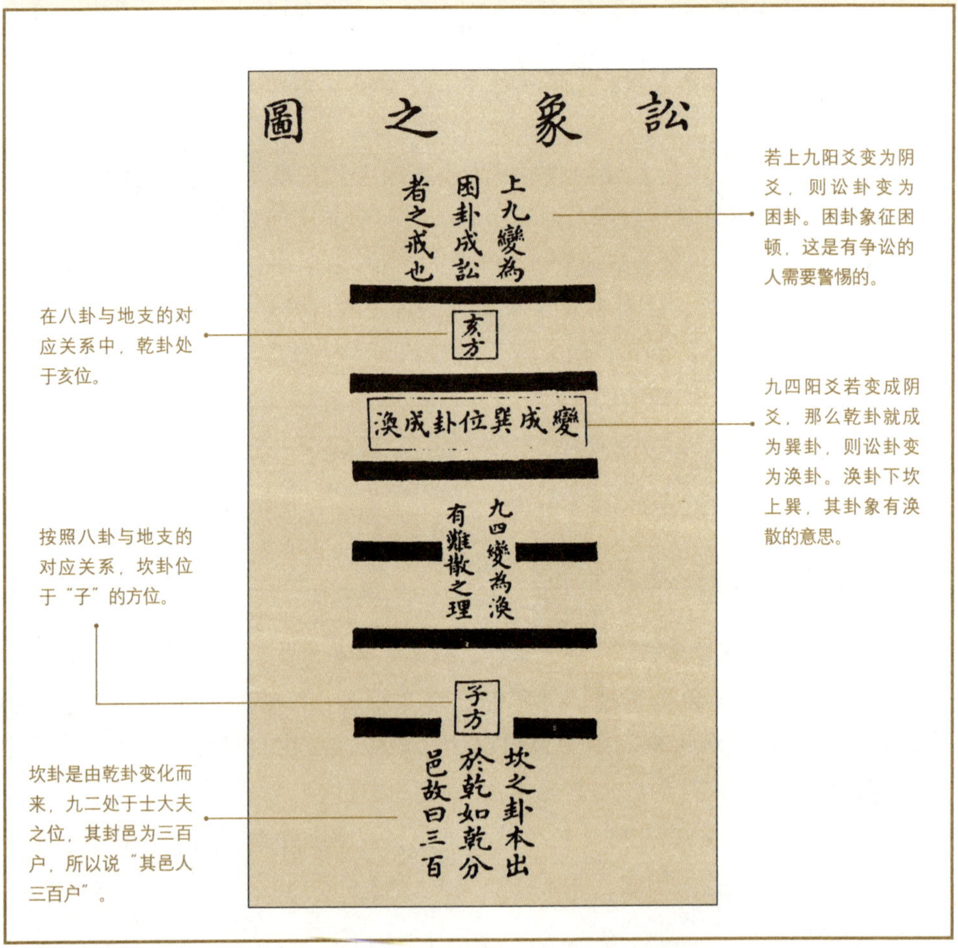

讼象之图

若上九阳爻变为阴爻，则讼卦变为困卦。困卦象征困顿，这是有争讼的人需要警惕的。

在八卦与地支的对应关系中，乾卦处于亥位。

九四阳爻若变成阴爻，那么乾卦就成为巽卦，则讼卦变为涣卦。涣卦下坎上巽，其卦象有涣散的意思。

按照八卦与地支的对应关系，坎卦位于"子"的方位。

坎卦是由乾卦变化而来，九二处于士大夫之位，其封邑为三百户，所以说"其邑人三百户"。

【启示】这一爻告诉我们，作为平民百姓，如能够安于本分，坚守常规，虽在守住自己的一贯的美德时会遇到危险，但最终是吉利的；如能听从主持公道的人劝说，也没有危险。

九四：不克讼，复即命，渝。安贞，吉。

九四：争斗失败，重新回到原位，改变了策略，决定顺从天命。卜问平安，必然会获得吉祥的预兆。

【原文】《象》曰："复即命，渝，安贞，吉"，不失也。
【译文】《象传》说：争斗失败，重新回到原位，改变了策略，决定顺从天命，说明安守天道就不会有什么过错。
【启示】这一爻告诉我们，争斗失败之后，应进行深刻的反思，回到正理之上，就不会有大的损失。

九五：讼，元吉。

九五：争讼是大吉大利的。

【原文】《象》曰："讼，元吉"，以中正也。
【译文】《象传》说：争讼之所以大吉大利，是因为内心纯正且遵循了天道。
【启示】这说明，在原则问题上，绝对不能退让。

上九：或锡之鞶带，终朝三褫之。

上九：君王赏赐了他一根精美的腰带，但在一天之内会被人多次索回。

【原文】《象》曰：以讼受服，亦不足敬也。
【译文】《象传》说：因为争斗得胜而得到赏赐，不值得敬佩。
【启示】这一爻告诉我们，与人发生争斗，如不坚守正道，即使获得了胜利，也没有什么好处。

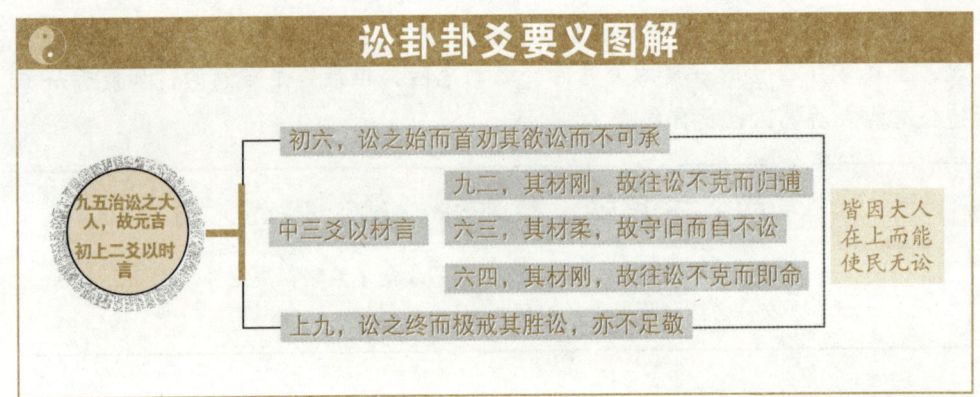

【疑难解析】讼，元吉

在一般的情况下，与别人发生争讼，是没有什么好处的，而这里为什么说"讼，元吉"呢？我们从"讼，元吉"所处的爻位来看，它是讼卦的九五爻，属阳爻阳位，居上卦的中位，就表示他在与人发生争讼时能坚守正道，即在原则问题上不退让。这样做有几大好处：

一、对于整个社会而言，坚守正确的是非观，不人云亦云，就不会让坏人占上风，荼毒生灵。

二、对于与自己发生争讼的人而言，不会因自己的软弱退让而造成他坚持错误的思想，最终酿成大错。

三、对于自身而言，坚持了自己的正确思想，就不会成为无辜的受害者。

四、由于自己能坚守中正，说话有分寸，别人很可能会心服口服。所以说，在原则问题上，要据理力争。

或锡之鞶带，终朝三褫之

"或锡之鞶带，终朝三褫之"的大意是：君王赏赐他一根精美的腰带，在一天之内会多次被索回。君王为什么要赏赐他腰带呢？联系上下文，就知道这是因为他在与别人的争讼中胜利了，赢得了君王的赏识。为什么又多次被索回呢？

"或锡之鞶带，终朝三褫之"是上九的爻辞，从上九所处的爻位来看，是阳爻阴位，是讼卦的最上面的一爻，这表明他在与别人发生争讼时，要么过于刚强，与别人发生正面冲突；要么恃强凌弱，没有坚守正道。

一个人在与别人发生争讼时，态度过于刚烈，即使由于他是因正义之道而取胜，这也是表面之象。试想想，有人只是一味地强调他的正确观点，并与你发生激烈的争执，你能不敌视他吗？对他的意见能虚心接受吗？如果有报复他的机会，你会放过吗？所以，与别人发生正面冲突，即使当时得到了奖赏，得到了益处，也会被别人日后的报复抵消掉。

另外，一个人在和别人发生争讼时如采取不正当的手段，即使能取胜，也是一时的；因为人民的眼睛是雪亮的，迟早会识破他的阴谋，把他得到的荣誉从他身上剥夺回去。

所以说，一个人在与别人发生争讼时，千万要坚守正道。

六十卦象象义图

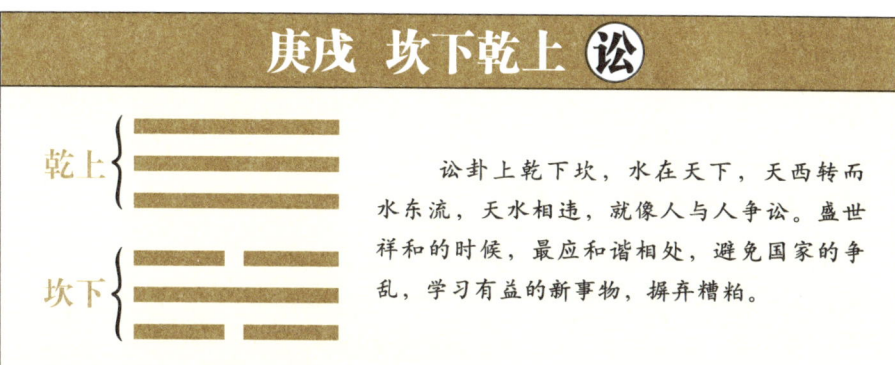

庚戌　坎下乾上　讼

乾上

坎下

讼卦上乾下坎，水在天下，天西转而水东流，天水相违，就像人与人争讼。盛世祥和的时候，最应和谐相处，避免国家的争乱，学习有益的新事物，摒弃糟粕。

▶ 盛世祥和，无为而治

谶曰

偃武修文。紫微星明。
匹夫有责。一言为君。

颂曰

无王无帝定乾坤。
来自田间第一人。
好把旧书多读到。
义言一出见英明。

| 金圣叹评注 | 此象有贤君下士，豪杰来归之兆，盖辅助得人，而帝不居德，王不居功，蒸蒸然有无为而治之盛。此一治也。 |

柒. 地水师卦

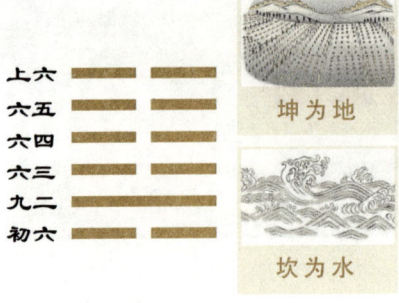

师：贞，丈人吉，无咎。

《彖》曰：师，众也。贞，正也。能以众正，可以王矣。刚中而应，行险而顺，以此毒天下，而民从之，"吉"又何"咎"矣。

《象》曰：地中有水，师。君子以容民畜众。

《师卦》：做将领的为人中正，是吉利的，没有什么灾难。

《彖传》说：师，表示拥有许多的兵士。贞，表示为人中正，恪守正道。能率领大家恪守正道，就可以成为君王。为人刚强中正，而且又顺应形势，即使途中遇到危险，但最终还是顺利的，以这样的军队去治理天下，老百姓就会跟随他们，理所当然是吉利的，哪里会有灾难发生呢！

《象传》说：《师卦》的卦象是坎下、坤上，坎为水、坤为地，卦象表现为地中有水。即地下面有相当充足的水源，这代表兵源充足的意思，因此把它叫做《师卦》。所以君王应该宽厚待人，保护民众，赢得群众的信任。

【启示】《师卦》以"兵众"为名，意在阐发用兵的规律。卦辞中提到"贞"、"丈人吉"，可以看出其主要强调了两项用兵的原则：一是用兵必须"正"，这是前提，要以"正"服众，成为"仁义之师"，才能使万民归顺，从而得到天下。二是正确选择将领，是出师胜负的关键，必须任用贤明的将领，才能"无咎""获吉"。

总而言之，此卦告诉我们，作为统帅应坚守正道，顺应天道，爱护百姓，去打仗就一定能取得胜利。

断易天机问占图

天马出群之卦，以寡服众之象

师卦卦象解义

古解：师者，众也。独行越师，最不宜动，君子有命，小人勿用，其相克伐，改道成讼。

今译：师指军队。独行越师，不宜有所作为，兵将有命令，百姓不相从，两者一险一顺，正好相反，因此很容易出现争讼。

此卦为周亚夫将排阵卜得之卦，后果胜。

气宇轩昂的将军立于高台之上，意指掌握统领兵众的大权

官人跪拜于地，正在接受君主的赏赐

虎、马、羊分别代表寅、午、未

【师之爻】统率兵众，持中守正

① 初六，师出以律　　　严明军纪，军之根本
② 九二，在师中　　　　持中不偏，委以重任
③ 六三，师或舆尸　　　知己知彼，贵有自知
④ 六四，师左次　　　　撤退暂守，待时图进
⑤ 六五，田有禽，利执言　用人得当，守持正固
⑥ 上六，大君有命　　　论功行赏，小人不用

初六：师出以律，否臧凶。

初六：军队出外打仗，要用严明的纪律规范其行动，如果没有严明的纪律规范其行动，势必遭遇凶险。

【原文】《象》曰："师出以律"，失律凶也。

【译文】《象传》说："军队出外打仗，要用严明的纪律加以规范"，如果没有严明的纪律约束将士势必发生凶险。

【启示】严明的纪律是打胜仗的有力保证，严明的纪律更是一个企业在商战中制胜的法宝。

九二：在师中，吉，无咎。王三锡命。

九二：德才兼备的人在部队中担任主帅，这是吉利的，没有什么坏处。君王多次下达赏赐他的命令。

【原文】《象》曰："在师中，吉"，承天宠也。"王三锡命"，怀万邦也。

【译文】《象传》说："德才兼备的人在部队中担任主帅，这是吉利的，没有什么坏处"，表明顺应天命得到宠信。"君王多次赏赐他"，说明他胸怀大志，能使天下各国归顺。

【启示】这一爻说明，重用有才德的人，依靠他实现自己的宏伟大业，这是非常可取的。

六三：师或舆尸，凶。

六三：部队出外打仗回来，如果用车子运载尸体回来，凶险。

【原文】《象》曰："师或舆尸"，大无功也。

【译文】《象传》说："部队出外打仗回来，如果用车子运载尸体回来"，损失惨重而又没有什么功劳。

师比御众图（上）

师卦下卦为坎，坎为水，为险，上卦为坤卦，坤卦为地，为顺。卦中五阴一阳，且九二处于下卦之中，象征统领兵众的将帅，即卦辞中所说的"丈人"。

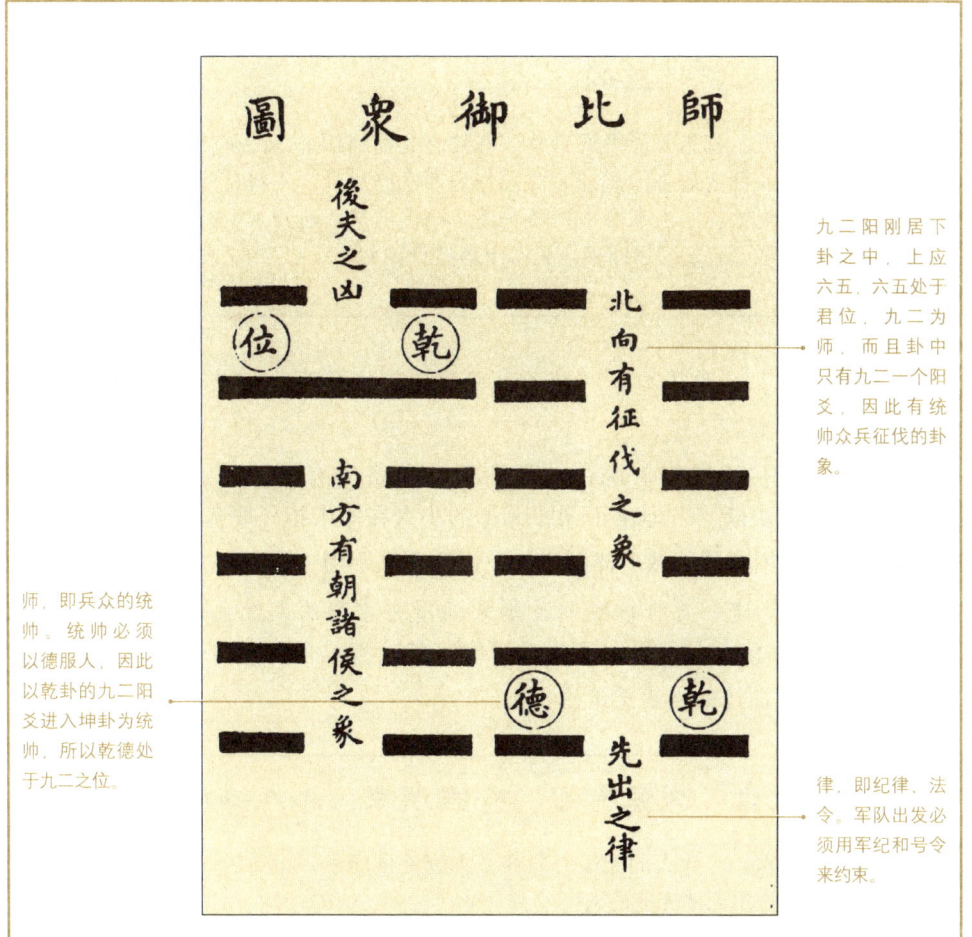

【启示】这一爻暗示我们，一个人如没有真才实学，即使他体恤下属，也不能担任主帅。

六四：师左次，无咎。

六四：部队先退下来安扎军营，没有坏处。

【原文】《象》曰："左次，无咎"，未失常也。

【译文】《象传》说："部队先退下来安扎军营，没有坏处"。这并没有违反兵法的固有规律。

【启示】这一爻告诉我们，在形势非常不利时，先退下来安扎军营是明智之举。

六五：田有禽，利执言，无咎。长子帅师，弟子舆尸，贞凶。

六五：打猎时能得到猎物，打仗时能捉到俘虏，没有什么危险发生。任命德才兼备的有经验的人作为部队的统帅，本将打胜仗，但由于无才无德的小人在军中担任职务，刚愎自用，违背了主帅的作战原则，用车子装载尸体回来，去占卜自然得凶兆。

【原文】《象》曰："长子帅师"，以中行也。"弟子舆尸"，使不当也。

【译文】《象传》说："任命德才兼备的有经验的人作为部队的统帅"，是正确的决断。"但由于无才无德的小人在军中担任职务，扰乱了主帅的作战部署，结果用车子装载尸体回来"，说明用人不当，弄不好会全军覆没。

【启示】这一爻告诉我们，本来任用有才德的人做主帅，这是英明的决断，但军营里有小人当道，干扰正确的决策执行，同样会造成恶果。这就表明，应把小人从自己的阵营里清除出去。

上六：大君有命，开国承家，小人勿用。

上六："伟大的天子有命令，大到开创国家，小到创立家业，都不可以重用无才无能的人。

【原文】《象》曰："大君有命"，以正功也。"小人勿用"，必乱邦也。

【译文】《象传》说："伟大的天子颁布命令"，是为了正确对待有功劳的人。"绝不可重用无才无能的人"，因为重用这样的人必然导致国家混乱。

【启示】这一爻告诉我们，小人是坏酒的药，在哪都不能重用小人。

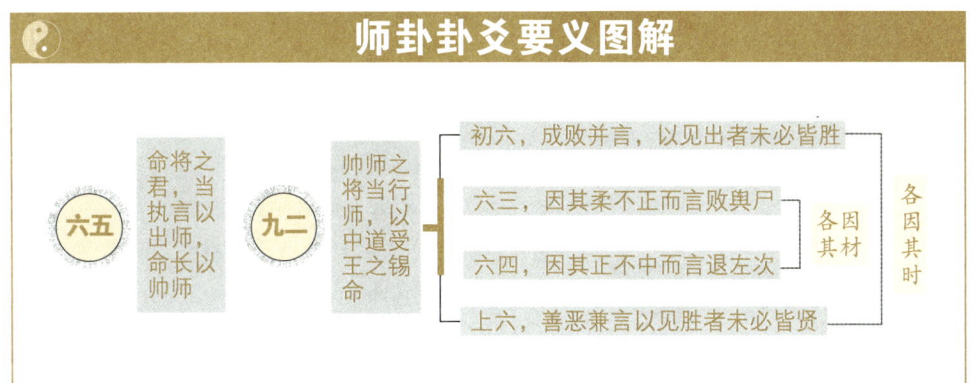

师卦卦爻要义图解

六五：命将之君，当执言以出师，命长以帅师

九二：帅师之将当行师，以中道受王之锡命

- 初六，成败并言，以见出者未必皆胜
- 六三，因其柔不正而言败舆尸
- 六四，因其正不中而言退左次
- 上六，善恶兼言以见胜者未必皆贤

各因其材　各因其时

【疑难解析】师或舆尸，凶

"师或舆尸，凶"的大意是：出外打仗，用车子装载尸体回来。车子本是用来让主帅乘坐的，而主帅用它来装尸体，这表明下属战死，主帅非常悲痛，体现了他十分爱惜自己的下属。那为什么还得到凶险的预兆呢？

"师或舆尸"是师卦六三爻的爻辞。从卦画上看，六三是阴爻阳位，而且上无阳爻与它相对。这就意味着主帅本身无真才实学，却担任重要的职务，最糟糕的是，又没有有能力的人辅佐他。在这种情况下，体恤下属的领导也会得到凶险的预兆。

一、从他所处的位置来看，作为主帅，办事必须果断，而他的能力有限，不能在短时间内作出正确的决定，这样就把"办事果断"变成"刚愎自用"了。

二、由于他平时关心下属，下属为他的情所感动，愿意为他效命，结果只要是他的命令，哪怕是错误的，也不违背，便造成了极大的损失。

三、他身边的人也是平庸之辈，不能为他出谋划策，不能抵制他的错误决策，更不能弥补他的错误决策造成的过失。

而且从另一方面来看，六三处下卦之终，阴柔失正，却又承刚，有力量微小却又肩负重任之象。用兵之道，贵在知己知彼，但六三不自量力，所以导致用兵失败。

柒　地水师卦

六十卦象象义图

庚辰 坎下坤上 师

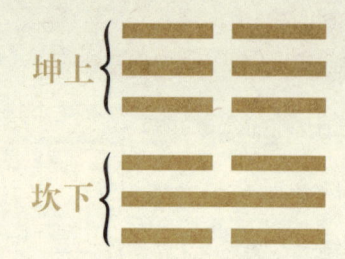

坤上
坎下

《易经》曰:"师:贞,丈人吉,无咎。"师指军队,此卦象征坚守正道,德高望重富有经验的长者统帅军队可以得到吉祥,不会有什么灾祸。这个富有经验的长者指的就是北宋著名的宰相寇准。

▶ 宋辽之战,澶渊之盟

谶曰
声赫赫。干戈息。
扫边氛。奠邦邑。

颂曰
天子亲征乍渡河。
欢声百里起讴歌。
运筹幸有完全女。
奏得奇功在议和。

金圣叹 评注

此象主宋真宗澶渊之役。景德元年,契丹大举入寇,寇准劝帝亲征,乃幸澶渊。既渡河,远近望见卸盖皆踊跃呼万岁,声闻数十里,契丹夺气,遂议和。

捌 水地比卦

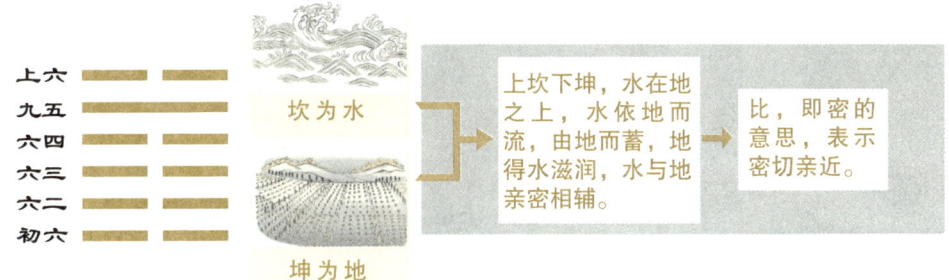

比：吉。原筮，元永贞，无咎。不宁方来，后夫凶。

《彖》曰：比，吉也。比，辅也，下顺从也。"原筮，元永贞，无咎"，以刚中也。"不宁方来"，上下应也。"后夫凶"，其道穷也。

《象》曰：地上有水，比。先王以建万国，亲诸侯。

《比卦》：开始占卜，得到吉祥的预兆。再一次卜筮占问，依然是吉祥的预兆，不会遭遇凶险。因为原先与之为敌的不安分的臣民也归顺了。那些迟迟不愿归顺的顽固分子，将会遭遇灾祸。

《彖传》说：亲和者将得到吉利的预兆。比为辅佐的意思，底下的黎民百姓能顺从上面的执政者。一而再再而三地卜问，得到的都是吉利的预兆，没有凶兆，这是因为君王生性刚强，能长久坚持正道，不安分的臣民现在也来朝贺，表明上下一致，同心同力。"那些迟迟不愿归顺的顽固分子，将会遭遇灾祸"，这表明那些阻碍国家统一的顽固分子，违背了人民的意愿，违背了天道，将无路可走。

《象传》说：《比卦》的卦象是坤在下面，坎在上面，坤为地，坎象征水，这就表明地上有水。而地与水是相互依附的，所以把它叫做《比卦》。过去的帝王划分疆土，把它分封给有功德的人，建了众多的属国，以此来亲近诸侯。

【启示】《比卦》表明，作为君王，与臣民形成非常亲密的关系有利于整个国家的发展；作为臣民，应顺应大势，假如和平统一已成为上自统治者下至黎民百姓的共同愿望，应归顺坚守正道的君主。这告诉我们，应以和为贵。

断易天机问占图

众星拱北之卦，水行地上之象

比卦卦象解义

古解：比者，和也。内通外流，水流于地，本性和柔，先王制礼，以亲诸侯，和柔贞吉，百事无忧。

今译：比为相亲相依附的意思。水由地而畜，且依附地面而流，本性柔顺。先王制定礼仪，来亲比诸侯，柔顺贞吉，没有任何忧虑。

此卦为陆贾将说蛮，卜得后果胜，蛮王归降。

皓月当空，表示前景光明的意思

秀才独坐，喝酒赏月，并举杯邀明月共饮，甚是自得其乐，表明心情愉悦

药炉束之高阁，表示身体健康

枯树又开花，预示晚年将得福禄

【比之爻】 亲密比辅，大公无私

① 初六，有孚比之　　　　心怀诚信，亲密比辅
② 六二，比之自内　　　　柔顺中正，守持正固
③ 六三，比之匪人　　　　不中不正，行为不当
④ 六四，外比之　　　　　在外比辅，守持正固
⑤ 九五，显比　　　　　　光明无私，广获亲比
⑥ 上六，比之无首　　　　比辅迟缓，无所归附

初六：有孚比之，无咎。有孚盈缶，终来有它，吉。

初六：有诚信，亲近他们，不会有什么过错。有诚信，用瓦罐装着的满满的好酒好菜款待他们。即使发生意外，由于有诚信，最终也是吉祥的。

【原文】《象》曰：《比》之初六，有它吉也。

【译文】《象传》说：《比卦》的第一爻位(初六)的地位卑微，要与有地位的人合作，虽说是难的，但由于他有诚信，所以最后还是能得到吉祥。

【启示】这一爻说明只要心怀诚信，就能赢得别人的信任，从而以诚相报。

六二：比之自内，贞吉。

六二：亲近别人是发自内心的，卜问得到的结果是吉祥的。

【原文】《象》曰："比之自内"，不自失也。

【译文】《象传》说："亲近别人是发自内心的"，就不会有什么过失。

【启示】这一爻告诉我们，真情是解决矛盾的最锋利的武器。

六三：比之匪人。

六三：和最坏的人亲和。

捌 水地比卦

【原文】《象》曰："比之匪人"，不亦伤乎？

【译文】《象传》说："和最坏的人亲和"，不也是可悲的吗？

【启示】这一爻说明要尽量与人亲善，但不是不辨好坏的亲善，而是有鉴别地与人亲善。

师比御众图（下）

比卦是紧随师卦而来，两者互为覆卦，即上下卦颠倒。师卦意为出师征战，而比卦是承接师卦，为出兵之后，四方皆来归附之意。

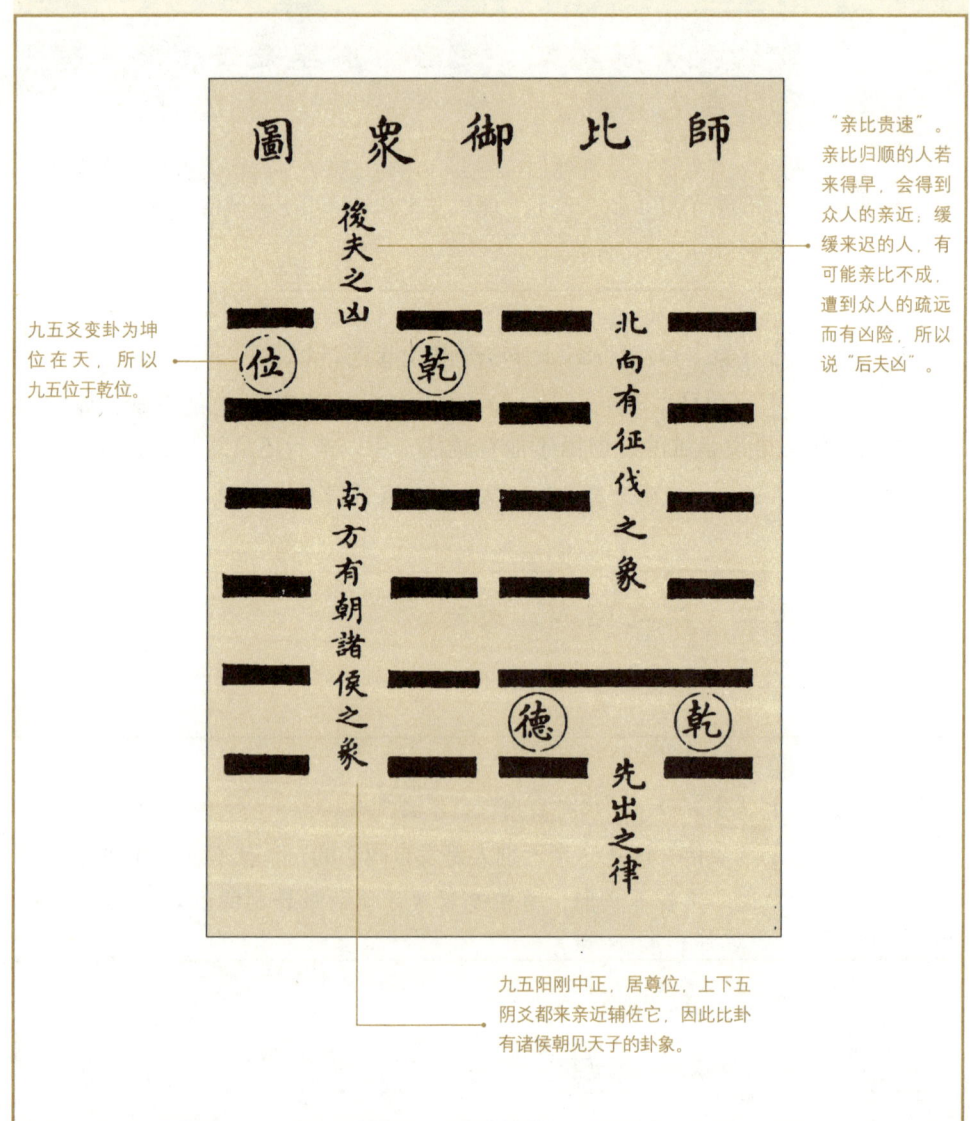

六四：外比之，贞吉。

六四：外边的人乐于亲近他们，去占卜会得到吉祥的预兆。

【原文】《象》曰：外比于贤，以从上也。

【译文】《象传》说：外边的人亲近他们，是因为他们贤能，就好像臣下顺从他们贤明的君王。

【启示】这一爻说明，只要坚守正道，努力完善自身，就会使周围的人因仰慕他的崇高品质而来投奔自己，为自己效力。

九五：显比。王用三驱，失前禽。邑人不诫，吉。

九五：非常亲近他人。君王去田野捕获猎物，从三个方向追赶，网开一面，让被追赶的禽兽从网开的一面逃走。村子里的人对君王的狩猎一点也不惊惧，这是吉利的。

【原文】《象》曰：显比之吉，位正中也。舍逆取顺，失前禽也。邑人不诫，上使中也。

【译文】《象传》说：非常亲近他人的吉利之处在于双方都是自愿的。舍掉不自愿的迎接自愿的，就好像君王捕获猎物一样，让迎面来的落网，让从网前面逃的跑掉。村子里的人对君王的狩猎毫不惊惧。这是因为君王坚守了中正的原则。

【启示】这一爻告诉我们，求和的前提是双方自愿，死缠只会讨人嫌，使双方的关系进一步恶化，迁就只会使自己处于被动。

上六：比之无首，凶。

上六：没有头脑地亲近别人是凶险的。

【原文】《象》曰："比之无首"，无所终也。

【译文】《象传》说：没有头脑地亲近别人，不会有结果的。

【启示】这一爻告诉我们，和别人亲近时，要运用自己的聪明才智。

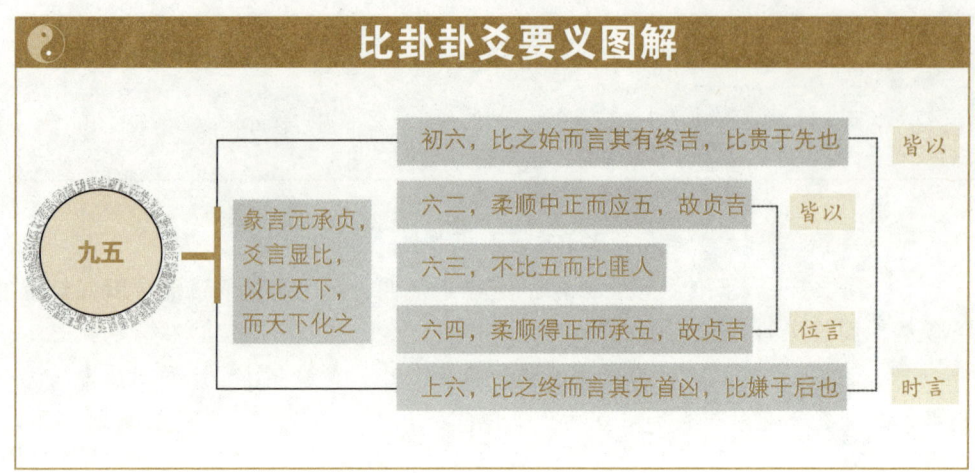

【疑难解析】比之无首，凶

我们一般不愿意与有心机的人亲近，而这里却说："没有头脑地亲近别人是凶险的。"这是为什么呢？

首先，我们注意"有心机的人"的突出特点是：想利用别人达到自己的目的，其本质就是自私。而"运用自己的聪明才智与人亲近的人"的突出特点是：和别人友好地交往，相互学习，相互促进，相互帮助，达到双赢。

其次，我们从"比之无首"所处的卦象来看，它是比卦上六（阴爻阴位）的爻辞，这就好像一个才能平庸的人处于至尊的地位，既不能运用自己的头脑选择和自己志同道合的人亲近，也不能防止小人的暗箭，更不能辨别真伪，取长补短。

此时，我们不难看出凶险的缘由是：

一、由于他处于至尊的地位，小人都想利用他的这个特殊的地位达到自己的目的，于是会使用更多更巧妙的阴谋诡计迷惑他，陷害他，而他没有头脑，自然就会不知不觉掉入小人的陷阱。

二、没有头脑地与别人亲近，哪怕双方的意图都是善意的，也会招致凶险，因为没有头脑的人往往不自信，不能坚持自己的正确意见，这样别人的善意的错误就有了生存的土壤。

三、由于他处于至尊的地位，想向别人学习，但又没有名正言顺的理由。一般人认为，处于上位的人就应该"上知天文，下晓地理"，即使他屈尊向其下属学习，他的下属要么直接拒绝，要么捉弄他，要么讥笑他，使他的威信扫地，从而再也不能控制他们。

六十卦象象义图

己未 坤下坎上 比

坎上 ䷇
坤下

《象》曰："地上有水，比；先王以建万国，亲诸侯。"比卦的卦象为坤下坎上，象征地上有水。大地上百川争流，流水又浸润着大地，表明地与水亲密无间，互相依存。人与人之间本应相互依存，相互比辅，但却并没有那么和平，而是一幅战乱的场面。

▶ 未来战争，战不在兵

颂曰

海疆万里尽云烟。
上达云霄下及泉。
金母木公工幻弄。
干戈未接祸连天。

谶曰

飞者非鸟。潜者非鱼。
战不在兵。造化游戏。

金圣叹评注

此象军用火，即乱不在兵之意。颂云，海疆万里，则战争之烈，不仅在于中国也。

玖 风天小畜卦

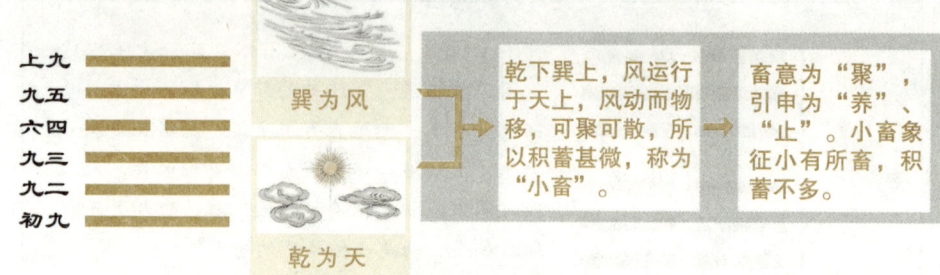

小畜：亨。密云不雨，自我西郊。

《彖》曰："小畜"，柔得位而上下应之，曰小畜。健而巽，刚中而志行，乃亨。"密云不雨"，尚往也。"自我西郊"，施未行也。

《象》曰：风行天上，"小畜"。君子以懿文德。

《小畜卦》：亨通顺利。天空布满了乌云，但雨还未下来。黑云从西边的郊外压过来。

《彖传》说：《小畜卦》的卦象表明阴柔者处于恰当的位置，阳爻和阴爻相互应和，所以把它称为《小畜卦》。刚健而又谦恭有礼，并守正道，便可以实现自己的志向，亨通顺利。"浓云密布但未下雨"，表明水汽正在上升积聚。"黑云从西边的郊外压过来"，表明阴阳二气还未相交，故雨还未降下来。

《象传》说：《小畜卦》的卦象是乾在下、巽在上，乾为天、巽为风，这表明风在天上吹着云，由于空气中的水的含量还未达到饱和状态，还需要积累水汽才能下雨，所以把它叫做《小畜卦》。君子看到这情景，就要修身养性。

【启示】《小畜卦》卦辞以"密云不雨"为喻，揭示了事物发展过程中"小畜大"、"阴畜阳"的道理。但由于"畜"的主体是"小"、"阴"，因此卦辞中又强调"畜"的程度是微小、不要超过一定限度，即"阴"、"小"只能在一定的限度内畜聚"阳"、"大"，以略施帮助即可，也就是形成"浓云不雨"的状态即可。同时这一卦也说明不积跬步，无以至千里；不积小流，无以成江海的道理。

断易天机问占图

匣藏宝剑之卦，密云不雨之象

小畜卦卦象解义

古解：小畜者，塞也。密云不雨，夫妇反覆，信息不通，速行却伏，求事不成，欲迟欲速。

今译：小的蓄积，即小的阻碍。乌云密布却不降雨，夫妇反覆，信息不通，本应速行，却暂时停顿，事情没有完成。

此卦为韩信击取散关不破，卜得之后，再击破之。

一人孤独地站在山顶，象征前途凶险，不宜继续前行

上面有一只羊和一匹马，表示在午未日会见到盼望的人

一只船停泊在岸上，望杆插在草里，意为盼望见到草头姓的人

两重山表示"出"字

玖 风天小畜卦

【小畜之爻】畜聚适宜，以诚相待

① 初九，复自道　　　　复返阳刚，无咎获吉
② 九二，牵复　　　　　牵连复返，居守中位
③ 九三，车说辐　　　　刚亢躁动，以致反目
④ 六四，有孚　　　　　施予诚信，消除惕惧
⑤ 九五，有孚挛如　　　心怀诚信，聚众信阴
⑥ 上九，既雨既处　　　畜极必返，守持正固

初九：复自道，何其咎？吉。

初九：继续做自己还未完成的事业，哪里会有什么过错呢？这是吉利的。

【原文】《象》曰："复自道"，其义吉也。

【译文】《象传》说：继续做自己还未完成的事业，这样做是有道理的，所以吉利。

【启示】这一爻暗示我们做事要有恒心。

九二：牵复，吉。

九二：同志同道合的人一起干还未完成的事业，是大吉大利的。

【原文】《象》曰：牵复在中，亦不自失也。

【译文】《象传》说：同志同道合的人一起干还未完成的事业之所以吉利，是因为这一爻阳爻阴位，位于下卦正中，即顺应了事情的发展规律，这当然不会有什么过失。

【启示】九二上乘初九，初九阳刚得正，九二阳刚居中，两者都处于畜聚之时，因此皆能获吉。由于九二为初九牵连，因此此爻启示我们众人拾柴火焰高，有朋友跟自己一道渡难关，哪有克服不了的困难，所以前途是光明的。

九三：车说辐，夫妻反目。

九三：走到中途，突然车子的轮子脱离了车身，夫妻俩相互仇视。

【原文】《象》曰：夫妻反目，不能正室也。

【译文】《象传》说：夫妻俩相互仇视，这表明没有处理好家庭成员间

大小畜吉凶图（上）

小畜卦主要说作为主从因素的"阴"对于作为主导因素的"阳"所起的微小的畜聚作用。卦旨意在揭示事物发展过程中"小畜大"、"阴畜阳"的道理，即阴聚阳应不制阳，犹如臣畜君而不损君。

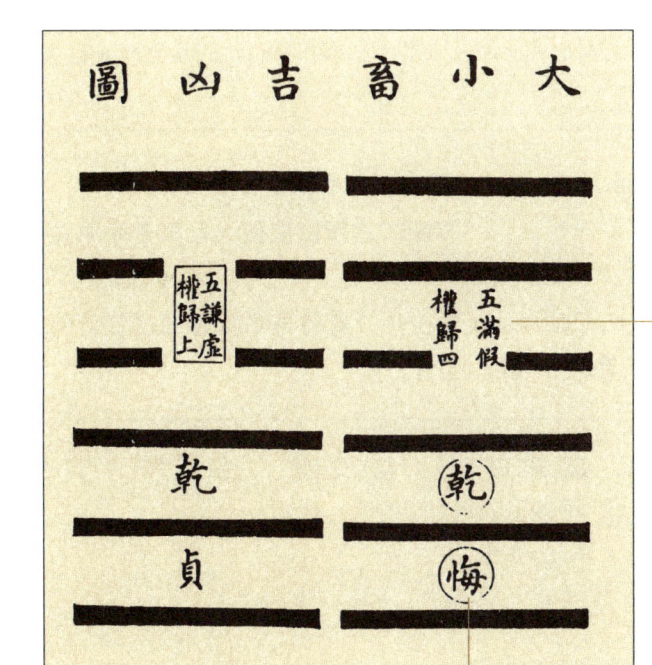

九四是畜阳的主体，五阳爻为被畜的对象。九五骄傲自大，而失权于九四，被九四所畜。

巽卦位于东南方，乾气自子至巳进入巽卦，为巽所畜聚。自子至巳经过六步，且阴生于巽，因此称为乾悔。

的关系。

【启示】两个人为实现同一目标努力拼杀，中途由于意见不和，反目成仇，这是因为没有摆正双方的位置。

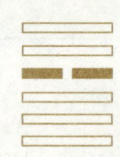
六四：有孚，血去惕出，无咎。

六四：有诚信，则能去掉忧恤，解除警惕，没有什么灾难发生。

【原文】《象》曰："有孚，惕出"，上合志也。
【译文】《象传》说：有诚信，消除双方的疑虑和担忧，表明志同道合。
【启示】两人一起干事业，如果双方都有诚信，心怀坦荡，即使有什么矛盾，也会化解。

九五：有孚挛如，富以其邻。

九五：有诚信就能使大家紧密联系在一起，因为有周围的人帮忙而变富有了。

【原文】《象》曰："有孚挛如"，不独富也。
【译文】《象传》说："有诚信之所以能使大家紧密联系在一起"，这是因为没有独自享受荣华富贵。
【启示】你对周围的人以诚相待，赢得他们的信任，从而使他们报之以诚，这样就会促使你登上成功的宝座。

上九：既雨既处，尚德载，妇贞厉。月几望，君子征，凶。

上九：雨下了又停止，就好像快积满功德的男人，妻子去占卜必得凶兆。阴历快到十五日，君子出远门，一定会遭遇凶险。

【原文】《象》曰："既雨既处"，德积载也。"君子征，凶"，有所疑也。
【译文】《象传》说："雨下了又停止"，这说明快积满功德的男人已快到了事业的顶峰，稍有不慎，就会走下坡路。"君子如果盲目出外远行，一定会发生凶险"，是因为他很快就要登上成功的宝座，回望光辉历程，不禁沾沾自喜，往往怀疑别人的点子的正确性。

【启示】一个人在面对困难时，往往会爆发出一种神奇的力量，克服常人难以克服的困难。然而，当大功快告成时，他往往刚愎自用，变得非常愚蠢，或者不能克服最后的困难，导致"功亏一篑"。

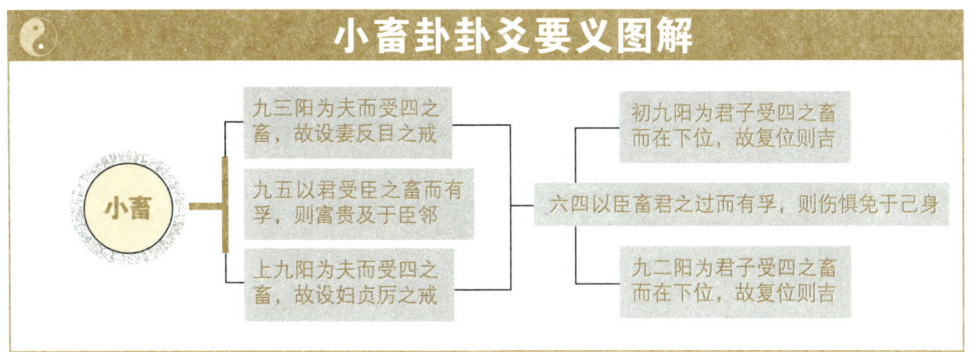

小畜卦卦爻要义图解

- 小畜
  - 九三阳为夫而受四之畜，故设妻反目之戒
  - 九五以君受臣之畜而有孚，则富贵及于臣邻
  - 上九阳为夫而受四之畜，故设妇贞厉之戒
  - 初九阳为君子受四之畜而在下位，故复位则吉
  - 六四以臣畜君之过而有孚，则伤惧免于己身
  - 九二阳为君子受四之畜而在下位，故复位则吉

【疑难解析】既雨既处，尚德载。妇贞厉，月几望，君子征，凶

"既雨既处，尚德载，妇贞厉。月几望，君子征，凶"的大意是：一个人在快积满功德时，去占卜得到凶险的预兆。在快到阴历十五时出远门，也是凶险的。这就好比一个人快到大功告成的阶段，此时他是处于危险中。一个人经历了一番辛苦，终于到了成功的边缘，这本应是可喜可贺的，为什么这还是最危险的时候呢？这是因为：

一、一个人在创业的初期，深知前方的道路非常艰险，稍有不慎，就会半途而废。所以，他非常小心，处处提防飞来的横祸，时时预测将有可能遭遇的灾难，并想好应付的策略。而在大功快告成时，他一看前面，就剩下那么一小段路，就非常高兴：终于快到目的地了，反正成功是迟早的事，先放松一下吧。此时，灾难便乘虚而入。

二、在大功快告成时，他回望来路，到处留下了自己的辉煌的痕迹，显示出自己的聪明能干，就不免为之自豪，不知不觉变得不可一世，谁的忠言也不愿意听，而一个人的智慧是有限的，自然难免作出错误的决策。再说，他身边的贤人也受不了他的自负，要么离开他，要么另立山头，与他为敌，这样在危险的时候，他不但孤立无援，而且还要遭受更大的敌对力量的冲击。

三、最后一小段路，看起来短，但走过去却是十分难的。一方面，一个人在经历了一番艰苦的奋斗之后，往往筋疲力尽，几乎到了生命的极限，极想停下来歇歇，他之所以向前走，完全是一种惯性，只要遭遇一丁点大的困难，他就会摔倒，如没有超人的意志力，他是难以爬起来的。另一方面，黎明前是最黑暗的，最后的一步也是最艰难的，要跨越它，往往要具备多方面的条件。因为这不是量的积累，而是质的飞跃。

六十卦象象义图

己亥 乾下巽上 小畜

巽上 ☰
乾下 ☰

《易经》曰:"小畜:亨;密云不雨,自我西郊。"暗示天空布满浓密的乌云,但还没有下雨,云气是从城西郊区升起来的。"西郊"既象征慈禧逃亡西边,又象征从西方来的八国联军。

▶▶ 八国入侵,西逃长安

颂曰
双拳旋转乾坤。
海内无端不靖。
母子不分先后。
西望长安入觐。

谶曰
纤纤女子。赤手御敌。
不分祸福。灯光蔽日。

金圣叹评注

此象疑一女子能定中原,建都长安。

拾. 天泽履卦

履：履虎尾，不咥人，亨。

《彖》曰："履"，柔履刚也。说而应乎乾，是以"履虎尾，不咥人，亨"。刚中正，履帝位而不疚，光明也。

《象》曰：上天下泽，"履"。君子以辩上下，定民志。

《履卦》：用脚踩了老虎的尾巴，老虎没有回过头来咬你，顺畅。

《彖传》说：《履卦》是指阴柔踩到刚健。这好比和颜悦色地与刚正强健者相对，因此卦辞说："用脚踩了老虎的尾巴，老虎没有回过头来咬你"，顺畅。"亨通顺利"，登上了帝位而不愧疚，是因为你的行为光明正大。

《象传》说：《履卦》的卦象是兑在下、乾在上，兑为泽、乾为天，这表明在上的顺应天道泽被在下的黎民百姓，所以叫做《履卦》。君子要分清上下的职责，遵循礼仪，安定民心。

【启示】《履卦》告诉我们，做任何事情必须遵循一定的规律，并要量力而行，不可贸然前进。如果遇到危险，只要坚持以柔克刚，以中正和悦的态度处理，也会避开这些风险。否则，如果不自量力，不讲究刚柔相济，将会面临危险的境况。

而且此卦还启示我们，任何人在创业初期都会遇到困难，如果因为创业难，而不去做它，将永远不会到达成功的彼岸。所以，我们要敢于冒险。

断易天机问占图

如履虎尾之卦，安中防危之象

履卦卦象解义

古解：履者，礼也。如履虎尾，不示其心，兢兢戒惧，视之若水。安中虑危，忧中望喜，眇而能视，跛而能履。

今译：履为履行，循理而行的意思。就像走在老虎的后面，小心而害怕。居安思危，又能在忧中望喜，正如眼睛不好仍能看见，跛足却仍能行走。

此卦为子路出行，卜得后，遇虎拔其尾。

一个斗笠，代表成立的意思

地上已坏的文书，表示事情不顺

一女子撑伞而立，女子为好，撑伞意指有所庇护

卓旗官人坐在门边，意为门旗

标记里程的土堆上写着"千里"两字，象征管辖着千里地域的诸侯

图解易经

【履之爻】循礼而行，善处其身

① 初九，素履　　　朴素无华，循礼慎行
② 九二，履道坦坦　　幽静安恬，执着纯正
③ 六三，履虎尾咥人　量力守分，志向刚强
④ 九四，履虎尾，愬愬　恐惧谨慎，小心循礼
⑤ 九五，夬履　　　刚断果决，守正防危
⑥ 上九，视履考详　　冷静考察，以刚转柔

初九：素履，往无咎。

初九：遵循一贯的规矩做事，不会有风险。

【原文】《象》曰："素履之往"，独行愿也。

【译文】《象传》说：朴素无华、小心行走而有所前往，说明初九专心奉行循礼的意愿。

【启示】祖上的规矩是祖先留给我们的财富，是智慧和文明的结晶，它有它的可行之处，遵循它，不会出大乱子。

九二：履道坦坦，幽人贞吉。

九二：供人行走的大道宽阔而平坦，甘于平凡的人去卜问会得到吉利的预兆。

【原文】《象》曰："幽人贞吉"，中不自乱也。

【译文】《象传》说："隐居起来不过问政事，去占卜得到吉祥的预兆"，这表明为人正直，就不会沾染世俗的污秽习气。

【启示】九二阳居阴位，谦逊而居中不偏，因此能守正得吉，正如《象传》中所说："中不自乱"。这表明如果只愿平平淡淡地过一辈子，那么你的人生之路将是平坦的。

六三：眇能视，跛能履。履虎尾，咥人，凶。武人为于大君。

六三：眼睛瞎了却硬说自己能看清东西，脚跛了却硬说自己能走路。不知不觉踩到了老虎的尾巴，老虎咬人，必定会遭遇灾祸。有勇无谋的武士要争夺君王的位置。

【原文】《象》曰："眇能视"，不足以有明也。"跛能履"，不足以与行也。"咥人之凶"，位不当也。"武人为于大君"，志刚也。

履虎尾之图

履卦上乾下兑，兑在乾的后面，以柔顺之礼对待刚健，以和悦应对刚健，虽然走在虎尾之后，由于小心行事，虽处于险境，却无危害，这就是"履虎尾"的意思。

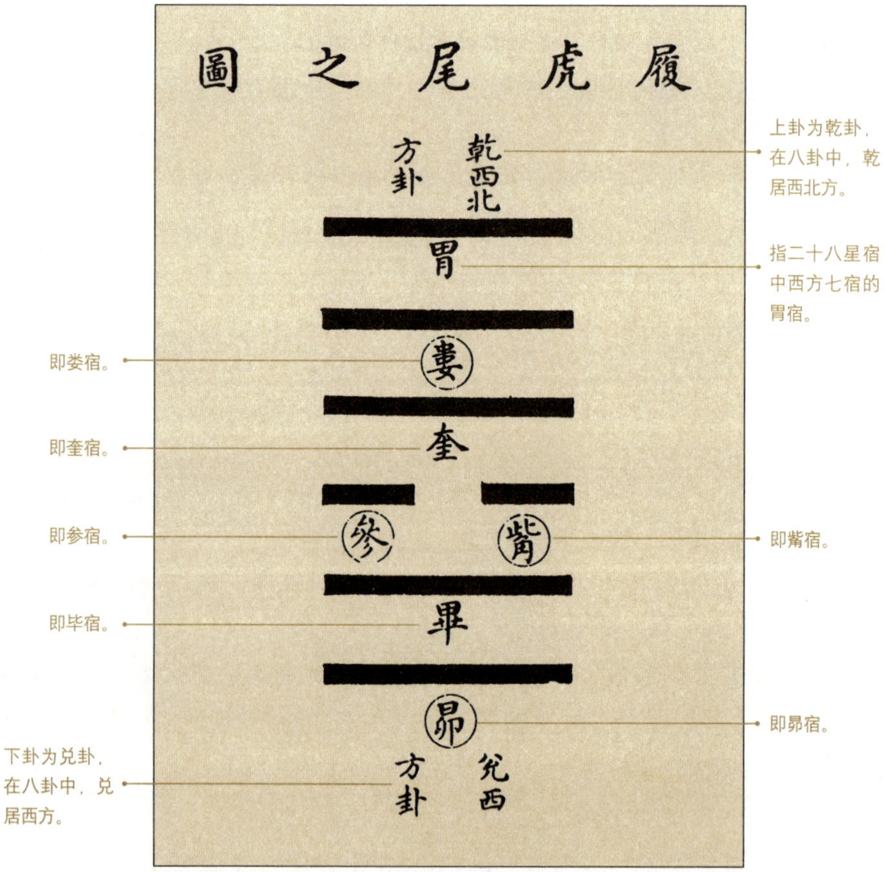

圖之尾虎履

方卦　乾西北

胃 — 上卦为乾卦，在八卦中，乾居西北方。

— 指二十八星宿中西方七宿的胃宿。

娄 — 即娄宿。

奎 — 即奎宿。

参 — 即参宿。　觜 — 即觜宿。

毕 — 即毕宿。

昴 — 即昴宿。

方卦　兑西

下卦为兑卦，在八卦中，兑居西方。

【译文】《象传》说:"眼睛瞎了却硬说自己能看清东西",其实根本没有足够的眼光来识别事物。"脚跛了却硬说自己能走路",其实没有足够的脚力以供他行走。"老虎咬人是非常凶险的",他处于不适合自己的位置,即踩在老虎尾巴上。"有勇无谋的武士同君王比高低",是过于刚强。

【启示】一个人要干大事,首先要称称自己有几斤几两,要量力而行,不能莽撞行事。

：履虎尾，愬愬，终吉。

九四：已踩到了老虎的尾巴，十分恐惧，但小心行事，终究会获得吉利的预兆。

【原文】《象》曰："愬愬终吉"，志行也。

【译文】《象传》说："十分恐惧，但小心行事，终究会获得吉利的预兆"，这表明已实现了自己的愿望。

【启示】已处于非常危险的境地，内心十分恐惧，但只要行事谨慎，就能化险为夷。

：夬履，贞厉。

九五：为实现自己的梦想，鞋子都走断了，去卜问得知要经历磨难。

【原文】《象》曰："夬履，贞厉"，位正当也。

【译文】《象传》说："为实现自己的梦想，鞋子都走断了，去卜问得知要经历磨难，但身经磨难后，会迎来吉利"，这是因为正当其位，即冒险的动机是纯正的，顺应了时势。

【启示】一个人为了建功立业，历尽艰辛，倾其所有，事业还未成功，此时，可千万不要泄气，因为只要正直、善良，顺应了时势，就一定会成功。

上九：视履考详，其旋元吉。

上九：回望自己的奋斗历程，从各个方面考察得失，这是大吉大利的。

【原文】《象》曰：元吉在上，大有庆也。

【译文】《象传》说：居于至尊的位置，大吉大利，这是因为有值得庆祝的地方。

【启示】创业难，守业更难，守业的难点就在你不能超越自我，往往自我陶醉在昔日的辉煌之中，从而迷失了前进的方向。其实，只要你跳出狭小的自我圈子，把创业的历程当做一面镜子，认真全面地分析创业过程的每一个细节及促使创业成功的每一个有利条件，并总结经验教训，就一定会迎来另一个辉煌。

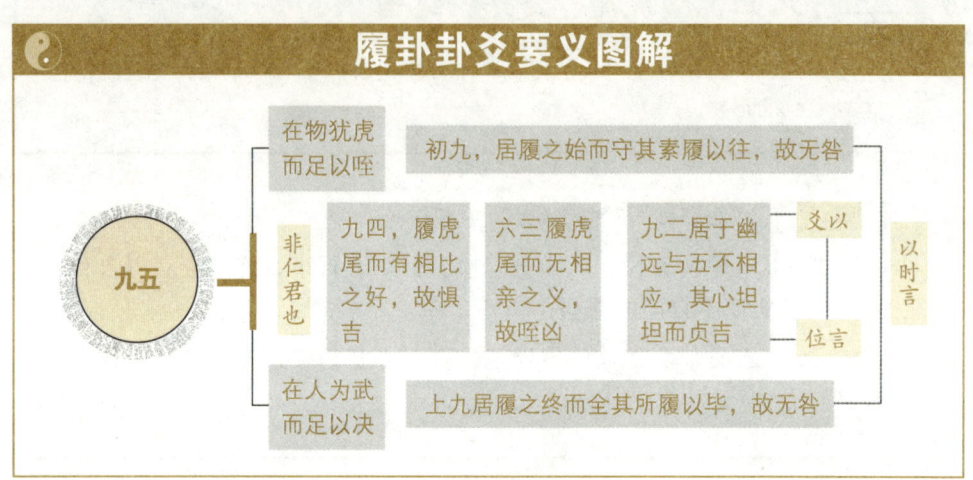

【疑难解析】履道坦坦，幽人贞吉

有许多人认为，"幽人"指的是隐士。但有两个疑点值得商榷：一方面，隐士之所以隐居起来，很可能是因为他们的意愿不能实现。这就与"履道坦坦"相矛盾，因为一个连自己理想也不能实现的人的人生道路怎么能用"平坦"二字来概括呢？另一方面，隐士之所以隐居起来，是因为他们要逃避黑暗的现实。试想想，外面兵荒马乱，他们能真正过上幸福的隐居生活吗？世外桃源是不存在的。

因此，"履道坦坦，幽人贞吉"的大意应是：供人行走的大道是平坦的，甘于平凡的人去占卜则会得到吉祥的预兆。

再说，一个甘于平凡的人的突出特点是：安守本分，不为外物所动，不为外物所扰。这个特点给甘于平凡的人带来了平静的生活，给他带来了吉祥。安守本分使他心静，心静能使他踏踏实实地做事，他就不会因急于求成、好高骛远而草率行事，从而遭遇灾害；安守本分使他没有过多的欲望，即使遇到困难，他也不怨天尤人，也能找到安慰。所以，困难不会成为他前进的障碍，不为外物所动、不为外物所扰使他能集中力量排除前方的障碍。

六十卦象象义图

丙戌　兑下乾上　履

乾上
兑下

履卦下兑为泽，上乾为天，为"如履虎尾之象，险中求胜之意。"与图中所预言的南宋末年文天祥等忠贞之士为保住南宋江山而苦撑危局、险中求胜之事正相符合。本卦大象言："柔弱遇刚强，欲行却难行之象，难且危也"，正合南宋将亡，朝廷投降的史实。

▶▶ 奸臣当道，独力难撑

谶曰

似道非道。干沈坤黯。
祥光宇内。一江断楫。

颂曰

胡儿大张挞伐威。
两柱擎天力不支。
如何兵火连天夜。
犹自张灯作水嬉。

金圣叹评注

此象主贾似道当权，汪立信文天祥辈不能以独力支持宋室。襄樊围急，西子湖边似道犹张灯夜宴，宋室之亡其宜也。

拾壹. 地天泰卦

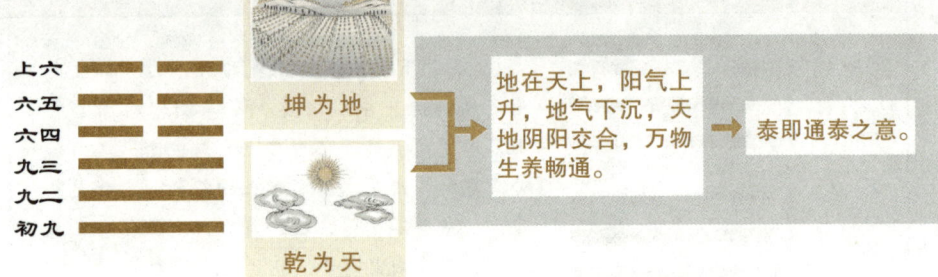

泰：小往大来，吉，亨。

《彖》曰："泰，小往大来，吉，亨"，则是天地交而万物通也，上下交而其志同也。内阳而外阴，内健而外顺，内君子而外小人，君子道长，小人道消也。

《象》曰：天地交，泰。后以财成天地之道，辅相天地之宜，以左右民。

《泰卦》：阴去阳来，是大吉大利的。

《彖传》说："《泰卦》，阴去阳来，是大吉大利的"，这表明天地相交后，万物生长旺盛，当官的和黎民百姓心意相通，志趣相投。阳在内而阴在外，刚健者在内而柔顺者在外，君子在内而小人在外。君子当道，美好的品德得到发扬光大，小人的奸佞之道正在消失。

《象传》说：《泰卦》的卦象为乾在下、坤在上，乾为天、坤为地，天地相交后，万物滋生，所以把它叫做《泰卦》。君主看到此情景，应顺应天地运行的规律，促成君臣同心，辅佐君王的臣子应抓住这良好的时机，为天下百姓造福。

【启示】天地相交后，产生了雷雨风电，滋润了万物，有利于万物茁壮成长，这是因为顺应了大自然的客观规律，万物生长是自然的规律，上下相交乃是自然得以发展的条件。做人治学，若不遵循一定的规律，则容易误入歧途。我们应该明白不只自己在成长、在学习，别人也同时在成长，在学习。如果能做到体物察己，敬上谦下，就能为人、治学皆有所成。因此要想保有永久的顺畅，也必须要顺应天道。

断易天机问占图

天地交泰之卦，小往大来之象

泰卦卦象解义

古解：泰者，通也。天地交泰，阴阳和光，麒麟悉出，丹凤来翔。

今译：泰，即亨通、通泰。天地阴阳之气相交，麒麟出现，丹凤也飞来，万物亨通安泰。

此卦为尧帝将禅位，卜得乃逊位于舜。

一头雄鹿衔来一封文书，象征天赐福禄

月宫中桂花已开，一位官人站在天梯上，意欲摘取月中的丹桂

一个小孩在云中玩耍，意指年少时即可平步青云

一只羊回头，表示未年月将有喜事

拾壹 地天泰卦

【泰之爻】阴阳应和，上下相通

① 初九，拔茅茹，以其汇　　往前进发，通达吉祥
② 九二，包荒、朋亡　　　　胸怀广阔，道德光明
③ 九三，无平不陂　　　　　守持正固，取信于人
④ 六四，翩翩，不富　　　　心怀诚信，居安思危
⑤ 六五，帝乙归妹　　　　　阴柔得中，至为吉祥
⑥ 上六，城复于隍　　　　　不可出兵，守持正固

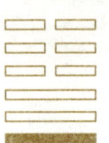

初九：拔茅茹，以其汇。征，吉。

初九：拔起一把草，它们的根相连。即将出征时，看到这迹象，是吉利的。

【原文】《象》曰：拔茅，征，吉，志在外也。

【译文】《象传》说：拔起一把草，其根紧密相连，此时出征进发是吉利的，这表明在朝廷之外的黎民百姓也有此愿。

【启示】这告诉我们，得人心者得天下。

九二：包荒，用冯河，不遐遗。朋亡，得尚于中行。

九二：凭借被掏空了的葫芦去渡河，不会沉下去。钱财丢了，会失而复得，这是因为他为人光明正大。

【原文】《象》曰："包荒"、"得尚于中行"，以光大也。

【译文】《象传》说："凭借被掏空了的葫芦去渡河，不会沉下去"。"钱财丢了，会失而复得"，这表明人们都崇尚品行纯正的人，并使之发扬光大。

【启示】九二爻辞认为，只有"治世之臣"胸襟广阔、品行纯正、内心无私，才能实现世道通泰。这说明事物能向其对立面转化，但这转化是有条件的，即其心性行为都要光明正大。

九三：无平不陂，无往不复。艰贞无咎。勿恤其孚，于食有福。

九三：没有平地哪有陡坡，没有去哪有来，所以卜问艰难的事，卦象并没有显示有危险发生。不要怀疑自己的信仰，幸福的生活自会得以保持。

【原文】《象》曰："无平不陂"，天地际也。

否泰往来图（上）

"往"是指外卦，"来"即内卦，泰卦与蛊卦、渐卦和否卦之间有着密切的关系，它们是阴阳之气上、下、升、降变化而成的。但它们之间的变化也不是顺其自然的，只有在一定的条件下，才可相互转化。

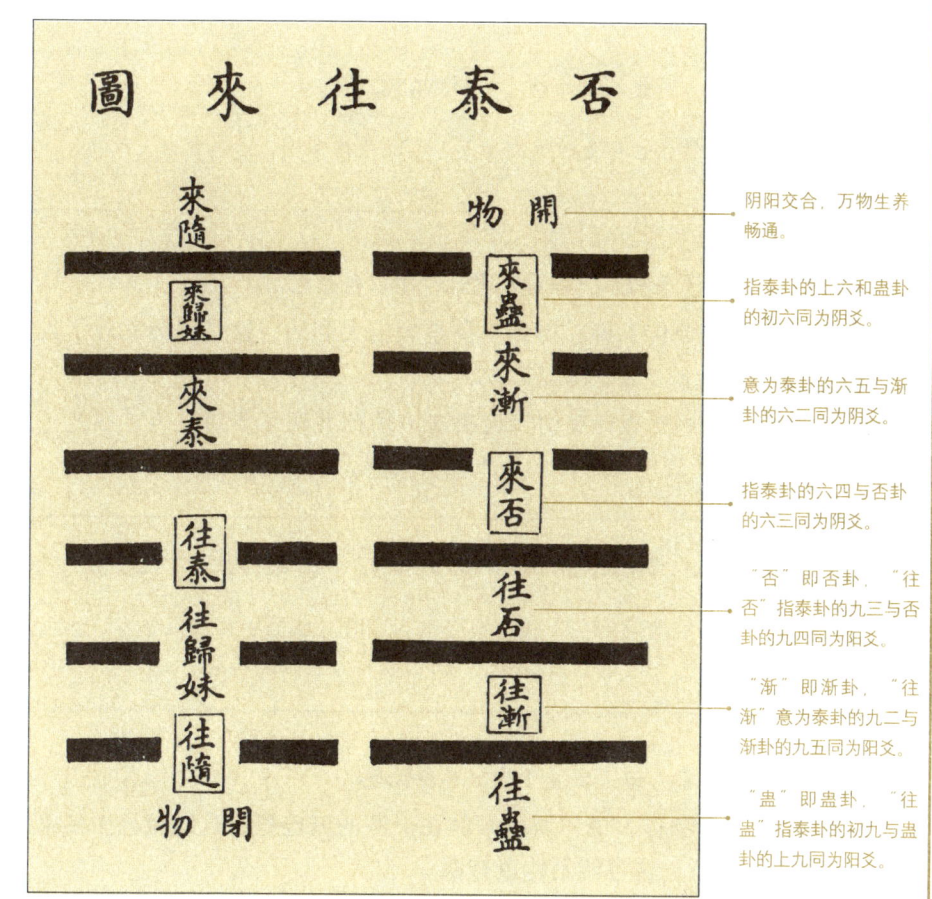

【译文】《象传》说:"没有平哪有险陂",这是天地间不可改变的自然法则。

【启示】这一爻告诉我们,事物都是两两相对,没有永远的幸福生活,也没有永远的痛苦生活。只要我们坚守正道,痛苦过后便会迎来更幸福的生活。

六四:翩翩,不富,以其邻。不戒以孚。

六四:做事轻浮,说话信口开河,不会发达,将会祸及邻居。相互以诚相待,彼此不戒备,以信用为重。

【原文】《象》曰:"翩翩不富",皆失实也。"不戒以孚",中心愿也。

【译文】《象传》说:做事轻浮,说话信口开河,将会祸及邻居。相互以诚相待,彼此不戒备,以信用为重,这是人民的共同心愿。

【启示】这一爻暗示我们,要想保平安,就必须诚心待人。

六五:帝乙归妹,以祉元吉。

六五:殷帝乙把女嫁给周文王,因而获得幸福,这是大吉大利的。

【原文】《象》曰:"以祉元吉",中以行愿也。

【译文】《象传》说:得到幸福是大吉大利的,这是因为实现了人民的共同愿望。

【启示】这一爻告诉我们,因顺应人民的共同愿望而获得幸福是可喜可贺的。殷帝乙把女嫁给周文王迎来了人民的安康,全天下人民都为之庆贺。

上六:城复于隍。勿用师,自邑告命。贞吝。

上六:城墙倾倒在干涸的城壕里。这时从城邑中传来命令:"停止兴兵作战"。这命令来自邑中,去占卜得不吉祥的预兆。

【原文】《象》曰:城复于隍,其命乱也。

【译文】《象传》说:城墙倾倒在干涸的城壕里,这时城邑中传来的命令是:"停止行动",这可能是传令有误。

【启示】这一爻告诉我们，处于顺利的形势，而不去调查，妄下结论，必将招来灾祸。

泰卦卦爻要义图解

小往大来，六爻取相交义

- 六四初九相交，故言君子以彙而进，如茅连茹；小人以邻而退，如鸟联翩 —— 始也致泰
- 六五九二相交，故言君归妹，降其尊贵以任臣；臣包荒，尽其职任以答君 —— 中也治泰
- 上六九三相交，故言在下，安必有危，如平为陂；在上成必有败，如城复隍 —— 终也保泰

【疑难解析】包荒，用冯河，不遐遗。朋亡，得尚于中行

"包荒，用冯河，不遐遗"的意思是：用掏空了的葫芦渡河，不会沉下去。这就好比一个人对人民掏心掏肺，人民最终会理解他的。因为时间会为人们作出公正的判决，他的诚心最终会见天日的。相反，当他被周围的人误解时，甚至做了对不起他的事时，他为了达到心理平衡，进行有力的回击，结果导致误会加深，真的成了人民的公敌。更糟糕的是，他的这种做法会使其他人也有可能有这种想法，从而使整个社会风气变坏。因此，我们不管处在有所得时还是处在有所失时，心术都要正。

"朋亡，得尚于中行"的大意是：只要大家都心地纯正，丢失了的东西就能找回。这是为什么呢？因为大家都品德高尚，见到了丢失的东西也不捡，自然丢失了又怎能在原路上找回。

翩翩，不富，以其邻。不戒以孚

"翩翩，不富，以其邻。不戒以孚"的大意是：做事轻浮，说话信口开河，不会发达，将会祸及邻居。大家应以诚相待，彼此不戒备，以信用为重。为什么做事轻浮的人不但自己不富裕，还会祸及邻居呢？

做事轻浮的人的突出特点是：不讲信用。他的这个特点给大家带来了灾害。一是他不认为"不讲信用"是小人的行为，是不合道义的行为。于是他为了很小的利益就抛弃自己的诺言，从而失去了人民对他的信任。而彼此以诚相待是人民的共同心愿。因此人民都鄙视他的这种行为，并且对他加以提防，从而造成力量的分散，不能集中力量攻克难关，给大家带来损失。二是因为他做事不守信用，该他做的那一环节没做好，造成全盘皆输，给与他合作的人造成损失。

六十卦象象义图

乙卯　乾下坤上　泰

坤上
乾下

泰卦上坤下乾，地在上，天在下，地气下降而天气上升，天地之气相交，所以万物亨通。此卦表示君子之道强盛，而小人之势衰弱。这就说明即使国家遭到侵略，也会出现贤明君主，赶走侵略者，使国家重新走向繁盛。

▶ 迁都南方，驱逐外敌

谶曰

慧星乍见。
不利东北。
踽踽何之。
瞻彼乐国。

颂曰

挽枪一点现东方。
吴楚依然有帝王。
门外客来终不久。
乾坤再造在角亢。

金圣叹评注　此象主东北被夷人所扰，有迁都南方之兆。角亢南极也。其后有明君出，驱逐外人，再度升平。

拾贰 天地否卦

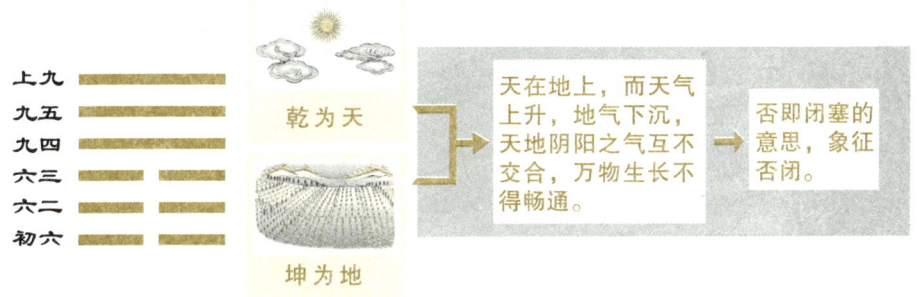

否：否之匪人，不利君子贞。大往小来。

《彖》曰："否之匪人，不利君子贞。大往小来"，则是天地不交，而万物不通也，上下不交，而天下无邦也。内阴而外阳，内柔而外刚，内小人而外君子。小人道长，君子道消也。

《象》曰：天地不交，"否"。君子以俭德辟难，不可荣以禄。

《否卦》：小人从中作梗，上下难以沟通，不利于君子保持中正。这预示事业将由兴盛转为衰落。

《彖传》说："小人从中作梗，上下难以沟通，不利于君子保持中正，这预示事业将由兴盛转为衰落"，这是因为天地没有相交，还没有产生雷雨风电，不能滋润万物，促使万物生长，就好像君臣之间不能有效沟通，因此天下分崩离析，邦国中混乱。阴者处在内而阳者居于外，柔顺者居于内而刚健者处于外，小人居于内而君子处于外，这时小人当道，歪风邪气盛行，君子的高尚的品行没有得到发扬光大。

《象传》说：《否卦》的卦象为坤在下、乾在上，坤为地、乾为天，这就表明天在地的上面。天在上面，地在下面，天地阴阳无法相交，因此把它叫做《否卦》。此时君子应俭以养德，来躲开灾祸，要抵挡住功名利禄的诱惑。

【启示】这一卦告诉我们，阳去阴来，天地无法相交，不利于万物生长，处于极不顺畅的阶段。这该怎么办呢？我们在否塞不通时，应多方面地找原因，找出问题的症结所在，然后对症下药。

断易天机问占图

天地不交之卦，人口不圆之象

否卦卦象解义

古解：否者，塞也。天地不交，阴阳闭塞，夫妻不和，离别南北。君子道消，小人道长，人物乖违，不通之象。

今译：否为闭塞的意思。天地之气不交，阴阳闭塞，夫妻不和，南北乖离。君子之道消亡，小人之道增长，人事乖违不通。

此卦是苏秦将游说六国卜得之卦，后为相。

- 口舌两字，表示将有口舌之争
- 一人弯弓射箭而未射中
- 一人拍掌大笑，意为乐极生悲
- 男子抱病在身，地上有一面破碎的镜子，说明事情将遇阻碍
- 一个人疲惫地坐在路上，表示路途遥遥而未到家

【否之爻】阴阳应和，上下相通

① 初六，拔茅茹，以其汇　　守持正固，防患未然
② 六二，包承　　　　　　　小人吉祥，大人否定
③ 六三，包羞　　　　　　　妄作非为，终致羞辱
④ 九四，有命无咎　　　　　扭转天明，众相依附
⑤ 九五，休否　　　　　　　时时自警，安然无恙
⑥ 上九，倾否　　　　　　　倾覆闭塞，天下通泰

初六：拔茅茹，以其汇。贞吉，亨。

初六：拔一根茅草，由于其根与其他植物的根紧密连在一起，结果一大把被拔出来了，去卜问将得到吉祥的预兆，顺畅。

【原文】《象》曰："拔茅，贞吉"，志在君也。

【译文】《象传》说："拔一把茅草，由于根与根紧密连在一起，结果一大把被拔出来了，去卜问将得到吉祥的预兆"，这表明大家都愿意团结在君王的周围，实现君王的意愿。

【启示】这一爻告诉我们，群众的力量是无穷的，团结就是帮我们跳出困境的法宝。

六二：包承，小人吉，大人否亨。

六二：厨房里有肉，对小人而言是吉祥，而对于品行高尚的人来说，并不一定是亨通顺畅的。

【原文】《象》曰："大人否亨"，不乱群也。

【译文】《象传》说："品德高尚的人不通泰"，是因为品德高尚的人和小人不是同一类的。

【启示】这一爻告诉我们，在你最困难的时候，有人给你物质上的帮助，如果你是胸无大志的小人则会感到无比的顺畅，但如果你是个志向远大的人则不一定感到事情已发生转机。

拾贰 天地否卦

六三：包羞。

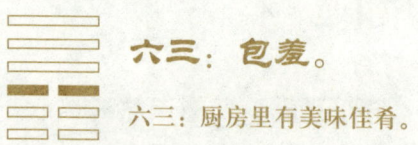

六三：厨房里有美味佳肴。

【原文】《象》曰：“包羞”，位不当也。

【译文】《象传》说：“小人享用着美味佳肴”，感到羞愧，因为才能品行与得到的俸禄不相匹配。

否泰往来图（下）

否卦与泰卦相反，是泰卦的综卦。观否卦之象，即可看到泰卦形成的趋势。但若想让否转变为泰，只有消除存在的阻碍因素，才能达到否极泰来的结果。

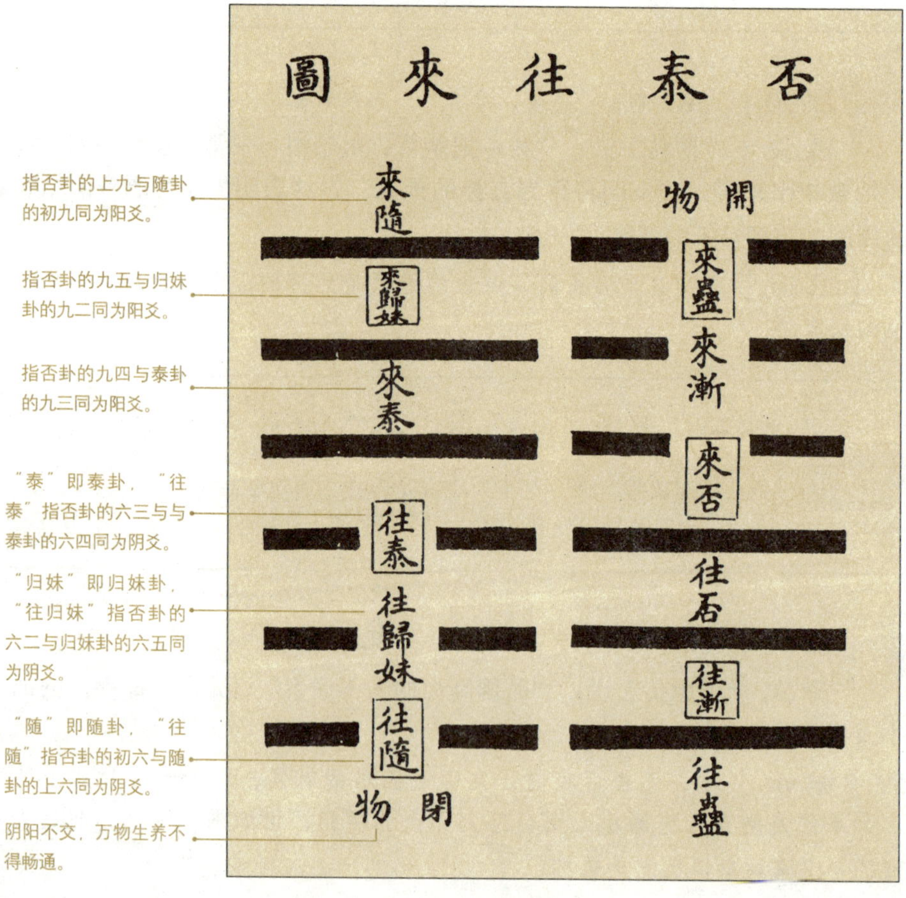

否泰往來圖
物開
來蠱
來漸
來否
往否
往漸
往蠱
來隨
來歸妹
來泰
往泰
往歸妹
往隨
物閉
指否卦的上九与随卦的初九同为阳爻。
指否卦的九五与归妹卦的九二同为阳爻。
指否卦的九四与泰卦的九三同为阳爻。
“泰”即泰卦，“往泰”指否卦的六三与与泰卦的六四同为阴爻。
“归妹”即归妹卦，“往归妹”指否卦的六二与归妹卦的六五同为阴爻。
“随”即随卦，“往随”指否卦的初六与随卦的上六同为阴爻。
阴阳不交，万物生养不得畅通。

【启示】这一爻暗示我们，一个人无功而受禄时，应感到羞耻。

九四：有命，无咎，畴离祉。

九四：顺应天命进行赏赐，没有灾祸，但谁应该得到赏赐呢？

【原文】《象》曰：有命，无咎，志行也。

【译文】《象传》说：顺应天命进行赏赐，没有灾祸，这说明君主奖罚分明、臣下尽职尽责，各自的意愿都得到实现。

【启示】这一爻暗示我们，理应奖赏帮助你成就事业的人，并且要论功行赏，这样各自的心愿都得到实现，将有利于成就大业。

九五：休否，大人吉。其亡其亡，系于苞桑。

九五：在不顺畅时先停止行动，对于胸怀大志的人可以获得吉祥。并时时提醒自己，正处在危险的境地，自己的命运像系于柔软的苞草、桑枝上一样危险。

【原文】《象》曰："大人之吉"，位正当也。

【译文】《象传》说：王公贵族可以得到吉祥，是因为正处于适当的位置。

【启示】这一爻告诉我们，在自己处于不顺畅境地时，应停止行动，但不是完全意义上的停止，更不是屈服，而是处于忧患、警惕状态，这样就能摆脱否塞不通。

上九：倾否，先否，后喜。

上九：否塞不通已到了极点，这说明不顺畅只是暂时的，没过多久就会顺畅。

【原文】《象》曰：否终则倾，何可长也。

【译文】《象传》说：否已到了极点，必然向泰转换，这样的不顺畅的日子还会长吗？

【启示】这一爻告诉我们，否极泰来，这是不可逆转的客观规律，所以我们在最艰难时，在心情极端痛苦时，只是暂且的失望，但决不绝望。

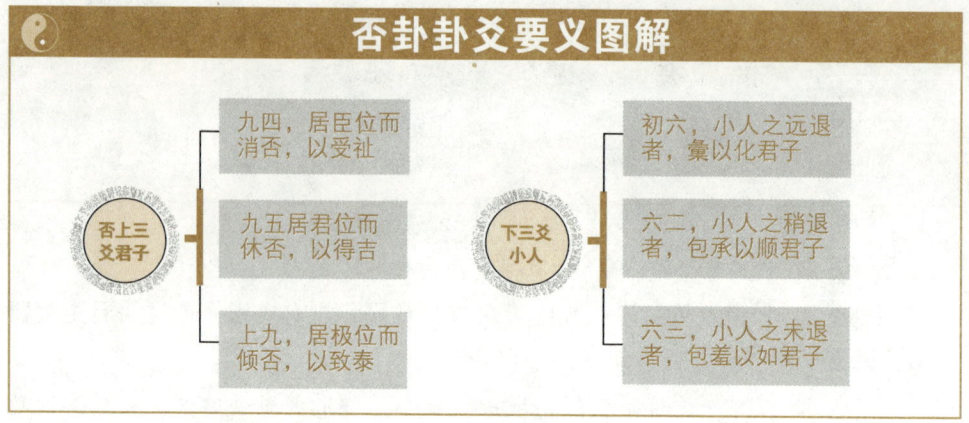

【疑难解析】包承，小人吉，大人否，亨

"包承，小人吉，大人否，亨"的大意是：厨房里有肉，对小人而言是吉祥，而对于品行高尚的人来说，并不一定是亨通顺畅的。这是为什么呢？其原因是小人目光短浅，容易满足于当前的既得利益。而志向远大的人一则会考虑这是不是糖衣炮弹，会不会被别人利用；二则他有高尚的节操，认为嗟来之食不可吃；三则他认为起决定作用的是内因，要想从本质上改变自己，必须是自身发生质的飞跃；四则他认为"包承"是他前进的阻碍，因为"包承"可能使周围的人都劝他要满足于现状，不要太贪心。

倾否，先否，后喜

"倾否"意为否极泰来，情势转变于顷刻之际。上九阳刚居否卦之极，物极必反，这是不变的自然规律。《象传》也说："否"到了终极，必然倾覆，又怎么能长久？而且上九阳刚强盛，也足以推翻其所处环境否塞的情况，所以爻辞中不说"否倾"，而称"倾否"。正因为先有危险，通过人的努力而使其转化，最终获得"倾否"的结果。

《否卦》与《泰卦》相反。否卦主要在于阐释由通泰到闭塞的过程，这一时期阴阳隔绝、上下不通、天地闭塞，对立统一的双方处于分裂状态，完全没有交合，而且小人势长，君子道消。处于这样的非常时期，小人得势，无所不用其极，因此君子应当提高警惕，避免遭受伤害。待到小人势力逐渐削弱时，才可集中力量，把握时机，将其彻底倾覆。

通过上九爻辞我们可以看出，《否卦》勉励人们顺从事物发展的规律，竭力扭转闭塞的境况。同时应坚定信心，黑暗不会长久，否极必然会泰来。

六十卦象象义图

丁卯 坤下乾上 否

上乾

下坤

否卦下半部分为坤，指地；上半部分为乾，指天。卦象为"天气上升，地气下降，天地之气不交，主闭塞不通"。主运势"上下不和，百事不通"。正是指武则天退位政变前后的时局。

▶ 五人合力，反周为唐

谶曰

飞者不飞。走者不走。
振羽高岗。乃克有后。

颂曰

威行青女实权奇。
极目萧条十八枝。
赖有猴儿齐着力。
已倾大树仗扶持。

金圣叹评注

此象主狄仁杰荐张柬之等五人反周为唐。武后尝梦鹦鹉两翼俱折，狄仁杰曰：武者陛下之姓也，起二子则两翼折矣。五猴指张柬之等五人。

拾叁 天火同人卦

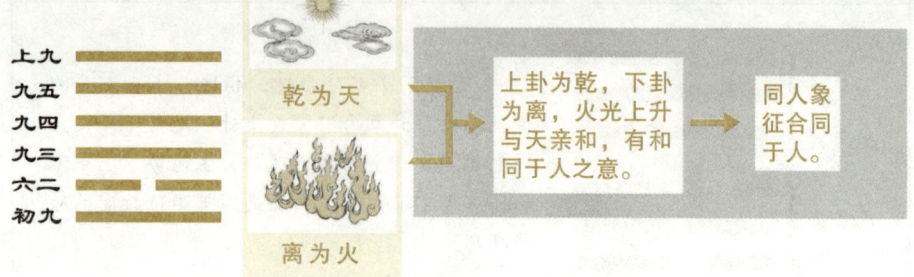

同人：同人于野，亨。利涉大川，利君子贞。

《彖》曰："同人"，柔得位得中，而应乎乾，曰同人。同人曰"同人于野，亨。利涉大川"，乾行也。文明以健，中正而应，君子正也。唯君子为能通天下之志。

《象》曰：天与火，同人。君子以类族辨物。

《同人卦》：做大事前，大家聚集在郊外统一思想，这是顺畅的。有利于渡过大江大河，有利于君子去占卜。

《彖传》说：《同人卦》，阴柔者处在适当的位置，这就与刚健者的位置相应，因此把它叫做《同人卦》。《同人卦》卦辞说："做大事前，大家在郊外聚集统一思想，顺畅，有利于渡过大江大河"，这说明君主的意愿能得到实现。君主办事果断，敢于创新，行事坚守纯正的原则，互相配合响应，君主的行为是正义的行为，这说明君子通晓天下的志向，维护正理，能受到百姓的拥护，所以能一统天下。

《象传》说：《同人卦》的卦象是离在下、乾在上，离为火、乾为天，这里火象征臣民，其卦象表明君主的命令能下达到群众中去，同时老百姓的心愿也能上传给君子，故称为《同人卦》。君子明白物以类聚、人以群分的道理，因此能把人按类别加以区分。

【启示】《同人卦》认为，人民的共同心愿是实现天下大同。如果你顺应了这一思想，则会赢得广大人民的信任，从而出现政通人和的大好局面。但注意这个大同不是狭隘的宗族团结，更不是拉帮结派，而是老百姓和当政者都抛弃

断易天机问占图

浮鱼从水之卦，二人分金之象

同人卦卦象解义

古解： 同人者，亲也。人于外地，交结情深，两人契义，即为断金，所求皆得，无不称心。

今译： 同人，即合同于人。人于外地，情谊深厚，足可断金，所求之事皆能实现，一切事情都称心如愿。

此卦刘文龙在外求官卜得之卦，后果衣锦荣归。

- 一人弯弓射向山上，象征将要高中
- 一人手捧文书，上有心字，意指内心追逐名利
- 一只鹿在河边悠闲地饮水，象征福禄源源不断而来
- 一条潺潺流过的小溪，表示前程远大

拾叁 天火同人卦

个人私心和一家一族的偏见,以天下为公,同心协力谋求幸福、安康的生活。

【同人之爻】和同于人,光明无私

① 初九,同人于门　　　出门同人,必无咎害
② 六二,同人于宗　　　宗族和同,有所憾惜
③ 九三,伏戎于莽　　　潜伏兵戎,未敢出兵
④ 九四,乘其墉　　　　自退不攻,可获吉祥
⑤ 九五,同人,先号咷而后笑　先悲后喜,克敌制胜
⑥ 上九,同人于郊　　　远避内争,未能和同

初九:同人于门,无咎。

初九:聚集在门外统一思想,没有什么灾祸。

【原文】《象》曰:出门同人,又谁咎也?

【译文】《象传》说:君子走出王门和老百姓进行沟通,又有谁会遭遇灾难呢!

【启示】这一爻告诉我们,在办事前,能与周围的人进行有效沟通,不会犯过错的。

六二:同人于宗,吝。

六二:聚集族人在宗庙里统一思想,将会遭遇凶险。

【原文】《象》曰:"同人于宗",吝道也。

【译文】《象传》说:聚集族人在宗庙里统一思想,将会遭遇凶险,是因为只在宗族中讲团结,思想太狭隘。

【启示】这一爻告诉我们,我们要讲团结,但决不是停留在宗族或宗派的和同上。因为人类的最高境界是处处充满光明、温暖、友爱,而且全人类都为之努力,任何与之相违背的行为都是非正义的,都遭到人民的反抗。

九三：伏戎于莽，升其高陵，三岁不兴。

九三：将伏兵隐藏在密林中，登上高山瞭望，多年都不敢兴兵打仗。

【原文】《象》曰："伏戎于莽"，敌刚也。"三岁不兴"，安行也？

【译文】《象传》说：将伏兵隐藏在密林中，这表明敌人力量太大了。多年都不敢兴兵打仗，说明敌方的力量远远超出我方的力量，怎么敢贸然

同人之图

同人卦上卦为乾，下卦为离，若变乾卦中爻则为离卦，而变离卦中爻则为乾卦，因此古人认为乾、离两卦就如两人同心，只是外貌不同，但心却是相同的。

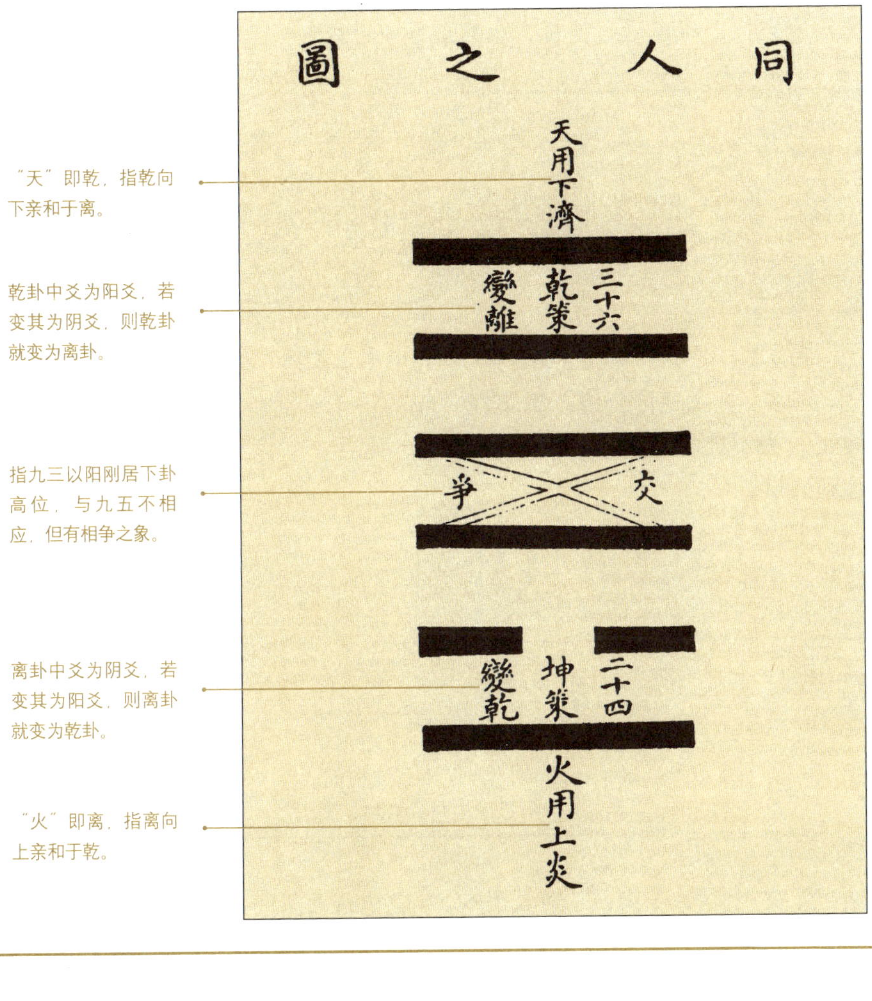

- "天"即乾，指乾向下亲和于离。
- 乾卦中爻为阳爻，若变其为阴爻，则乾卦就变为离卦。
- 指九三以阳刚居下卦高位，与九五不相应，但有相争之象。
- 离卦中爻为阴爻，若变其为阳爻，则离卦就变为乾卦。
- "火"即离，指离向上亲和于乾。

图之人同

天用下济
乾策 三十六 变离
争 ✕ 交
坤策 二十四 变乾
火用上炎

行动呢？

【启示】这一爻告诉我们，能团结一部分人在身边固然是好事，但如果与竞争对手的力量悬殊太大，决不能贸然行动。

九四：乘其墉，弗克。攻，吉。

九四：占领了敌人的城墙，一时没把城池攻下来。继续攻打，是吉利的。

【原文】《象》曰："乘其墉"，义"弗克"也。其"吉"，则困而反则也。

【译文】《象传》说："占领了敌人的城墙"，最终"没把城池攻下来"，这符合当时的道义。之所以说它是"吉利的"，因为这不是正义之战。自然在迷失了前进的方向时及时醒悟重归正道是吉利的。

【启示】这一爻告诉我们，一个人成功在望时，只要行为是正义的，得到了民众的支持，即使遇到挫折，也应继续奋斗。

九五：同人，先号咷而后笑，大师克相遇。

九五：聚集在一起的将士，先大哭后大笑，是因为刚开始久攻不下，后与增援的大军会合在一起攻克了城池。

【原文】《象》曰："同人之先"，以中直也。"大师相遇"，言相克也。

【译文】《象传》说：聚集在一起的将士，之所以先大哭，是因为上下内心纯正，为不能实现大家的愿望而焦急、痛苦。后大军与援军会合，互相之间说胜利的事。

【启示】这一爻告诉我们，一个人只要内心纯正，虽说遇到困难，但这是暂时的，最终还是会顺利到达成功的彼岸。

上九：同人于郊，无悔。

上九：大家聚集在郊外，没有什么后悔的。

【原文】《象》曰："同人于郊"，志未得也。

【译文】《象传》说："大家聚集在郊外"，大家之所以没有悔恨之心，是因为虽说天下大同的愿望还没有实现，但如果大家团结一心，就一定能实现愿望的。

【启示】这一爻告诉我们，一个人只要顺应了大众的愿望，为大众谋福利，就能够得到人民的衷心拥护。

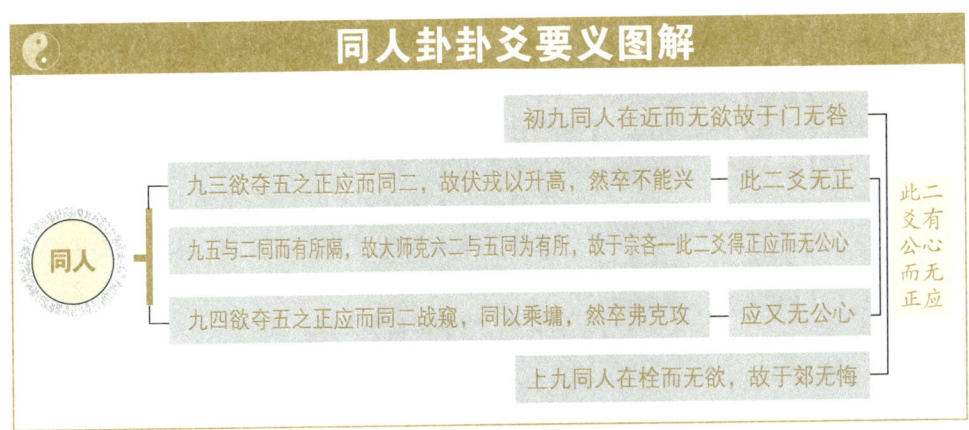

【疑难解析】乘其墉，弗克。攻，吉

"乘其墉，弗克。攻，吉"的大意是，占领了敌人的城墙，一时没把城池攻下来。继续攻打，是吉利的。这表明在攻打城池时，受到了极大的挫折，此时，我们为什么不知难而退呢？

"乘其墉，弗克。攻，吉"是同人卦九四爻的爻辞。从爻位上说，九四与九三相邻，前者不正，后者不中，两者阳刚相争，欲与六二相应，有失"同人"之道，因此其才会战败。九四是阳居阴位，这就表明他占据了一个比较隐蔽的地理位置，而且宽容待人，赢得了人民的支持。

大家看过《西游记》吗？唐僧要取到真经必须经历八十一难。这就暗示我们，成功的果实不是随手可得的，而是要历经千辛万苦，才有可能摘取得到。再说，我们在登上城墙久攻不下城池时面临两种选择：停止进攻；继续攻打。如果是停止进攻，其结果要么是敌方趁势追之，被打得一败涂地；要么是给敌人得以喘息的机会，而后进行反扑；要么是给自己及将士得以休整的机会，以图日后的再次攻取，但谁也不能保证下次攻打就能取得胜利。如果继续攻打，由于自己有人民的援助，取得成功的概率较大。

经过反复权衡，我们还是要继续攻打。

六十卦象象义图

癸未 离下乾上 同人

乾上
离下

　　同人卦下为离，指火；上为乾，指天。此卦为"二人同心之象，合作共事之意。"正合蔡京父子"同心并同道"。本卦运势："上下皆和，又得长辈提拔。"正合蔡攸初期因为父亲蔡京而得到提拔。"同人"本是"如意吉祥"之卦，但本象仅是"二人同心共事之意"，喻蔡京父子弄权。

▶ 父子弄权，国家灭亡

颂曰
父子同心并同道。
中天日月手中物。
奇云翻过北海头。
凤阙龙廷生怛恻。

谶曰
朝无光。日月盲。
莫与京。终旁皇。

金圣叹评注

　　此象主司马光卒，蔡京父子弄权，群小朋兴，贤良受锢，有日月晦盲之象。

拾肆. 火天大有卦

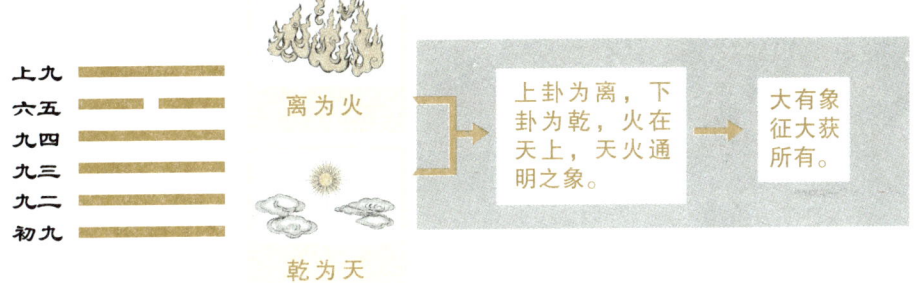

大有：元亨。

《彖》曰："大有"，柔得尊位大中，而上下应之，曰大有。其德刚健而文明，应乎天而时行，是以"元亨"。

《象》曰：火在天上，"大有"。君子以遏恶扬善，顺天休命。

《大有卦》：非常吉利。

《彖传》说：《大有卦》六五之爻处于上卦中位，阴柔者处于至尊的位置又安守正道，它周围的阳爻与它相应，就好像一人之下万人之上的丞相为人正直，功绩卓越，因此把它叫做《大有卦》。由于它有刚健文明的美德，顺应了天的运行规则，获得了丰收，创造了许多财富，所以说"大吉大利"。

《象传》说：《大有卦》的卦象是乾在下、离在上，乾为天、离为火，这就表明火在天上，象征太阳给了万物丰富的能量，所以把它叫做《大有卦》。君子应主持公道，抑制恶的，宣扬善的，顺应天道，见好就收。

【启示】根据卦象来看，《大有卦》表示光明普照万物，万民归顺，顺应天时，将大有所获。在天象上来说是晴天丽日，在人事上来说是蒸蒸日上，是阳气生发而阴气消散之象，其含义为内健外明。具体到为人，就是要内心刚健，而行为光明。内心刚健，就要自强不息，努力奋斗；行为光明，就是要内心无私，做事正大光明。只有做到这些才能昌盛富有。

此卦除了喻示人处"大有"之道外，还象征着君主的治国之道，即应善处下，招纳天下贤才才能政治昌明。

简而言之，此卦告诉我们，顺应了天道就会富有。

断易天机问占图

金玉满堂之卦，大明中天之象

大有卦卦象解义

古解：大有者，柔也。柔得尊位，官爵日实，掩恶扬善，丰财利义。广纳包容，成物之美，自天佑之，吉无不利。

今译：大有以柔得尊位，高大而保持中道，官爵财禄日益丰厚，众阳也都来归附，掩恶扬善，包容广大，成物之美，因此上天庇佑，吉祥。

此卦为蔺相如送和氏璧往秦卜得，后果还璧于赵。

妇人得到药，象征将有灾祸

一位妇人，一道喜气从其腹中冲出，喜气中有两个小孩，表示其腹有双胎

药发出灼灼光芒，表示药十分灵验

一位药王，表示妇人临产前得遇良医

一只狗，象征戌日将有喜事

【大有之爻】天下昌盛，安保富有

① 初九，无交害　　　不相交往，戒惧谨慎
② 九二，大车以载　　任重道远，有所前往
③ 九三，公用享于天子　献礼致敬，修德守正
④ 九四，匪其彭　　　谦恭顺承，富不过盛
⑤ 六五，厥孚交如　　秉持诚信，威严自显
⑥ 上九，自天右之　　履信事君，天降佑助

初九：无交害，匪咎。艰则无咎。

初九：没有相互伤害，不会遭遇危险，如果大家一起艰苦奋斗，就不会有灾难发生。

【原文】《象》曰：《大有》初九，无交害也。
【译文】《象传》说：《大有卦》的初九爻辞说，不要相互伤害。
【启示】这一爻告诉我们，富有了，更要坚守正道，更要顺应天时。

九二：大车以载，有攸往，无咎。

九二：用大车装载着东西，有所去的地方，这不会有什么灾祸。

【原文】《象》曰："大车以载"，积中不败也。
【译文】《象传》说："东西放在大车里装载着"，便不会发生灾祸，是因为财物堆积在车中不会发生损失。
【启示】这一爻告诉我们，能在丰年时把自己的财富妥善地保管起来，等到荒年再用，这是有远见之明。

九三：公用亨于天子，小人弗克。

九三：公侯能受用天子赐予的恩惠，但小人是承受不起的。

【原文】《象》曰："公用亨于天子"，小人害也。

【译文】《象传》说："公侯能受用天子赐予的恩惠"，让小人积聚财富就会危害国家。

【启示】这一爻告诉我们，施舍恩惠要看对象。

大有守位图

大有卦中阴爻六五居尊位，以柔处尊，有施行仁政之象，而其他五阳爻均来呼应，这就是盛大富有。六五刚柔并济而文明，既有威严又以诚待人，所以大位亨通。因此本卦也从侧面揭示了"盛世明治"对"大有"的重要性。

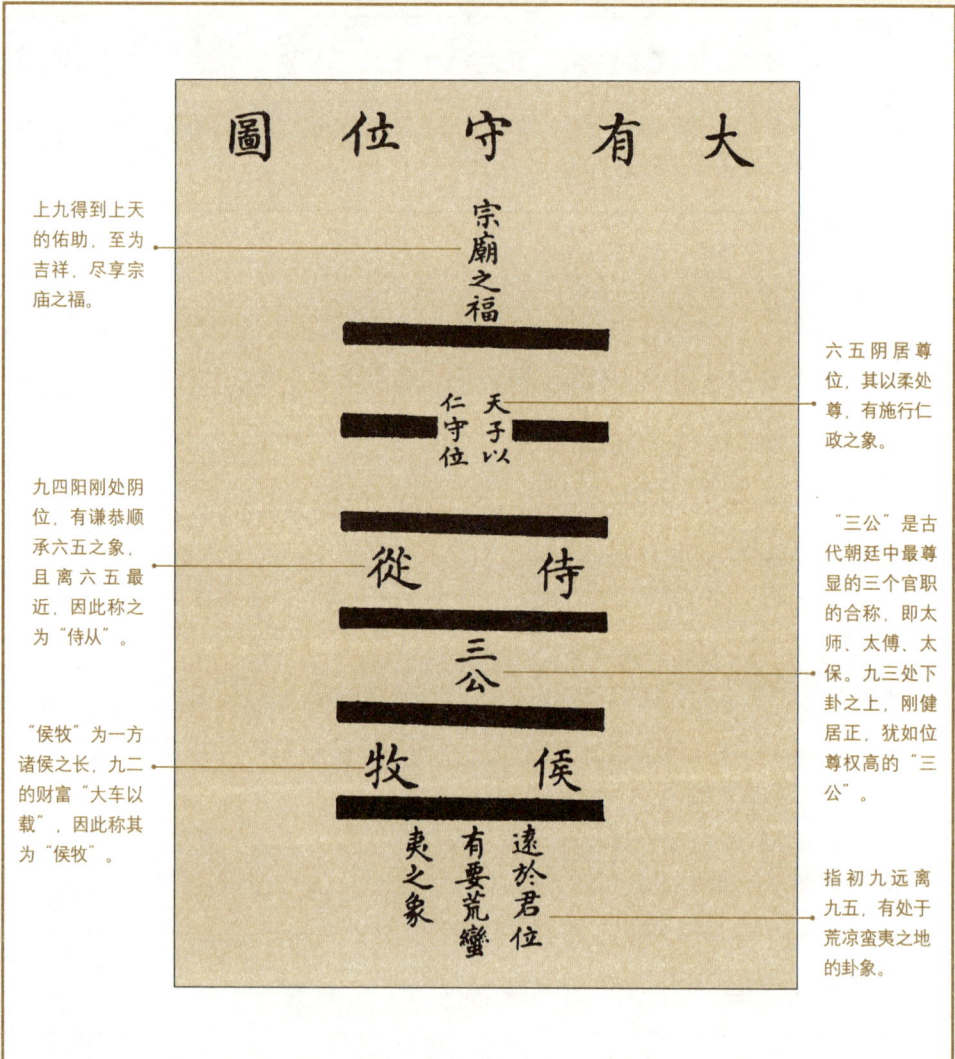

九四：匪其彭，无咎。

九四：不要逼男巫加大声势去求雨，就没有灾祸发生。

【原文】《象》曰："匪其彭，无咎"，明辩析也。

【译文】《象传》说："不要逼男巫加大声势去求雨，就没有灾祸发生"，这表明，智者能辨别是非，作出透彻的分析。

【启示】这一爻告诉我们，在自己富有时，不要再去求取更多的财富，否则，就会因不知足而遭遇灾祸。

六五：厥孚交如，威如，吉。

六五：他为人诚实，和人们不但有深切的交往，而且适当施加威力，这是吉利的。

【原文】《象》曰：厥孚交如，信以发志也。威如之吉，易而无备也。

【译文】《象传》说：他为人诚实，和人们有深切的交往，赢得人们对他的信任，这是因为诚信能使他的志向得以表达。在众人中树立威信是吉利的，由于过分平易近人就让人无戒备。

【启示】这一爻告诉我们，一个人在做大事时，能做到恩威并施，必能成大器。

上九：自天右之，吉，无不利。

上九：他有上天的保佑，吉利，没有不吉利的地方。

【原文】《象》曰：《大有》上吉，自天右也。

【译文】《象传》说：《大有卦》十分吉利，这是因为这庇护来自上天。

【启示】这一爻告诉我们，只要是按照客观规律办事，就会获得成功。

大有卦卦爻要义图解

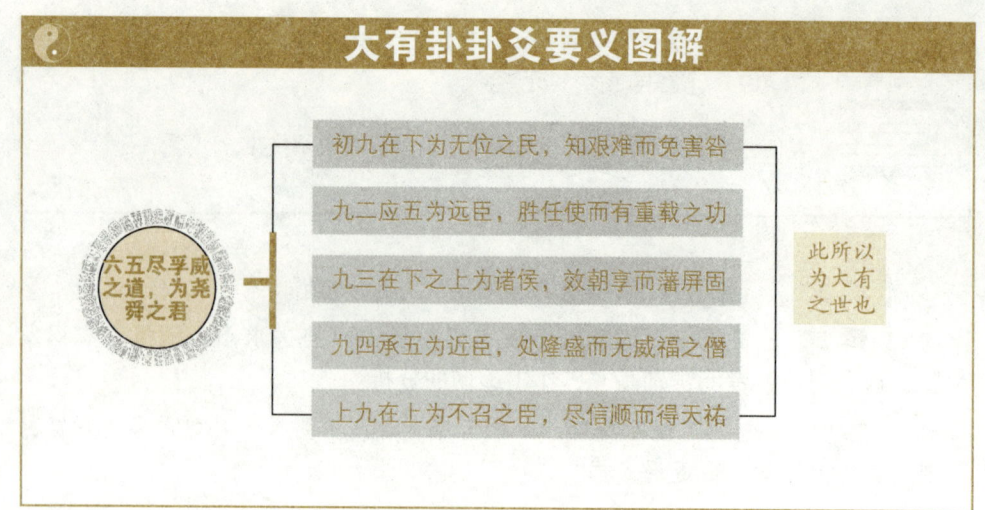

【疑难解析】无交害，匪咎，艰则无咎

这是大有卦初九爻辞，意为不会遭遇危险。"大有"在这里的意思是富有。这就表明，富有了，要更加不能相互伤害，这样才能防止灾祸的发生。本来富有是件好事，而这里再三强调富有后要防止灾难，此处的灾难究竟从何处而来？富有就必定产生剩余，使其中有一部分人可以靠别人的劳动而生活，怎样让别人把剩余让给自己呢？唯一的办法是侵犯别人，抢得财富。这样必定导致混乱，给他人带来灾害。怎样防止呢？就要做到互不侵犯。

"艰则无咎"的大意是：如果大家一起艰苦奋斗，就不会有灾难发生。这进一步告诉我们，如果大家都在辛勤地耕作，都在顺应天时而辛勤播种收割，就能做到互不侵犯，防止灾祸的发生。因为大家都在忙于耕种，没有时间去做图谋不轨的事，灾祸自然失去了生长的土壤。自古以来，成为强盗和贼的大多是好吃懒做者。

所以，在富有的时候，我们更要提倡"勤劳致富"，进行精神文明建设。

公用亨于天子，小人弗克

"公用亨于天子，小人弗克"的大意是：公侯能受用天子赐予的恩惠，但小人是承受不起的。施恩惠给君子和施恩惠给小人的结果为什么不一样呢？

那些品德高尚、才华出众的君子们接受你的恩惠，日后一方面能做到滴水之恩，以涌泉相报；另一方面能把恩惠广施予民。而小人的本性是贪婪的，是不知足的，因此他们往往为了自己的利益而忘恩负义；他们深谙滚雪球的法则，为了获取更多的财富，利用你所施舍的进行行贿献媚，使自己居于要职，并通过不正当的手段获得更多的利益，成为社会的蛀虫。

匪其彭，无咎

"匪其彭，无咎"的大意是：不要逼男巫加大声势去求雨，就没有灾祸发生。按一般的常理，男巫的声势越大，求得的财富就越多，而这里为什么建议不要逼男巫加大声势去求雨呢？

"匪其彭，无咎"是大有卦九四爻的爻辞。从卦画上看，九四为阳居阴位。这就好比一个人在自己已经富有时，谦恭待人，结果避免了灾害。相反，上天已赐予他许多财富，他还逼着巫师们去乞求上苍给予更多的财富，这样日后必遭灾难。因为在一定时期内，任何东西都是有限的，假如他得到的东西过多，势必有一部分人得到的就要更少一些，到了别人不能承受的程度，就会起来反抗，自然就会恢复到以前的样子，甚至比以前更糟。大家都知道竹片吧，当我们压缩的力超过了它的承受力，它便会崩裂，产生巨大的反弹力，伤了我们。

所以说，不逼男巫加大声势去求雨，这是明智之举。

六十卦象象义图

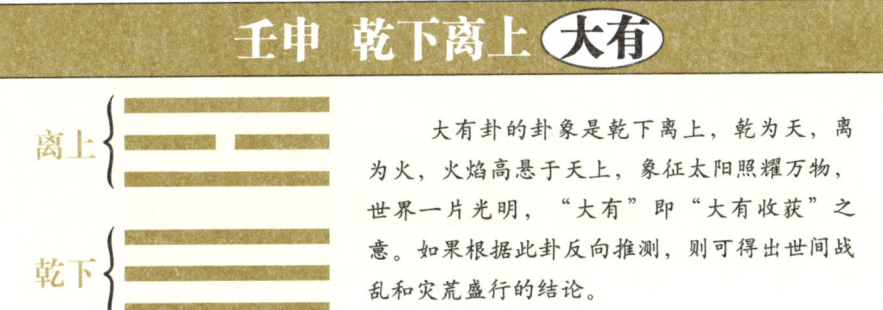

壬申　乾下离上　大有

大有卦的卦象是乾下离上，乾为天，离为火，火焰高悬于天上，象征太阳照耀万物，世界一片光明，"大有"即"大有收获"之意。如果根据此卦反向推测，则可得出世间战乱和灾荒盛行的结论。

▶▶ **黄巢起义，终亦成空**

颂曰
万人头上起英雄。
血染河川日色红。
一树李花都惨淡。
可怜巢覆亦成空。

谶曰
非白非黑。草头人出。
借得一枝。满天飞血。

金圣叹评注：此象主黄巢作乱，唐祚至昭宗。朱温弑之以自立，改国号梁，温为黄巢旧党，故曰覆巢亦成空。

拾伍 地山谦卦

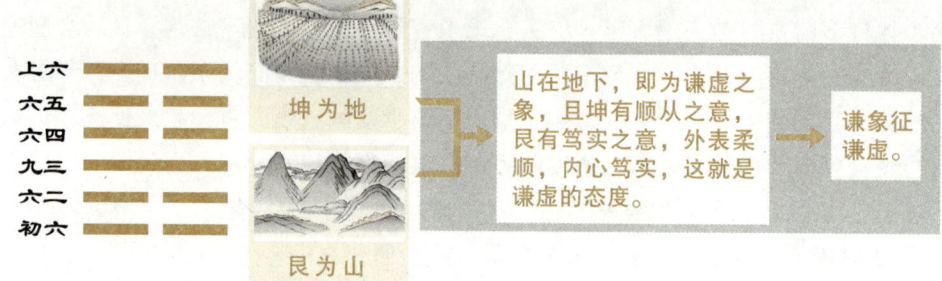

谦：亨。君子有终。

《彖》曰：谦，亨。天道下济而光明，地道卑而上行。天道亏盈而益谦，地道变盈而流谦，鬼神害盈而福谦，人道恶盈而好谦。谦尊而光，卑而不可逾，君子之终也。

《象》曰：地中有山，谦。君子以裒多益寡，称物平施。

《谦卦》：亨通。占卜得此卦，说明君子能有所作为。

《彖传》说：谦卑，亨通、顺畅。上天把能量赐给万物，世界充满了光明。地谦卑地顺应天道，滋润万物，使万物茁壮成长。天道让自满者亏损让谦虚者受益，地道使自满者变得谦虚，鬼神使自满者受害，让谦虚者享福。人们形成一种道德规则，就是憎恶自以为是的人，推崇谦虚的人，做高官而不傲慢，使其美德得以发扬光大；处于低微的地位而不自卑，让人仰慕他的美德，这就是君子谦虚将有所作为的原因。

《象传》说：《谦卦》的卦象是艮在下、坤在上，艮为山、坤为地。这表明，高山隐藏在地里，就好像拥有超群的才华和崇高的品德却不向外张扬，因此把它叫做《谦卦》。君子看到这卦象时，应拿多的去弥补少的，估量各种财物的多寡，尽量把它公平分给老百姓。

【启示】《谦卦》卦辞中提到"谦，亨，君子有终"，表明"谦"道美善，每人都应行为谦恭有礼。此卦告诉我们，君子应该培养谦虚的美德，才能获得亨通。

断易天机问占图

地上有山之卦，仰高就下之象

谦卦卦象解义

古解：谦者，退也。日月有盈，谦尔有亏，谦谦君子，尊人自卑，利用谦逊，万事无违。

今译：谦即谦虚的意思。日月有盈有亏，君子应谦虚有礼，尊敬他人，只要秉持谦逊的态度，没有什么事情做不到。

此卦为唐玄宗因安禄山乱，卜得后知干戈必息。

三个人并排站立，脚下团团乱丝，意指事情牵连未解决

明月当空，象征无私

一人骑鹿而来，象征将得到富贵福禄

一贵人手捧明镜，意为遇到清官

"公"字，象征事情得到合理解

【谦之爻】谦虚守正，平骄去逆

① 初六，谦谦君子　　涉越大河，克服险难
② 六二，鸣谦　　　　名声在外，守持中正
③ 九三，劳谦　　　　勤劳谦虚，保持谦德
④ 六四，撝谦　　　　发挥美德，无所不利
⑤ 六五，不富　　　　出征讨伐，无所不利
⑥ 上六，鸣谦　　　　带兵作战，讨伐邻国

初六：谦谦君子，用涉大川，吉。

初六：有谦虚的美德的人算得上君子，有此美德的人去渡大江大河，是吉利的。

【原文】《象》曰："谦谦君子"，卑以自牧也。

【译文】《象传》说：有谦虚的美德的人算得上君子，就是用谦虚的态度来约束自己的行为，可以规范自己的行为，使自己的行为不出轨。

【启示】这一爻告诉我们，谦虚可以使你事业有成。

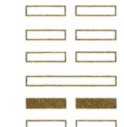

六二：鸣谦，贞吉。

六二：谦虚的美名远播，去占卜可得到吉祥的预兆。

【原文】《象》曰："鸣谦，贞吉"，中心得也。

【译文】《象传》说：谦虚的美名远播时去卜问即可获得吉祥的预兆，这是因为表里如一地坚守正道，赢得了人们的尊敬，其声名越传越远。

【启示】这一爻告诉我们，一个人的谦虚的美名之所以得到远播，是因为他为人正直，行事遵循中庸之道，位高不张扬，位卑不嫉妒，善于从自身找原因，从而赢得了人民的尊敬、信任。而且一个人越有名声，就越需要保持"中正"的品质，坚守谦虚、正直的美德，因此爻辞中强调"贞"才可获"吉"。

九三：劳谦，君子有终，吉。

九三：辛勤劳作而谦虚的君子，必将有所成就，最终将是吉利的。

【原文】《象》曰："劳谦君子"，万民服也。

谦象之图

在《易经》中很少有全是吉利的卦，只有谦卦，下三爻皆吉而无凶，上三爻皆利而无害，可见古时人们对于"谦虚"的重视。但六五与上六两爻又有"侵伐"、"行师"之象，是以德服人未果，而"不得不用兵"来统一天下，这体现了谦卦辩证的观念。

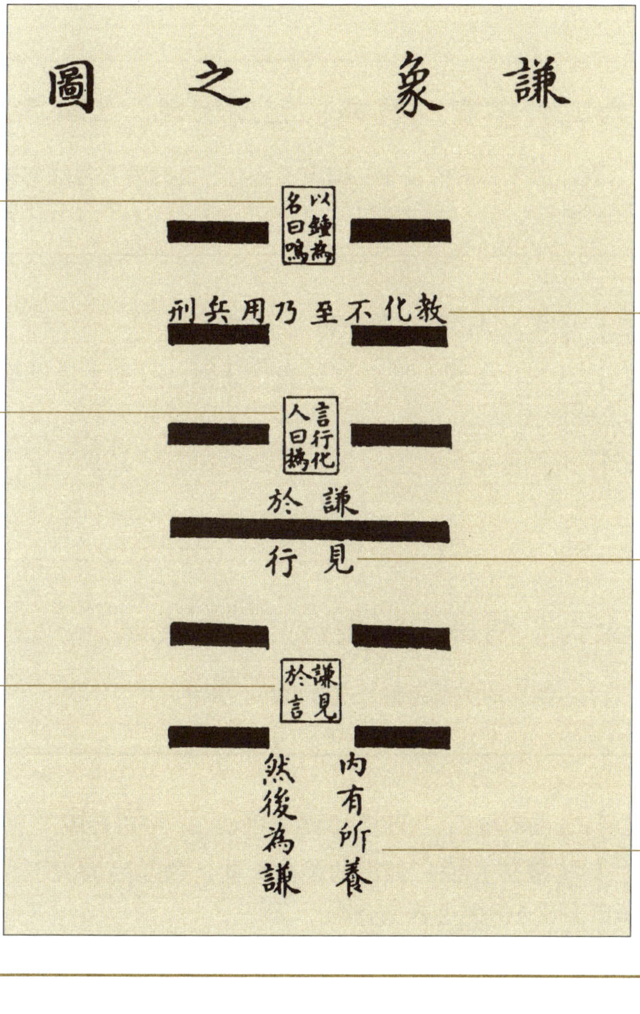

谦卦上卦为坤，在八卦与地支的关系中，坤居申，属金，因此说其"以钟为名"。此意在解释上六与六二"鸣谦"的区别。

"㧑"即发挥扩散的意思，"㧑谦"意为发挥扩散谦虚的美德，也就是用言行感化他人。

此句指六二中的"鸣谦"。"见于言"即为声名在外的意思。

虽然君子以德服人，但总有叛逆者感化不了，因此六五"用兵"以平逆。

此句指六三中的"劳谦"，"见于行"即指六三的勤劳。

"内有所养"指道德修养，对应初六所说的"谦谦君子"，意为有良好道德修养的君子才能秉持谦德。

【译文】《象传》说：辛勤劳作而谦虚的君子，天下臣民都愿意服从他。

【启示】这一爻告诉我们，一个人如果有了谦虚的美德，还奋斗不息，则更有利于成就大业。

六四：无不利，撝谦。

六四：只要发扬谦虚的美德，没有什么不吉利的。

【原文】《象》曰："无不利，撝谦"，不违则也。

【译文】《象传》说："只要发扬谦虚的美德，没有什么不吉利的"，这不违背谦虚使人进步的常理。

【启示】这一爻告诉我们，一个人的谦虚的美德如得到发扬，那对他来说，更是如虎添翼。

六五：不富以其邻，利用侵伐，无不利。

六五：由于邻国的侵伐，国家不富有，此时发兵侵伐邻国，没有什么不吉利的。

【原文】《象》曰："利用侵伐"，征不服也。

【译文】《象传》说：此时发兵侵伐邻国，有利于攻城略地，这是征伐那些不愿顺从大势的国家。

【启示】这一爻告诉我们，谦虚不是谦让，更不是退缩、软弱，而是坚守中正。

上六：鸣谦，利用行师，征邑国。

上六：谦虚的美名远播，这时出兵征服敌人是有利的。

【原文】《象》曰："鸣谦"，志未得也。"可用行师"，征邑国也。

【译文】《象传》说：谦虚的美名远播，这是因为天下大同的愿望还未实现，这便可用出师征讨的办法来解决。

【启示】这一爻告诉我们，当一个人的谦虚的美名得到了广大人民的推崇时，他顺应民心去讨伐非正义之师是吉利的。

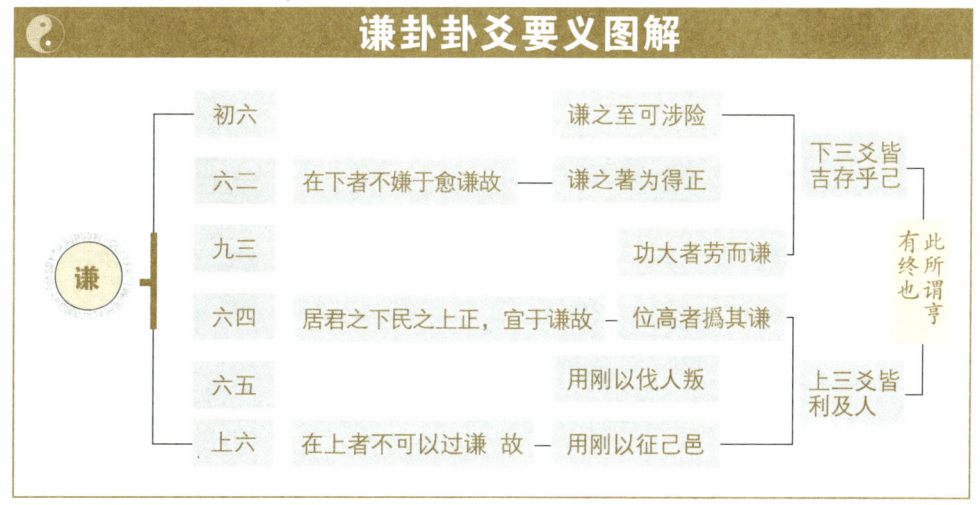

【疑难解析】谦谦君子。用涉大川，吉

"谦谦君子。用涉大川，吉"的大意是：有谦虚的美德的人算得上君子。有此美德的人去渡大江大河，是吉利的。

一是谦虚的人能做到才不外露，不会遭人嫉妒、猜疑，甚至处处设障碍，阻碍他走上成功之路。二是对他自身而言，不会自以为是，所以他能吸收别人的长处，使自己更好地发展，变得更加明智。再者，他愿意听别人的忠言，即使走上了岔道，也能及时返回。三是他根除了小人的生存土壤，因为小人为取得别人的信任的惯用的伎俩是献媚讨好别人，而谦虚的人能看到自己的缺点和优点，所以能一下识别小人的阴谋。

所以，谦虚的人能使自己顺利地到达目的地，当然是吉祥的。

无不利，撝谦

"无不利，撝谦"的大意是：发扬谦虚的美德，没有什么不吉利的。一般来说，做一件事往往利弊兼有，而这里却说"没有什么不吉利的"，这是为什么呢？

发扬谦虚的美德，将会有助于形成人人都崇尚谦虚的风气，而这种风气一旦形成，人就不会被自满的恶浊之气腐蚀，小人也无立足之地。此时，人们就不用担心骄傲的情绪冲昏了自己的头脑，使自己作出错误的决策。另外，人们也不用担心帮助自己成就大业的人会受小人的迷惑，造成一步走错、全盘皆输的惨局。这样，人们就能在良好的环境中专心致志地干自己该干的事业，从而获取更大的成功。

拾陆 雷地豫卦

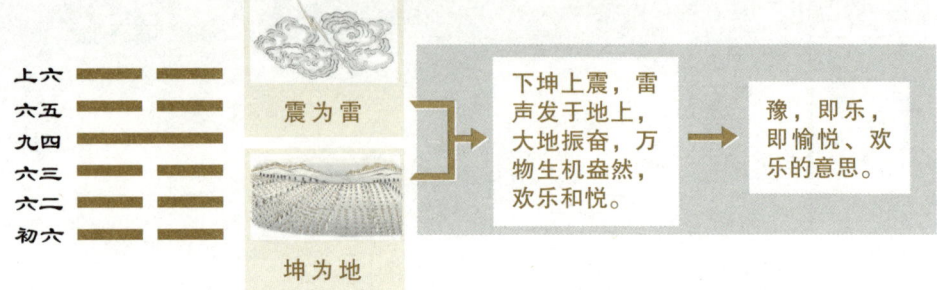

《豫》：利建侯，行师。

《彖》曰：豫，刚应而志行，顺以动，豫。豫，顺以动，故天地如之，而况建侯行师乎？天地以顺动，故日月不过，而四时不忒。圣人以顺动，则刑罚清而民服。豫之时义大矣哉。

《象》曰：雷出地，奋豫。先王以作乐崇德，殷荐之上帝，以配祖考。

《豫卦》：对封建诸侯来说，出兵打仗是有利的。

《彖传》说：《豫卦》，是一阳爻和五阴爻相应，这表明柔弱者顺从刚强者，刚强者能使自己的意愿得以推行，即顺着自然规律而动是《豫卦》。《豫卦》顺着自然规律而动，天地的运行尚且遵从自然规律，更何况干大事的封建诸侯出兵打仗呢？天地按照其固有的运行规律而动，因此太阳和月亮的运行从来就没有出现过差错，而四季交替循环也从来没有出现过错乱。圣人能够顺应天时而行动，那么在他的统治下政治清明，奖罚分明，百姓都愿意服从他。《豫卦》所包含的顺应天时而动的意义是多么地大呀！

《象传》说：《豫卦》坤在下、震在上，坤为地、震为雷。这表明，地上有响雷，雷鸣地震，所以被称为《豫卦》。先王看到这景象，制作出乐曲来推崇功德，还举行隆重的仪式，把音乐献给玉皇大帝，请自己的祖先和玉皇大帝一起来欣赏。

【启示】这一卦告诉我们，天下老百姓都归顺了自己，此时，应顺应天时而行动。

断易天机问占图

凤凰生雏之卦，万物发荣之象

豫卦卦象解义

古解：豫者，悦也。雷出于地，开热翼鼓，天地顺动，日时不忒，先王制礼，殷建崇德，九事无疑，上下悦怿。

今译：豫，即和悦。雷发声于地上，大地振奋，天地顺动，日时如常，先王制定礼法，崇尚美德，诸事和顺，臣民欢乐。

此卦为诸葛亮讨南蛮卜得之卦，后果平定南蛮，得胜而归。

- 一只鹿、一匹马，指禄马运动
- 两座山，为"出"字
- 一位官人在山前，意为外出求取富贵的意思
- 地上一堆钱，象征可获大量财富

拾陆 雷地豫卦

【豫之爻】天下和乐，居安思危

① 初六，鸣豫　　　　自鸣得意，乐极生悲
② 六二，介于石　　　耿介如石，守持正固
③ 六三，盱豫悔　　　媚上求乐，必致悔恨
④ 九四，由豫　　　　刚直不疑，众人相从
⑤ 六五，贞疾　　　　居中守正，避免灭亡
⑥ 上六，冥豫　　　　昏冥纵乐，及早改正

初六：鸣豫，凶。

初六：过于得意忘形，将得凶兆。

【原文】《象》曰：初六"鸣豫"，志穷凶也。

【译文】《象传》说：《豫卦》初六爻辞说，过于得意忘形，说明他陶醉在昔日的辉煌中，忘记了自己的志向，所以将得凶兆。

【启示】这一爻告诉我们，过于得意忘形，便会心血来潮，头脑不清醒，容易与凶险相撞。大家都知道喜从悲来、物极必反的辩证道理，我们的生活也不违背这个道理。在《大学》中，古人说："安而后能虑，虑而后能得。"这告诉我们在欢乐中应有警醒、忧虑，便能有所收获。

六二：介于石，不终日，贞吉。

六二：像夹在石缝里那样老老实实地不动，不到一天就会走上正轨，去占卜将得吉利的预兆。

【原文】《象》曰："不终日，贞吉"，以中正也。

【译文】《象传》说：不到一天就走上正轨，去占卜将得吉利的预兆，这是因为能居中守正。

【启示】这一爻告诉我们，一个人在被胜利冲昏头脑时，应用古训警醒自己，用各种道义制度规范自己，用忧患意识擦亮自己的眼睛。

六三：盱豫，悔；迟，有悔。

六三： 睁大眼睛看着别人因有所作为而和悦，后悔不已；若再不行动的话，势必后悔莫及。

【原文】《象》："盱豫有悔"，位不当也。

豫象之图

豫卦上为震，下为坤，震为动，而坤为顺，此卦为万物顺性而动，皆大欢喜之象，但爻辞却又处处戒人不能穷极欢乐，而要居安思危。因此"生于忧患，死于安乐"才是豫卦所要表达的核心意义。

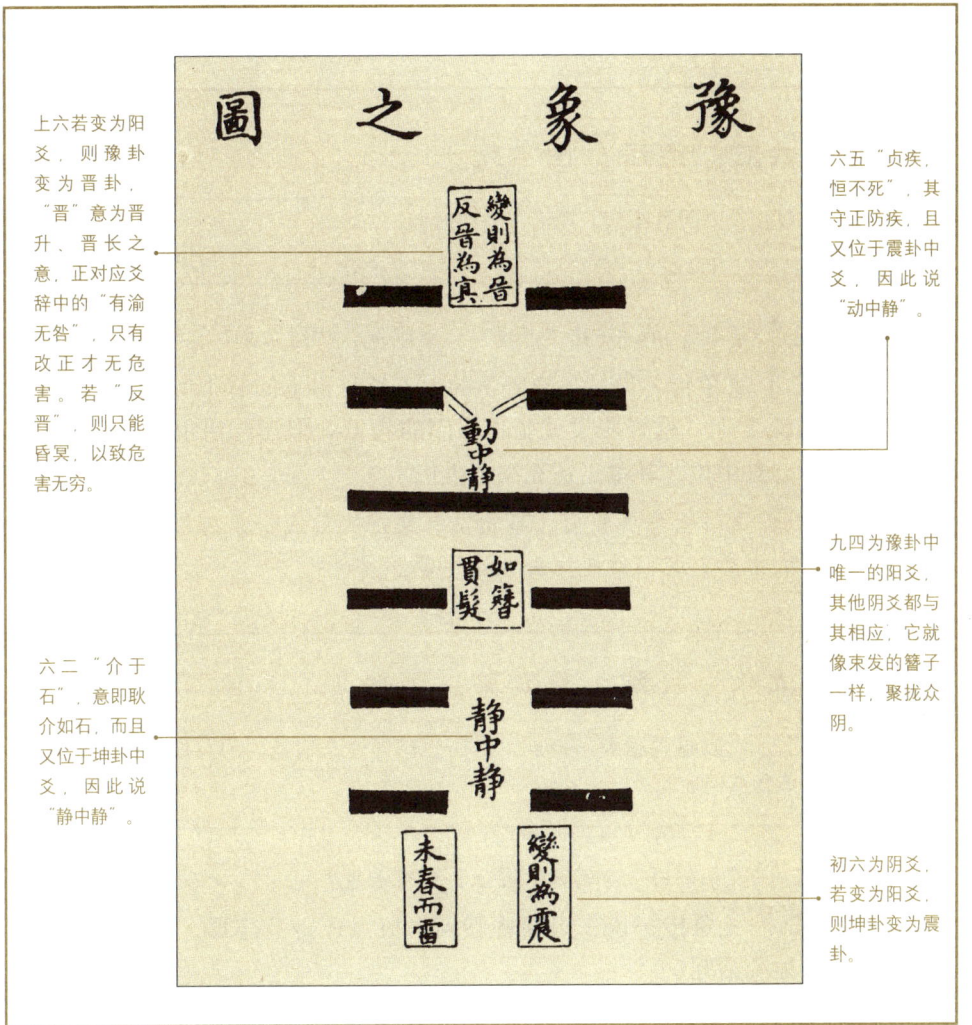

【译文】《象传》说：睁大眼睛看着别人有所作为而和悦，后悔不已，这是由于六三爻不居正位。

【启示】这一爻告诉我们，应办事果断。

九四：由豫，大有得，勿疑。朋盍簪。

九四：适当的得意，十分有好处。这样就不会疑心朋友们聚集在一起说不利于此行动的话。

【原文】《象》曰："由豫，大有得"，志大行也。

【译文】《象传》说：适当的得意，十分有好处，表明其意愿正在大力推行。

【启示】这一爻告诉我们，适当的得意就是自信，它能使你勇往直前，大刀阔斧地开创自己的事业。

六五：贞疾，恒不死。

六五：卜问有小病，能活很长的时间。

【原文】《象》曰：六五"贞疾"，乘刚也。"恒不死"，中未亡也。

【译文】《象传》说：《豫卦》的六五爻辞讲卜问有小病，由于六五阴爻处于九四阳爻之上，这样阴柔就骑在阳刚的头上。但还能活很长时间，由于六五之爻处于上卦中位，其主干还充满了生机。

【启示】这一爻告诉我们，事物没有绝对的对或错，在权衡利弊时，只要总体上是利大于弊，我们就决定去做这件事。

上六：冥豫，成有渝，无咎。

上六：黑暗昏聩到了极点，但还心存喜悦，这是因为有成功的希望，不会遭遇凶险。

【原文】《象》曰："冥豫"在上，何可长也？

【译文】《象传》说：黑暗昏聩到了极点还得意忘形，像这样的统治者，哪能长久地统治呢？

【启示】这一爻告诉我们，在你处于极不顺畅时，还应对未来充满信心。

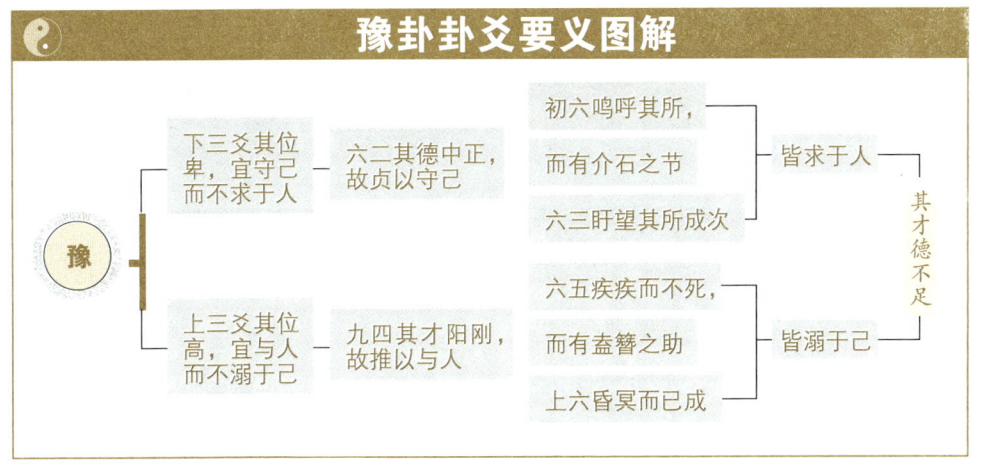

【疑难解析】盱豫，悔；迟，有悔

"盱豫，悔"的大意是：睁大眼睛看着别人有所作为而和悦，后悔不已。能睁大眼睛看别人做事，本是件可喜的事，而这里却说"后悔不已"，这是为什么呢？

"盱豫，悔"是六三的爻辞。从卦画上看，六三为阴居阳位，且在下卦之首。此时，我们不难看出，这里的睁大眼睛应包括两个阶段：一是睁大眼睛看着一件未知的事，看它是否值得做。由于眼睛是瞪得大大的，所以是太多虑了。二是惊讶地睁大眼睛：别人把这件事干成功了。再联系我们所处的处境来看，我们的未来是个未知的世界，我们都在黑暗中行走，需要我们作出果敢的判断，大胆地跨出去。从上所述可知，六三后悔的原因是：由于他犹豫不决，让别人占尽先机，失去了成功的机会。

"迟，有悔"的大意是：再不行动的话，势必后悔莫及。这就表明，第一次眼睁睁地看着机会从身边溜走，如积极行动起来，还有成功的机会，如总是在后悔中度过，从不付诸行动，则会造成真正的不可弥补的后悔。

冥豫，成有渝，无咎

"冥豫，成有渝，无咎"的大意是：黑暗昏聩到了极点，但还心存喜悦，这是因为成功的希望日渐明显，没有凶险。这是为什么呢？

一则因为物极必反，黑暗马上就要退出历史的舞台，光明很快就要代替黑暗；二则如果你心如死灰，再也不奋斗了，连睁开眼看撞死在树桩上的兔子的勇气都没有，那么机遇只会与你失之交臂。相反，如果你对前景还不失望，你还会留意身边的每一个机会，自然在时势发生转机、机遇多多的新时期，又能抓住好机遇，实现自己的梦想。

六十卦象象义图

庚寅 坤下震上 豫

震上 ⚏
坤下 ⚏

《易经》曰："豫：利建侯行师。"意思是说豫卦象征欢乐愉快，有利于诸侯建立功业，有利于出师南征北战，这正应和了朱元璋推翻元朝，建立明朝的功业。

▶ 怀揽日月，建功立业

谶曰

惟日与月。
下民之极。
应运而兴。
其色日赤。

颂曰

枝枝叶叶现金光。
晃晃朗朗照四方。
江东岸上光明起。
谈空说偈有真王。

金圣叹 评注

此象主明太祖登极。太祖曾为皇觉寺僧，洪武一代海内熙洽，治臻大平。

拾柒 泽雷随卦

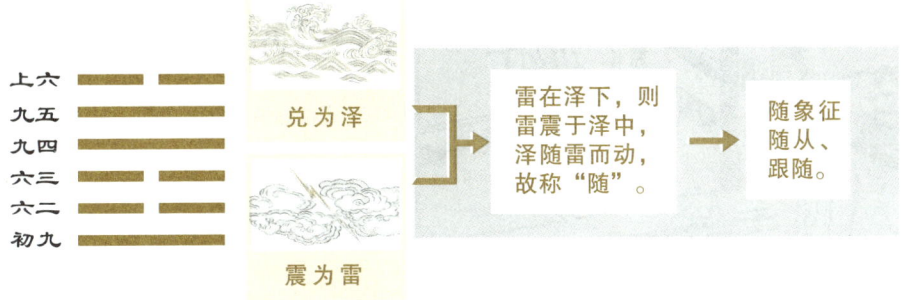

随：元亨，利贞，无咎。

《彖》曰：随，刚来而下柔，动而说，随。大亨，贞无咎。而天下随时，随时之义大矣哉！

《象》曰：泽中有雷，随。君子以向晦入宴息。

《随卦》：非常吉利，有利于去占卜，没有什么灾难。

《彖传》说：《随卦》震居下、兑居上，震代表刚，兑代表柔，这有君主顺应民意的含义，假如此时开始行动，人民大众肯定会服从命令。所以把它叫做《随卦》。非常吉利，去占卜必定得到无灾祸的预兆。而且天下所有事能做成功的关键在于随时而行，顺时而动，所以说《随卦》的现实意义多么大呀！

《象传》说：《随卦》的卦象是震在下、兑在上，震为雷、兑为泽。这表示泽中有轰隆隆的雷。泽中响雷，泽随着雷而动，所以把它叫做《随卦》。君子看到此景象，谋事要抓住时机，顺时而动，如同天晚了就要回家休息。

【启示】《随卦》意在阐发"随从"之意，这也是体现本卦"从善"的宗旨。卦辞中以"元亨，利贞"，极力赞美"随从"之道。"无咎"又强调守持正固相随则无害的观点。此卦告诉我们，我们的随和是有原则的，要以中正为原则，要顺应人民的意愿。它主张人们顺时而动，抓住机遇，适时进退。它要求人们舍弃一己之见和个人私利，择善而从，善于听取、采纳别人的中肯意见，并时时以大局为重，而且无论为人还是处世都应不违正道，坚持从善而行。

断易天机问占图

良工琢玉之卦，如水推车之象

随卦卦象解义

古解：随者，顺也。上刚下柔，随时之义。改故鼎新，众美俱至。士子得官，宜增禄位，百事遂意，吉无不利。

今译：随为顺。上卦为刚，下卦为柔，随从于适宜的时机。革故鼎新，诸多吉祥之事皆至。官禄都能得到，事事顺利。

此卦为孙膑破秦卜得之卦，后果胜。

- 朱门内端坐一人，象征执掌官府
- 一堆钱，表示有才义
- 一人站在门外，象征士人求进，想要得到名利
- 空中的大雁衔着一封书信，象征有消息传来

【随之爻】择善而从，不违正道

① 初九，官有渝　　　　思想变化，守持正固
② 六二，系小子，失丈夫　从正不专，系小失大
③ 六三，系丈夫，失小子　有求必得，安居守正
④ 九四，随有获　　　　心怀诚信，光明磊落
⑤ 九五，孚于嘉　　　　广施诚信，可获吉祥
⑥ 上六，拘系之，乃从　强令服从，顺服相随

初九：官有渝，贞吉。出门交有功。

初九：官职有所变动，去占卜得到吉祥的预兆。出门在外和大家进行交流，就会有功绩。

【原文】《象》曰："官有渝"，从正吉也。"出门交有功"，不失也。

【译文】《象传》说："官职有所变动"，如果坚守纯正的原则就会吉祥。出门在外和大家进行交流有功绩，是因为不会固执己见而有所失。

【启示】这一爻告诉我们，一个人在被麻烦缠绕时，只要坚守纯正的原则，积极征求别人的意见，起用贤人，就会解开这个结，并会有所作为。坚守纯正的原则，就不会随波逐流，让假、恶、丑占据上风，而埋没了真、善、美。而积极征求别人的意见，就不会因固执己见作出错误的决策，更不会因一意孤行酿成不可逆转的大错。

六二：系小子，失丈夫。

六二：逮住小奴隶，却失去大奴隶。

【原文】《象》曰："系小子"，弗兼与也。

【译文】《象传》说：逮住小奴隶，却失去大奴隶，因为二者不可同时拥有。

【启示】这一爻暗示我们，做每一件事都有得有失。

六三：系丈夫，失小子。随有求得，利居贞。

六三：逮住大奴隶却丢掉小奴隶。去追回大奴隶是有所求得的，因为安守贞正是有利的。

【原文】《象》曰："系丈夫"，志舍下也。

【译文】《象传》说：去追回大奴隶，是符合取大弃小的原则的。

【启示】这一爻是说，无论是各有千秋的二选一，还是单一的对错判断，都需要我们作出明智的选择。该怎么办呢？我们在进行取舍时，应遵循取

随卦系失图

随卦以上兑下震之象来阐发"随从"之意，正是集中体现"从善"的宗旨。六爻相从的情况各有不同，但无论是哪种情况都应以"正"相随，才能"无咎"。相随应"不违正道、诚心从善"，这是本卦所要表达的主旨。

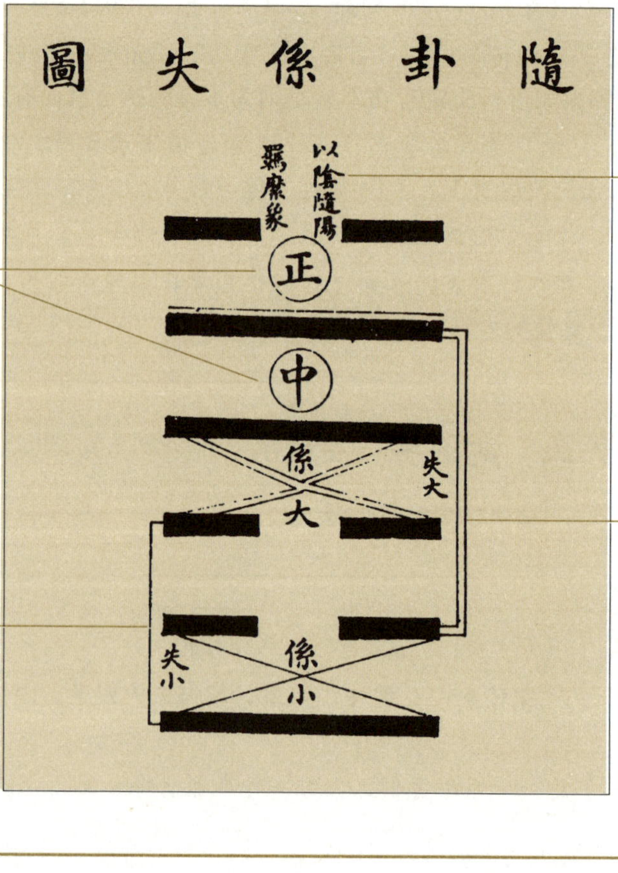

随卦系失图

九五阳刚居尊，广施诚信，获得吉祥，可见九五的位置正中不偏，因此说其"正"、"中"。

"系大"、"失小"是指六三近承九四，依从九四而行，所以失去初九，因此是"系大失小"之象。

"羁縻"即牵制、束缚的意思。上六以阴居随卦最外，有不愿随从而被九五拘禁乃从之象，因此说"羁縻象"。

"系小"、"失大"是指六二柔居下卦，本应与九五相应，却就近依从初九，因此有"系小失大"之象。

大弃小的原则。

九四：随有获，贞凶。有孚在道，以明，何咎？

九四：追逐别人有所收益，去占卜却得到凶险的预兆。心存诚信，坚持走正道，哪里还有什么危险呢？

【原文】《象》曰："随有获"，其义凶也。"有孚在道"，明功也。

【译文】《象传》说："追逐别人，有所收益"，由于他的行为不符合当时的道义，所以凶险。但只要心存诚信，坚持中正的原则，做人光明正大，就会有所作为，立下功绩。

【启示】这一爻告诉我们，放弃原则的追随是有害的。

九五：孚于嘉，吉。

九五：真诚对待善良者，大吉大利。

【原文】《象》曰："孚于嘉，吉"，位正中也。

【译文】《象传》说：真诚对待善良者，大吉大利，这是因为九五爻是阳爻阳位，位于上卦中央的至尊的位置。

【启示】这一爻告诉我们，善待本性善良的人民。

上六：拘系之，乃从维之。王用亨于西山。

上六：把俘虏拘留起来，并用绳子将他捆绑。周文王把他当做人牲囚禁在西山以祭祀神灵。

【原文】《象》曰："拘系之"，上穷也。

【译文】《象传》说：把俘虏拘留起来，并用绳子将他捆绑，是因为上六爻高居《随卦》最上爻，君王的诚信已施尽。

【启示】这一爻告诉我们，如你总是对别人以诚相待，最终也不能感化别人，此时，就采取强硬的方法。因为他是顽固不化者，如采用硬碰硬的方法，也许还有转变的余地，即使不能改变，就让他毁灭，至少也不会成为你前进的障碍。

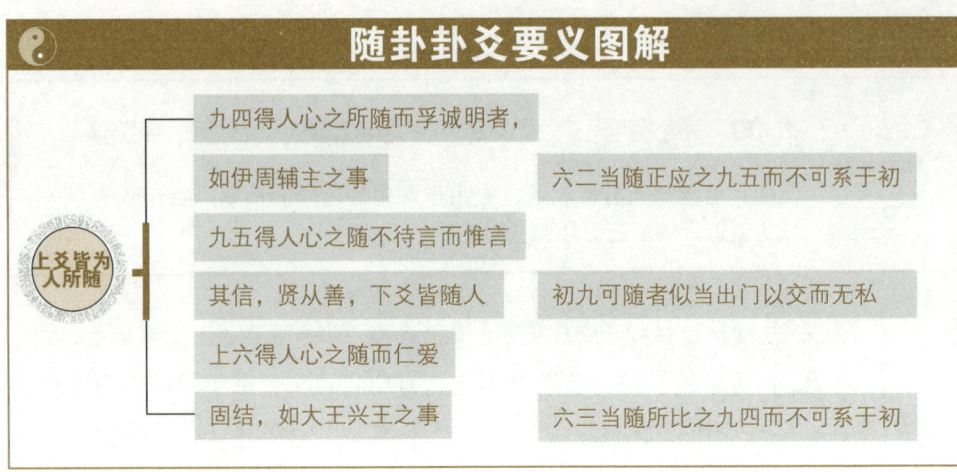

【疑难解析】"系小子，失丈夫"和"系丈夫，失小子。随有求得，利居贞"

"系小子，失丈夫"的大意是：逮住小奴隶，却失去大奴隶。它是随卦的爻辞。"随"有随同、随和、追随的意思。这就好比一个人在随同大家的意愿上必有得有失，即他采取甲的方案，势必就要放弃乙的方案。如甲的观点是错误的，他随同甲的观点，势必能赢得甲对他的一时的好感，和他同舟共济，但这会酿成大错；他否定甲的观点，有可能伤害彼此的感情，甚至几十年深厚友谊就毁于一旦，但这有利于树正风，抑恶气，让人民过上好日子。

当鱼和熊掌不可兼得时，我们该怎么办呢？"系丈夫，失小子。随有求得，利居贞"就给了我们满意的答案：舍鱼而取熊掌也（大奴隶比小奴隶有价值，追回大奴隶是吉利的）。要做到"舍鱼而取熊掌"，必须注意的是：鱼和熊掌的比较不是纯粹数字上的比较，而是以道德为准绳的大小比较。所以，我们在舍鱼而取熊掌时，必须以坚守正道为前提。

随有获，贞凶。有孚在道，以明，何咎

"随有获，贞凶"的大意是：追逐别人有所收益，去占卜却得到凶险的预兆。明明是有所收益的事，怎么去占卜却得到凶险的预兆呢？

联系"有孚在道，以明，何咎"，就知道这是因为他在追随时放弃了原则。放弃原则的追随可能变成迁就，甚至是纵容，自然会给他带来灾祸。

虽说放弃原则的追随在当时可避免他跟别人发生摩擦，并且他能从中得到好处。但俗话说得好：没有免费的午餐。一则对他所苟同的人来说，其人不会及时纠正自己的错误，以至于越陷越深，不能自拔；二则对他自己来说，他也要为自己不负责任的行为付出代价的。一方面犯错误的人，到头来会识别真伪

的，会埋怨他的；另一方面，他会跟着犯错误的人陷入泥坑，难以自拔。最糟糕的是，他扬恶弃善，让社会上坏风气盛行，玷污了善良的人民，残害了正直的高尚人士。

综上所述，随和一定要以坚守正道为前提。

六十卦象象义图

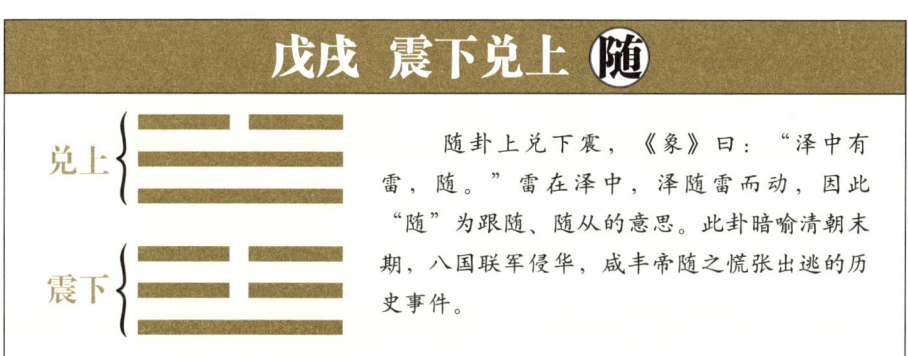

戊戌　震下兑上　随

兑上

震下

随卦上兑下震，《象》曰："泽中有雷，随。"雷在泽中，泽随雷而动，因此"随"为跟随、随从的意思。此卦暗喻清朝末期，八国联军侵华，咸丰帝随之慌张出逃的历史事件。

八国入侵，帝王出逃

颂曰

黑云黯黯自西来。
帝子临河筑金台。
南有兵戎北有火。
中兴曾见有奇才。

谶曰

西方有人。足踏神京。
帝出不还。三台扶倾。

金圣叹评注

此象疑有出狩事，亦乱兆也。

拾捌 山风蛊卦

上九
六五
六四
九三
九二
初六

艮为山

巽为风

巽在艮下，山下有风，风遇山阻挡而回，因此有万物散乱，为有事之象。

蛊即蛊害、蛊乱的意思。

蛊：元亨。利涉大川。先甲三日，后甲三日。

《彖》曰：蛊，刚上而柔下，巽而止，蛊。"蛊，元亨"，而天下治也。"利涉大川"，往有事也。"先甲三日，后甲三日"，终则有始，天行也。

《象》曰：山下有风，蛊。君子以振民育德。

《蛊卦》：十分吉利，有利于渡过大江大河。但必须在事物的转折点的前后起程。

《彖传》说：《蛊卦》，阳刚处于上面，阴柔处于下面，这表明柔顺而静止，因此把它叫做《蛊卦》。"《蛊卦》，大吉大利"，是因为从严治理天下。"有利于渡过大河"，这表明不怕困难，勇往直前，一定能成就大业。"甲前三日为辛日，甲后三日为丁日"，指从辛日至丁日，即走到极端便有新的开始。

《象传》说：《蛊卦》下卦为巽、上卦为艮，巽为风、艮为山，这就表示山下起风之象，所以把它叫做《蛊卦》。君子看到此卦象，应去救济万民，施行德教。

【启示】这一卦告诉我们，衰败中蕴藏新生，但不是在任意条件下都能获得新生，它是在特定的条件下，这个特定条件是需要我们去创造的。所以，我们在这个转型时期，要顺应天时采取行动。这里的顺应天时一指事前防患于未然；二指在遇到麻烦时，应想办法解决麻烦。无论是事前的防范，还是事后的解决，都需要以天道为准则，纠正不合规范的行动。

断易天机问占图

三蛊食血之卦，以恶害义之象

蛊卦卦象解义

古解：蛊者，事也。干父之体，任用于先，三虫在器，阴害相连。厌昧之事，其疾难痊。求谋欲起，虑恐相干。

今译：蛊为腐败、革新，蛊为瓮中最强大的蛊虫，象征太平盛世，由于沉溺于安乐，而导致腐败，必须要拯治弊乱，革新政治。

此卦为伯乐疗马卜得，知马难治，见三虫同器皿也。

- 大雁衔一封书信飞来，表示将有好消息
- 一男一女跪地互拜，意为将有喜事庆贺
- 一个小孩站在漂浮的云中向下张望，象征将富贵得子
- 一只鹿象征福禄
- 一串钱表示将有钱财

拾捌 山风蛊卦

【蛊之爻】拯治弊乱，谨始慎终

① 初六，干父之蛊　　成就先业，免除灾祸
② 九二，干母之蛊　　情势难行，守正待时
③ 九三，干父之蛊　　稍有悔恨，但无咎害
④ 六四，裕父之蛊　　容恶养弊，必有憾惜
⑤ 六五，干父之蛊　　正弊有道，倍受赞誉
⑥ 上九，不事王侯　　超然物外，志向高洁

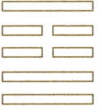

初六：干父之蛊，有子考，无咎，厉，终吉。

初六：改正父辈的错误，有这样的儿子，父亲一定不会遭遇危险，即使遭遇危险，最终也会获得吉祥。

【原文】《象》曰："干父之蛊"，意承考也。

【译文】《象传》说：改正父亲的错误，其真实的意图是继承父辈的大业。

【启示】这一爻告诉我们，要勇于改正别人的错误。

九二：干母之蛊，不可贞。

九二：改正母亲的错误，但不可以固守贞正。

【原文】《象》曰："干母之蛊"，得中道也。

【译文】《象传》说：改正母亲的错误，九二处于卦中位，这表明得到的是中庸之道。

【启示】这一爻告诉我们，在纠正柔弱者的偏差时，不可言辞过激。

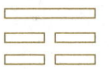

九三：干父之蛊，小有悔，无大咎。

九三：改正父亲的错误，即使小有摩擦，后悔一阵儿，也不会有大的灾害。

【原文】《象》曰："干父之蛊"，终无咎也。

【译文】《象传》说：改正父亲的错误，最终不会有大的灾害。

【启示】这一爻告诉我们，为别人改正错误，不是轻描淡写地指出，而是力求真正的纠正，虽说在纠正的过程中产生不愉快，但最终别人会因没了那些坏毛病，将顺利到达目的地。

蛊象之图

蛊卦上艮下巽，从图中看庚金在艮卦之下，而艮寅为树木繁盛之象，金克木，现在金居木下，是木中生虫的卦象，因此卦名为"蛊"。

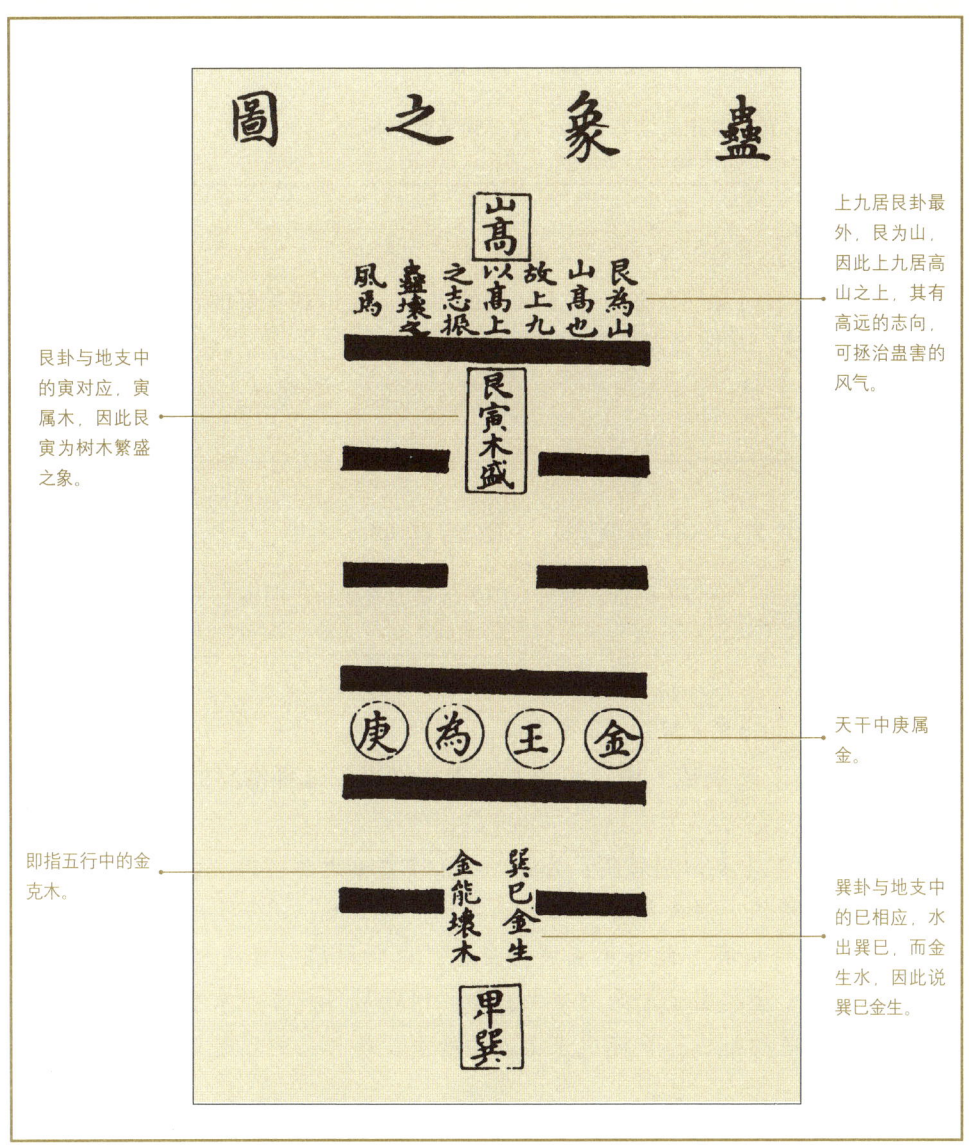

 **六四**：裕父之蛊，往见吝。

六四：助长父亲的错误，顺其发展，就会酿成大错。

【原文】《象》曰："裕父之蛊"，往未得也。
【译文】《象传》说：助长父亲的错误，顺其发展，就会无所得。
【启示】这一爻再一次强调要勇于改正别人的错误。

 **六五**：干父之蛊，用誉。

六五：改正父亲的错误，会得到美好的称誉。

【原文】《象》曰："干父用誉"，承以德也。
【译文】《象传》说：改正父亲的错误，会得到美好的称誉，实际上继承了父辈的美德，并使之发扬光大。
【启示】这一爻告诉我们，一个人勇于指正别人的错误，会使他获得荣誉。

 **上九**：不事王侯，高尚其事。

上九：不为王公贵族做事，因为他极力推崇自己的事业。

【原文】《象》曰："不事王侯"，志可则也。
【译文】《象传》说：不为王公贵族做事，这种清高的志趣可以作为模范。
【启示】上九阳刚居阴，处卦之终，即蛊事之外，但"志可则"。而且上九无位，有淡泊、置身事外之象。但其"不事王侯"，并不是说无所作为，处事应懂得进退适宜，此时正应调整自己，以待时机。此爻辞表现了志趣高尚、超然世外、坚持自己原则的处世哲学。同时从另一方面来看，此爻告诉我们如果自己善意的批评，可能引来很大的麻烦，使自己的理想不可能实现，那么就选择离开。

蛊卦卦爻要义图解

蛊 ── 蛊上九：处事之外，故以士之事国而言，不与王侯之事，高世之士也

下五爻：处事之中，故以子之治家言而言，能任父母之事，克家之子

- 九二居阴应阴，故曰母蛊
- 皆居阳刚之位，故于父之蛊而无咎终吉用誉
- 六四爻阴位阴，故曰裕蛊

其才稍次于初三五矣

【疑难解析】"干父之蛊，有子考，无咎，厉，终吉" 和 "干母之蛊，不可贞"

"干父之蛊，有子考，无咎，厉，终吉"的大意是：有善于改正父辈的错误的儿子，父亲一定不会遭遇危险，即使遭遇危险，最终也会获得吉祥。

俗话说得好：良药苦口，忠言逆耳。也许你在指正别人的错误时，会引起别人对你的反感、误会，甚至对你产生极大的仇恨。但别人因为有了你这样一个好朋友，不会陷于危险之中，即使有危险，也能自拔。这样一方面实现了你的真实意图，帮助朋友扫除前进道路上的障碍；另一方面让朋友实现自己的理想，一举两得。

那为什么又说"干母之蛊，不可贞"呢？我们知道"母亲"是柔弱的象征，在我们纠正柔弱者的错误时，可能发生以下两种情况：一、柔弱者本身的承受能力有限，如过于严厉，很可能我们还没把他纠正过来，他已走上了灭亡；二、柔弱者在他难以忍受我们的激烈言辞时，让对立方轻轻一拉，便倒向我们的对立面，于是，我们成了他走向歧途的推动力。所以，我们在纠正柔弱者的错误时，不能"得理不饶人"，言辞过于激烈，哪怕这样做暂且违背了中正的原则。

干父之蛊，用誉

"干父之蛊，用誉"的大意是：改正父亲的错误，会得到美好的称誉。这美好的称誉从何而来？

一是因为你的指正，使别人走上了正道，使别人更顺利地实现自己的理想，别人自然要称赞你；二是因为你在指正别人的错误时，为了让别人心服口服，势必要辩证地指正，即既要指出错误的地方，又要肯定别人的可取之处，这样别人的优点也得到了进一步发扬，别人自然要感激你；三是由于你的指正，能及时改正错误的人越来越多，社会上的风气也越来越好，大家都以"及时改正别人的错误"为美德，所以你的这一美德得到了广大人民的认可。

六十卦象象义图

癸卯 巽下艮上 蛊

艮上
巽下

《易经》曰:"蛊:元亨,利涉大川;先甲三日,后甲三日。"象征救弊治乱,从开始就很亨通,有利于涉越大河。不过,在做大事以前,要考察现状、分析事态;在做大事以后,要讲究治理措施。此卦与中国解放前夕的状况非常吻合,暗示共产党将垂拱而治。

▶ 骄气东来,垂拱而治

谶曰

一二三四。无土有主。
小小天罡。垂拱而治。

颂曰

一口东来气太骄。
脚下无履首无毛。
若逢木子冰霜涣。
生我者猴死我雕。

金圣叹评注

此象有一李姓,能服东夷,而不能图长治久安之策,卒至旋治旋乱,有兽活禽死之意也。

拾玖 地泽临卦

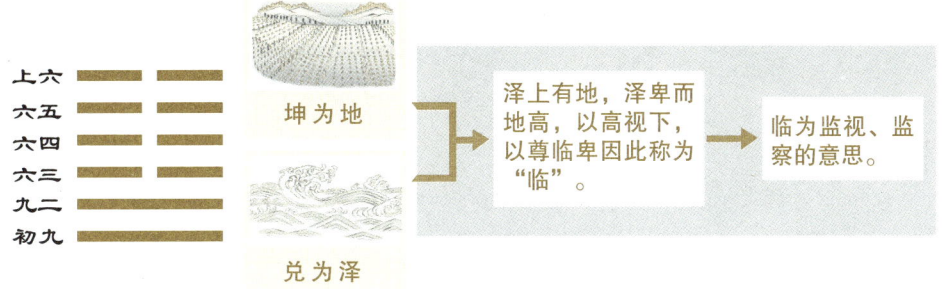

临：元亨，利贞。至于八月，有凶。

《彖》曰："临"，刚浸而长，说而顺，刚中而应。大亨以正，天之道也。"至于八月，有凶"，消不久也。

《象》曰：泽上有地，临。君子以教思无穷，容保民无疆。

《临卦》：非常吉利，有利于去占卜。但是到了八月(阳衰阴盛)，将会遭遇凶险。

《彖传》说：《临卦》，阳刚增长，态度和悦而顺从，阳刚和阴柔相互应和，而且坚守正道，所以大吉大利，这是顺应了大自然的客观规律。"到了八月将会遭遇凶险"，这是因为阴阳二气是互相消长的，八月阳气渐衰阴气渐盛，离阳的消弱就不远了。

《象传》说：《临卦》的卦象是兑在下、坤在上，兑为泽、坤为地，这表明有地在泽上之表象，因此把它叫做《临卦》。君子看到此卦象，应包容人民，对其进行思想教育，这样就会使人民长期安居乐业，立下汗马功劳。

【启示】《临卦》卦辞先以"元亨，利贞"赞美了"监临"之道，接着又以"至于八月，有凶"来告诫人们要警惕盛极必衰。因此"临人"者应预防"盈满而溢"的危险，从而可长久"临人"。此卦告诉我们，一方面要努力提高自身修养，做到以身作则，使民众从内心服从自己的领导。另一方面要对人民实行德育教育，提高整个民族的素养。

断易天机问占图

凤入鸡群之卦，以上临下之象

临卦卦象解义

古解：临者，大也。以大临小，以上临下，内柔外和，人非欺诈。居官进升，文才和雅。纵有灾害，不能相惹。

今译：临，是指以上临下，以大临小，下兑为和悦，上坤为柔顺。加官进爵，学业顺利，即使有灾难，也可化险为夷。

此卦为蔡琰困于番，卜得之后，知必返故国。

- 一个盒子，表示和合
- 一辆车上插着使旗，这是太守的车子
- 一人站在山顶，表示道路危险
- 一妇人乘风飘然而来，象征可以获得横财
- 一人射箭，表示受到他人牵引
- 一只虎坐在山上，可以防止危险的发生

【临之爻】 监临天下，以德施惠

① 初九，咸临　　不宜大用，守持正固
② 九二，咸临　　感应于上，无所不利
③ 六三，甘临　　巧言佞语，无所利益
④ 六四，至临　　亲近众人，必无咎害
⑤ 六五，知临　　任用贤能，以智监临
⑥ 上六，敦临　　温柔敦厚，以德临人

初九：咸临，贞吉。

初九：对人民实行德育教育，去占卜得到吉祥的预兆。

【原文】《象》曰："咸临，贞吉"，志行正也。

【译文】《象传》说：对人民实行德育教育，去占卜得到吉祥的预兆，这是因为品行端正，人民的意愿得到实现。

【启示】这一爻告诉我们，一个人在事业处于上升时期，不要忘记推行德育教育。

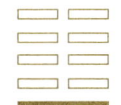

九二：咸临，吉，无不利。

九二：对人民实行德育教育，吉祥，没有什么不利的。

【原文】《象》曰："咸临，吉，无不利"，未顺命也。

【译文】《象传》说：对人民实行德育教育，吉祥，没有什么不利。这是因为民众尚未顺从天命，还需要进一步的教育。

【启示】这一爻告诉我们，因为人们还不能洞察天的运行规律，为了避免事情出现问题，因此应该按规律办事，所以我们要对人们进一步推行德育教育。

六三：甘临，无攸利。既忧之，无咎。

六三：用甜言蜜语去感化人民，不会有好处。如果能以此为忧而有所醒悟，将不会有什么灾祸。

【原文】《象》曰："甘临"，位不当也。"既忧之"，咎不长也。

【译文】《象传》说：用甜言蜜语去感化人民，不会有好处，这是因为

临象之图

临卦中所说的"监临"，正是阐述国家上统治下、尊统治卑、君主统治臣民的道理。卦辞中既赞美了"监临"之道，提出要以德监临，又警示了发展盛极必衰的道理。

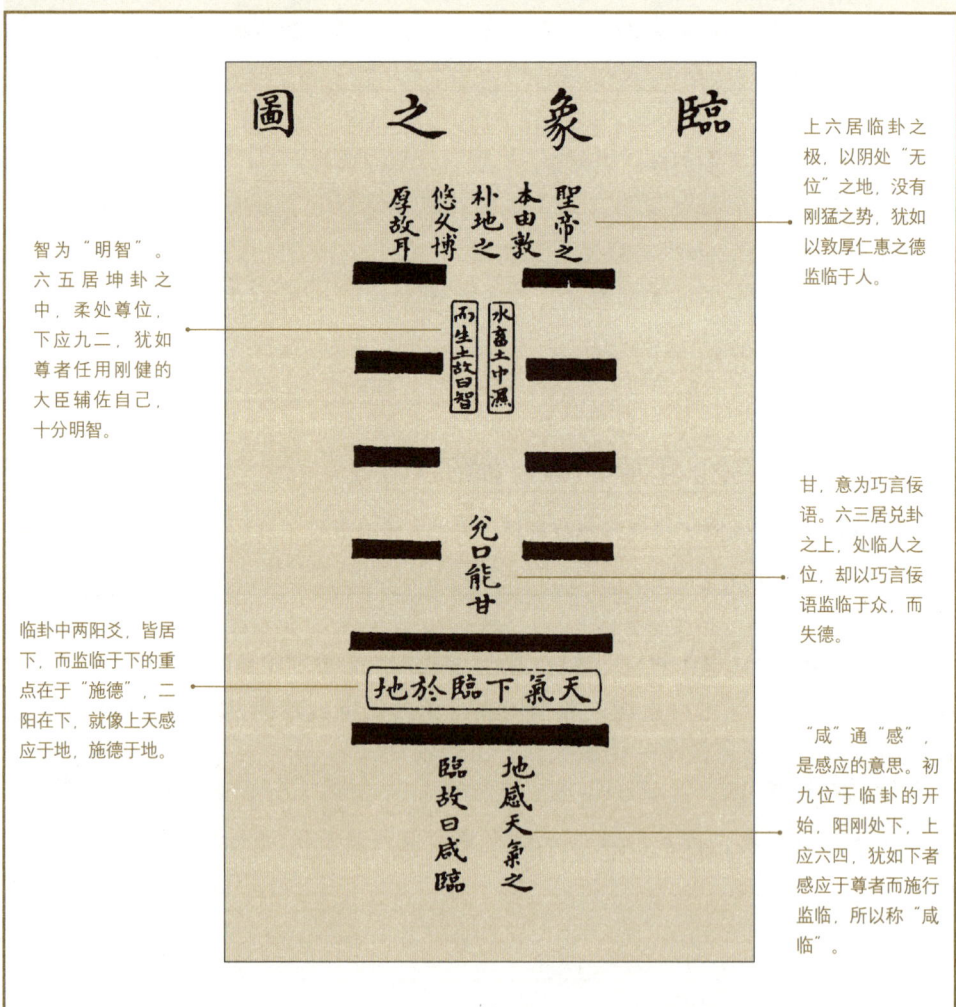

上六居临卦之极，以阴处"无位"之地，没有刚猛之势，犹如以敦厚仁惠之德监临于人。

智为"明智"。六五居坤卦之中，柔处尊位，下应九二，犹如尊者任用刚健的大臣辅佐自己，十分明智。

甘，意为巧言佞语。六三居兑卦之上，处临人之位，却以巧言佞语监临于众，而失德。

临卦中两阳爻，皆居下，而监临于下的重点在于"施德"，二阳在下，就像上天感应于地，施德于地。

"咸"通"感"，是感应的意思。初九位于临卦的开始，阳刚处下，上应六四，犹如下者感应于尊者而施行监临，所以称"咸临"。

位置未摆正。但是若能以此为忧而有所醒悟，灾祸就不会长久了。

【启示】这一爻说明，德育教育和讨好人民有本质的区别，我们只有洞悉它的本来含义，摆正位置，才能避免遭遇灾祸。

六四：亲自去感化人民，没有什么灾难。

【原文】《象》曰："至临，无咎"，位当也。
【译文】《象传》说：亲自去感化人民，没有什么灾难，这是因为六四爻位置摆正了，也就是说君主能以身作则。
【启示】这一爻告诉我们，以身作则是最有说服力的教育，是最深刻的教育。

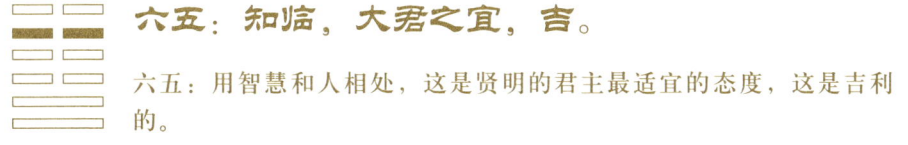

六五：用智慧和人相处，这是贤明的君主最适宜的态度，这是吉利的。

【原文】《象》曰："大君之宜"，行中之谓也。
【译文】《象传》说：贤明的君主最适宜的态度，说的就是品行要中正。
【启示】这一爻告诉我们，要运用自己的智慧和人相处。

上六：宽厚待人是吉利的，没有什么灾祸。

【原文】《象》曰："敦临之吉"，志在内也。
【译文】《象传》说：宽厚待人是吉利的，是因为在内部实现了唯贤是举的意愿。
【启示】这一爻告诉我们，待人要宽厚，不可刻薄。

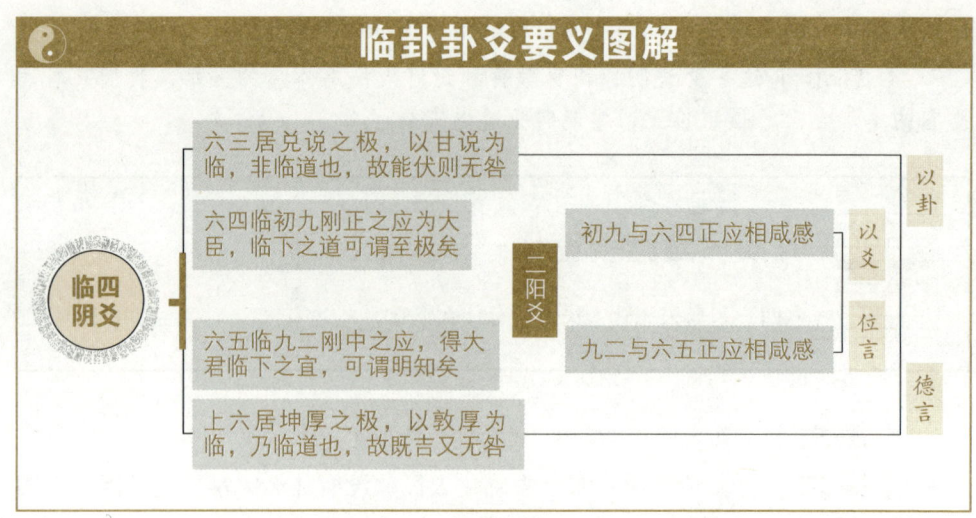

【疑难解析】"咸临，贞吉"和"咸临，吉，无不利"

"咸临，贞吉"的大意是：对人民实行德育教育，去占卜得到吉祥的预兆。德育教育的推行，能使天下百姓受到感化，端正品行，从而形成良好的风气。而好的风气感染了人民，在你的周围就会涌现许许多多的正义之士，当你出现偏颇时，及时地为你纠正，而你受到这种好的风气的熏陶，也乐于接受别人的意见，这样就形成良性循环，正气越来越旺。自然遇到大环境的衰败，大家都能安守正道，积极应付。

相反，在一个不推行德育教育的国度生活的人们，连何谓正道都不知道，又哪里谈得上坚守正道呢？不能坚守正道的人们，又哪里谈得上众志成城呢？又哪里能抵御外在的变故呢？

为什么九二爻要以与之差不多的"咸临，吉，无不利"作爻辞呢？从它所处的爻位来看，它是阳爻阴位，位于下卦中位，这就表明在下的老百姓还不能顺应天命，按规律办事，还不懂得正道的具体含义，所以对人民施行德育教育没有什么不吉利的。这其实是从老百姓所处的文明水平说明要进一步推行德育教育。

知临，大君之宜，吉

"知临，大君之宜，吉"的大意是：用智慧和人相处，这是贤明的君主最适宜的态度，这是吉利的。

首先，在和人相处时，运用智慧有几种作用：一是它使你的眼睛更明亮，能识别君子和小人，能衡量一个人的能力的大小，能发现别人的优缺点，从而做到知人善任，办事果断；二是能找到镜子，照出自己的美与丑，不断完善自身，使自己不断走向完美；三是能最大限度地调动人民的积极性。

其次，君主处于至高无上的地位，他要成就自己的大业，必须要有贤明的人帮助他，必须要赢得人民的信任，否则，纵使他有通天的本领，也只能留下千古遗恨。

用智慧和人相处，这是贤明的君主最适宜的态度。

六十卦象象义图

甲寅 兑下坤上 临

坤上
兑下

临卦具有督导的意思，其卦象为兑（泽）下坤（地）上，为地在泽上之表象。泽上有地，地居高而临下，君子由此受到启发，费尽心思地教导人民，并以其无边无际的盛德保护人民。此卦暗示将出现优秀的领导人。

▶ **阴阳和合，太平盛世**

谶曰
阴阳和。化以正。
坤顺而感。后见尧舜。

颂曰
谁云女子尚刚强。
坤德居然感四方。
重见中天新气象。
卜年一六寿而康。

金圣叹 评注

此象乃明君得贤后之助，化行国内，重见升平，又一治也。卜年一六，或在位七十年。

拾玖 地泽临卦

贰拾 风地观卦

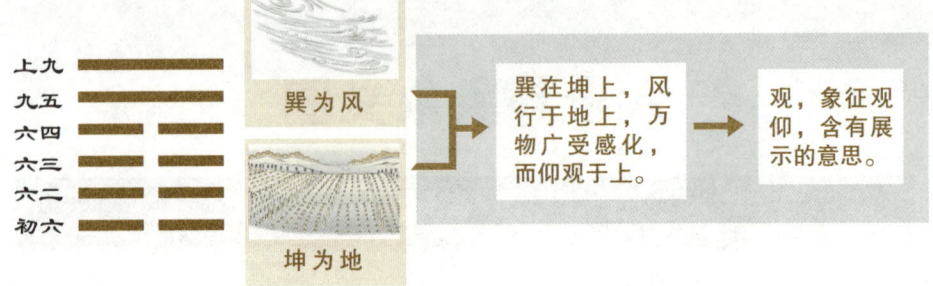

观：盥而不荐，有孚颙若。

《彖》曰：大观在上，顺而巽，中正以观天下。
"观，盥而不荐，有孚颙若"，下观而化也。观天之神道，而四时不忒。圣人以神道设教，而天下服矣。
《象》曰：风行地上，观。先王以省方，观民设教。

《观卦》：祭祀前先把手洗净，在洗完手还未把祭品奉上时，人们怀着诚信之心仰望着他。

《彖传》说：伟大的《观卦》在上面，它的卦象为坤在下、巽在上，这表明阴柔而顺从。安守正道才能体察民情，因此把它叫做《观卦》。"祭祀前先把手洗净，在洗完手还未把祭品奉上时，人们怀着诚信之心仰望着他"，这说明人们通过观看祭礼受到良好的教育和感化。观察天的神奇的变化规律，就会悟出四季交替的规律。圣人就是遵循天的运行规律，推行教育来感化人民的，人民大众都愿意服从。

《象传》说：《观卦》的卦象是坤在下、巽在上，坤为地、巽为风，有风吹动大地万物，所以把它叫做《观卦》。先王看到此卦象，巡游天下，体察民情，推行教化。

【启示】《观卦》告诉我们，作为领导，不但要注意自己的德行，而且还要注意体察民情。且《大象传》所阐发的"观民设教"之义，已经把上观下和下观上融合为一体，表明居上者必须要体察民情，才能正确地推行教化，让天下人民"仰观"。

断易天机问占图

云卷晴空之卦，春花竞发之象

观卦卦象解义

古解：观者，观也。观国之光，风立地上。万物荣昌，财不破散，爵禄加彰。

今译：观，观仰的意思，即观仰美盛事物。风行于地上，万物滋生，国运昌盛，求官得爵。

此卦为唐明皇与叶静游月宫，卜得之卦，虽有好事，必不如意。

- 日月同悬高空，普照大地
- 金甲神人手执一杆印秤，表示权柄
- 旁边香火缭绕，一位官人虔诚地立于香案边，一只鹿在山上，象征高官厚禄

贰拾 风地观卦

【观之爻】观仰美德，自我省察

① 初六，童观　　　　远离九五，所观甚少
② 六二，窥观　　　　不能尽观，女子守正
③ 六三，观我生　　　自我省察，谨慎抉择
④ 六四，观国之光　　柔顺得正，利为宾客
⑤ 九五，观我生　　　自我省察，君子无咎
⑥ 上九，观其生　　　德如君子，必无咎害

初六：童观，小人无咎，君子吝。

初六：用幼稚的眼光观察，对一般的百姓来说，没有什么灾难，但对君子来说，就会犯错误。

【原文】《象》曰：初六"童观"，小人道也。

【译文】《象传》说：《观卦》的初六爻辞讲，用幼稚的眼光观察，这是一般的老百姓所信仰的道义。

【启示】这一爻告诉我们，如果要成大业，则必须高瞻远瞩。

六二：窥观，利女贞。

六二：从门缝里看人，有利于女人去占卜。

【原文】《象》曰："窥观女贞"，亦可丑也。

【译文】《象传》说："暗中偷偷地观仰美盛的景物，女子可以守持正固"，但对于男子来说是可耻的。

【启示】这一爻告诉我们，观察不可偏狭。

六三：观我生，进退。

六三：观察自己的行为，从而决定是进还是退。

【原文】《象》曰："观我生，进退"，未失道也。

【译文】《象传》说：观察自己的行为，从而决定是进还是退，这样做才不违背正道。

【启示】这一爻告诉我们，在谋大事前，要对自己作出正确的评价，才决定做还是不做。

观国之光图

观卦以上巽下兑之象来阐发"观"之意。初、二、三、四阴爻皆是以下观上，由于所处位置不同，所观景物也不同。而五、六两阳爻则是以德感化于下。所以"观"包含两层意思，即观上以律己和上以德感化于下，这正体现了君与民的关系。

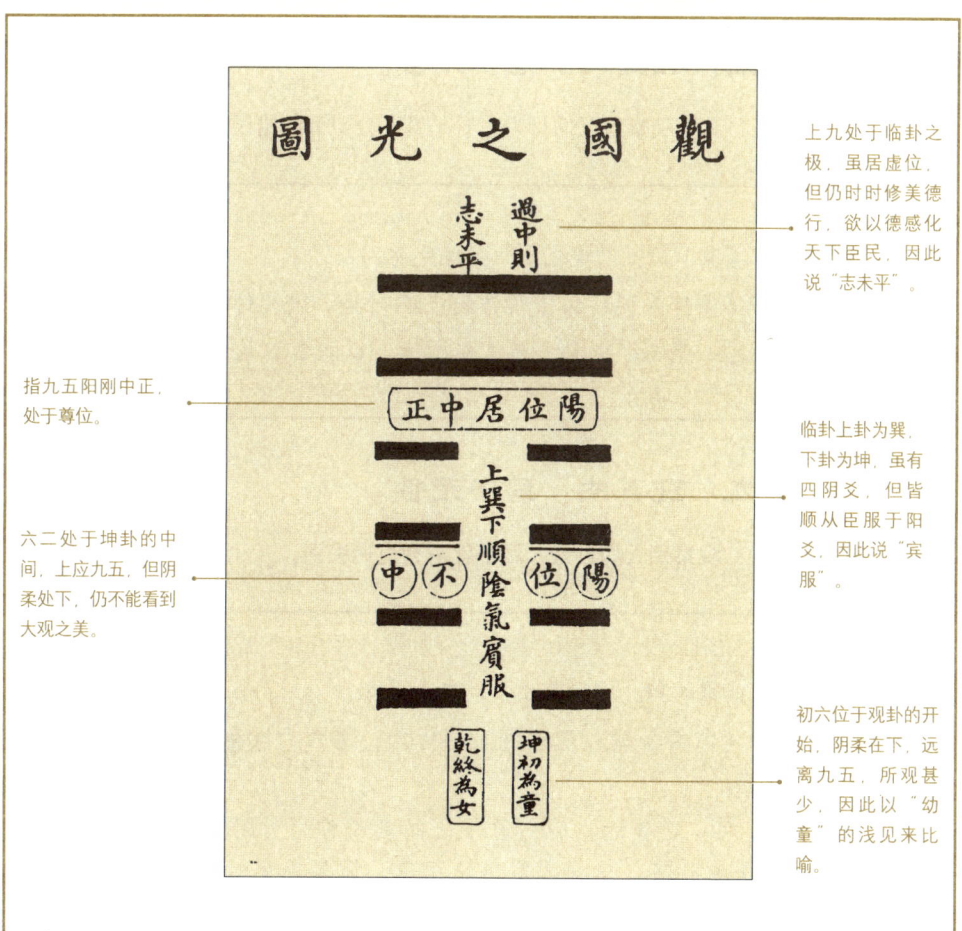

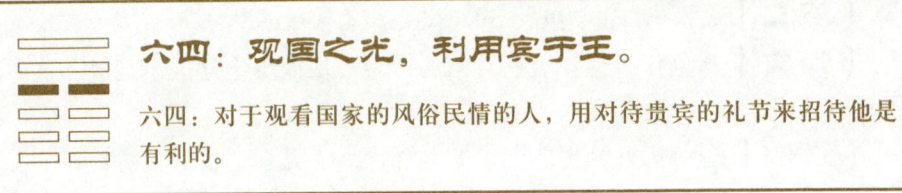

六四：观国之光，利用宾于王。

六四：对于观看国家的风俗民情的人，用对待贵宾的礼节来招待他是有利的。

【原文】《象》曰："观国之光"，尚宾也。

【译文】《象传》说：对于观看国家的风俗民情的人，用对待贵宾的礼节来招待他，这是因为人民尊敬对治国有帮助的人。

【启示】这一爻告诉我们，为了更好地体察民情，应礼贤下士。

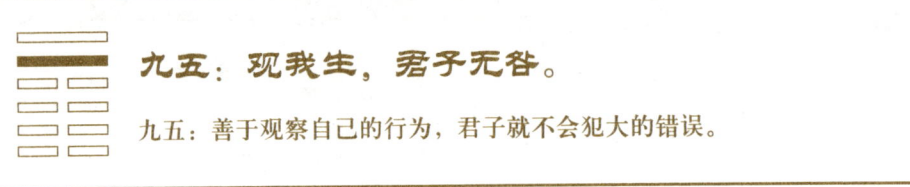

九五：观我生，君子无咎。

九五：善于观察自己的行为，君子就不会犯大的错误。

【原文】《象》曰："观我生"，观民也。

【译文】《象传》说：善于观察自己的行为，就是体察民情。

【启示】这一爻告诉我们，要体察民情，以之看自己的行为的得与失。

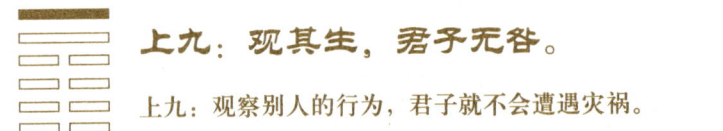

上九：观其生，君子无咎。

上九：观察别人的行为，君子就不会遭遇灾祸。

【原文】《象》曰："观其生"，志未平也。

【译文】《象传》说：观察别人的行为，是因为没有辨清形势，没有办法作出正确的决定。

【启示】这一爻告诉我们，君子应时刻瞻仰别人的德行和作为，并按照美好的德行和作为行事，这样才能避免祸患。而且观察对方，不在于一时一事，而在于其一贯的言行，从而才能有正确的判断。

观卦卦爻要义图解

观

六三为臣，居近远之间；九五大君，当臣民之望；上九为臣，在师傅之地

故皆观己所为

欲进任君之事
欲以建皇之极
欲能同君之德

初六去五，君远所观不明，如童子

六四去五，君近所观至明，故观国之光为宾利

六二去五，为远所观不明，如女子

【疑难解析】童观，小人无咎，君子吝

"童观，小人无咎，君子吝"的大意是：用幼稚的眼光观察，对一般的百姓来说，没有什么灾难，但对君子来说，就会犯错误。这是为什么呢？

这里的幼稚的眼光指的是目光短浅，容易被眼前的假象所迷惑，不能高瞻远瞩，不能透过错综复杂的现象去看本质，找出事物的固有的变化规律，作出正确的决策。而君子是人民的领路人，他如果用幼稚的眼光看问题，势必会把人民往错误的道路上引。再说，他是人民所尊敬的人，他的周围的人往往认为自己的智慧不如他，不敢轻易指出他的错误。

相反，一般的老百姓处于最低层，一方面，有君子在为他带路；另一方面，由于他的地位低下，任何人都敢于为他指出错误，他也不会因此感到耻辱。

观国之光，利用宾于王

"观国之光，利用宾于王"的大意是：对于观看国家的风俗民情的人，用对待贵宾的礼节来招待他是有利的。

这里的观看国家的风俗民情的人指的是关心国家大事的有能耐的人，他们以国家的兴衰为自己的荣辱。对于这样的人，君王当然要用贵宾的礼节来对待他。一是他们能对君王的政绩作出中肯的评价，并从中总结出经验教训，为君王更是为民作出正确的战略性决策；二是他们能对大家生存的大环境作出正确的估量；三是他们懂得节操的真正含义，能在大难当头挺胸而出。

俗话说，知己知彼，百战不殆。而这些贤士就是让君王成为知己知彼的人，君王岂能不以礼待之？更何况他们还践行"滴水之恩，以涌泉相报"的处事原则。

六十卦象象义图

戊辰　坤下巽上　观

巽上
坤下

观卦巽上坤下，风行于地上，万物广受感化。观象征仰观，包含观上以律己和以德感化于下两层意思。唐玄宗逃到马嵬驿时，兵众要求赐死杨玉环，玄宗无奈只能让贵妃自缢，以安抚兵将，这正体现了以德感化于下的意思。

▶ 安史之乱，贵妃玉殒

颂曰
渔阳鼙鼓过潼关。
此日君王幸剑山。
木易若逢山下鬼。
定于此处葬金环。

谶曰
杨花飞。蜀道难。
截断竹萧方见日。
更无一史乃乎安。

金圣叹评注

一马鞍指安禄山，一史书指史思明。一妇人死卧地上，乃贵妃死于马嵬坡。截断竹萧者，肃宗即位，而安史之乱平。

贰拾壹. 火雷噬嗑卦

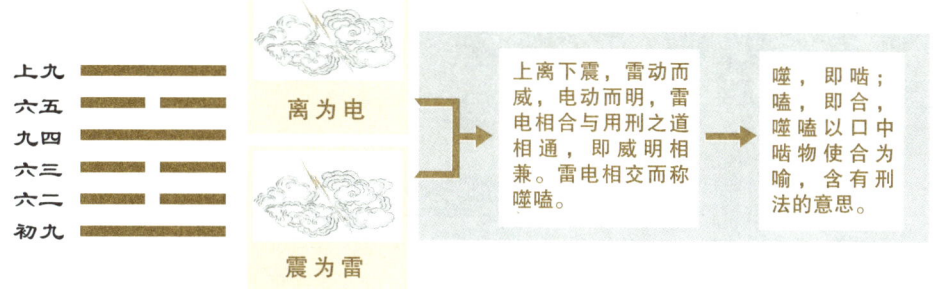

```
上九 ▬▬
六五 ▬ ▬
九四 ▬▬
六三 ▬ ▬
六二 ▬ ▬
初九 ▬▬
```

离为电
震为雷

上离下震，雷动而威，电动而明，雷电相合与用刑之道相通，即威明相兼。雷电相交而称噬嗑。

噬，即啮；嗑，即合，噬嗑以口中啮物使合为喻，含有刑法的意思。

噬嗑：亨。利用狱。

《彖》曰：颐中有物，曰噬嗑。噬嗑而亨。刚柔分，动而明，雷电合而章。柔得中而上行，虽不当位，"利用狱"也。

《象》曰：雷电，噬嗑。先王以明罚敕法。

《噬嗑卦》：尽力排除阻碍达到亨通，有利于去打官司。

《彖传》说：口中有东西在咀嚼，因此把它叫做《噬嗑卦》。《噬嗑卦》的卦辞说，尽力排除阻碍达到亨通。是因为上卦和下卦刚柔相济，交相运动而导致道路亨通，这好比雷电相交发出耀眼的光芒。六五爻是阳爻居中位得中正之道，并能奋发向上，虽然其位置未摆正，但刚柔相济，所以说"有利于去打官司"。

《象传》说：《噬嗑卦》的卦象是震居下、离居上，震为雷、离为电，此卦象为雷电相交之象，所以把它叫做《噬嗑卦》。雷具有十分大的威慑力，电能放出光明，先王看到这一现象，应明其刑法以严明政治，正其法令。

【启示】这一卦告诉我们，因为刑法的最终目的是为了帮助人们改正错误，所以刑法不能过于严厉，执法的人要公正严明。但需要注意的是，噬嗑卦还包含另一层意思：此卦上明下动，明是指要弄清事实真相，避免冤枉好人，但也不能放过一个坏人；动是指遇到困难的时候，必须主动采取措施，以达到惩治坏人的目的。

断易天机问占图

日中为市之卦，颐中有物之象

噬嗑卦卦象解义

古解：噬嗑者，吃也。上下相合，物在颐间，饮食之事，聚会相延，财爻持世，求之不难。所为事理，内外俱安。

今译：噬嗑即口中嚼物。嘴上下相合，物在口中，本为饮食聚会之事，以此比喻使内外安定的刑罚。

此卦为苏秦游说六国得之卦，后果为六国相。

- 不完整的忧字，完整的喜字，表示无忧而有喜庆之事
- 天上有北斗七星，象征着灾难祸福
- 一位妇人心诚地焚香祭拜，表示答谢之意
- 一只大雁在吃稻谷，一堆钱，一只鹿，表示高官厚禄皆有，事事称心

【噬嗑之爻】 施用刑罚，刚柔相济

① 初九，屦校灭趾　　初触刑法，改过无咎
② 六二，噬肤，灭鼻　　用刑刚严，无所咎害
③ 六三，噬腊肉，遇毒　施刑不顺，小有憾惜
④ 九四，噬干胏，得金矢　阳刚纯直，守持正固
⑤ 六五，噬干肉，得黄金　刚坚中和，守持正固
⑥ 上九，何校灭耳　　积恶不改，以致重罚

初九：屦校灭趾，无咎。

初九：足戴脚镣，会伤害脚趾，但没有大的灾祸。

【原文】《象》曰："屦校灭趾"，不行也。

【译文】《象传》说：足戴脚镣，会伤害脚趾，但没有大的灾祸，这好比纠正小错误，稍加惩罚，使其不酿成大错。

【启示】这一爻告诉我们，对犯错误的人适当处以刑罚，可以防止再犯或者避免酿成大错。

六二：噬肤灭鼻，无咎。

六二：吃了嫩肉，鼻子被伤害了，没有什么灾祸。

【原文】《象》曰："噬肤灭鼻"，乘刚也。

【译文】《象传》说：吃了嫩肉，鼻子被伤害了，这是因为阴柔凌驾于阳刚之上。

【启示】这一爻进一步强调要对犯错误的人加以适当的刑罚。

六三：噬腊肉，遇毒。小吝，无咎。

六三：吃腊肉，中了毒。这是小灾难，没有大的灾祸。

【原文】《象》曰:"遇毒",位不当也。

【译文】《象传》说:中毒,这是因为位置没有摆正。

【启示】这一爻告诉我们,在对违反了法律制度的人加以处罚时,可能会遇到周折,但最终的结果是好的。

噬嗑身口象图

噬嗑卦以口中"啃合"食物为喻,阐发了施用刑法的道理。初、上两爻比喻触犯刑法而接受惩罚,初九初犯受小惩,上九却罪责深重致凶。二、三、四、五爻皆比喻施刑之人,重在强调施刑要刚柔并济的道理。

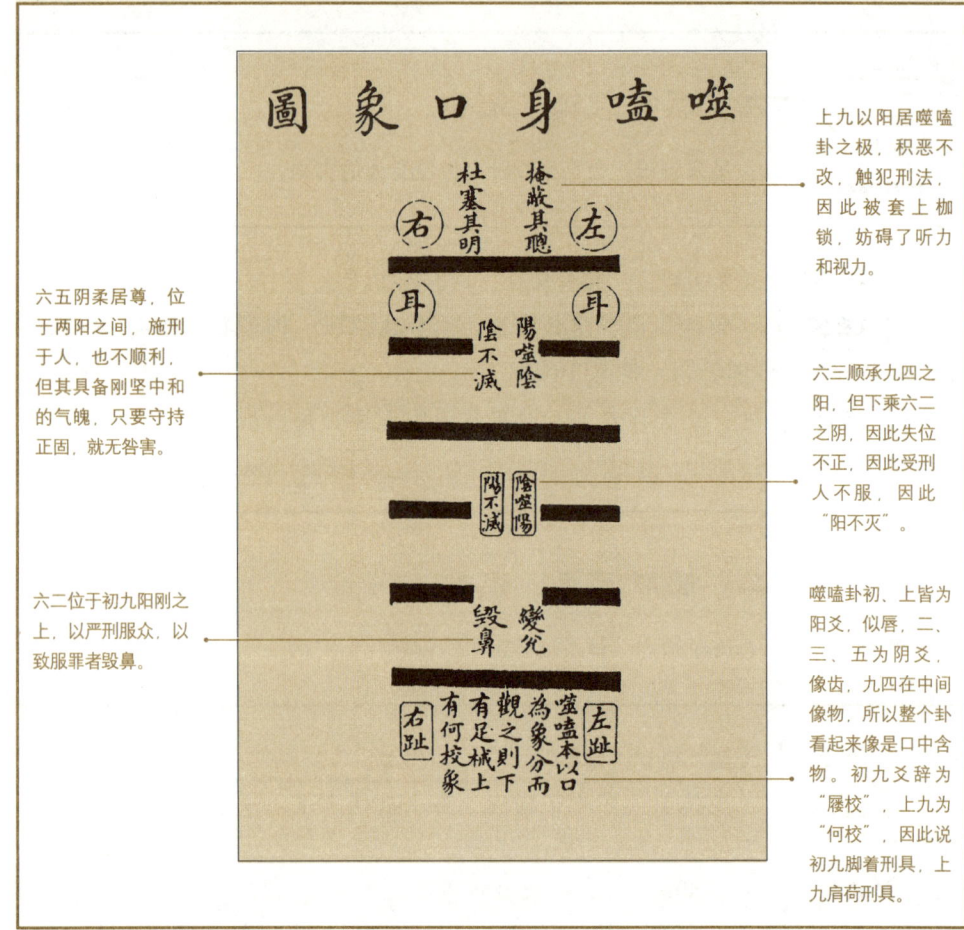

六五阴柔居尊,位于两阳之间,施刑于人,也不顺利,但其具备刚坚中和的气魄,只要守持正固,就无咎害。

六二位于初九阳刚之上,以严刑服众,以致服罪者毁鼻。

上九以阳居噬嗑卦之极,积恶不改,触犯刑法,因此被套上枷锁,妨碍了听力和视力。

六三顺承九四之阳,但下乘六二之阴,因此失位不正,因此受刑人不服,因此"阳不灭"。

噬嗑卦初、上皆为阳爻,似唇,二、三、五为阴爻,像齿,九四在中间像物,所以整个卦看起来像是口中含物。初九爻辞为"屦校",上九为"何校",因此说初九脚着刑具,上九肩荷刑具。

九四:噬干胏,得金矢。利艰贞,吉。

九四:吃带骨头的干肉,遇到了金属箭头。去卜问艰难的事是有利的,它的最终结果是吉利的。

【原文】《象》曰："利艰贞，吉"，未光也。

【译文】《象传》说：去卜问艰难的事是有利的，它的最终结果是吉利的，这表明目前虽处于艰难之中，但只要艰苦奋斗，未来是光明的。

【启示】这一爻是说在断案时，如遇到的困难较大，只要你能迎难而上，经过艰苦奋斗，将会逢凶化吉。

 **六五**：噬干肉，得黄金。贞厉，无咎。

六五：咀嚼干肉，得到了许多黄色金属。占卜得到将遇到危险的预兆，但最终没有灾祸。

【原文】《象》曰："贞厉，无咎"，得当也。

【译文】《象传》说：占卜得到将遇到危险的预兆，但最终没有灾祸，这是因为六五阴爻居上卦中位，位置摆正了。

【启示】这一爻进一步强调，在判案时，只要坚守正道，不畏艰险，就没有什么灾祸。

 **上九**：何校灭耳，凶。

上九：戴着枷锁伤害了耳朵，凶险。

【原文】《象》曰："何校灭耳"，聪不明也。

【译文】《象传》说：戴着枷锁伤害了耳朵，这是因为这人不听忠言，酿成大错，所以面临凶险。

【启示】这一爻告诉我们，如果刑法不当，不但不能杜绝再犯同样的错误，反而会酿成大错，给大家带来灾难。

噬嗑卦卦爻要义图解

用狱得中正者治人易	不中不正者治人难	六二，噬肤	位卑者有伤	灭鼻	皆用刑之人	初六，罪薄屡校灭趾	皆受刑之人
		六三，噬腊肉		遇毒			
		九四，噬干胏		得金矢			
		六五，噬干肉	位高者有得	得黄金		上九，罪重何校灭耳	

【疑难解析】屦校灭趾，无咎

"屦校灭趾，无咎"的大意是：足戴脚镣，会伤害脚趾，但没有大的灾祸。这是为什么呢？

首先，它是噬嗑卦的初九爻，我们从卦画上看，初九是阳爻阳位，这表明施加的刑罚与罪行是相当的。

其次，对犯错误的人加以适当刑罚有三个作用：一是起到杀鸡儆猴的作用。因为其他的人知道他受处罚的原委后，就明白哪些事该做，哪些事不该做，从而不敢做违规的事。二是使犯错误的人不会犯同样的错误。三是使犯错误的人不会一错再错，最终酿成大错。

所以说，对违法的人施加适当的刑罚是不会招致大的灾祸的。

噬腊肉，遇毒。小吝，无咎

"噬腊肉，遇毒。小吝，无咎"的大意是：吃腊肉，中了毒。这是小灾难，没有大的灾祸。这就好比对犯法的人加以处罚，遇到了周折，但最终不会有大的灾难。为什么遇到了周折，但最终不会招致大的灾难呢？

首先，"噬腊肉，遇毒。小吝，无咎"是六三爻的爻辞，六三为阴居阳位，这就表明，之所以遇到周折，只是因为处理的方法不当。

其次，对于由于不当的方法而遇到的周折，我们都有相应的方法改正。现在，我们可列举主要的几种不当方法及纠正措施：

一是受罚的人认为自己罪不致罚，因此不服气。这就需要执法的人"晓之以理，动之以情"，一针见血地指出他的犯罪事实，并向他说明后果的严重性。

二是有小人作梗，挑拨受罚者和执法者的关系，使受罚者对执法者产生敌视的态度。此时，执法者应查清原因，运用自己的聪明智慧，让真相呈现在受罚者的眼前。

三是大家都不理解制度的真实含义，因此都认为处罚不当。此时，处罚者不能硬对硬，应想方设法让民众理解制度的含义。如首先让一些理解能力比较好的并在民众中有威望的人理解它的真实含义，然后让他们去说服民众。

四是法律制度确实过严。作为执法者首先应执法公正，另外，向上级请命，看有没有回旋的余地。如没有，也要设法说服被罚者，并在这以后依照法律程序对其进行修改。

所以说，只要你在执法时，能坚守正道，就能得到吉祥的预兆。

六十卦象象义图

辛丑 震下离上 噬嗑

离上
震下

噬嗑卦离上震下，雷动而威，电动而明，有雷电交击、互相咬合之意，这正预示了战争的爆发。

▶ 世界大战，延及自身

颂曰

火运开时祸蔓延。
万人后死万人先。
海波能使江河浊。
境外何殊在目前。

谶曰

门外一鹿。群雄争逐。
劫及鸢鱼。水深火热。

金圣叹评注　此象兵祸起于门外，有延及门内之兆。

贰拾贰 山火贲卦

贲：亨。小利有攸往。

《彖》曰：贲，亨。柔来而文刚，故亨。分刚上而文柔，故"小利有攸往"，天文也。文明以止，人文也。观乎天文，以察时变，观乎人文，以化成天下。

《象》曰：山下有火，贲。君子以明庶政，无敢折狱。

《贲卦》：亨通。有所行动将得小利。

《彖传》说：《贲卦》，亨通。这是因为用阴柔来装饰阳刚，阴阳交错，因此亨通。刚柔相交，刚居于主导地位，柔居于次要地位，所以说"有所行动将得小利"。这阴阳交错、刚柔相济之美，正是大自然规律的具体表现。社会制度、风俗民情是社会人文现象。观察大自然的现象，可以发现四季、昼夜变化的规律；观察社会人文现象，可以教化天下百姓，建立一个人人满意的理想社会。

《象传》说：《贲卦》的卦象是离在下、艮在上，离为火、艮为山，这表明山下有火焰。山下的火焰给山上草木染上了红色，就好像披上了彩衣，所以把它叫做《贲卦》。君子看到此卦象，应尽力使政务清明，处理案件不敢马虎。

【启示】这一卦暗示我们，作为一个领导，注重小的礼节，固然是能得小利，但不能过于强调表面的东西，因为只有从里到外地修饰自己，多为老百姓办实事，老百姓才会拥护你。

断易天机问占图

猛虎负隅之卦，光明通泰之象

贲卦卦象解义

古解：贲者，饰也。光彩烜赫，火色含丹，文章交错，应杂其间，进退荣益，束帛戋戋。

今译：贲为装饰。光彩熠熠，文章交错，进退得益，以此来比喻社会文明的制度，是对人类行为的一种贲饰。

此卦为管仲与鲍叔牙共同卜得，两人分财相逊，传为千古佳话。

- 天空浓云密雨，雨水润泽着万物
- 车在路上行驶，有转运的意思
- 江中的船扬帆航行，顺风顺水
- 身着官服的官人在攀爬梯子，是要攀云梯折桂
- 云中仙女手执桂枝，表示嫦娥倾慕少年的意思

贰拾贰 山火贲卦

【贲之爻】刚柔相贲，恰如其分

①	初九，贲其趾	位卑处下，舍车徒步
②	六二，贲其须	上乘九三，比附于上
③	九三，贲如，濡如	居位多凶，守持正固
④	六四，贲如，皤如，白马翰如	文饰淡美，下应初九
⑤	六五，贲于丘园，束帛戋戋	修饰朴素，持中行事
⑥	上九，白贲	文饰无华，无所咎害

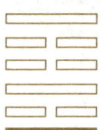

初九：贲其趾，舍车而徒。

初九：把自己的脚装饰得漂漂亮亮，舍弃车子徒步而行。

【原文】《象》曰："舍车而徒"，义弗乘也。

【译文】《象传》说：把自己的脚装饰得漂漂亮亮，舍弃车子徒步而行，这在一般的道义上讲不通。

【启示】这一爻告诉我们，作为一个领导，不要过于注重小的礼节。

六二：贲其须。

六二：把自己的胡须修饰得漂漂亮亮。

【原文】《象》曰："贲其须"，与上兴也。

【译文】《象传》说：把自己的胡须修饰得漂漂亮亮，这是为了迎合上面的意思。

【启示】这一爻告诉我们，刻意迎合上司的做法也是不可取的。

九三：贲如濡如，永贞吉。

九三：装饰得光泽柔润，去卜问得到永远吉祥的预兆。

【原文】《象》曰：“永贞之吉”，终莫之陵也。

【译文】《象传》说：去卜问得到永远吉祥的预兆，是因为永久坚持正道，使坏的东西不能侵凌自己。

【启示】这一爻告诉我们，我们要从里到外装饰自己。

贲天文之图

贲卦集中阐发了“文饰”的意义，卦中六爻阴阳交错，刚柔相济呈现互贲之象，其中初九与六四相应，六二上承九三，六五承上九，六爻相互贲饰恰如其分。贲卦旨在强调朴素自然的文饰，所以至上九所饰返“白”，归于本真自然之美。

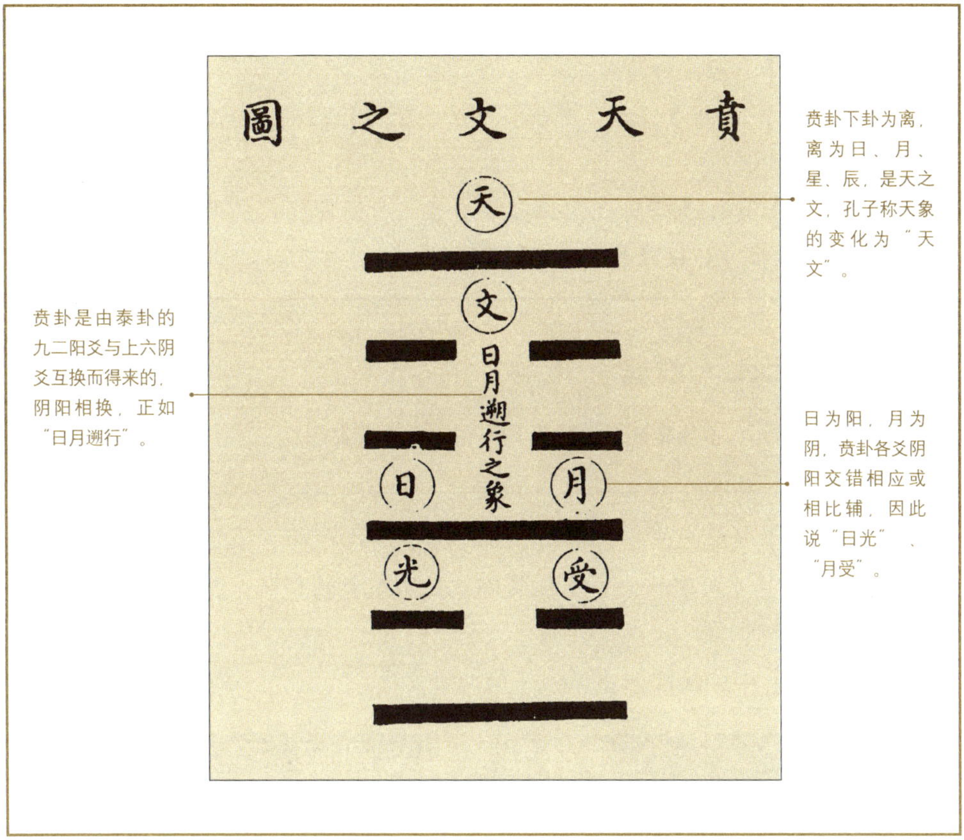

貴天文之圖
天
文
日月遡行之象
日
月
光
受
贲卦下卦为离，离为日、月、星、辰，是天之文，孔子称天象的变化为“天文”。
贲卦是由泰卦的九二阳爻与上六阴爻互换而得来的，阴阳相换，正如“日月遡行”。
日为阳，月为阴，贲卦各爻阴阳交错相应或相比辅，因此说“日光”、“月受”。

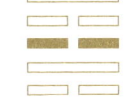

六四：贲如皤如，白马翰如。匪寇婚媾。

六四：迎亲的队伍装饰得光洁皎皎，雪白的骏马向前飞奔着。不是来抢亲，而是来娶亲。

【原文】《象》曰：六四，当位疑也。"匪寇婚媾"，终无尤也。

【译文】《象传》说：六四爻虽位置摆正，但心存疑虑。后得知不是来抢亲，而是来娶亲。说明疑虑完全解除，所以最后将没有祸患。

【启示】这一爻告诉我们，一个人去请对自己的事业有帮助的贤人，不但需要适当的礼仪，而且还要用诚心感化对方。

六五：贲于丘园，束帛戋戋。吝，终吉。

六五：装饰山丘园林，献上很少的布帛作聘礼迎亲。看起来显得寒酸，但最后将获吉祥。

【原文】《象》曰：六五之吉，有喜也。

【译文】《象传》说：《贲卦》的第五爻位(六五)的吉祥，说明必有喜事临门。

【启示】这一爻告诉我们，只要有诚心，谦恭待人，即使用很少的布帛作为聘礼去聘用贤人，最终也会得到吉利的预兆。

上九：白贲，无咎。

上九：不加装饰，只用素色的布帛，没有灾祸。

【原文】《象》曰："白贲，无咎"，上得志也。

【译文】《象传》说：不加装饰，只用素色的布帛，没有灾祸，这是因为在上的志向得到推行。

【启示】这一爻进一步强调实质的重要性。

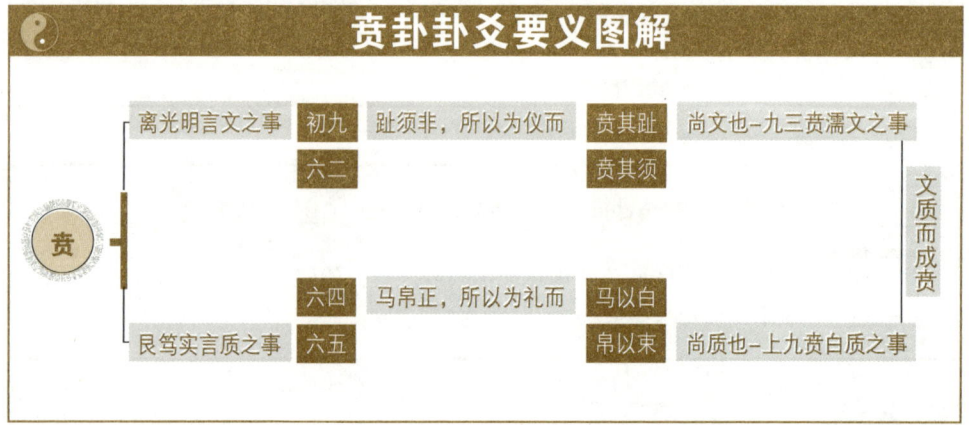

贲卦卦爻要义图解

【疑难解析】贲其趾，舍车而徒

"贲其趾，舍车而徒"的大意是：把自己的脚装饰得漂漂亮亮，舍弃车子徒步而行。他为什么有车而不坐呢？很明显，如他坐车子，他的漂亮的脚就不会被人民看到，人民也无法看见他艰难跋涉的样子。这就好比一个人为了表现自己的卓越才能和自己一心为民的高贵品质，注重小的礼节，表面上似乎是值得称颂的，实际上，他的这种为了取悦老百姓，刻意追求名誉的做法，往往耽搁了大事，是不可取的。

干大事，不拘小节，是亘古不变的真理。因为干大事的人的真正任务是带领老百姓走上幸福的生活，这需要从全局出发，从总体上权衡利弊。虽说，也许他因注重小的礼节而感动部分老百姓，提高部分老百姓的斗志，但毕竟力量太有限了。最糟糕的是，由于他注重小的礼节，往往浪费了时间，耽搁了为大家作出正确的决策的时间，耽搁了整顿他所带的团体的时间，让机遇从他身边溜走，让恶势力在他所带的团体中滋长，导致他所带的团体处于混乱之中，其力量相互抵消，结果劳而无功，给老百姓带来灾难。当然，更谈不上什么成就大业了。

贲于丘园，束帛戋戋。吝，终吉

"贲于丘园，束帛戋戋。吝，终吉"的大意是：装饰山丘园林，献上很少的布帛作聘礼迎亲。看起来显得寒酸，但最后将获吉祥。这就好比一个人处于力量不足时，他非常有诚心，礼数十分周到，用很少的钱财去聘用贤人。一般说来，重赏之下必有勇夫，他用很少的礼品去聘用贤人，贤人会愿意跟从他吗？会获得吉利吗？

如果把有才能的人分等级，勇夫是次于那些不看重钱财的贤人的。勇夫的信条是：有奶便是娘。自然谁给的钱多就跟谁。而贤人的眼光比勇夫更长远。他认为，一个人品质败坏，心不诚，就如狗一样，是扶不上树的。虽说，刚开始他会因不了解请他的人而拒绝他，但最终他会因请他的人心诚、礼贤下士而跟从他。

再说，他们的信条是"士为知己者死"，日后会不遗余力地为赏识他的人效命，更不会为了蝇头小利离开他的领导，或做损人利己的事。

不难看出，在自己力量不足时，若想要寻求人的辅助，成就事业，就要用诚心去打动贤人，以求其能与己共相辅治，从而成就"贲"道之美。

六十卦象象义图

壬午 离下艮上 贲

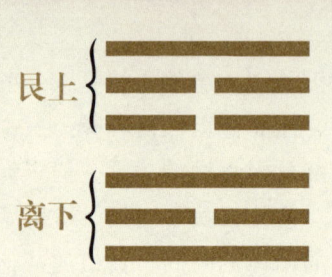

艮上
离下

贲卦下为离，指火；上为艮，指山。"贲"卦为"争妍斗丽之象。"似暗喻宋神宗一心建功立业，不听劝谏，一意孤行地变法图强，以及仓促攻伐西夏以雪旧耻。"贲"卦大象为"日落西山"，喻光明力量渐消，阴暗的力量扩大。正合神宗任用王安石变法，尽贬贤臣，小人兴起乱国之势；也合宋军欲灭西夏之象：起初连战连胜，不久全军尽丧。

▶▶ 进攻西夏，宋军兵败

谶曰

众人嚚嚚。尽入其室。
百万雄狮。头上一石。

颂曰

朝用奇谋夕丧师。
人民西北尽流离。
韶华虽好春光老。
悔不深居坐殿墀。

金圣叹 评注

此象主神宗误用安石，引用群邪，致启边衅，用兵西北，丧帅百万。熙宁初，王韶上平戎三策，安石惊为奇谋，力荐于神宗，致肇此祸。

贰拾叁 山地剥卦

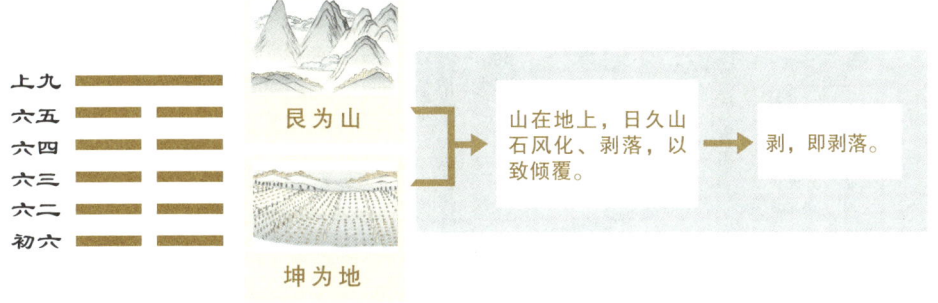

剥：不利有攸往。

《彖》曰：剥，剥也。柔变刚也。"不利有攸往"，小人长也。顺而止之，观象也。君子尚消息盈虚，天行也。

《象》曰：山附于地，剥。上以厚下安宅。

《剥卦》：不利于有所行动。

《彖传》说：剥就是剥落的意思，即阴柔逐渐变盛，进而取代阳刚。"不利于有所行动"，是因为小人正当道，而君子的势力在逐渐削弱。看到这个卦象，应当顺应天时逐渐削弱小人的势力。所以，君子应当推崇这个盈亏消长的规律，因为这顺应了天的运行规律。

《象传》说：《剥卦》的卦象是坤在下、艮在上，坤为地、艮为山，这好像高山遭到侵蚀被逐渐削为平地，因此把它叫做《剥卦》。上层统治者应当宽厚待民，使国家安定，人民生活富足。

【启示】从卦象看，《剥卦》中阴生于下，逐渐滋长，而阳气消退，形成"五阴剥一阳"的状况，这象征着邪气上升，正气消亡，阴气渐盛，阳气将尽。此时天时、人事、力量各方面均对君子极为不利，因此不宜作正面抗争，宜守时静待，保存自己，勿有所往，等待时局变化。所以此卦探讨的是处衰败之道、退守待变的处世哲学。同时这一卦也告诉我们，领导者要从根本上维护人民的利益，应抑制小人的势力，以防其残害忠良，扰乱政治。

断易天机问占图

去旧生新之卦，群阳剥尽之象

剥卦卦象解义

古解：剥者落也。山高岌岌，其形似剥，阴道将盈，阳道衰弱，卦临九月，霜叶凋落，人离财散，求官失爵。

今译：剥即剥落的意思。山高而危，必然剥落，或至倾覆，阴盛而阳衰，此卦为九月卦，树叶凋落，喻示人离而财散，求官不得。

此卦是尉迟敬德与金牙斗争卜得，不利于男子。

- 一位官人独坐于山下，退居林泉
- 头巾挂在树上，表示已没有职位
- 蜡烛在风中摇曳，火苗摇摆不定
- 一个葫芦，是盛药的器皿
- 一妇人端坐于床上，需要小心女人有灾祸

- 一束乱丝，象征事情难以收拾

图解易经

184

【剥之爻】阴盛阳衰，谨慎居守

① 初六，剥床以足　　　　位处凶险，守持正固
② 六二，剥床以辨　　　　愈加凶险，守正防凶
③ 六三，剥　　　　　　　上应阳刚，没有咎害
④ 六四，剥床以肤　　　　剥落殆尽，迫近灾祸
⑤ 六五，贯鱼以宫人宠　　承应上九，无所不利
⑥ 上九，硕果不食　　　　君子济世，小人致祸

初六：剥床以足，蔑贞凶。

初六：脱落是从床脚开始的，不要去占卜，都知道这是凶兆。

【原文】《象》曰："剥床以足"，以灭下也。

【译文】《象传》说：脱落是从床脚开始的，这表明其根基被毁了。

【启示】这一爻告诉我们，损害了人民大众的利益，肯定会遭遇凶险。

六二：剥床以辨，蔑贞凶。

六二：脱落是从床脚的上面部分脱落的，不要去占卜，都知道这是凶兆。

【原文】《象》曰："剥床以辨"，未有与也。

【译文】《象传》说：脱落是从床脚的上面部分脱落的，说明没有人来帮助他。

【启示】这一爻告诉我们，如那些上传下达的中层次的人已腐败，那么他们将担负不起自己的责任，最高层的领导将因为没有别人的帮助而垮台。

六三：剥，无咎。

六三：虽然整个床脚脱落了，但不会有灾祸。

【原文】《象》曰：剥之无咎，失上下也。

【译文】《象传》说：虽然整个床脚脱落了，但不会有灾祸，这是因为床没了床脚，已经不存在上下之分了。

【启示】这一爻告诉我们，在你和人民不能进行正常的沟通时，就应放下架子，深入民众，和人民打成一片。

剥为阳气种图

剥卦以床被剥落、侵蚀为喻，阐发了事物发展过程中"阳"被"阴"剥落及应对"剥落"之道的哲理。剥卦之爻五阴一阳，上九阳爻喻示着"剥"极必"复"的道理。并且剥卦告诫人们此时应谨慎处事，把握转"剥"复阳的时机。

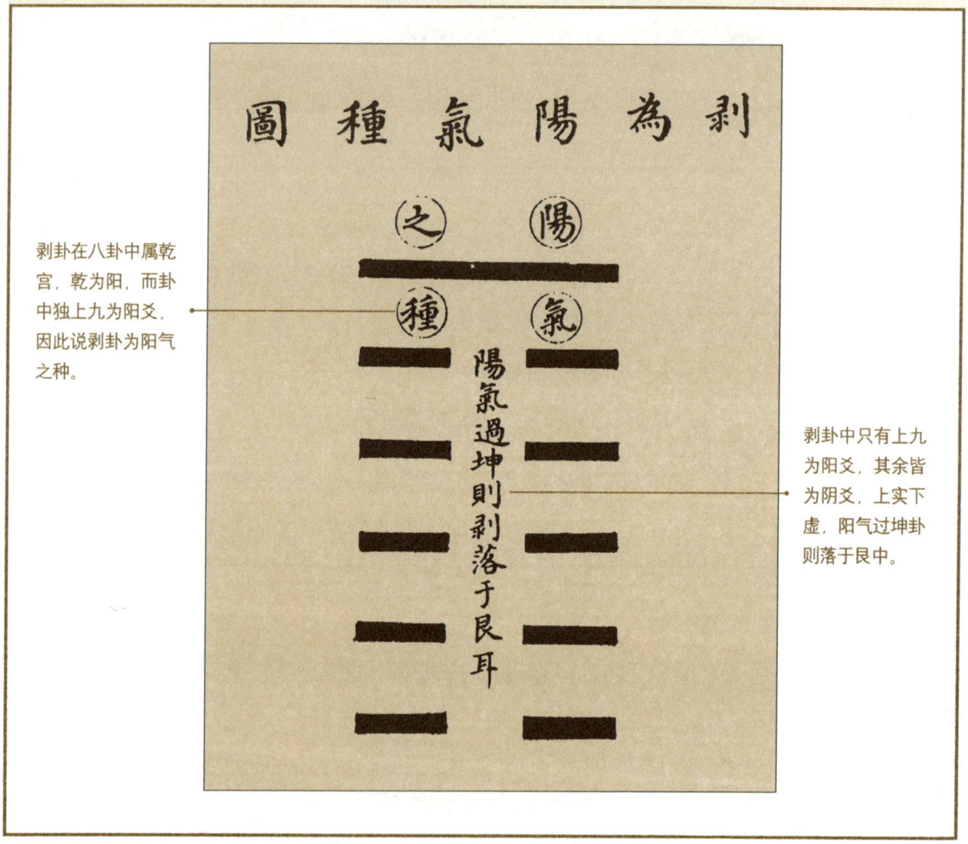

剥卦在八卦中属乾宫，乾为阳，而卦中独上九为阳爻，因此说剥卦为阳气之种。

剥卦中只有上九为阳爻，其余皆为阴爻，上实下虚，阳气过坤卦则落于艮中。

圖種氣陽為剥

之陽

種氣

陽氣過坤則剥落於艮耳

六四：剥床以肤，凶。

六四：床板剥落了，危害到了肌肤，将会得到凶险的预兆。

【原文】《象》曰："剥床以肤"，切近灾也。

【译文】《象传》说：床板剥落了，危害到了肌肤，是说祸事很快就要来临了。

【启示】这一爻告诉我们，如果你的亲信也不能担负其重大的责任，甚至成了反叛你的主流，这是危险的。

六五：贯鱼以宫人宠，无不利。

六五：宫妃们像贯穿的鱼一样，逐一得到君王的宠幸，没有什么不利。

【原文】《象》曰："以宫人宠"，终无尤也。

【译文】《象传》说：宫妃们像贯穿的鱼一样，逐一得到君王的宠幸，当然不会有什么过失。

【启示】这一爻告诉我们，对自己的亲信应逐一地重用。

上九：硕果不食，君子得舆，小人剥庐。

上九：不吃硕大的果实，君子获得了华丽的车子，小民的破草屋被毁坏了。

【原文】《象》曰："君子得舆"，民所载也。"小人剥庐"，终不可用也。

【译文】《象传》说：君子获得了华丽的车子，这实质上是老百姓所负担的。小民的破烂草屋都被毁坏了，这种现象表明这种对民的方式不可用。

【启示】这一爻告诉我们，在危急中，过度进行财务积聚是不可取的。

剥卦卦爻要义图解

剥			
	六三与君子应而无过咎	君子终能化小人共得舆	初六剥床足
	上九君子孤立独存而	而有所承载，小人若欲害	六二剥床辨　所剥渐近其凶可知
	六五与君子比而有宠利	君子，是剥庐而无所庇覆	六四剥床肤

【疑难解析】"剥,无咎"、"剥床以肤,凶"和"贯鱼以宫人宠,无不利"

"剥,无咎"的大意是:虽然整个床脚脱落了,但不会有灾祸。这不与"剥床以足。蔑贞凶"相矛盾吗?

床脚剥落了,你跟大地的距离非常近了。这就好比在上的领导已解除中下层的腐败的管理层,只留下忠实可靠且非常能干的高层管理者。这样做使企业的管理层扁平化,领导的命令经过非常少的渠道就能到达老百姓的耳朵,老百姓的心声也不需费什么周折就能到达领导的耳朵。再说,这样做有两大好处:一是赢得了老百姓的信任,得到了老百姓的支持;二是老百姓又能发挥他的监督作用,使整个管理层的行为不出错。

而"剥床以足。蔑贞凶"是从床脚开始腐蚀的,是损害了老百姓的利益,失去了群众的支持。所以说,它们并不矛盾。

那为什么又说"剥床以肤,凶"呢?"剥床以肤,凶"的大意是:床板剥落了,危害到了肌肤,将会得到凶险的预兆。这就好比在领导者周围的亲信被腐蚀了,他欺上瞒下,直接破坏了领导者和人民大众的关系,危害了大家的利益。

连自己最信任的亲信都会被腐蚀,都不可相信,是不是事事都得领导亲自去办?显然不行。因为这样,领导要干的事就太多了,必定会顾此失彼,会造成更大的混乱。该怎么办呢?"贯鱼以宫人宠,无不利"就告诉我们解决这一矛盾的办法。

"贯鱼以宫人宠,无不利"的大意是:宫妃们像贯穿的鱼一样,逐一得到君王的宠幸,没有什么不利。这就暗示我们,要逐一地重用贤人。因为逐一地重用贤人,有百利而无一害:

一是逐一地重用贤人,就能对贤人们进行有效分工,让他们各施其能,各负其责。这样一方面避免他们因权责不清而做事草率。另一方面可避免矛盾在他们间产生,导致不团结。

二是在逐一地重用贤人前,你一定对他们的功与过进行了逐一的评价,这样就使你更加了解你的下属,更能做到知人善任。

三是面面俱到,让所有的亲信都感到自己得到了明智的领导的重用,从而为自己的领导努力工作。

四是可吸引其他的贤人。谁不愿意投靠英明的领导!

这就是领导者管理下属,广纳贤人的智慧。

六十卦象象义图

己巳 坤下艮上 剥

艮上
坤下

剥卦下为坤，指地；上为艮，指山。《象》曰"山石崩而落于地，五阴迫一阳，正义被损。"又"群阴剥阳，有去旧生新之意。"运势为"恶运缠身，防被女子及小人连累。"这是暗喻肃宗被宦官和女子所包围，宫廷有不测之祸。

▶ 战乱平定，明皇还京

颂曰

大帜巍巍树两京。
楚舆今日又东行。
乾坤再造人民乐。
一二年来见太平。

谶曰

非都是都。非皇是皇。
阴霾既去。日月复光。

金圣叹 评注

此象主明皇还西京，至德二载九月，广平王叔郭子仪收复西京，十月收复东京，安史之乱尽弭，十二月迎上皇还西京，故云再造。

贰拾肆 地雷复卦

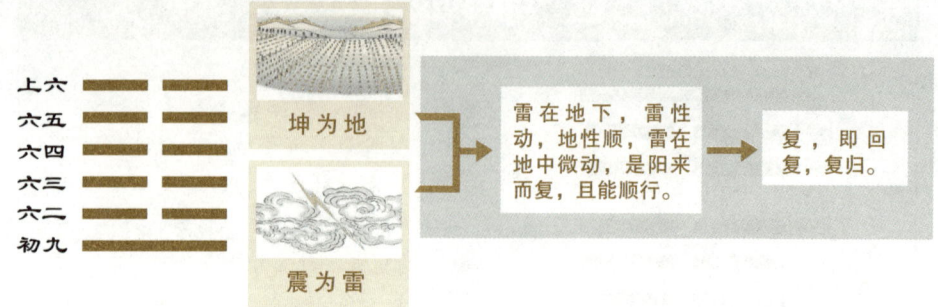

复：亨。出入无疾，朋来无咎。反复其道，七日来复。利有攸往。

《彖》曰：复，亨。刚反动而以顺行，是以"出入无疾，朋来无咎"。"反复其道，七日来复"，天行也。"利有攸往"，刚长也。复其见天地之心乎！

《象》曰：雷在地中，复。先王以至日闭关，商旅不行，后不省方。

《复卦》：亨通。无论是外出还是居家都不会得小病。朋友来了便可免灾。返回到原来的路上，经过七天就可回归。这是天的运行规则，有所前往是有利的。

《彖传》说：复有亨通的意思，是由于阳气重新上升。阳刚之气从下往上的活动并能够顺应天时，因此"无论是外出还是居家都不会得小病。朋友来了便可免灾"。"返回到原来的路上，经过七天就可回归"，这是天的运行规律。"有所前往是有利的"，是因为阳刚逐渐变强。《复卦》说明天地运行的规则。

《象传》说：《复卦》的卦象是震在下、坤在上，震为雷、坤为地，这表明雷在地中进行周而复始的活动，所以把它叫做《复卦》。先王在阳气初生的冬至这一天关闭关口，禁止商贾旅客通行，君王自己也不外出巡行。

【启示】这一卦暗示我们，犯错误是难免的，如果迷途知返，则可以免灾。

断易天机问占图

淘沙见金之卦，返复往来之象

复卦卦象解义

古解：复者，反也。返复徘徊，内悦外顺，出入无咎，世应相合。迁官益财，失而复得，往而复来。

今译：复，即回复、复归的意思。内为震，为悦，外为坤，为顺，反复往来，相互应和。官禄爵位，失而复得。

此卦为唐太宗归天，卦得之后，七日复苏。

一只虎和一只兔温驯地趴在地上，象征在寅卯方位可以求得高官

一将领手持大刀站立，表示武将归降

城墙上有一个"东"字，代表江东侯职

一官人坐在车上，一车上的两面旌旗为旗

贰拾肆 地雷复卦

【复之爻】正气回复，生机更发

① 初九，不远复　　　不远而复，无患无悔
② 六二，休复　　　　亲仁下贤，美好回复
③ 六三，频复　　　　勉强回复，虽险无咎
④ 六四，中行独复　　居中行正，专心回复
⑤ 六五，敦复　　　　敦厚笃诚，复行正道
⑥ 上六，迷复　　　　迷入歧途，遭受灾祸

初九：不远复，无祗悔，元吉。

初九：没走多远就返回，不致后悔，这是十分吉利的。

【原文】《象》曰："不远之复"，以修身也。

【译文】《象传》说：没走多远就返回，说明能注意修身养性。

【启示】这一爻告诉我们，知错就改有助于你成就大业。一个人不能成就大业的主要原因往往不是他天生弱智，而是他生性固执，不能接受别人的建议，不能迷途知返。

六二：休复，吉。

六二：返回来休息，这是吉利的。

【原文】《象》曰：休复之吉，以下仁也。

【译文】《象传》说：返回来休息之所以吉利，是因为能居于仁德的人之下。

【启示】这一爻告诉我们，让能者居上是明智之举。

六三：频复，厉，无咎。

六三：皱着眉头回来，开始比较艰辛，但不会遭遇灾祸。

【原文】《象》曰："频复之厉"，义无咎也。

【译文】《象传》说：皱着眉头回来，开始比较艰辛，但不会遭遇灾祸，这是符合当时的道义的，不会有什么灾祸。

【启示】这一爻告诉我们，改正错误不是一刻的事，它包括从认识自己的错误、中途的思想斗争到着手改正自己的错误，所以其过程是艰辛的，但由于能及时改正自己的错误，因此其结果是好的。

复七日图

复卦六爻，五阴一阳，初九阳爻是全卦"回复"的根本，代表着阳气回复，天地生育万物之始。所谓"七日"是指九月剥卦阳尽，十月坤卦为道，坤尽而复生阳，坤六爻加复阳爻共七爻，因此为"七日"。

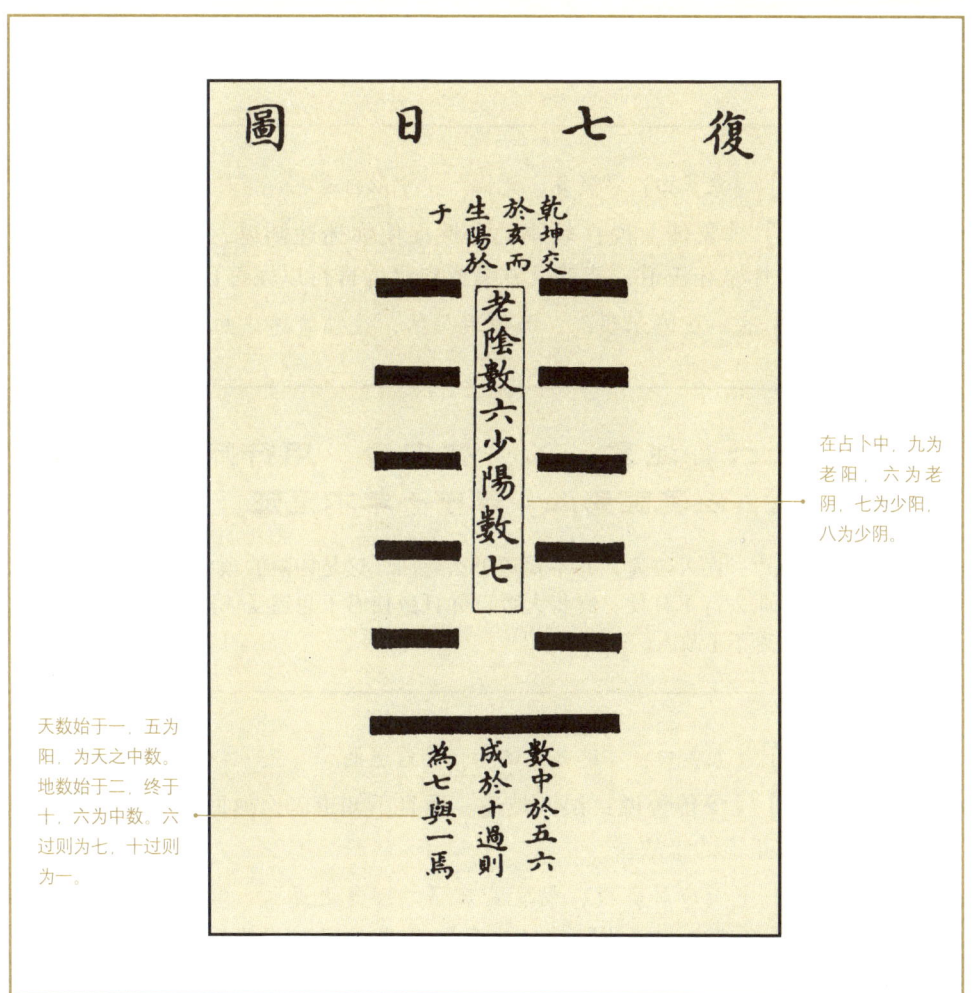

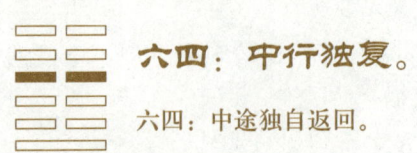

六四：中途独自返回。

【原文】《象》曰："中行独复"，以从道也。

【译文】《象传》说：中途独自返回，这是为了顺从道义。

【启示】这一爻进一步强调能迷途知返，就不会遭遇灾祸。即使已走了歪道，能及时返回也是吉利的。

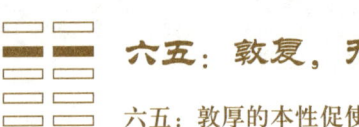

六五：敦厚的本性促使你迷途知返，不会有什么愧疚的。

【原文】《象》曰："敦复，无悔"，中以自考也。

【译文】《象传》说：敦厚的本性促使你迷途知返，不会有什么愧疚的，是因为由于你坚守正道，能够反省考察自己的言行以完善自我。

【启示】这一爻暗示我们，为人敦厚的，往往能迷途知返。

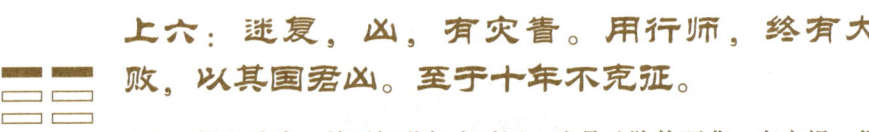

上六：误入歧途，并不知道怎么返回，这是凶险的预兆，有灾祸。得此兆去行军打仗，终将大败，并且致使君王也遭受凶险。以致十年都攻克不了敌人。

【原文】《象》曰："迷复之凶"，反君道也。

【译文】《象传》说：误入歧途，而且不知道怎么返回之所以凶险，是由于违背君子的正道的缘故。

【启示】上六穷居卦极，彻底背离了"回复之道"，其与君主阳刚之道背道而驰，因此爻辞中以"凶"、"灾眚"为戒。这一爻从反面告诉我们要迷途知返。

复卦卦爻要义图解

- 六三震动不正，故频复
- 复上爻以阴居极位，迷而不悟，故灾眚凶败
- 六五坤厚得中，故敦复
- 六二与初阳比，故休复下行
- 可无悔咎
- 初九阳刚，君子不远复，颜子是也
- 六四与初阳应，故独复从道

【疑难解析】迷复，凶，有灾眚

"迷复"即迷途而不知回复之意。"迷复，凶，有灾眚"的大意是：误入歧途，并不知道怎么返回，这是凶险的预兆，有灾祸。

上六居卦终，与初九不相应，而且上无所承，有迷途而不知回复之象。此爻告诫人们对所犯的错误若执迷不悟，不愿改正，或不能改正，那就可能有凶险，就将遇到灾难。若在行师打仗中也坚持这样执迷不悟，必然会用兵失败；在治理国家上坚持这种执迷不悟，国君必会有凶险。而且一个国家若这样发展下去，将会出现国威不振，也会出现一个国家有十年不能胜任征伐的重任。

具体到一个团体来说，如果不按照行业、职业规则行事，不仅会经常发生内乱，而且可能会面临重重的困难。就像将领不懂兵法，而指挥作战，必将以失败告终。所以迷途要及时知返，要了解、遵守行业、职业规则，依照一定的章法做事，这样才能避免陷入"十年不克征"的境地。

具体到一个人来说，如果你误入歧途，不能及时返回，给你自己、给别人都会造成大的伤害。一是南辕北辙的人是不能到达目的地的；二是你偏离了正道，往往违背了事物发展的客观规律，而客观规律是不可逆转的，所以容易招致凶险；三是你的指鹿为马会误导其它人，使黑的变成白的，让小人有机可乘。

其实，误入歧途而不知返的人的本质就是固执，固执的人又怎么能自拔呢？

六十卦象象义图

癸丑 震下坤上 复

坤上 ䷗
震下

复卦坤上震下，即雷在地下，雷动而地顺，阳复归，代表着变化。虽然某一虎年人类可能将遭遇灾难，但正如颂词中所说："拨尽风云始见天。"意味着这种混乱的日子不会一直持续下去，终有云开日见的一天，就如阳气复归，万物即将焕发生机。

▶ 虎年之乱，终将回复

颂曰
虎头人遇虎头年。
白米盈仓不值钱。
豺狼结队街中走。
拨尽风云始见天。

谶曰
水火相战。
时穷则变。
贞下起元。
兽贵人贱。

金圣叹评注

此象遇寅年遭大乱，君昏臣暴，下民无生息之日，又一乱也。

贰拾伍 天雷无妄卦

无妄：元亨，利贞。其匪正有眚，不利有攸往。

《彖》曰：无妄，刚自外来而为主于内。动而健，刚中而应。大亨以正，天之命也。"其匪正有眚，不利有攸往"。无妄之往，何之矣？天命不右，行矣哉！

《象》曰：天下雷行，物与无妄。先王以茂对时，育万物。

《无妄卦》：十分吉利，有利于去占卜。若不坚守中正，则有灾祸，不利于有所行动。

《彖传》说：《无妄卦》阳刚从外面进来，并且在内居于主导地位。行动迅速，刚强而有力，刚健居中位而与阴柔相应。宏大、亨通从而守正道，这是顺应了天命。"若不守正道，则有灾祸，不利于有所行动"。这表明不顺应天道而贸然行事，就不知道要往哪里去。上天不保佑他，又怎么能够行得通呢？

《象传》说：《无妄卦》的卦象是震在下、乾在上，震为雷、乾为天，这好像高空响雷，雨声阵阵，万物茁壮成长，所以把它叫做《无妄卦》。先王看到此卦象，应顺应天时，尽力促进万物的生长。

【启示】根据卦象来看，《无妄卦》中天高在上，物动在下，事物的任何变化，上面都能看得清清楚楚，因此在天下面的行动，不能任意妄来，要走正道，这样才不会招来灾祸。卦辞中提到的"其匪正有眚"，就是说，如果行为不正，就会有灾祸。所以这一卦告诉我们，只要坚守中正，顺应天道行事，就不会有灾祸。

断易天机问占图

石中蕴玉之卦，守旧安常之象

无妄卦卦象解义

古解：无妄者，天灾也。天雷震响，惊怖如摧。痛勿与药，虽凶可为，百凡谋望，居安虑危。

今译：无妄，即天灾。雷声阵阵，使人惊恐害怕。虽然凶险但仍可作为，凡事都应该居安思危。

此卦为李广卜得之后，凡事不利。

- 一只老鼠和一头猪，表示福禄应于亥位
- 水中有一堆钱，表示钱塘得禄
- 一位官人举弓射鹿，象征有福禄
- 一只鹿嘴里衔着文书，象征禄书

【无妄之爻】 动静行止，审时度势

① 初九，无妄　　　　　　　谦恭不妄，前往获吉
② 六二，不耕获，不菑畲　　不妄为妄求，利于前往
③ 六三，无妄之灾　　　　　失正躁动，无故灾祸
④ 九四，可贞　　　　　　　守谦无妄，没有灾难
⑤ 九五，无妄之疾　　　　　居尊善治，微疾自愈
⑥ 上九，无妄　　　　　　　无妄之极，不可擅行

初九：无妄，往吉。

初九：在行动时没有邪妄，不虚伪，这是吉利的。

【原文】《象》曰："无妄之往"，得志也。

【译文】《象传》说：在行动时没有邪妄不虚伪，是说行为能受到正确的意愿的控制。

【启示】这一爻告诉我们，在行动时没有邪妄、不虚伪，前途就吉祥。

六二：不耕获，不菑畲，则利有攸往？

六二：如果不耕作就能有所收获，不开荒地就有熟地，那么有所行动就有利。

【原文】《象》曰："不耕获"，未富也。

【译文】《象传》说：不耕作就有所收获，但这不能给你带来真正的富裕。

【启示】这一爻告诉我们，当客观条件已具备时，我们应有所行动。

六三：无妄之灾。或系之牛，行人之得，邑人之灾。

六三：没有邪妄，不虚伪的人也遭灾。有人把牛拴在道边，牛跑了，对路人来讲是意外的收获，对丢牛的人来说，是灾难。

【原文】《象》曰:"行人得牛",邑人灾也。

【译文】《象传》说:行人顺手把跑来的牛牵走而得到意外的收获,对丢掉牛的人来说,是飞来的横祸。

【启示】这一爻告诉我们,坚守中正的可能遭遇灾祸,不坚守中正的也可能得到意外的收获。

无妄本中孚图

无妄卦意在阐明处事"不妄为"的道理。不妄为就是要依道而行,顺应规律、谦虚、修美自身,这与中孚卦所阐发的"中心诚信"是有相同之处的,所以说"无妄本中孚"。且无妄卦与中孚卦的卦象之间也存在密切关系,可互变。

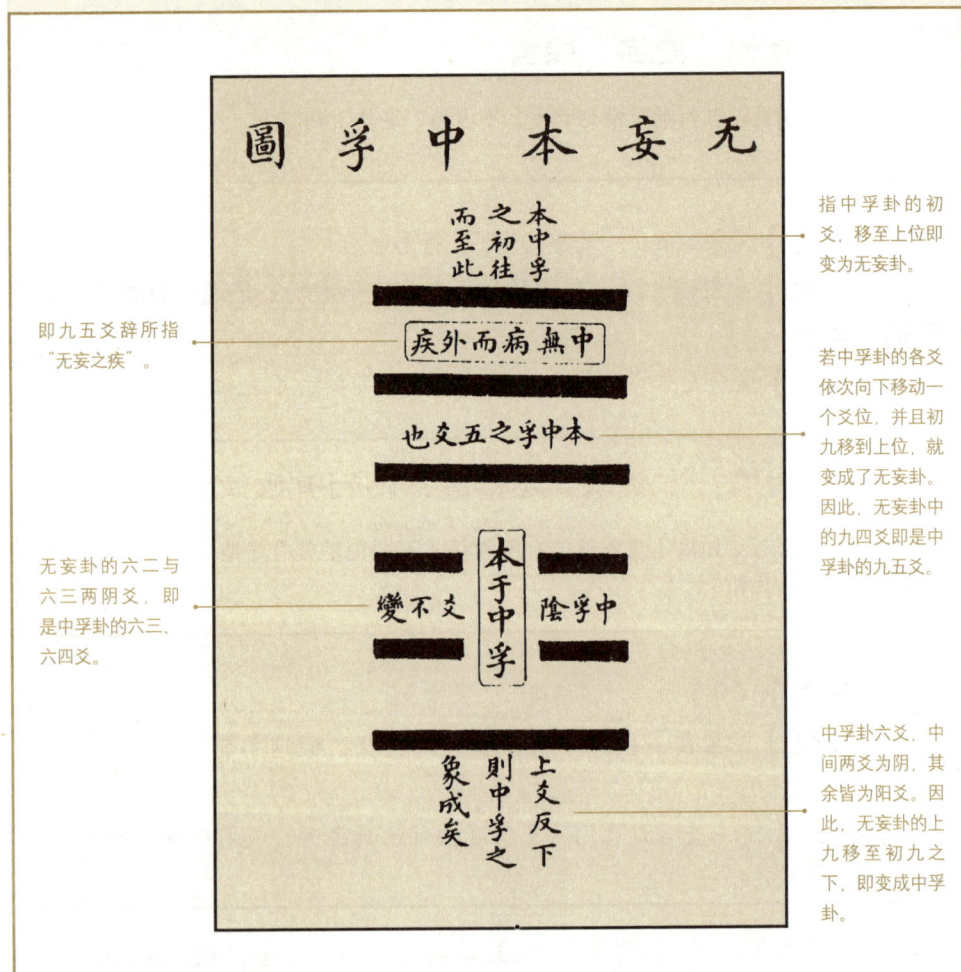

九四：可贞，无咎。

九四：可以去占卜，没有什么灾祸。

【原文】《象》曰："可贞，无咎"，固有之也。

【译文】《象传》说：能够坚守中正，没有什么灾祸，这是理所当然的。

【启示】这一爻告诉我们，能够坚守中正，不会遭遇灾祸，这是必然的。

九五：无妄之疾，勿药有喜。

九五：不虚伪的人得了小病，他不吃药，就是令人高兴的事。

【原文】《象》曰："无妄之药"，不可试也。

【译文】《象传》说：不虚伪的人得了小病，不能随便吃药。

【启示】这一爻告诉我们，不能因自己坚守中正也遭遇小的灾祸，而胡乱请人指点。

上九：无妄，行有眚，无攸利。

上九：没有邪念地行动，招致灾祸，没有任何利益。

【原文】《象》曰："无妄之行"，穷之灾也。

【译文】《象传》说：没有邪念地行动，招致灾祸，这是无路可退的灾难。

【启示】上九爻处于卦之终，是物极必反之位，此时天下"无妄"即将转化为"有妄"，在这种情况下，应该静保其身，而不可妄为，但上九阳刚居极，仍以一己之"无妄"而行于天下"有妄"，因此必然遭致祸患。上九"行有眚，无攸利"，正是因为所处之"时"不利的原因。这一爻告诉我们，没有邪念地行动，途中遭遇灾难，这不能归咎于自己，这是天意，没有解救的办法。

无妄卦卦爻要义图解

内	六三不中正而有应有妄者也，故有灾				
☰	六二中正有应为无妄，故设不耕获菑畬之象，以见其无妄之心				
爻	初九虽中正不足而无应，故以无妄而往则得吉				
无妄		思诚者也	主诚者也	象所谓利贞而元大亨，通者也	
内	九四虽中正不足而无应，故守无妄以贞，则无咎			不诚者也	象所谓匪正而有眚，无利者也
☰	九五中正有应为无妄，故设疾勿药有喜之象，以见其无妄之情				
爻	上六不中正而有应有妄者也，故有眚				

【疑难解析】无妄，往吉

"无妄，往吉"的大意是：在行动时没有邪妄，不虚伪，这是吉利的。但自古以来，生性耿直且讲义气的人虽说在行动时没有邪妄，但往往被小人所害，这是为什么呢？

这是因为人们对邪妄的理解有误。这里的邪妄，它有两层含义：一是来自内心的邪念；二是来自外面的胡乱干预。生性耿直的人往往能克制内心的邪念，但由于他生性耿直，往往容易得罪小人，引来小人的报复。再说，他过分地讲义气，往往对主人、对朋友过于忠心耿耿，即使他们的命令或建议是错误的，也不愿违背，这样就不能抵御外来的不正确的思想的干预。所以他们会为小人所害。

因此，我们在行动时，应抵御内心的和外来的邪念的干预。

无妄之灾。或系之牛，行人之得，邑人之灾

"无妄之灾。或系之牛，行人之得，邑人之灾"的大意是：没有邪妄，不虚伪的人也遭灾。有人把牛拴在道边，牛跑了，对路人来讲是意外的收获，对丢牛的人来说，是灾难。这就表明一个坚守中正的人也可能遭受灾祸。一般来说，坚守中正是吉利的，这该怎么解释呢？

一件事情的发生有其必然的因素和偶然的因素。这里的必然是指事物发展的方向，而不是对每一件事的发展的反映，更不是对每一件事的每一刻的具体反映，换句话说，它只是对事物进行定性，而不是定量，即反映的是事物发生的大概率。这里的偶然指的是各种具体的条件，它包括各种例外的情况。如你处于太平盛世，在任的总统也表现得很出色，虽然你具有竞选总统的才能、财力，并赢得了人心，你遵循正道，安心地等待时机。可是天有不测风云，你走

在路上，被车撞成了痴呆。这自然也不能圆你的总统梦。

很显然，坚守中正只代表他有很大的可能成就大业，但也不能排除意外情况的发生。但我们不能因此而否定坚守中正。毕竟追求大概率的人比静候小概率的守株待兔者高明得多，其成功的概率也要大得多。

无妄之疾，勿药有喜

"无妄之疾，勿药有喜"的大意是：不虚伪的人得了小病，他不吃药，这是令人高兴的事。这就表明不虚伪的人遇到意外的灾祸，此时，他的最明智的选择是不改变自己的正确的策略。

一从事物发展来看，它不是直线上升的，而是螺旋上升的，这就表明，在做事时，遭遇意外之灾，是难免的。二从我们对此做的选择来看，如改变初衷，就面临着两种选择：做小概率的事，或与真理背道而驰，永远也到达不了胜利的彼岸；与此相反，坚守中正，就意味着成功的概率很大。再说，事物是向其对立面转化的，是相互依存的，究竟遭遇小的灾祸是祸还是福，还是个未知数。如得乙肝是祸，但你的身体特别强壮，就会产生抗体，以后对乙肝病毒产生免疫力。而人，经历了坎坷之后，会更坚强，更能应付意外的灾祸。

所以，我们在遇到意外的灾祸后，仍要坚守中正。

无妄，行有眚，无攸利

"无妄，行有眚，无攸利"的大意是：没有邪念地行动，招致灾祸，没有任何利益。

上九处于全卦之终，以阳爻居阴位，阳刚而易躁动，在时机不宜、动则遭灾的情况下，仍然要有所为，因此"无妄"就将变为"有妄"，失去《无妄卦》辞"利贞"的根本，所以爻辞中告诫"无攸利"。

譬如"学雷锋"本来是好事，但若"好"提倡到了极点，就会变质，变成"坏"了。超过限度地宣扬"好人好事"，就会由天性自发而为，转变成刻意地弄虚作假、沽名钓誉的"假好事"、"假典型"。

因此善美的事情宣扬起来，变得不再那么善美；"十佳青年"是虚假的"十佳"；"诚信"企业家未必拥有"诚信"。"无妄"转化为"有妄"，从而出现"行有眚，无攸利"的结果。

同时此爻也告诫我们要顺时而为，认识到"时"的重要性。

六十卦象象义图

庚午 震下乾上 无妄

乾上 ☰

震下 ☳

无妄卦下为震，指雷；上为乾，指天。

运势："凡事宜守正，若行为不检者，必招灾祸"。亦有"无妄之灾"之意，正合唐王信用奸佞宦官，招致无妄之灾的历史事实。

▶▶ 藩镇割据，吐蕃入侵

谶曰

雄节满我目。山川跼我足。
破关客乍来。陡令中原哭。

颂曰

蜘蚁从来足溃堤。
六宫深锁梦全非。
重门金鼓含兵气。
小草滋生土口啼。

金圣叹 评注

此象主藩镇跋扈及吐蕃入寇中原。

贰拾陆 山天大畜卦

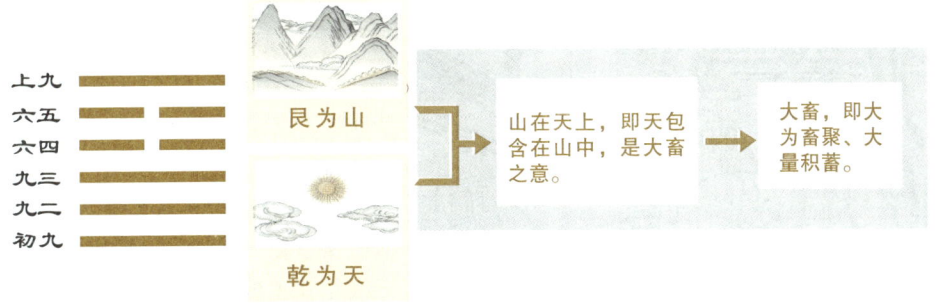

大畜：利贞。不家食，吉。利涉大川。

《彖》曰：大畜，刚健笃实，辉光日新。其德刚上而尚贤，能止健，大正也。"不家食，吉"，养贤也。"利涉大川"，应乎天也。

《象》曰：天在山中，大畜。君子以多识前言往行，以畜其德。

《大畜卦》：有利于去占卜。不在家里吃饭，将得到吉利的预兆。去渡大江大河将是吉利的。

《彖传》说：《大畜卦》，刚健、笃实，每天散发出辉煌的光芒，呈现一片新气象。阳刚在上位又能够崇尚贤能之士，有能力又懂得节制，这是最大的正道。"不在家里吃饭，将得到吉祥的预兆"，这是说国家用丰厚的待遇来蓄养贤人。"有利于渡过大江大河"，是说能够顺应天道涉江渡河。

《象传》说：《大畜卦》的卦象是乾在下、艮在上，乾为天、艮为山，就好像阳光照耀山上的万物，雨露滋润万物，万物茁壮成长，所以把它叫做《大畜卦》。君子看到这一卦象，一方面应当努力地学习前代圣人君子的言论，领悟其中的含义；另一方面应通过看前人的行为的得与失来提高自己的决策能力，从而使自己的德行更加美好，学识更丰富。

【启示】《大畜卦》告诉我们，要干大事，就要做到：一要努力学习，增强自己的本领，培养自己美好的品德；二要培养和招聘贤人，并使用好贤人；三要等待时机。

断易天机问占图

积小成高之卦,龙潜大壑之象

大畜卦卦象解义

古解: 大畜者,聚也。刚健笃实,积聚丰隆。居官食禄,建立其功,论讼有益。道理亨通,利涉大川,后吉先凶。

今译: 大畜,即大为畜聚。阳刚强健,积蓄颇丰。爵禄丰厚,利于建功立业、争论诉讼。万事亨通,利于涉越大川,虽吉祥,但也要谨慎防灾。

此卦为李广卜得之后,凡事不利。

一位官人凭栏远眺,悠然自得,表示清闲且富贵的意思

栏杆之内草木茂盛,表示将任西液判花的职位,是求官最有利的时机

月下一封文书,表示前途光明且富贵

一只鹿一匹马,象征禄马如意

【大畜之爻】 畜聚正德，当止则止

① 初九，有厉　　　　进则有危，宜于暂停
② 九二，舆说腹　　　自度其势，停止不前
③ 九三，良马逐　　　牢记艰难，守持正固
④ 六四，童牛之牿　　规正初九，防患未然
⑤ 六五，豶豕之牙　　以柔制刚，至为吉祥
⑥ 上九，何天之衢　　畜极而通，大路畅达

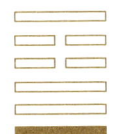

初九：有厉，利已。

初九：前进有危险，停止行动则是有利的。

【原文】《象》曰："有厉，利已"，不犯灾也。

【译文】《象传》说：行动有艰辛，停止行动则是有利的，这是因为没有触及灾祸。

【启示】这一爻告诉我们，明知有危险，还是贸然前进，这是不可取的。

九二：舆说腹。

九二：车轮脱离了车身。

【原文】《象》曰："舆说腹"，中无尤也。

【译文】《象传》说：车轮脱离了车身，这是因为九二爻即阳爻阴位，居下卦中位，没什么可担心的。

【启示】这一爻告诉我们，一个人根据客观条件停止行动时，更要坚守正道。

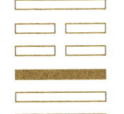

九三：良马逐，利艰贞，吉。曰闲舆卫，利有攸往。

九三：骑着良马奔驰，有利于卜问艰难的事。每天练习驾驭的技术，演习防卫的战术。有利于有所行动。

【原文】《象》曰："利有攸往"，上合志也。

【译文】《象传》说：有利于有所行动，是因为在上的和在下的意愿相同。

【启示】这一爻告诉我们，一个人处在困难之中，应注意积蓄力量。这里的积蓄力量，是指提高领导能力，从而在整体上增加力量，给他们指明方向。因为一个具有强大力量的团队顺应天时而战，能战无不胜，攻无不克。

大小畜吉凶图

大畜卦旨在表明事物发展过程中，应积极畜聚刚健正气的道理，正如君子畜聚美德，君主广畜贤者。此卦初、二两爻为被畜对象，其自畜美德，且被四、五所畜；四、五为畜下者，制约着初、二两爻；三、上两爻则展示了"大畜"后的美好景象。

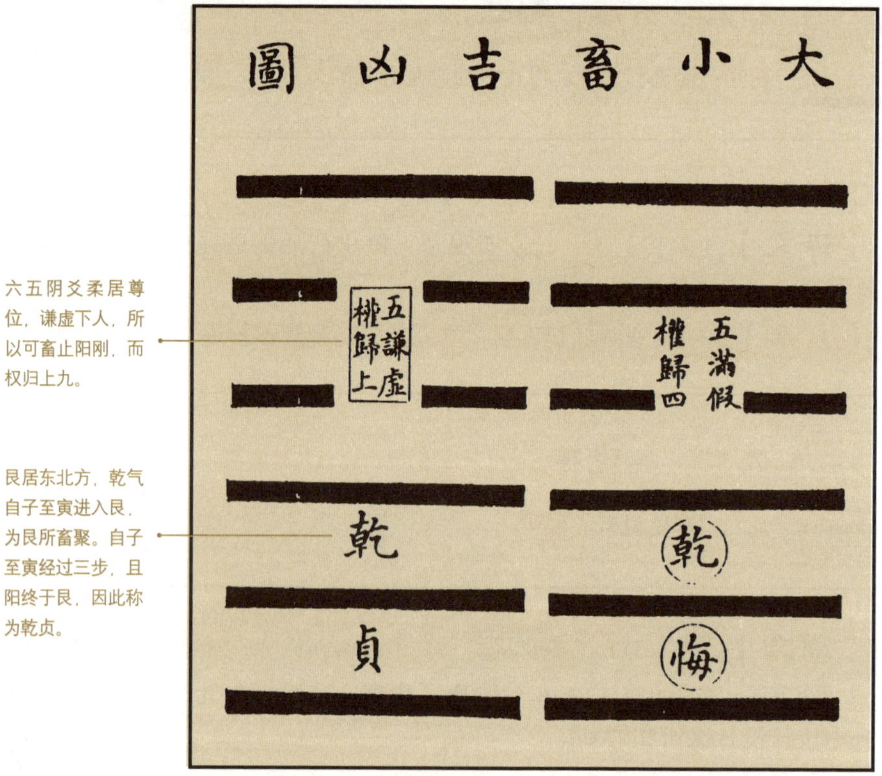

圖凶吉畜小大

五謙樞歸上虛

六五阴爻柔居尊位，谦虚下人，所以可畜止阳刚，而权归上九。

五滿樞歸假四

乾贞

艮居东北方，乾气自子至寅进入艮，为艮所畜聚。自子至寅经过三步，且阳终于艮，因此称为乾贞。

乾

悔

六四：童牛之牿，元吉。

六四：小牛长牛角，大吉大利。

【原文】《象》曰：六四"元吉"，有喜也。

【译文】《象传》说：《大畜卦》的第四爻是阴爻阴位，这是大吉大利的，将有喜庆的事发生。

【启示】这一爻告诉我们，一个人精心培育他的部下，他的部下变得聪明、能干，能胜任他所分派的工作，这是十分吉利的。

六五：豮豕之牙，吉。

六五：把野猪的牙齿拔出来，这是吉利的。

【原文】《象》曰：六五之吉，有庆也。

【译文】《象传》说：《大畜卦》的第五爻位阴爻阳位，之所以吉祥，是因为有值得庆祝的事。

【启示】这一爻告诉我们，作为领导，如其部下具有十分强的能力，但他伶牙俐齿，老伤害同伴，应帮他改正这一缺点。

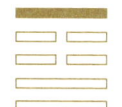

上九：何天之衢，亨。

上九：受上天的保护，亨通。

【原文】《象》曰："何天之衢"，道大行也。

【译文】《象传》说：受上天的保护，正道被大大地推行。

【启示】这一爻告诉我们，一个人如果已积聚了大量的力量，又顺应天时，那么一定能顺利地到达目的地。

大畜卦爻要义图解

大畜	上艮	二爻以柔止下而畜道成	六四与五同畜乎下，如童牛之牿；六五大君畜止天下之邪心，如豮之牙	初九受在上之畜而有厉利已	二爻畜成而止	内乾三爻
				九二受在上之畜而如舆说辐		
	三爻	上爻以刚居正而畜道变	上九与三同进乎时，如天衢之亨	九三同在上之极而马逐利往，上爻畜极而变		

【疑难解析】有厉，利已

"有厉，利已"的大意是：前进有危险，停止行动则是有利的。这不违背了"明知山有虎，偏向虎山行"吗？

"有厉，利已"是大畜卦初九爻的爻辞。从卦画上看，初九为阳居阳位。如果按乾卦来说，他应处在潜龙的位置，应忙于积蓄力量。在力量不足的情况下，明知有危险，还不停止行动，就容易陷入危险的境地，而且往往因力量太小而不能自拔。

如他停止行动，等积蓄了一定的力量再行进，前进途中可能出现这两种情况：一种情况是他小心翼翼地回避了危险的境地；另外一种情况还是遇到危险，但他在行动之前已积蓄了力量：一是与他的周围的人对其危险所导致的后果进行分析，并提出应付的办法；二是他有了承受危险带来的压力的能力，所以能脱离危险。

这不难看出"明知山有虎，偏向虎山行"，是指一个人已积蓄一定的力量，能与虎进行较量了。

所以说，在自己力量不足时，就要积蓄力量，如已贸然行动了，就要停止行动。

良马逐，利艰贞。曰闲舆卫，利有攸往

"良马逐，利艰贞。曰闲舆卫，利有攸往"的大意是：骑着良马奔驰，有利于卜问艰难的事。每天练习驾驽的技术，演习防卫的战术。有利于有所行动。

在《易经》中马是阳性的动物，而九三是阳爻，所以两者的属性是一致的。九三"良马逐"，就象骏马在奔跑，这个意象意在喻示，在艰苦环境下要保持纯正。真的好马是不需要被驱使才奋蹄奔驰的。良马不受外界的驱使，而是有内在的前进动力。驱使这样的马，驾车的人就清闲了，根本不必要去鞭策它。因此，利于有所前往，成就事业。

因此，通过此爻我们可以明白，如果个人努力寻求与集体意志、上级意志一致的话，就能够发挥所长、有所作为。只要上下一心，众志成城，就可以克服的客观上的困难。同时此爻也告诫我们不可自恃强盛而忘却艰难，应该不断充实自己，增强前进的实力。

贰拾柒 山雷颐卦

颐：贞吉。观颐，自求口实。

《彖》曰：颐，贞吉，养正则吉也。"观颐"，观其所养也。"自求口实"，观其自养也。天地养万物，圣人养贤以及万民，颐之时大矣哉。

《象》曰：山下有雷，颐。君子以慎言语，节饮食。

《颐卦》：去占卜得到吉利的预兆。观察别人的养生之道，是打算自己寻找口中食。

《彖传》说：《颐卦》说去占卜获得吉利的预兆，这表明如果用正道培养他人和保养自己，那么就能获得吉祥。"观察别人的养生之道"，就是要观察一个人是怎样养育他人的。"自己寻找口中食"，就是要观察一个人是用什么办法来养活自己的。天地养活万物，圣人培养贤人是为了泽被天下百姓。多么伟大呀，顺应颐养的正道为天下百姓造福！

《象传》说：《颐卦》的卦象为震在下、艮在上，震为雷、艮为山。这表明山下有响雷，雨马上就要降临，滋润万物，因此把它叫做《颐卦》。君子看到这一卦象，说话要谨慎，饮食要有所节制。

【启示】《颐卦》告诉我们，要顺应颐养的正道。此卦的意象包括两点：一是说天地养育了万物，而动静结合是养育万物的关键，我们应根据颐养对象采取颐养方式；二是做事就像咀嚼东西，上不动而下动，即要讲究动静适宜而方位有别。所以我们也可从中得到启示，在现实生活中颐养身体要注意防止言多有失；在道德修养时则要善于取舍，尽量吸收有用的知识，而且还要防止贪多而错失精华。

断易天机问占图

龙隐深潭之卦,近善远恶之象

颐卦卦象解义

古解:颐者,养也。谨言节食,能养其身。震动艮止,万物皆春。恶事消散,不害于人。

今译:颐,即颐养的意思。言行谨慎,衣食简朴,善养其身。震为动,艮为止,万物得养。灾害消散,人没有危险。

此卦为张骞寻黄河之源卜得之卦。

- 太阳当空,象征着君主
- 金紫官人引导着一个人,表示需要他人接引才可成功
- 三位少年,表示少年获得恩泽
- 天上落下绵绵细雨,象征天降恩泽
- 烟雾缭绕的香案,代表御筵

【颐之爻】颐养天下，守正为公

① 初九，舍尔灵龟，观我朵颐　　以阳求阴，自养失道
② 六二，颠颐　　　　　　　　　求养于初，有失"颐"道
③ 六三，拂颐　　　　　　　　　求养不已，大悖"颐"道
④ 六四，颠颐　　　　　　　　　求养于初，颐养他人
⑤ 六五，拂经　　　　　　　　　得养于上，兼养天下
⑥ 上九，由颐　　　　　　　　　颐养天下，知危且慎

初九：舍尔灵龟，观我朵颐，凶。

初九：舍弃你的财宝，眼睛盯着我鼓起两颊咀嚼食物，这会导致凶险。

【原文】《象》曰："观我朵颐"，亦不足贵也。

【译文】《象传》说：眼睛盯着我鼓起两颊咀嚼食物，这是不值得称赞的。

【启示】这一爻告诉我们，与其把时间浪费在羡慕别人享用劳动所得上，不如充分发挥自己的聪明才智去创造财富。

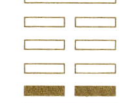

六二：颠颐，拂经于丘颐，征凶。

六二：口中充满了食物，却违背常理，到山坡上去侵略、抢劫他人的财富，这将遭遇凶险。

【原文】《象》曰：六二"征凶"，行失类也。

【译文】《象传》说：六二是《颐卦》的第二爻位即阴爻阴位，说靠侵略、抢劫他人养活自己是凶险的，这是因为这种行为不符合正道。

【启示】这一爻说明了人不能太贪心，特别是不能因贪心而去害他人。

六三：拂颐，贞凶。十年勿用，无攸利。

六三：违背求食的常理，去占卜将得到凶兆。十年都不能这么做，没有什么好处。

【原文】《象》曰:"十年勿用",道大悖也。

【译文】《象传》说:十年都不能这么做,是因为它违反求食的常理,大大违背了培养他人和保养自己的原则和方法。

【启示】这一爻告诉我们,求取口中食必须采取正当的手段。

颐灵龟图

颐卦意在阐发颐养之道,并强调了"养正"的原则,即自养应求德舍欲,而养人应出于公。颐卦六爻,初、二、三爻皆自养于私而求养于他人,因此获凶;四、五、上三爻皆养其德并颐养他人,因此获吉。颐卦初、上两爻为阳,其余皆为阴爻,颐中虚,虚则为灵龟之象,因此称颐灵龟。

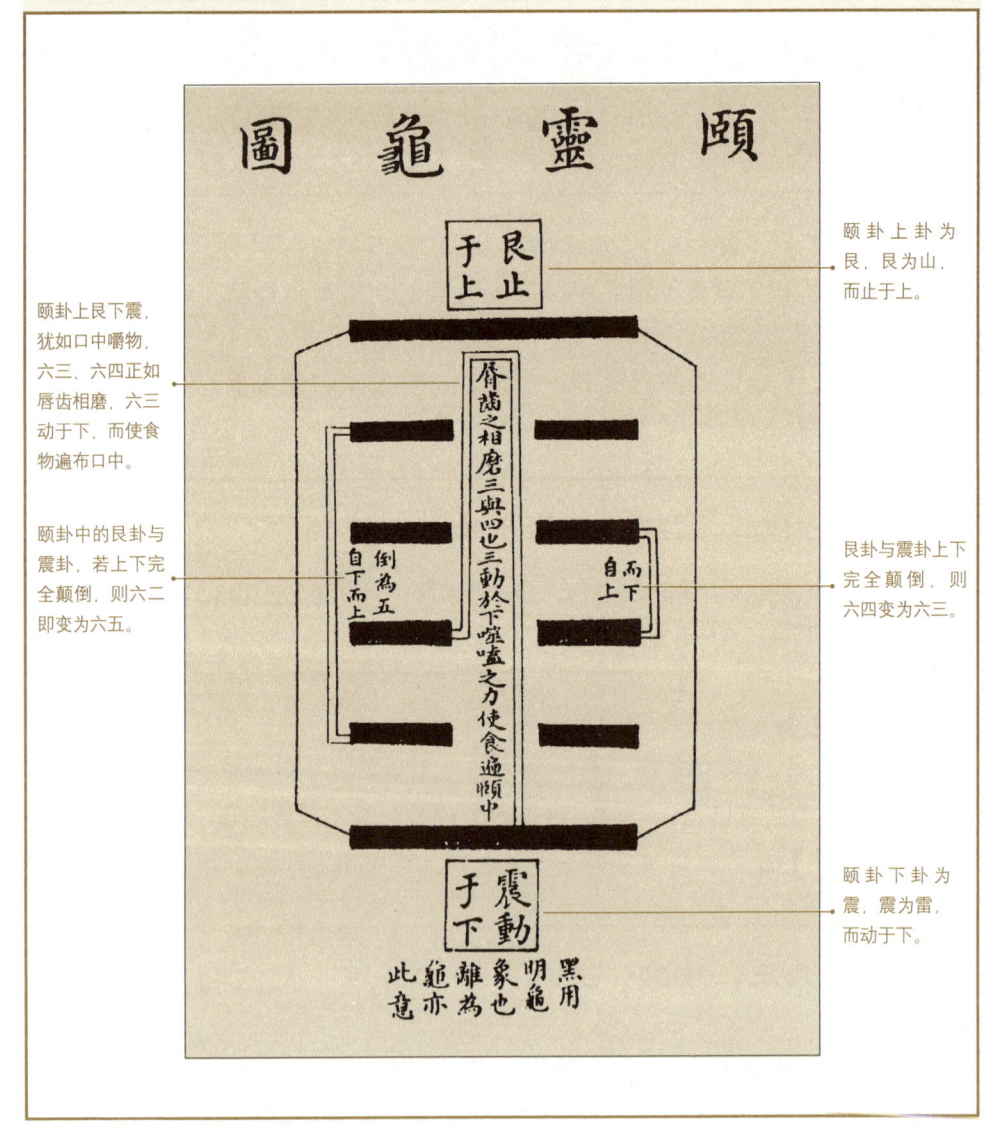

六四：颠颐，吉。虎视眈眈，其欲逐逐，无咎。

六四：口中填满了食物，这是吉利的。虎视眈眈，说明他小心谨慎，能提防别人的侵犯，没有什么灾祸。

【原文】《象》曰："颠颐之吉"，上施光也。

【译文】《象传》说：践行自己养活自己的养生之道，之所以吉利，是因为君主施舍宽广，做人光明磊落。

【启示】这一爻告诉我们，要小心保护自己的权益。

六五：拂经，居贞吉。不可涉大川。

六五：违背常理跑到山丘上，开荒种地，养家糊口，去占卜将得到吉祥的预兆。不可去渡大江大河。

【原文】《象》曰："居贞之吉"，顺以从上也。

【译文】《象传》说：居守中正，获得吉祥，是因为能够顺从君主。

【启示】这一爻告诉我们，在前期的积累阶段，避开激烈竞争的环境，找一个荒凉的地方定居下来，是明智之举，但不能有大的行动。因为在前期进行开辟时，需要的投入虽说不多，但产出的也相当少，如果进行大的行动，就会因实力不足半途而废。

上九：由颐，厉吉。利涉大川。

上九：奉行颐养的正道，开始遇到艰难但最终获得吉祥。有利于去渡大江大河。

【原文】《象》曰："由颐，厉吉"，大有庆也。

【译文】《象传》说：奉行颐养的正道，开始遇到艰难但最终获得吉祥，有十分值得庆祝的事。

【启示】这一爻告诉我们，只要始终坚守颐养的正道，就能成就大业。

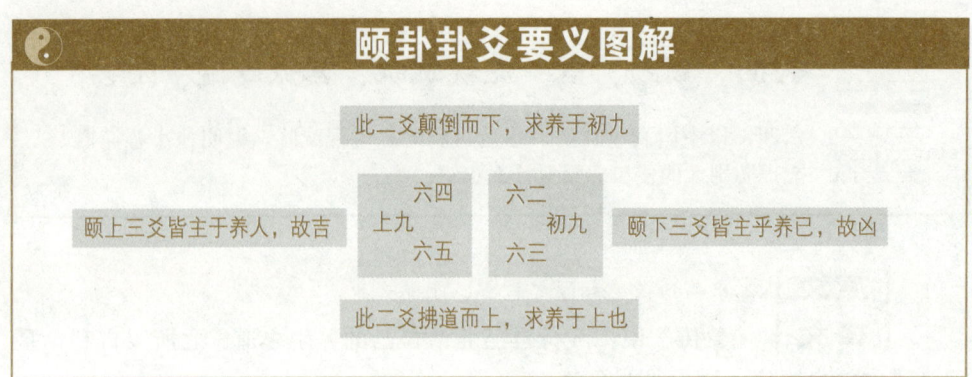

【疑难解析】舍尔灵龟，观我朵颐，凶

"舍尔灵龟，观我朵颐，凶"的大意是：舍弃你的财宝，眼睛盯着我鼓起两颊咀嚼食物，这会导致凶险。这就暗示我们，一个人正在看着别人享用劳动果实，羡慕之情顿生，这对他是不利的。

一是因为羡慕不会产生财富，这样只会白白浪费时间，结果一无所得。二是因为在他盯着别人享用劳动所得时，上天赐予他的创造财富的机会悄悄从他身边溜走，被后来的人抢去。三是他那羡慕的眼神可能会引起其他人对他的误解，甚至是憎恶。因为只有有所企图的人才盯着别人的财富。四是他过分地羡慕别人能悠然自得地享受，可能会使他忘记别人的辛苦劳作，走捷径致富的邪念便会不知不觉地产生，导致他跌入深渊，不能自拔。

颠颐，吉；虎视眈眈，其欲逐逐，无咎

"颠颐，吉；虎视眈眈，其欲逐逐，无咎"的大意是：口中填满了食物，这是吉利的。虎视眈眈，说明他小心谨慎，能提防别人的侵犯，没有什么灾祸。

"六四"阴柔，虽然在上处于养人的地位，却连自己也不能养，因此向下求养于"初九"，才能口中填满食物。但是，"六四"又与"六二"不同，"六四"与"初九"都处正位，而且相应，所以"六四"阴柔求养于"初九"阳刚，是很合理的，所以爻辞中说吉祥。

但是，由于六四柔弱，所以求养得到食物后，还要提防别人侵犯的可能。因而，必须像老虎一样，威而不猛；而且，还要小心谨慎，才能确保没有灾祸。《象传》说："六四"求养于"初九"，是为了施予广大的人民，以颐养天下，所以无咎。

这一爻告诉我们，求养只要光明正大，小心谨慎，取之于民，用之于民，就不会有什么灾祸。

六十卦象象义图

壬寅 震下艮上 颐

艮上
震下

颐卦艮上震下，艮为止，震为动，犹如口中嚼物，因此"颐"即颐养的意思。日本国小而资源贫乏，因此侵华，意在占有我国资源而自养，这与颐卦"颐养"之意正相合。

▶▶ 日本侵华，终究败落

谶曰

鸟无足。山有月。
旭初升。人都哭。

颂曰

十二月中气不和。
南山有雀北山罗。
一朝听得金鸡叫。
大海沉沉日已过。

金圣叹评注：此象疑一外夷扰乱中原，必至酉年始得平也。

贰拾捌 泽风大过卦

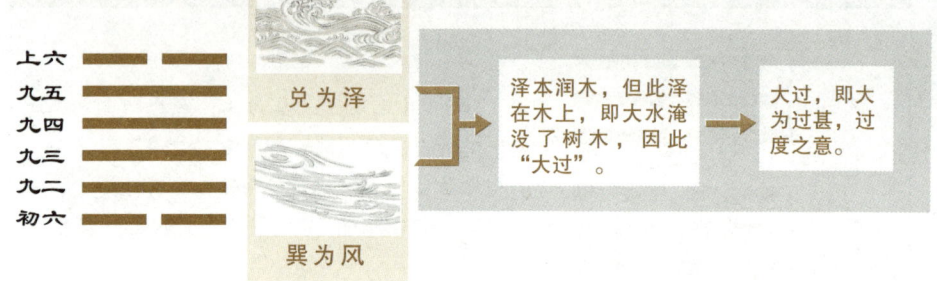

大过：栋桡。利有攸往，亨。

《彖》曰："大过"，大者过也。"栋桡"，本末弱也。刚过而中，巽而说行，"利有攸往"，乃"亨"。"大过"之时大矣哉。

《象》曰：泽灭木，大过。君子以独立不惧，遁世无闷。

《大过卦》：房屋的栋梁受重压而弯曲。有利于有所行动，顺畅。

《彖传》说：《大过卦》，它有阳刚之气过盛而产生动荡不安的意思。"房屋的栋梁受重压而弯曲"，是说栋梁的两端太细，不能承担重负，致使栋梁受压而弯曲。阳刚过于旺盛，应坚守中正的原则，谦恭而和悦。此时的行动是"有利于有所行动"的行动，于是"顺畅"。《大过卦》有多么伟大的现实意义啊！

《象传》说：《大过卦》巽在下、兑在上，巽为木、兑为泽，这有水淹没了树木之象，所以把它称做《大过卦》。君子看到此卦象，就应当坚持自己的正道，不必害怕和畏惧别人的非议，即使因此逃到世外也没有什么苦闷的。

【启示】 在人类社会及自然界中，事物的发展有时会导致阳刚过盛，阴柔太弱，或主体过于强盛，附属则过于削弱的状况，于是不协调由此产生。所以对待事情不能过甚，要适可而止。此外，通过《大过卦》我们也可明白，在动荡的年代，不要盲目采取过激或鲁莽的行动，但只要遵循正道，就有利于有所行动。

断易天机问占图

寒木生花之卦，本末俱弱之象

大过卦卦象解义

古解：大过者，祸也。泽下有风，触事不贞，忧以大过，事卒难明，两刑两克，所求不成，枯杨借生，自灭之征。

今译：大过，即大为过甚，含有过失的意思。上卦为兑，下卦为巽，即泽下有风，事情不顺，担忧过失，所求得不到，但枯杨新生，又喻示利于前行。

此卦为太公钓于渭水，卜得之后，八十遇文王而佐周。

官人将要进入朱门之内，表示将为官

一位贵人谦恭地站立在朱门之外，门外有一封文书，表示命令即将下达

一位官人坐在车上，车上的两面旗帜上带有喜字，表示将有喜庆之事

一个盒子，表示和合之意

【大过之爻】刚柔相济，以求平衡

① 初六，藉用白茅　　　　敬慎事上，免遭咎害
② 九二，枯杨生稊　　　　刚柔相济，无所不利
③ 九三，栋桡　　　　　　阳刚过甚，必有凶险
④ 九四，栋隆　　　　　　自损阳刚，变桡为隆
⑤ 九五，枯杨生华　　　　阴阳调和，无咎无誉
⑥ 上六，过涉灭顶　　　　舍身取义，虽凶无害

初六：藉用白茅，无咎。

初六：祭祀时用白色的茅草垫在祭品的下面，这样做不会有什么灾祸。

【原文】《象》曰："藉用白茅"，柔在下也。

【译文】《象传》说：祭祀时用白色的茅草垫在祭品的下面，就好像初六代表阴柔的阴爻居下位。

【启示】这一爻告诉我们，在动荡的时期，要谦恭，甘于居下位。

九二：枯杨生稊，老夫得其女妻，无不利。

九二：枯萎的杨树生出新的嫩芽，老头子娶了一位年轻的女子做妻子，这没有什么不利的。

【原文】《象》曰："老夫女妻"，过以相与也。

【译文】《象传》说：老年男子娶年轻的女子做妻子，两人年龄差距十分大，但这意味着老年男子老当益壮，年轻女子少年老成，所以这超过一般的婚姻。

【启示】这一爻告诉我们，要想在一个动荡的年代获得新生，就必须突破常规地用人。

九三：栋桡，凶。

九三：房屋的栋梁受重压而弯曲，凶兆。

【原文】《象》曰:"栋桡之凶",不可以有辅也。

【译文】《象传》说:房屋的栋梁受重压而弯曲,预示将有凶险发生,这表明大梁弯曲房屋倾斜而无法用一根副梁代替支撑。

【启示】这一爻告诉我们,在一个动荡不安的年代,栋梁之才所担负的责任非常重大,能力非常强,他的助手都不能取代他的位置。所以栋梁被压弯是凶险的预兆。

大过栋隆桡图

大过卦揭示了事情处于"大为过甚"情况下的应对方法,即要阴阳相济,才能得以调和。卦中六爻,初、二两爻相比,刚柔互调,因而"无咎";五、上两爻相比,虽阴阳相差悬殊,也可"无咎无誉";三、四两爻距阴太远,但九四阳居阴位,自损阳刚,因此得"隆",而九三阳刚过盛,以致栋桡。

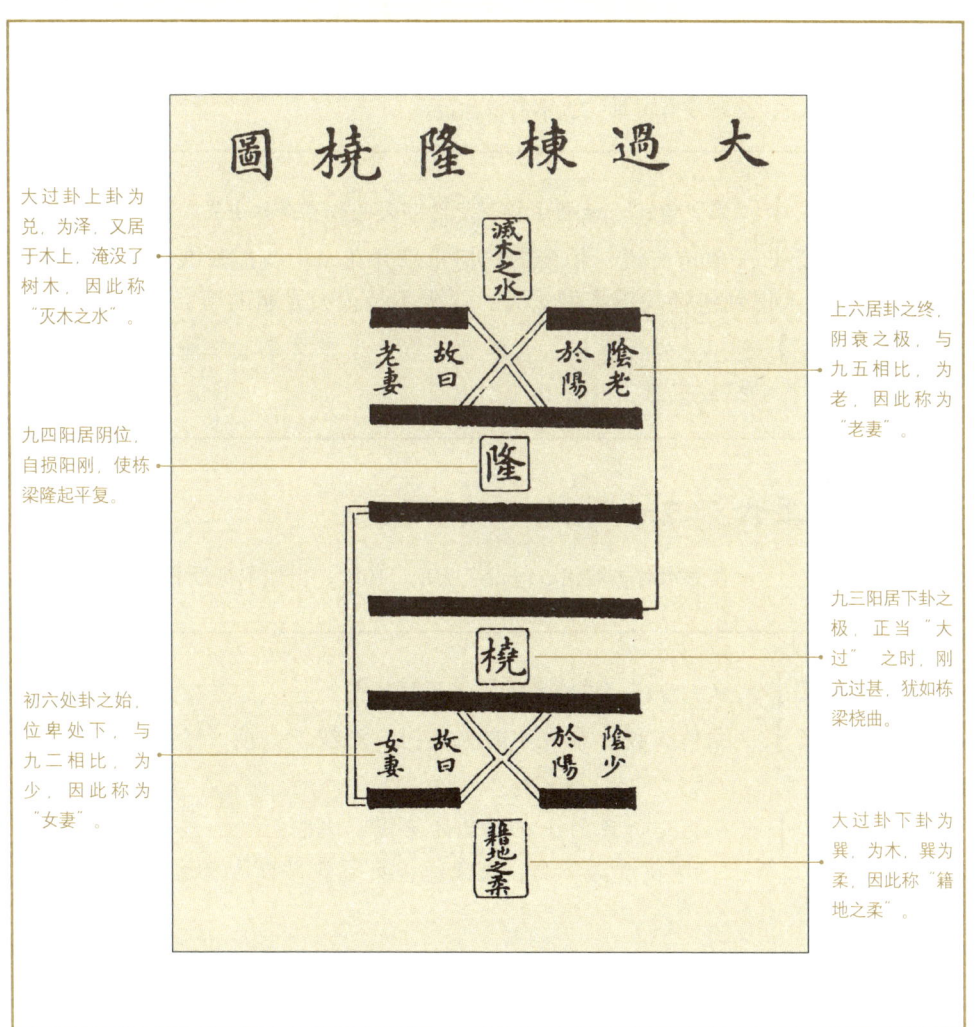

九四：栋隆，吉。有它，吝。

九四：房梁高高隆起，吉利。但一旦坍塌，后果不堪设想。

【原文】《象》曰："栋隆之吉"，不桡乎下也。

【译文】《象传》说：房梁高高隆起吉利，是因为房梁不再向下弯曲而房屋也不会塌。

【启示】这一爻告诉我们，在非常时期，不能让一个人帮自己主持全面的工作。

九五：枯杨生华，老妇得其士夫，无咎无誉。

九五：枯萎了的杨树一反常态开起了花，老妇人得到年轻男子做丈夫，这既没有灾难，也不值得称道。

【原文】《象》曰："枯杨生华"，何可久也？"老妇士夫"，亦可丑也。

【译文】《象传》说：枯萎的杨树重新开花，但花能长久地开着不凋谢吗？衰老的女人得到年轻的男子做丈夫，这也不是正大光明的事。

【启示】这一爻告诉我们，在非常时期为了正义采取了有悖当时政策的非常措施，既不会招致灾难，也不值得称道。

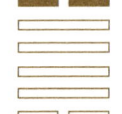

上六：过涉灭顶，凶，无咎。

上六：在涨水时去渡河，淹没了头顶，凶险，但他本身没有过失。

【原文】《象》曰："过涉之凶"，不可咎也。

【译文】《象传》说：在涨水时去渡河，淹没了头顶，凶险，但不可以归咎于他。

【启示】这一爻告诉我们，在混乱的年代，当非正义如潮水般汹涌而来时，我们应迎刃而上，即使遭遇不测，也无悔，更不觉得自己有过失。

大过卦卦爻要义图解

下三爻	阴居阳位	初六藉茅而有物薄用重之美，阴不过弱也	二爻
	吉	九二枯杨生稊老夫得女妻，阳在下不过而又比初阴多	二爻
	阳居阴位	九三栋桡凶阳已过强也	二爻
大过			
上三爻	阳居阳位	九四栋隆吉，阳不过强也	相反
	凶	九五枯杨生华老妇得士夫，阳在上已过而又比上阴也	相反
	阴居阴位	上六灭顶而又杀身成仁之义，阴已过弱也	相反

【疑难解析】枯杨生稊，老夫得其女妻，无不利

"枯杨生稊，老夫得其女妻，无不利"的大意是：枯萎的杨树生出新的嫩芽，老头子娶了一位年轻的女子做妻子，这没有什么不利的。它是大过卦九二爻的爻辞。大过有动荡不安的意思。这就表明在动荡不安的年代要突破常规地用奇人。因为奇人的思维角度与常人不一样，能开发常人不曾涉及的领域，能从常规中推出常人不能推出的结论，采取不同常人的策略，从而出奇制胜。

栋隆，吉。有它，吝

"栋隆，吉。有它，吝"的大意是：房梁高高隆起，吉利。但一旦坍塌，后果不堪设想。这暗示我们，当危险到来时，有一个人挺身而出，为你主持全面的工作、抵御所有的外来侵蚀是吉利的，但也是非常危险的。

你能稳坐高位，全靠他一手托起。而此时，他很有可能倒下。一是外在的侵蚀使他腐化变质。由于他是处在一个动荡不安的年代，被竞争对手挖掘过去的可能性很大。另外，他也可能禁不住名和利的诱惑，另立门户。二是内在的因素。因为要在混乱的环境中立住脚，必须要处理好各种事物，这就需要他十分努力地工作，而一个人的精力是有限的，所以他因劳累过度而倒下的可能性也非常大。我们不难看出，他一旦倒下，作为领导的你就会一败涂地。

"枯杨生华，老妇得其士夫，无咎无誉"和"过涉灭顶，凶，无咎"

"枯杨生华，老妇得其士夫，无咎无誉"的大意是：枯萎了的杨树一反常态开起了花，老妇人得到年轻男子做丈夫，这既没有灾难，也不值得称道。

因为在非常时期正义往往不能通过正常的手段维护，为了伸张正义，我们只有采取非常手段，所以不会招致灾难。但由于它违背了当时的政策，所以不值得提倡。因为提倡违背政策的事，就会给社会造成更大的混乱。这是因为：

一、不是每一个人的素质都达到很高的层次，能辨别是非，这样做错事的可能性就很大，便善意地颠倒黑白，造成混乱；

二、由于人是有感情的，往往难以摆脱感情的羁绊，以致明知是错，还是要去做；

三、让小人有了混进来的空隙，他们乘机干有损于人民利益的事。

"过涉灭顶，凶，无咎"的大意是：在涨水时去渡河，淹没了头顶，凶险，但他本身没有过失。

"上六"是《大过卦》的最后一爻，而且又是阴爻，阴柔软弱，却又积极地要有所作为，由于力量有限，因此遭遇凶险，就像渡河的人不知深浅，就贸然涉水而过，因而遭到灭顶之灾。虽然结果凶险，但其乃杀身成仁之义举，依然值得称赞，因此不能责怪，所以《象传》中也说："不可咎"。

前面不是不主张人民用非常的手段伸张正义吗？而此时为什么叫人民冒着生命危险采取非常手段呢？

一是非正义的行为马上就要危及人民大众的利益，此时，人民大众的唯一出路是与之作斗争，否则，只能等死。

二是我们积极行动起来，或许能战胜邪恶，获得新生；即使遭遇凶险，但至少能激发后来者与邪恶作斗争，并给他们留下与邪恶作斗争的经验和教训，为他们走上胜利的彼岸铺平道路。

这一爻告诉我们，当有的行动，虽然明知不可为，却依然不得不有所为，即使以致覆灭，也是无奈之举。

六十卦象象义图

丙申 巽下兑上 大过

兑上
巽下

大过卦的卦象是巽（风）下兑（泽）上，巽在这里代表木，故为水淹没了树木之象，象征极为过分。而属"水"的清朝打败了属"木"的李自成，夺取了李自成的果实，做得确实有些过分，但历史又是不可改变的。

▶ 反客为主，一统中原

谶曰

鸟无足。山有月。
旭初升。人都哭。

颂曰

十二月中气不和。
南山有雀北山罗。
一朝听得金鸡叫。
大海沉沉日已过。

金圣叹评注

此象疑一外夷扰乱中原，必至酉年始得平也。

贰拾玖 坎为水卦

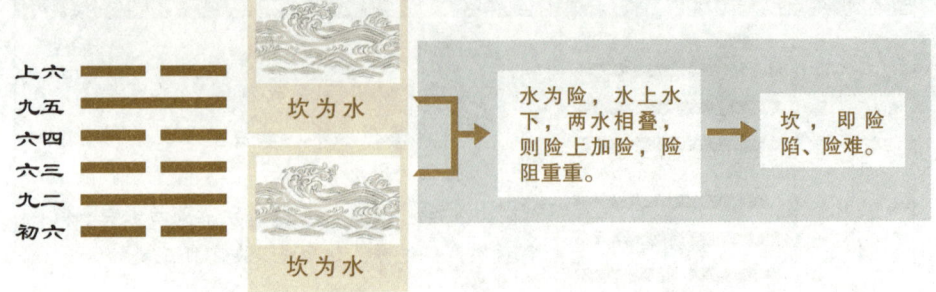

习坎：有孚，维心亨。行有尚。

《彖》曰："习坎"，重险也。水流而不盈，行险而不失其信。维心亨，乃以刚中也。"行有尚"，往有功也。天险不可升也，地险山川丘陵也。王公设险，以守其国。险之时用大矣哉。

《象》曰：水洊至，习坎。君子以常德行，习教事。

《坎卦》：有了诚信，就能赢得人心，顺畅。出行肯定能获得帮助。

《彖传》说：《坎卦》，有凶险重叠的意思。水长时间地流但不溢出来。面临危险，但不失去诚信。赢得了人心，往前走一定能亨通，这是因为具有阳刚之气而又坚守中正。"出行肯定能赢得帮助"，这是因为获得了人民的支持，就会克服重重险阻，获得成功。天的险阻在于人民无法攀登。地的险阻在于有由高山、河流、丘陵组成的高低不平的地形，人们难以顺利前行。王公贵族设置险阻以保家卫国。由此可见，学会怎样突破险阻和设置险阻的意义十分重大。

《象传》说：《坎卦》的卦象是上下都是坎，坎为水，这是水流之象。水流长久地流而不停止，所以把它叫做《坎卦》。君子看到此卦象，要长久保持崇高的品行、熟练教诲人的事业。

【启示】《坎卦》告诉我们，长期处在不顺利、不得志的情况下，不但需要有坚定的信念，勇往直前，而且要随机应变，谨慎行事。

断易天机问占图

船涉重滩之卦，外虚中实之象

坎卦卦象解义

古解：坎者，陷也。逢流则注，遇坎则止。出入艰难，随坎不已。阴愁伏匿，共相谋计，千里辞家，始免屯否。

今译：坎为陷，水逢流则注入，遇坎险则停止。出入都有艰难险阻，困难重重，若能离家远行，才能避免陷入困境。

此卦为唐玄宗避安禄山之乱，卜得果身出九重。

- 一个人陷于井中，另一人正在吃力地用绳子将他拉出来
- 一头牛，一只鼠，表示子丑日可进用
- 一个虎头人身的怪人，象征着威望

贰拾玖 坎为水卦

【坎之爻】阳刚信实，谨慎行险

① 初六，习坎，入于坎窞	阴柔失正，落入重险
② 九二，坎有险	从小而谋，可得脱险
③ 六三，来之坎坎	深处险陷，才用不展
④ 六四，樽酒，簋贰，用缶，内约自牖	开诚布公，虔诚敬上
⑤ 九五，坎不盈，祗既平	开通前路，脱出险境
⑥ 上六，系用徽纆，寘于丛棘	柔居险极，陷险至深

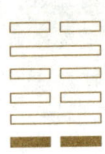

初六：习坎，入于坎窞，凶。

初六：重重叠叠的险阻，陷入进去，凶险。

【原文】《象》曰："习坎入坎"，失道凶也。

【译文】《象传》说：重重险阻，坠入这充满险阻的深渊的原因是没有坚守正道。

【启示】这一爻告诉我们，面临重重险阻，是非常危险的，如果不遵守正道，就会招致灾祸。

九二：坎有险，求小得。

九二：处在重重叠叠的险阻中，肯定有凶险，此时只能求得小的收获。

【原文】《象》曰："求小得"，未出中也。

【译文】《象传》说：求得小的收获，因为九二爻居于坎卦的中位，就好像人能坚守正确的道路。

【启示】这一爻告诉我们，处在重重叠叠的危险中，只能求得小的成绩。

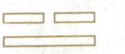

六三：来之坎坎，险且枕，入于坎窞，勿用。

六三：危机四伏，这里的险阻有险要的高山和深不可测的水流，陷入这样的凶险中，不可轻举妄动。

【原文】《象》曰："来之坎坎"，终无功也。
【译文】《象传》说：危机四伏，最终难以成功。
【启示】这一爻告诉我们，当处在危机四伏的境地中，我们要小心谨慎。

习坎行险图

坎卦旨在阐发面临重重险境之时，应坚守诚信，内心亨通，才能排除险难，免遭咎害。卦中六爻，初、三、六阴爻阴柔处险，而深陷困境；六四阴柔居正，且上承九五，而获"无咎"；二、五两阳爻刚健居中，但仍未彻底脱离险境，只得无咎。

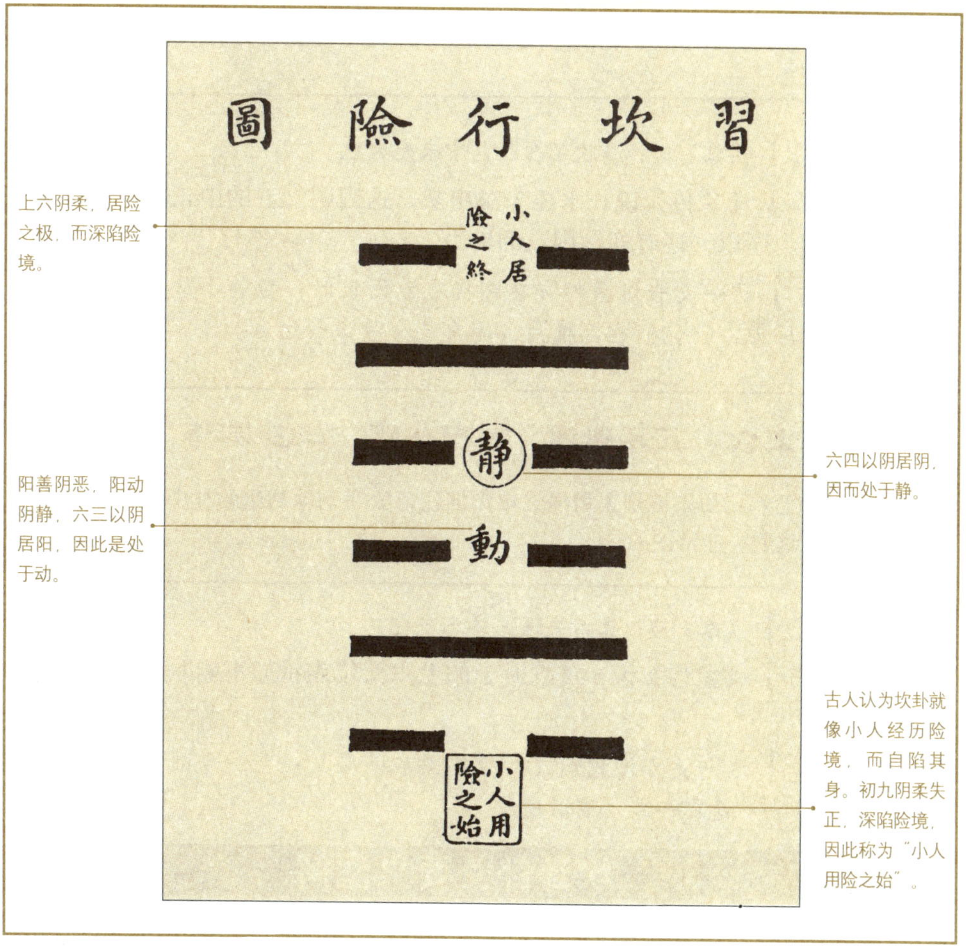

上六阴柔，居险之极，而深陷险境。

六四以阴居阴，因而处于静。

阳善阴恶，阳动阴静，六三以阴居阳，因此是处于动。

古人认为坎卦就像小人经历险境，而自陷其身。初九阴柔失正，深陷险境，因此称为"小人用险之始"。

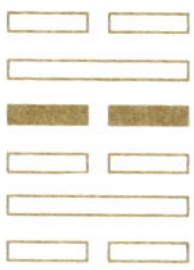

六四：樽酒，簋贰，用缶。纳约自牖，终无咎。

六四：用瓦缶盛着醇酒，用竹盒盛着饭菜，十分简约地从窗户递进来，最终没有什么灾祸。

【原文】《象》曰："樽酒簋贰"，刚柔际也。

【译文】《象传》说：用瓦缶盛着醇酒，用竹盒盛着饭菜，从窗户递进来，没有灾祸，这是因为在困境中能简约程序，不分尊卑地交谈，以至刚柔相济，自然能免灾。

【启示】这一爻告诉我们，当被危险重重包围时，只要下属有诚心，所有的繁文缛节都可省略。

九五：坎不盈，祇既平，无咎。

九五：水还未溢出来，小丘的土已经铲平，不会有灾祸。

【原文】《象》曰："坎不盈"，中未光大也。

【译文】《象传》说：水还未溢出来，这表明九五的中正之道还未发挥到最大的效用，所以，还有迎接困难的潜力。

【启示】这一爻告诉我们，在迎接重重困难时，应善于从多方的压力中找出相对立的压力，让他们相互抵消，而自己坐收渔翁之利。

上六：系用徽纆，寘于丛棘，三岁不得，凶。

上六：如果被别人用绳索牢牢捆住，放在荆棘丛生的林中，多年不得逃脱，非常凶险。

【原文】《象》曰：上六失道，凶三岁也。

【译文】《象传》说：《坎卦》的上六爻位表示如不能顺应天道，将多年处在险境中。

【启示】这一爻告诉我们，如果被困难一层又一层地包围，就好比被人用粗的绳索捆了一道又一道，难以逃脱。

坎卦卦爻要义图解

坎			
九二阳刚得中而应五，为济险之臣，故求而小得，与五同有孚之象	皆能济险者也	初六习坎，有失道之凶	其险愈深而出愈难，皆其德不中正，不能消险者也
九五阳刚中正，为济险之君，故坎不盈祇既平		六三来坎，有险枕之忧	
六四柔顺得正而比五，为济险之臣，故忠以纳约与五同无咎之占		上六系焉置焉，至三岁之久	

【疑难解析】"习坎，入于坎窞，凶"和"坎有险，求小得"

"习坎，入于坎窞，凶"的大意是：重重叠叠的险阻，陷入进去，凶险。他为什么会陷进去呢？

"习坎，入于坎窞，凶"是坎卦初六爻的爻辞。从卦画上看，初六是阴居阳位，这表明他没有正确对待失败，没有坚守正道。现在，我们可列举主要的两种对待失败的错误态度及由此带来的结果：

一、遇到失败就否定自己，或者埋怨上天对自己不公平。这样的态度将使他失去与困难作斗争的信心，自然不会积极主动去迎接困难的到来，当然就会被困难撞入充满险阻的深渊。

二、多次失败可能激发他想成功的强烈愿望，以至于急于求成，贸然行动，跌入深渊。

所以，他陷进去的原因是没有以正确的态度对待失败，没有坚守正道。

那么，什么是处在重重叠叠的险阻中的正道呢？"坎有险，求小得"给了我们正确的答案：当被危险重重包围时，我们只能求得小的收获。

一般说来，取得大的成就不是一步能到位的，往往需要突破一道又一道的关口，而我们处在重重叠叠的险阻中，这就意味着很可能遭遇凶险，即每一个危险都有可能落在自己的头上，都会使自己前功尽弃，陷入不能自拔的境地。所以说，要取得大的成就的概率太小了，其风险系数太大了。

相反，如果我们把目标定低一点，只要有机会，就积极行动起来，能够获得小成绩的机会就大得多。而且我们一点一滴地克服困难，积小成多，终会脱离危险。

所以，一个人处在重重叠叠的险阻中，应以"求小得"为目标。

樽酒，簋贰，用缶。内约自牖，终无咎

"樽酒，簋贰，用缶。内约自牖，终无咎"的大意是：用瓦缶盛着醇酒，用竹盒盛着饭菜，十分简约地从窗户递进来，最终没有什么灾祸。这就暗示我们，处在危险中的领导，为了脱险，他应省去所有的繁文缛节，直接跟下属商量脱险的办法。

因为这样做有几大好处：一是可抢得时间，以致灾难还未到来时，就已经采取有力的措施防范。二是让下属更加佩服自己，尊敬自己，从心里愿意为自己效力。因为人们喜欢的是平易近人的上司，希望得到的是理解，愿意实施的是自己参与制定的措施。

六十卦象象义图

癸酉 坎下坎上 坎

坎上 ☵
坎下 ☵

坎卦的卦象是坎下坎上，坎为水，暗示潮水相继而至，必须填满前方无数极深的陷坑才能继续向前，所以象征重重的艰险困难。在这里，"坎"卦既暗示唐朝即将灭亡的灾难，又暗示朱温建立的朝代也持续不了多长时间，又将遭凶险。

▶ **朱温篡唐，身死儿手**

谶曰：
黄河水清。
气顺则治。
主客不分。
地支无子。

颂曰：
天长白瀑来。
胡人气不衰。
藩篱多撤去。
稚子半可哀。

金圣叹 评注：象乃满清入关之征。反客为主殆亦气数使然，非人力所能挽回欤。辽金而后胡人两主中原，璜璜汉族对之得毋有愧？

叁拾 离为火卦

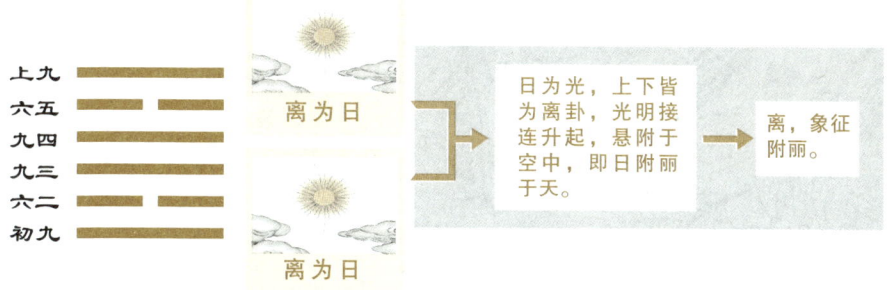

离：利贞，亨。畜牝牛，吉。

《彖》曰：离，丽也。日月丽乎天，百谷草木丽乎土，重明以丽乎正，乃化成天下。柔丽乎中正，故亨。是以畜牝牛吉也。

《象》曰：明两作，离。大人以继明照于四方。

《离卦》：有利于去占卜，顺畅。像母牛一样顺从，十分吉利。

《彖传》说：离，即附丽，也就是附着的意思。就好像日月要附在在天空上，百谷草木要附在大地上。日月大放光明并且依附正道，于是造化万物。柔顺依附正道，所以顺畅。因此卦辞说："像母牛一样顺从，吉利"。

《象传》说：《离卦》的卦象为上下都是离，离为火，有光明接连升起之象。太阳早晨升起，月亮晚上出现，给人类带来光明，所以把它叫做《离卦》。君主应接连不断地施恩于民。

【启示】《离卦》以火、日为喻象，说明事物应依附一定的环境或借助外力而使自己脱离危险。就像自然物象，太阳依附天空照耀大地，火焰依附燃料发出光热。但卦辞中又强调"利贞"、"畜牝牛"，表明"依附"之时还应遵守正道、阴柔顺从才可获得亨通。所以这一卦所告诉我们的道理是在自己乱了方寸时，可以借助外力脱离危险，但要遵循正道。

断易天机问占图

飞禽遇网之卦，大明当天之象

离卦卦象解义

古解：离者，丽也。光明美丽，不利出师。二鸟同飞，雄失其雌，婚姻未合，易起官非。口舌相尚，财散人离。

今译：离表示光明、美丽。光明美丽之时，不利于出师。两只鸟同飞，但雄和雌失散，喻示婚姻不合，易有官司。口舌之争，导致才散人离。

此卦为朱买臣被妻弃时卜得之卦，后果显贵。

一人站在虎背上，表示将有惊险

江心有一艘小船顺流而下，表示遇到顺风

一位官人手执弓箭立于岸边，象征会得到贵人引荐

箭代表事情紧急

【离之爻】附丽之德，柔顺守正

① 初九，履错然，敬之　　　谦虚谨慎，必无咎害
② 六二，黄离　　　　　　　阴柔中正，附丽得吉
③ 九三，日昃之离　　　　　阳极将衰，知天乐命
④ 九四，突如其来如　　　　阳刚失正，欲速不达
⑤ 六五，出涕沱若，戚嗟若　处尊获助，终将吉祥
⑥ 上九，王用出征　　　　　"离"道已成，众皆归附

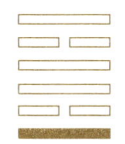

初九：履错然，敬之，无咎。

初九：脚步错乱，但能谨慎小心，就没有什么过失。

【原文】《象》曰："履错之敬"，以辟咎也。

【译文】《象传》说：步履错乱，但能谨慎从事且未轻举妄动，是要防患于未然。

【启示】这一爻告诉我们，在已经乱了方寸时，切不可心慌意乱，要设法使自己冷静下来，做到谨慎行事，就不会有什么过失。

六二：黄离，元吉。

六二：穿黄色的衣服，十分吉利。

【原文】《象》曰："黄离元吉"，得中道也。

【译文】《象传》说：穿黄色的衣服，十分吉利，是因为六二爻居下卦中位，就好比人坚守正道。

【启示】这一爻告诉我们，如果我们在行动中始终依附正道，且有贵人相助，则会获得吉祥。

九三：日昃之离，不鼓缶而歌，则大耋之嗟，凶。

九三：夕阳西下时的光辉，不击瓦器而唱歌，这是八十岁老人的嗟叹，这样必然遭遇凶险。

【原文】《象》曰:"日昃之离",何可久也!

【译文】《象传》说:夕阳西下,映红西天,怎么能长久呢!

【启示】这一爻告诉我们,如果在自己乱了方寸时,悲观丧气,那么必将招致凶险。

离继明图

离卦主要说明了事物需依附于一定的环境,才能发展,并且一定要柔顺守正,才能亨通畅达。离卦六爻之中,二、五两爻阴柔守正,而获吉;三、四阳刚不中不正,均不能附丽,而得凶;初九处下敬上,上九物皆亲附,而同获无咎。离卦上下两爻皆为离,如光明接连升起,所以称为"继明"。

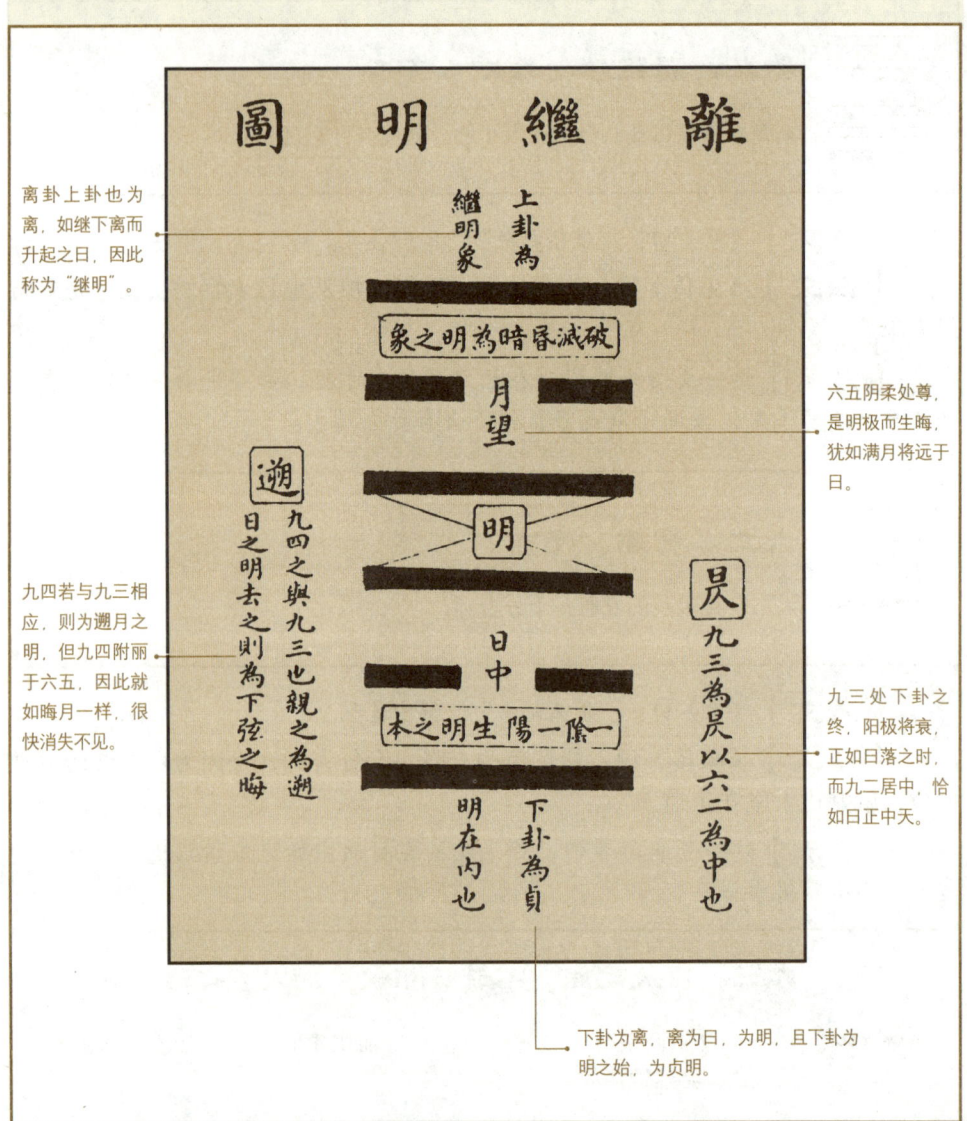

离卦上卦也为离,如继下离而升起之日,因此称为"继明"。

六五阴柔处尊,是明极而生晦,犹如满月将远于日。

九四若与九三相应,则为遡月之明,但九四附丽于六五,因此就如晦月一样,很快消失不见。

九三处下卦之终,阳极将衰,正如日落之时,而九二居中,恰如日正中天。

下卦为离,离为日,为明,且下卦为明之始,为贞明。

九四：突如其来如，焚如，死如，弃如。

九四：依附者突然得意扬扬地来了，烧死他，杀死他，抛弃他。

【原文】《象》曰："突如其来如"，无所容也。

【译文】《象传》说：依附者突然得意扬扬地来了，他将没有容身的地方。

【启示】这一爻告诉我们，依附者不能太嚣张。

六五：出涕沱若，戚嗟若，吉。

六五：人们痛哭流涕，悲哀地叹息不已，这是吉利的。

【原文】《象》曰：六五之吉，离王公也。

【译文】《象传》说：《离卦》的六五爻之所以能够得到吉利的预兆，这是因为他依附于王公贵族，受到了他们的庇佑。

【启示】这一爻告诉我们，即使依附于至尊的人，也知忧惧，将是吉利的。

上九：王用出征，有嘉折首，获匪其丑，无咎。

上九：遵循天命出征讨伐尚未依附的异己，取得胜利，斩杀敌方首领，俘虏他的同党，这样就不会遭遇灾祸。

【原文】《象》曰："王用出征"，以正邦也。

【译文】《象传》说：遵循天命出征讨伐尚未依附的异己，是为了安邦定国。

【启示】上九阳刚居卦之极，因此依附者众多，背叛者较少，所以有利于征讨"异己"，安邦定国，必可有获而无咎。这一爻告诉我们，在以坚守正道为前提下，遵循自己所依附的至尊的人的命令去讨伐异己，这是可取的。

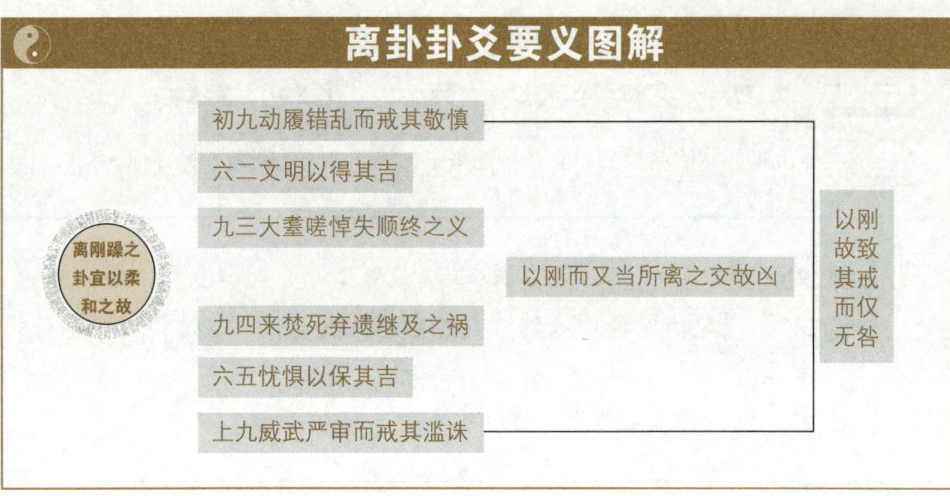

【疑难解析】"履错然，敬之，无咎"和"黄离，元吉"

"履错然，敬之，无咎"的大意是：脚步错乱，但能谨慎小心，就没有什么过失。这就暗示我们，一个人在做事时乱了方寸，此时，冷静行事是最佳的选择。

如果不冷静，就会导致陷入错综复杂的迷宫，更难以走出困境。相反，通过冷静地分析，往往能找到问题的症结，能理出正确的思路，找到解决问题的方法。

那么，解决问题的具体方法是什么呢？是"黄离"。

"黄离"是六二爻的爻辞。从卦画上看，六二为阴居阴位，居下卦中位，就好比一个人处于困境中，为了脱离困境，他以坚守正道为前提依附贵人。为什么说这是吉利的？

首先，他在贵人的指点下，不会因悲观而丧失斗志，不会因悲观而头脑不清醒。而且，贵人的力量非常大，足以帮助他走出困境。其次，他坚守正道，就不会因嚣张而导致两种不利的后果：一是引起他所依附的人的怀疑、戒备；二是人民一贯讨厌趋炎附势、仗势欺人的依附者。再次，他坚守正道，就知忧惧，这样就不会张扬，就不会仗势欺人。自然会赢得至尊的人的保护，人民的信任、支持。

所以说，当处于困境中时，在坚守正道的前提下找一个贵人来帮助自己，是上策。

六十卦象象义图

甲辰 离下离上 离

离上
离下

离卦的卦象是离上离下，离为日，光明接连升起，象征光明美好的事物。此卦以反象暗喻世间的黑暗与社会的动荡。

▶▶ **世间动乱，地覆天翻**

谶曰

天地晦盲。草木蕃殖。
阴阳反背。上土下日。

颂曰

帽儿须戴血无头。
手弄乾坤何日休。
九十九年成大错。
称王只合在秦州。

金圣叹 评注

此象一武士握兵权，致肇地覆天翻之祸，或一白姓者平之。

篇 首

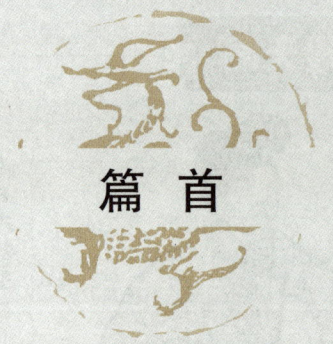

咸，感也。柔上而刚下，二气感应以相与，止而说，男下女，是以"亨，利贞，取女吉"也。天地感而万物化生，圣人感人心而天下和平。观其所感，而天地万物之情可见矣！

——《彖传——咸卦》

叁拾壹 泽山咸卦

咸：亨，利贞。取女吉。

《彖》曰：咸，感也。柔上而刚下，二气感应以相与，止而说，男下女，是以"亨，利贞，取女吉"也。天地感而万物化生，圣人感人心而天下和平，观其所感。而天地万物之情可见矣！

《象》曰：山上有泽，咸。君子以虚受人。

《咸卦》：顺畅，有利于去占卜。迎娶女子，吉利。

《彖传》说：咸有相互感应的意思。就好像阴柔在上面而阳刚在下面，因此阴阳二气能相互感应而相交，阳刚能克制自己的行动，阴柔能欣赏阳刚，就好像男子能屈尊向女子求婚，所以说"顺畅，有利于去占卜。迎娶女子，吉利"。天地相互感应，产生雷雨风电，就促成万物发育生长，圣人以其德行感化百姓就会使天下太平。通过观察男女之间的爱慕之情，以小见大，我们就发现天地万物的真情了！

《象传》说：《咸卦》艮在下、兑在上，卦象表现为山供养泽，即上方的水泽滋润山，下面的山体承托上方的水泽并吸收其水分的形象，所以把它叫做《咸卦》。君子效法山水相连这一现象，谦虚地听取他人的意见。

【启示】《咸卦》从狭义看是阐述男女相互感应的道理，但从广义上看又是在阐述事物之间的感应之道。所以这一卦一方面告诉我们，男女之间的情爱是相互的，不可强求。另一方面又告诉我们，事物间的感应应是相互的，绝不可强求。

断易天机问占图

山泽通气之卦,至诚感神之象

咸卦卦象解义

古解：咸者,感也。天地感应,万物和平。男女感应,夫妇康宁。感应之事,无有不亨。

今译：咸为感应。天地互相感应,则天下和平。男女之间互相感应,夫妇和睦。只要相互感应,一切事情都能亨通。

此卦为王昭君和番卜得后,知不能回也。

- 一个妇人怡然地向山上走去,表示夫妻都可获得显贵
- 一堆钱宝,表示获得钱财
- 空中有一只拳头,表示将得到他人提携
- 贵人立在高山之顶,表示出身高贵
- 一个盒子,和合之意

【咸之爻】相互感应，安居守正

① 初六，咸其拇　　　处咸之始，所感尚浅
② 六二，咸其腓　　　安居守静，躁动必凶
③ 九三，咸其股　　　盲从泛随，将有憾惜
④ 九四，憧憧往来，朋从尔思　友朋相从，守正致吉
⑤ 九五，咸其脢　　　未能大感，却无悔恨
⑥ 上六，咸其辅颊舌　以言感人，所感浅微

初六：咸其拇。

初六：感应到大脚趾。

【原文】《象》曰："咸其拇"，志在外也。

【译文】《象传》说：感应到大脚趾，说明想在外发展。

【启示】这一爻暗示在初次和别人交往时，受到别人的鼓动想去做某事，但由于不知凶吉，必须谨慎行事。

六二：咸其腓，凶。居吉。

六二：感应到小腿肚，这是凶险的事情。安居静处，是吉利的。

【原文】《象》曰：虽凶居吉，顺不害也。

【译文】《象传》说：即使发生危险的事情，但是只要安居静处，便是吉利的。顺从占卜的预兆，就不会遭遇灾祸。

【启示】这一爻进一步强调，不应操之过急，而应安居待时。

九三：咸其股，执其随，往吝。

九三：感应到大腿上，执意要随着别人而行动。这样做，往往会有过失。

【原文】《象》曰："咸其股"，亦不处也。"志在随人"，所执下也。

【译文】《象传》说：感应到他的大腿，这表明九三爻要采取行动。但他的志向的实质是追随他人，他执意跟随，显得卑下。

【启示】这一爻告诉我们，应有主见，不应盲目地跟随他人行动。

咸朋从图

咸卦广义上是阐明世间万物的"感应"之道，狭义上却在揭示男女、夫妇间"交感"之理，并强调"交感"需"正"才能致亨。卦中六爻分别以人体感应为喻，逐一展示交感的不同情况及是非得失。其中九四为心，所感最具"贞吉"的美德，因此获得"朋从"。

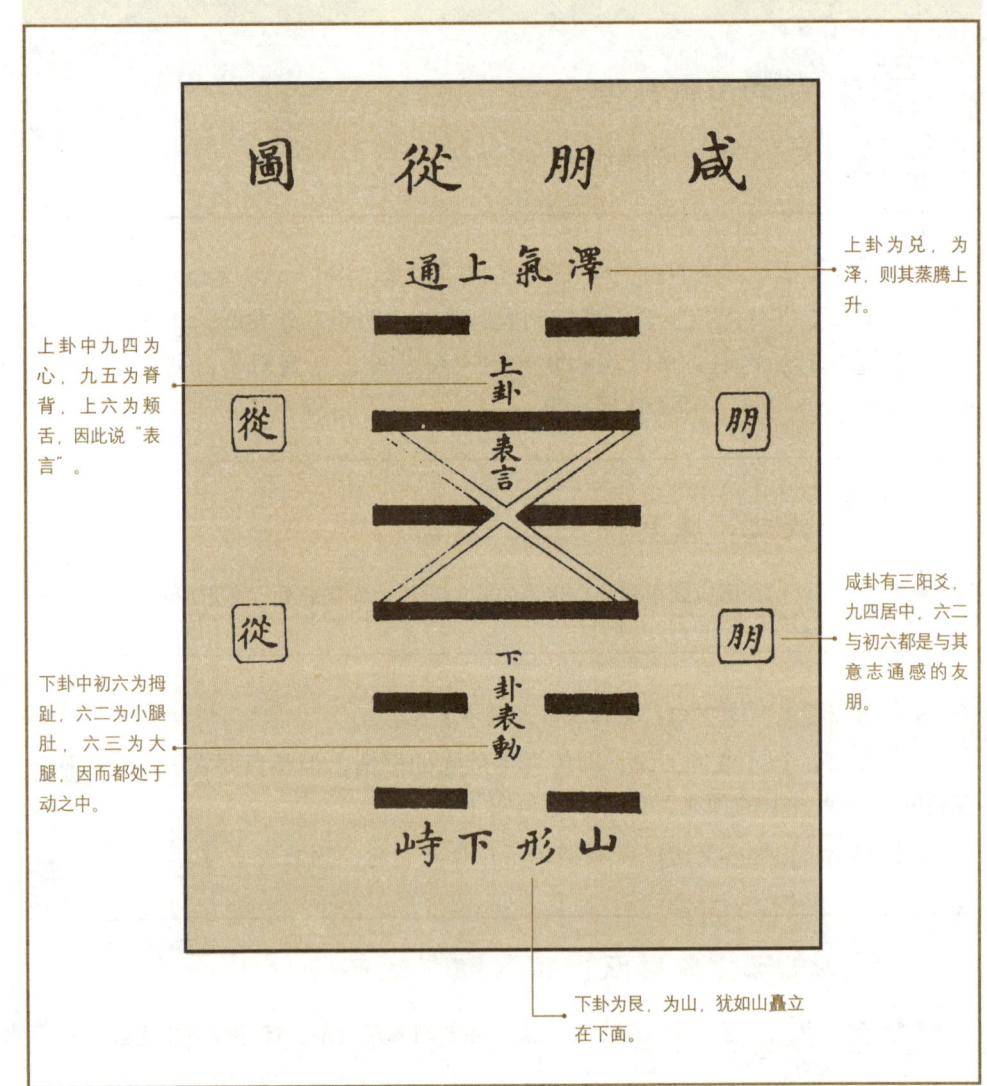

 **九四**：贞吉，悔亡。憧憧往来，朋从尔思。

九四：去占卜得到吉祥的预兆，后悔自己没有坚守正道。人们来来往往不断，朋友会顺从你的意愿。

【原文】《象》曰："贞吉，悔亡"，未感害也。"憧憧往来"，未光大也。

【译文】《象传》说：去占卜得到吉祥的预兆，后悔自己没有坚守正道，这表明没有因受感应而去做不利于自己的事。与朋友交往频繁，这表明交往不广。

【启示】这一爻告诉我们，在说服别人做某事时，能勇于承认自己的过失，往往能赢得别人的信任。

 **九五**：咸其脢，无悔。

九五：感应到脊背上，没有什么后悔的。

【原文】《象》曰："咸其脢"，志末也。

【译文】《象传》说：感应到脊背上，这表明想感应对方的意愿还没有实现。

【启示】这一爻告诉我们，如我们再三地说服别人，但别人一直无动于衷，我们应暂且不说。

 **上六**：咸其辅颊舌。

上六：感应到腮帮、两颊、舌头。

【原文】《象》曰："咸其辅颊舌"，滕口说也。

【译文】《象传》说：感应到腮帮、两颊、舌头，说明其只会夸夸其谈。

【启示】上六感应于言辞，似乎有虚伪不真诚之意。这一爻再一次强调，感应别人应真诚，而且要做到适可而止。

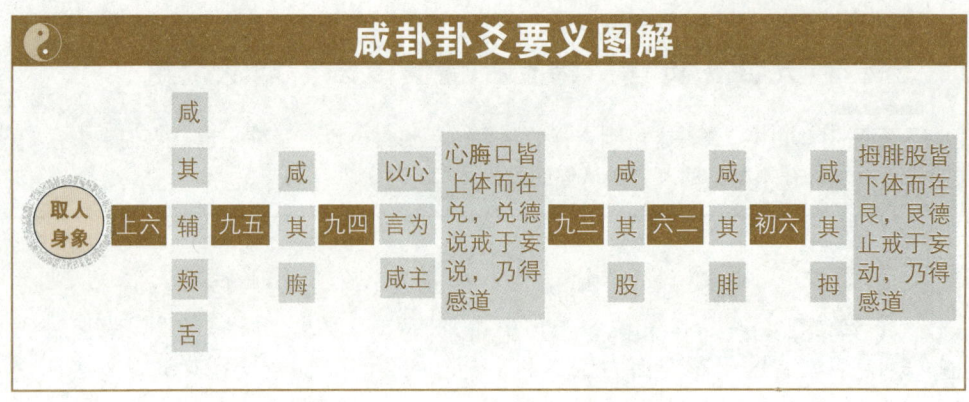

【疑难解析】咸其股，执其随，往吝

"咸其股，执其随"的大意是：感应到大腿上，执意要随着别人而行动。大腿是随着脚和小腿去动作，这就好比一个人做事没有主见。做事没有主见，无论是对社会还是对他自己都是不利的，所以此时下了一个这样的判语"往吝"是有道理的。

一是没有主见的人往往人云亦云，立场不坚定，容易见风使舵，导致丑恶的得到宣扬。二是他对鼓动他的人的人品和能力都不知道，而他又是不假思索地跟随别人行动，这就好比瞎子由一个陌生人指点着往前走，不能把握自己的命运。

所以说，做事没有主见会招致凶险。

"咸其脢，无悔"和"咸其辅颊舌"

"咸其脢，无悔"的大意是：感应到脊背上，没有什么后悔的。这就好比你已费了九牛二虎之力去感应别人，可别人还是背对着你。但为什么说没有什么后悔的呢？

首先，我们联系上下文，看它省略了什么没有。"咸其辅颊舌"是上六的爻辞。它的大意是：感应到腮帮、两颊、舌头。就好比你感应不了别人，但你不甘心，在不停地说话，让人认为是"夸夸其谈"。而"咸其脢，无悔"是九五爻的爻辞。从卦画上看，九五和上六是相对的。此时就不难看出，在"咸其脢"和"无悔"之间省略了"止"。这一爻辞的完整的含义是：在不能感应别人时，就顺应时势暂且不说，没有什么后悔的。

再从结果来看，暂且不说，至少不会引起别人的反感，这就意味着也许还有感应别人的机会；如继续说下去，很可能变成夸夸其谈，引起别人的反感，从而堵住了后路。

六十卦象象义图

壬戌　艮下兑上　咸

兑上 ⎰ ▬▬ ▬▬
　　 ⎱ ▬▬▬▬▬
　　 　 ▬▬▬▬▬

艮下 ⎰ ▬▬ ▬▬
　　 ⎱ ▬▬ ▬▬
　　 　 ▬▬▬▬▬

咸卦的卦象是艮(山)下兑(泽)上，山上有水泽，即暗示上方的水将会滋润下面的山体，下面的山体承托上方的水泽并吸收其水分。君子若效法山水相连这一现象，可以以虚怀若谷的精神去容纳感化他人。由此可见，此卦正好预示了共产主义社会人人和睦相处的形态。

▶ 社会大同，人人和睦

颂曰

一人为大世界福。
手执签筒拔去竹。
红黄黑白不分明。
东南西北尽和睦。

谶曰

无城无府。
无尔无我。
天下一家。
治臻大化。

金圣叹评注

此乃太同之象，人生其际，饮和食德，当不知若何愉快也。惜乎其数已终，其或反本归原，还于混噩欤。

叁拾贰 雷风恒卦

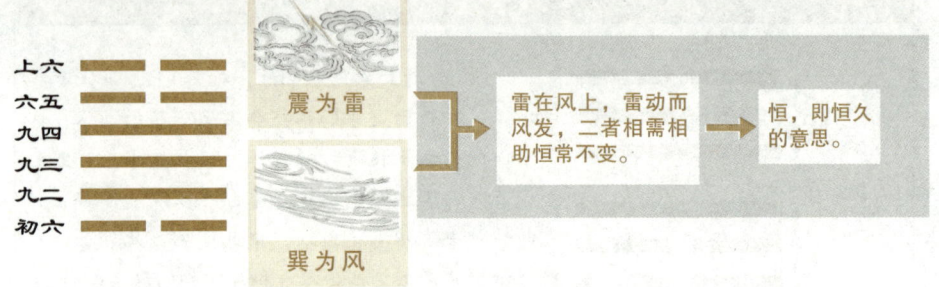

恒：亨，无咎，利贞，利有攸往。

《彖》曰：恒，久也。刚上而柔下，雷风相与，巽而动，刚柔皆应，恒。恒，"亨，无咎，利贞"，久于其道也。天地之道恒久而不已也。"利有攸往"，终则有始也。日月得天而能久照，四时变化而能久成。圣人久于其道而天下化成。观其所恒，而天地万物之情可见矣！

《象》曰：雷风，恒。君子以立不易方。

《恒卦》：顺畅，将不会招致灾祸，有利于去占卜，有所行动则有利。

《彖传》说：恒，有恒久的意思。阳刚处在上，阴柔处在下。雷与风相互感应推进事物发展，做到谦恭而相互顺从地行动，刚柔相济，所以把它叫做《恒卦》。《恒卦》卦辞说"顺畅，将不会招致灾祸，有利于去占卜"，是说长久地坚持正道。大自然固有的客观规律是恒定不变的，而且贯穿于事物发展的始终。"有所行动则有利"，是说事物变化发展的规律是周而复始的。太阳月亮遵循大自然固有的客观规律就能长久地普照万物，四季交替变化能使作物茁壮成长，圣人长久地坚守正道进行教化，就能达到治理天下的目的。通过观察研究恒久之道，我们就不难发现天地万物瞬息万变的规律！

《象传》说：《恒卦》是巽在下、震在上，巽为风、震为雷，此卦象为风雷交加，二者相辅相成，长久地哺育万物，所以把它叫做《恒卦》。君子应当长久地坚守正道。

【启示】《恒卦》教导人们处事要有恒心。但这里的"恒"并不是一成

断易天机问占图

日月长明之卦，四时不忒之象

恒卦卦象解义

古解：恒者，久也。长久安静，不动为良，四时变化，天道无常。日月运转，普照其光。君子以立，不易其方。

今译：恒为恒久、恒常。利于长久保持安静，没有变化。四时、日月都按照一定的规律运行。君子应守正持恒，坚持正确的信念。

此卦为宋玉夺韩明之妻卜得之卦。

一位官人在路上慢慢行走，表示将会遇到贵人

一只凤口衔书信，象征诏书

太阳在云中，表示太阳照耀大地的意思

一个道士手指一扇门，表示身入天门之意

一只老鼠下有两个口字，表示子月日时官人可回去

叁拾贰 雷风恒卦

不变的意思，而是恒中应有变，变中要有恒，是恒是变，应根据实际情况而定。

【恒之爻】立身处世，持之以恒

① 初六，浚恒　　　　　欲速不达，守正防凶
② 九二，悔亡　　　　　恒久守中，悔恨消亡
③ 九三，不恒其德　　　守德不恒，或遭羞辱
④ 九四，田无禽　　　　居位不当，徒劳无获
⑤ 六五，恒其德　　　　恒守其德，妇人吉祥
⑥ 上六，振恒　　　　　振动无常，将有凶险

初六：浚恒，贞凶，无攸利。

初六：过分地追求恒久，去占卜得到凶险的预兆，没有什么好处。

【原文】《象》曰："浚恒"之"凶"，始求深也。

【译文】《象传》说：过分地追求恒久，去占卜得到凶险的预兆，是因为开始就求深入。

【启示】这一爻告诉我们，追求恒久，没错，但过分追求恒久，就成了强迫别人做事，就会给自己带来凶险。

九二：悔亡。

九二：后悔自己没有坚守正道。

【原文】《象》曰：九二"悔亡"，能久中也。

【译文】《象传》说：《恒卦》的九二爻说后悔自己没有坚守正道，恰恰是因为它能够长久地坚守中正。

【启示】这一爻告诉我们，做错事能有所醒悟，恰恰反映了自己能长久地坚守正道。"人非圣贤，孰能无过"就告诉我们犯错误是不可避免的，所以，能及时改正错误正是坚持正道的表现。

九三：不恒其德，或承之羞，贞吝。

九三：不能长久地保持美好的德行，就要承受羞辱，卜问有灾祸。

【原文】《象》曰："不恒其德"，无所容也。

【译文】《象传》说：不能长久地保持美好的德行，这表明贪功冒进，没有恒心，结果不为人民所容。

【启示】这一爻告诉我们，要长久地坚持美好的德行。

恒久之图

恒卦意在阐发事物"恒久"的道理，同时教人处事立身要具有持之以恒的精神。虽然卦辞极力赞美"恒道"，但六爻却无一全吉。虽然各爻得失不同，但都做不到始终守恒，因此可以看出"守正处恒"的艰难。

振，即动的意思。上卦为震，为雷，性动而不能持恒。

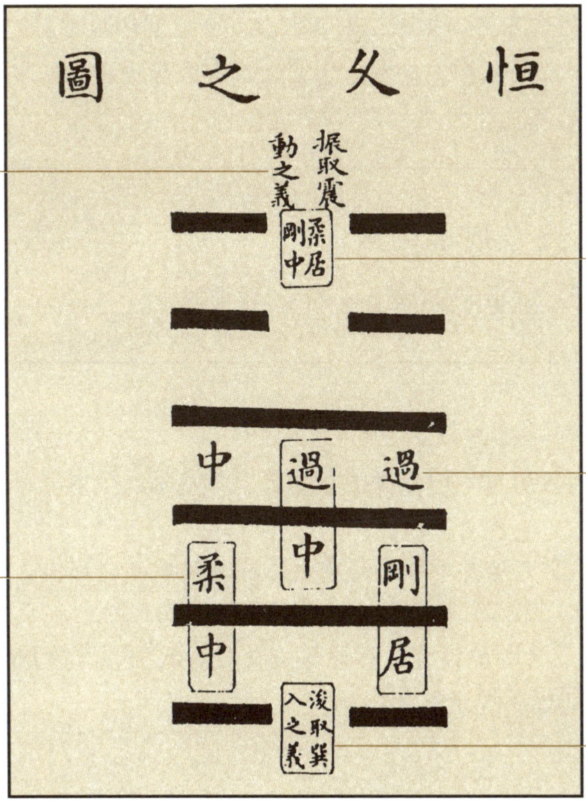

六五处于震卦之中，震为阳刚，因此称"柔居刚中"。

九三阳爻处下卦之终，错过居中的位置，因此谓之"过中"。

九二阳爻处于巽卦中间，巽为阴柔，因此说"刚居柔中"。

浚，即深的意思。下卦为巽，为风，性躁而急于求深入。

九四：田无禽。

九四：打猎归来，见不到捕获的猎物。

【原文】《象》曰：久非其位，安得禽也？

【译文】《象传》说：长期处在不适当的位置，怎么能捕到猎物呢？

【启示】这一爻暗示我们，执恒不要太机械、太执著了。

六五：恒其德，贞，妇人吉，夫子凶。

六五：始终保持美好的德行，去占卜，妇人可以得到吉祥的预兆，丈夫则遭遇灾祸。

【原文】《象》曰：妇人贞吉，从一而终也。夫子制义，从妇凶也。

【译文】《象传》说：女人贞洁守道可以获得吉祥，是说女人一生只应该嫁一夫。男人处理事务应果断，顺从妇女就会遭遇凶险。

【启示】这一爻告诉我们，既要恪守一般的道德，又应当各有其序，即我们做事要因时、因地、因人而异。

上六：振恒，凶。

上六：犹豫不决，将遭遇凶险。

【原文】《象》曰：振恒在上，大无功也。

【译文】《象传》说：统治者经常更改政策，结果终将一无所成，不会有所建树。

【启示】上六居卦之极，处震之终，其阴柔不能固守，性动不能持恒，有"恒"极必返，振动无常之象，所以其处事必然无功，甚至有凶险。上六所处位置高高在上，犹如统治者，因此这一爻告诉我们，作为统治者，办事要果断，立场要坚定，做到安于恒久。

恒卦卦爻要义图解

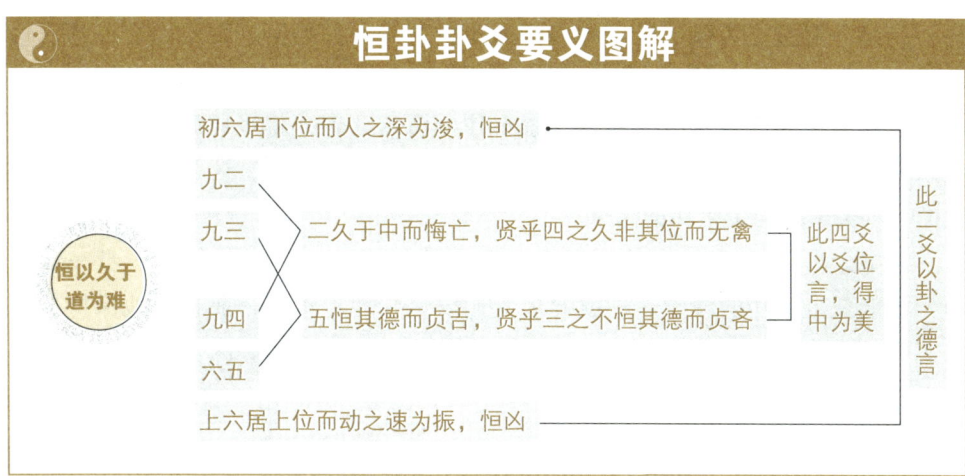

【疑难解析】浚恒，贞凶，无攸利

"浚恒，贞凶，无攸利"的大意是：过分地追求恒久，去占卜得到凶险的预兆，没有什么好处。我们常常说做事要有恒心，感情要专一，而这里却说"过分地追求恒久，去占卜得到凶险的预兆"，这是为什么呢？

"浚恒，贞凶，无攸利"是恒卦初六的爻辞。初六为阴居阳位，所以这里的"过分追求恒久"的真实含义是：急切地与别人深交或让别人认同自己的观点。一般说来，急切地与别人深交或让别人认同自己的观点会给自己招来凶险：

一是由于初次接触，别人对你还有戒备，不愿与你深交，而你却相信"真正的友谊要天长地久"或"真正的爱情要以身相许"，并强迫别人相信，这自然不会有好的结果。一方面别人对你处处提防，而你对别人却是一片衷心，所以一旦别人禁不住外界的干扰而失信于你，你的心里往往会产生极大的不平衡，很可能会对别人打击报复，从而引起一场不必要的战争；另一方面，别人会觉得你的心理不正常，因为深切的友谊或真正的爱情不是一蹴而就的。

二是急切地让别人认同你的观点，往往造成在别人对你的观点还不理解时，就强迫别人认可，这样必引起别人的强烈反感，从而跟你对着干，成为你行动的阻力。

不恒其德，或承之羞，贞吝

"不恒其德，或承之羞，贞吝"的大意是：不能长久地保持美好的德行，就要承受羞辱，卜问有灾祸。

首先我们要懂得，不能长久地坚持美好的德行，有两种原因：一是贪功冒进；二是不能忍受为保持美好的德行而受的苦难。如是第一种原因造成的，这就表明我们成为名利的奴隶，奴隶能把握自己的命运吗？如是第二种原因造成的，这就表明我们是生活的弱者，禁不住生活的磨炼，就好比温室的花朵，一旦条件改变，便被摧毁。所以，无论是第一种原因造成的，还是第二种原因造成的，都会给我们带来坏的结果。

再说，一步登天只在神话里有，而在我们现实生活中，只有一步一个脚印，才能登上成功的殿堂。这就要求我们要恒久地走正道，而长久地保持美好的德行是走正道的强有力的保障。所以，不长久地坚持美好的德行，就会半途而废。

恒其德，贞，妇人吉，夫子凶

"恒其德，贞，妇人吉，夫子凶"的大意是：始终保持美好的德行，去占卜，妇人可以得到吉祥的预兆，丈夫则遭遇灾祸。

"六五"柔顺居中，又与下卦居中的"九二"阳爻相应，因此就像具有坚贞、柔顺、服从美德的妇人，永远都不会改变。但是，古人认为柔顺服从本来就是妻子应该具有的品德，坚持这种至美的德性，就会得到吉祥。不过，对丈夫来说，却不是应有的品德，所以有凶险。

从《象传》的内容我们可以更清楚地看到，古代礼制对妇女的制约，即妇女一生应当顺从一个丈夫。但男子作为丈夫，应按照事理做事，若总是听从妻子的话，就会有凶险。

这一爻，从另一方面也说明了个人立场不同所坚持的德行也应不同的道理。

振恒，凶

"振恒，凶"的大意是：犹豫不决，将遭遇凶险。

一是因为办事不果断，就容易优柔寡断，当决策时不决策，造成误了良机。二是因为办事不果断，就害怕得罪人，不敢轻易地对自己的手下作公正的评价，结果造成贤明的人对他无信心——觉得他是昏庸无能之辈，无能的人滥竽充数。三是因为办事不果断，立场就不坚定，他今天听信A的话，制定了一个法令，明天听信B的话，又宣布废除。这样造成政局的不稳定，不利于老百姓的安居乐业。

六十卦象象义图

壬辰 巽下震上 恒

震上
巽下

恒卦下为巽，指风；上为震，指雷。恒卦为"相对并行之象，努力不懈之意"，正与图、谶、颂中"三杨"共值内阁相合，同心理政，努力治国。恒卦卦象为："震为动，宜向外发展；巽为入，向内，一内一外，各居本位，故能恒久"。正合"三杨"治国，内外各有所长，配合默契，执政时间很长。恒卦运势："万事亨通，能恒久努力，安守本份则吉，妄动则招灾"，正合三杨"安守本份"的治国方略。

▶▶ 三杨辅佐，仁宣之治

谶曰

枝发厥荣。为国之栋。
皋皋熙熙。康乐利众。

颂曰

一枝向北一枝东。
又有南枝种亦同。
宇内同歌贤母德。
真有叁代之遗风。

金圣叹评注　此象主宣宗时张太后用杨士奇、杨溥、杨荣三人，能使天下又安，希风三代，此一治也。时人称士奇为西杨，溥为南杨，荣为东杨。

叁拾叁 天山遯卦

遯：亨。小利贞。

《彖》曰：遯亨，遯而亨也。刚当位而应，与时行也。"小利贞"，浸而长也。遯之时义大矣哉。

《象》曰：天下有山，遯。君子以远小人，不恶而严。

《遯卦》：顺畅。去占卜有小利。

《彖传》说：《遯卦》之所以亨通，说明只有逃跑隐藏起来，才能顺畅。刚强者处于适当的位置和阴柔者相应，随时势的变化而变化。"去占卜有小利"，这表明君子及时退隐，有利于保全自身，但促使小人逐渐得势。所以《遯卦》所揭示的及时隐遯意义是多么重大呀。

《象传》说：《遯卦》是艮在下、乾在上，艮为山、乾为天，这上有天下有山，天高山远之象，所以把它叫做《遯卦》。君子应疏远小人，虽不凶恶，但能震慑住小人。

【启示】此卦主要阐释隐退、退避的道理。极端地恒久，必然又会再引起动荡，此时就会出现小人势长、君子道消的局面。此时选择退避，并非消极的逃避，而是保存实力，等待积极行动的最佳时机。若在此情况下，一味地进行对抗，只会造成伤害，削弱自己的力量。因而，坚定信念，保持正直刚毅的品德，拒绝同流合污，及时隐退，或隐没于世俗之中，或超脱于世俗之外，以等待时机，东山再起。

简而言之，《遯卦》告诉了我们，要及时退避的道理。

断易天机问占图

豹隐南山之卦,近善远恶之象

遁卦卦象解义

古解:遁者,退也。处遁之时,阳道欲亏,恶事即起,善事欲衰,欲进欲退,疑惑难为,以小制大,君子避之。

今译:遁为退避、隐退。处于"遁"之时,阳衰而阴盛,小人当道,并欲压制君子,君子应当退避以等待时机复兴。

此卦是孟尝君进白狐裘,得门客之助,度函谷关,卜得此卦,后果脱险。

- 前方有山有水,表示将遇阻碍
- 一位官人站在龟背上,表示将归去
- 月亮被浮云遮住了一半,表示隐退的意思
- 一条头巾挂在树上,表示挂冠
- 高挂的酒旗上有一个"文"字,表示望事
- 树下一人举杯独饮,自得其乐

【遯之爻】识时退避，以图复兴

① 初六，遯尾	退避不及，落在末尾
② 六二，执之用黄牛之革	志在辅时，不随物遯
③ 九三，系遯	心系六二，未能退避
④ 九四，好遯	不恋私好，毅然退避
⑤ 九五，嘉遯	识微远虑，即是退避
⑥ 上六，肥遯	高飞远退，无所不利

初六：遯尾，厉。勿用有攸往。

初六：最后才想到逃跑隐藏，非常危险。不能有所行动。

【原文】《象》曰："遯尾"之厉，不往何灾也。

【译文】《象传》说：最后才想到逃跑隐藏，非常危险，干脆不行动，又哪里有灾难呢？

【启示】这一爻告诉我们，与其等到大家都逃跑隐藏好了才开始逃跑，不如不采取行动。

六二：执之用黄牛之革，莫之胜说。

六二：执有这个信念，就好像用黄牛皮把他捆绑在自己身上，没有人能说动他改变这个想法。

【原文】《象》曰："执用黄牛"，固志也。

【译文】《象传》说：执有这个信念，就好像用黄牛皮把他捆绑在自己身上，这是因为志向坚定。

【启示】这一爻告诉我们，在形势对自己不利时，要坚持"逃跑"的策略，不要轻易改变。

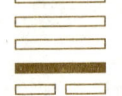

九三：系遯，有疾厉。畜臣妾，吉。

九三：由于受拖累而难以逃跑隐藏，就像有疾病缠身一样，危险。此时，蓄养仆人和侍妾，这是吉利的。

【原文】《象》曰："系遯"之"厉"，有疾惫也。"畜臣妾吉"，不可大事也。

【译文】《象传》说：由于受拖累而难以逃跑隐藏，危险，就像疾病缠身那样使人疲惫不堪。蓄养仆人和侍妾将会获得吉祥，但不可以干大事。

【启示】这一爻告诉我们，在该急流勇退时，不可受牵制，应当机立断；如受到了牵制，应该沉溺于享受。总而言之，就是要消除对方的疑虑。

遯象之图

遯卦主要阐述了事物处于发展受阻之时，应暂时退避，等待复兴的时机。卦中六爻，下卦三爻因各种原因所限，不能及时退避；而上卦三爻阳刚在外，均能识时退避，从而无所留恋地远去。这也符合了下卦艮主于止，上卦乾主施行的特征。

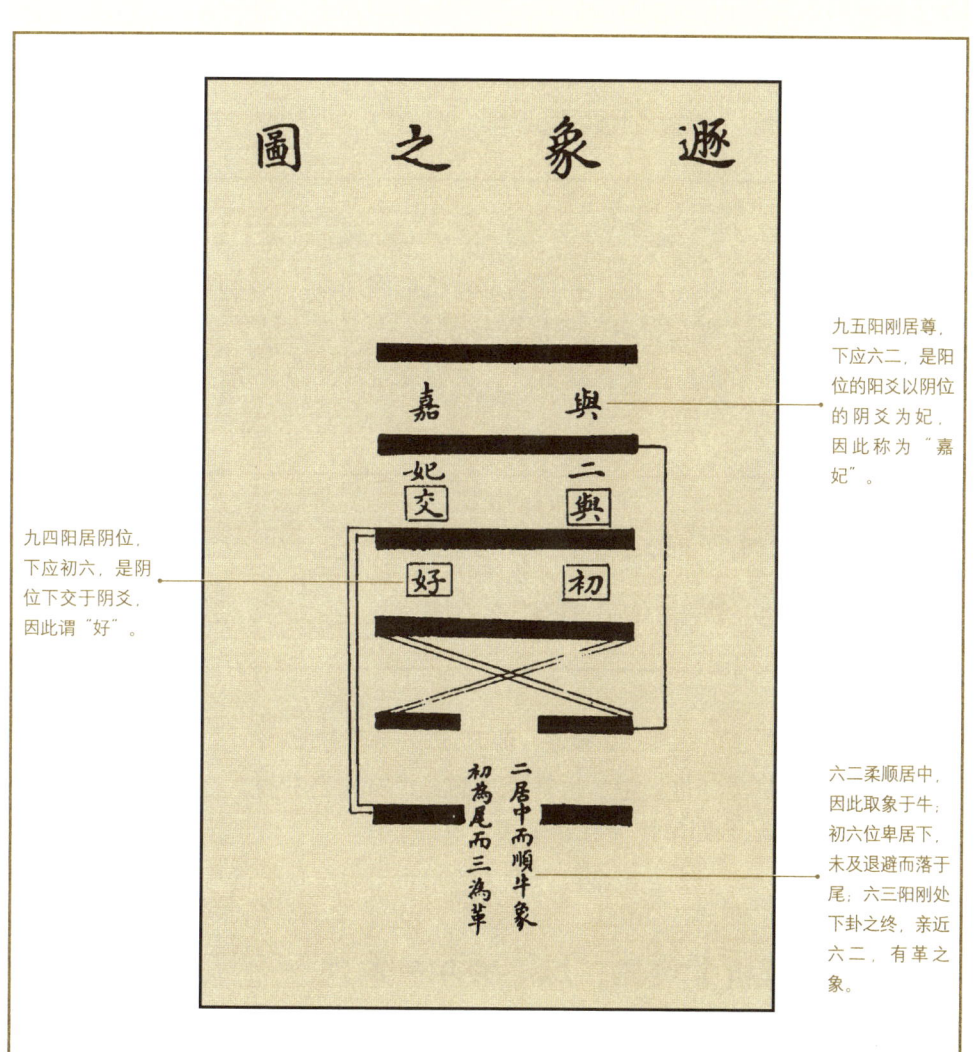

九五阳刚居尊，下应六二，是阳位的阳爻以阴位的阴爻为妃，因此称为"嘉妃"。

九四阳居阴位，下应初六，是阴位下交于阴爻，因此谓"好"。

六二柔顺居中，因此取象于牛；初六位卑居下，未及退避而落于尾；六三阳刚处下卦之终，亲近六二，有革之象。

九四：好遯，君子吉，小人否。

九四：喜爱逃跑隐藏，对君子来说，是吉利的，对小人来说，是坏事。

【原文】《象》曰：君子好遯，小人否也。

【译文】《象传》说：君子喜爱逃跑隐藏是吉利的，是因为君子能做到该退就退，从容自如，而小人却做不到这一点。

【启示】这一爻告诉我们，急流勇退对君子来说，是吉利的，但对小人来说，是坏事。

九五：嘉遯，贞吉。

九五：在适当的时机逃跑隐藏，值得赞美，去占卜得到吉利的预兆。

【原文】《象》曰："嘉遯，贞吉"，以正志也。

【译文】《象传》说：在适当的时机逃跑隐藏，值得赞美，去占卜得到吉利的预兆，是因为坚定了自己的信念和志向。

【启示】一个人即使身居高位，又有贤明的人帮助他，他也应顺应时势退避。

上九：肥遯，无不利。

上九：逃得远远的，没有什么不利。

【原文】《象》曰："肥遯，无不利"，无所疑也。

【译文】《象传》说：逃得远远的，没有什么不利，就在于遯逃者不会引起别人怀疑他还会回来抢夺胜利果实。

【启示】这一爻告诉我们，为了躲避由于对方的疑虑而引起的灾难，逃得越远越好。

【疑难解析】遯尾，厉。勿用有攸往

"遯尾，厉。勿用有攸往"的大意是：最后才想到逃跑隐藏，非常危险，

遯卦卦爻要义图解

九五阳刚中正遯之嘉美者也

初六遯尾而厉，与于人之祸矣

九三系遯而疾，牵于己之私矣

六二柔顺中正以相应，如执用黄牛之革，此二爻言君臣济世之事

九四好遯而吉，有私而能绝也

上九肥遯而利，无私而自得也

此四爻言明哲保身之事

不能有所行动。按一般的常理来说，遇到危险，我们应赶快想办法脱离危险，而它却说"不能有所行动"，这是为什么呢？

一、等到最后才想逃跑隐藏，这已经太迟了，必会被抓住。如不采取行动，至少你能正面对着对方，不会一开始就陷入被动，还有可能做到"知己知彼，百战不殆"。

二、从对方的心理来讲，一方面他们很可能会觉得你是忠心耿耿的，因为按一般的常理说来，一个人走了是因为害怕或者心怀鬼胎；如他不走，可能是因为他心怀坦荡，做事光明磊落，并坚信：不做亏心事，不怕鬼敲门；另一方面不采取任何行动，不慌不忙地干自己的事，对方会觉得你胸有成竹，万事俱备，不敢贸然行动。

系遯，有疾厉。畜臣妾，吉

"系遯，有疾厉"的大意是：由于受拖累而难以逃跑隐藏，就像有疾病缠身一样，危险。这就暗示我们，在急流勇退时，要当机立断，要尽快地逃跑，逃得远远的。因为越远就越能消除对方的疑虑：你距离对方越远，对他所构成的威胁就越小。

如已受到拖累，不能逃脱。该怎么办呢？畜臣妾（沉溺于享受）。这样对方就会认为自己已胸无大志，已走向颓废了，自然消除了疑虑。

好遯，君子吉，小人否

"好遯，君子吉，小人否"的大意是：喜爱逃跑隐藏，对君子来说，是吉利的，对小人来说，是坏事。为什么君子和小人同是喜爱逃跑，但其结果却不一样呢？

一、君子坦荡荡，不受外界干扰，能透过事物的现象看本质，能把握好退的时机。而小人往往为名利所牵制，不能适时而退。

二、君子能正确理解急流勇退的含义，退就是彻底地退，绝不打算回头，以致彻底地消除了对方的疑虑。而小人即使已退到安全的地方，心也不甘，于是私下干图谋不轨的事，结果引起对方的怀疑，进行讨伐。由于小人的行动是非正义的，会招致人民的反对，结果自然以失败而告终。

三、君子知道大的时势，能从一个对自己不利的地方逃到一个有利于自己发展的地方。小人的目光短浅，无法顺应时势，不能找到一个适合自己发展的地方。

嘉遯，贞吉

"嘉遯，贞吉"的大意是：在适当的时机逃跑隐藏，值得赞美，去占卜得到吉利的预兆。这一爻是阳爻阳位，且与六二爻柔中相应，这就好比一个人身居高位，又有贤明的人帮助他，但此时他还是要顺应时势退避。这样做当然是最明智的选择。时势是一个历史潮流，是谁都不能逆转的，否则，将被压在历史的车轮下。也许这个道理谁都懂，但大多数人就是不知道该怎么做才能顺应时势，以至于不能及时退避而招致灾祸。为了顺应时势，我们必须做到：

一、注意观察周围情况的细微的变化，以小见大，从短期的变化推知未来的发展趋势。

二、要深深懂得，同一角色在不同的时期需要不同的人去扮演。如在创业初期需要的是善于寻找机会的企业家型的人才，但在企业已发展成颇具规模的企业时，需要的是能使之稳定发展的专业管理人才，所以创业初期的勇士只能退避。

三、即使自己能随着时代而改变自身，也要注意自己是不是最适合那个位置的人才，因为最适合的往往比最优秀的干得更好。这里的最适合指的是在变化了的新时期，适合上级的品味、同级的趣味、下级的口味。

六十卦象象义图

丙寅 艮下乾上 遯

乾上 ☰
艮下 ☶

遯卦上卦为乾，为天；下卦为艮，为山。山高欲侵天，而天退避，远离山。这一卦象暗示了要及时退避，正是对应了武则天在太宗驾崩之后，退避到佛门之中，终又回归到宫廷中的事实。

▶ 武后称帝，阴盛阳衰

谶曰
日月当空。
照临下土。
扑朔迷离。
不文亦武。

颂曰
参遍空王色相空。
一朝重入帝王宫。
遗枝拨尽根犹在。
喔喔晨鸡孰是雄。

金圣叹 评注

此象主武曌当国，废中宗于房州，杀唐宗室殆尽。先武氏削发为尼，故有参遍空王之句。高宗废后王氏而立之，故有'喔喔晨鸡孰是雄'之兆。

叁拾肆 雷天大壮卦

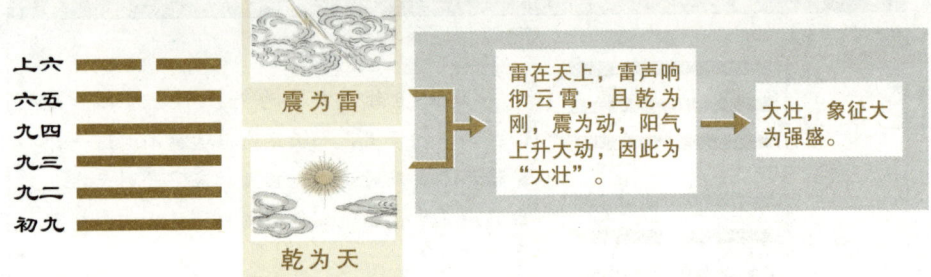

大壮：利贞。

《彖》曰：大壮，大者壮也。刚以动，故壮。

大壮"利贞"，大者正也。正大而天地之情可见矣。

《象》曰：雷在天上，大壮。君子以非礼弗履。

《大壮卦》：有利于去占卜。

《彖传》说：《大壮卦》，有大而强壮的意思。阳刚之气充沛而有所行动，因此把它叫做《大壮卦》。《大壮卦》卦辞说："有利于去占卜"，是因为大而强壮的人能坚守正道。正道得以发扬光大，那么天地万物中的各种情况都可以观察到。

《象传》说：《大壮卦》的卦象是乾在下、震在上，乾为天、震为雷，这有雷声响彻天空之象，所以把它叫做《大壮卦》。君子应该严于律己，不能做不合礼仪的事。

【启示】《大壮卦》主要在于阐释壮大时的行事原则。经历了衰退，必然会逐渐壮大起来。此时的局面已变成阴消阳盛。人一旦壮大就容易自负，容易莽撞行事。所以，卦辞中强调"利贞"，虽然强大，但仍要坚持正道。而且壮大之后还应保持中庸，要适当节制，行为不能过分。此外，壮大还应该量力而为，不可妄动，不可恃强任性。若时机又转入衰退时，更应当及时觉悟，应对艰难时刻。

总而言之，此卦告诉了我们，一个人即使十分强大，也不能莽撞行事的道理。

断易天机问占图

先顺后逆之卦，羝羊触藩之象

大壮卦卦象解义

古解：大壮者，志也。羝羊触藩，其道难全，令人刚强，已成过忿，非利勿贪，善莫大焉。

今译：大壮为壮大、强盛的意思。大壮卦有羝羊触藩之象，阳刚过盛则导致过错，不要贪图小利，就能获得吉祥。

此卦为唐玄宗避安禄山乱，卜得知不久当亨通。

一只猴子、一只兔子、一只狗，表示逢申卯戌则吉

云中的天神手执利剑，为凶神恶煞

夜空中的北斗七星，表示人将有灾祸

一位官人烧香拜佛，烟雾缭绕，在祈福消灾

叁拾肆 雷天大壮卦

【大壮之爻】 大为强盛，谦柔持中

① 初九，壮于趾　　　　　　无名欲进，以诚自守
② 九二，贞吉　　　　　　　刚中守谦，自养获吉
③ 九三，小人用壮，君子用罔　阳刚过盛，守正养德
④ 九四，贞吉，悔亡　　　　　行谦持正，所行无阻
⑤ 六五，丧羊于易　　　　　　柔处卦中，无所悔恨
⑥ 上六，羝羊触藩　　　　　　进退两难，艰贞自守

初九：壮于趾。征凶，有孚。

初九：脚趾强壮有力。这时如果出兵，即使有诚信，也会招来灾祸。

【原文】《象》曰："壮于趾"，其孚穷也。

【译文】《象传》说：脚趾强壮有力时去侵略他国，招来灾祸，是因为他的诚信被他的莽撞的行动淹没了。

【启示】这一爻告诉我们，即使再勇武有力，而且又有诚信，也不能莽撞行事。

九二：贞吉。

九二：去占卜获得吉利的预兆。

【原文】《象》曰：九二"贞吉"，以中也。

【译文】《象传》说：《大壮卦》的九二爻占卜获得吉利的预兆，是因为九二爻虽是阳爻阴位，但它居于下卦的中位，这表明能够坚守正道。

【启示】这一爻再一次强调，壮大者不莽撞行事，坚持纯正，就能获得吉祥。

九三：小人用壮，君子用罔，贞厉。羝羊触藩，羸其角。

九三：小人捕获猎物用力气，君子捕获猎物用网围，去占卜得到危险的预兆。公羊只会用角去顶触篱笆，结果把角卡在篱笆中而难以脱身。

【原文】《象》曰：小人用壮，君子罔也。

大壮羊藩图

大壮卦阐述了处于事物发展的强盛时期，应如何保持强盛的处事原则，即守正、谦退持中。卦中六爻，二、四阳居阴位，谦柔获吉；初、三两爻恃强而动获凶；五、上两阴爻所处之位大壮已过，因此宜艰贞自守。全卦旨在强调强盛之时，不可妄动妄施的道理。

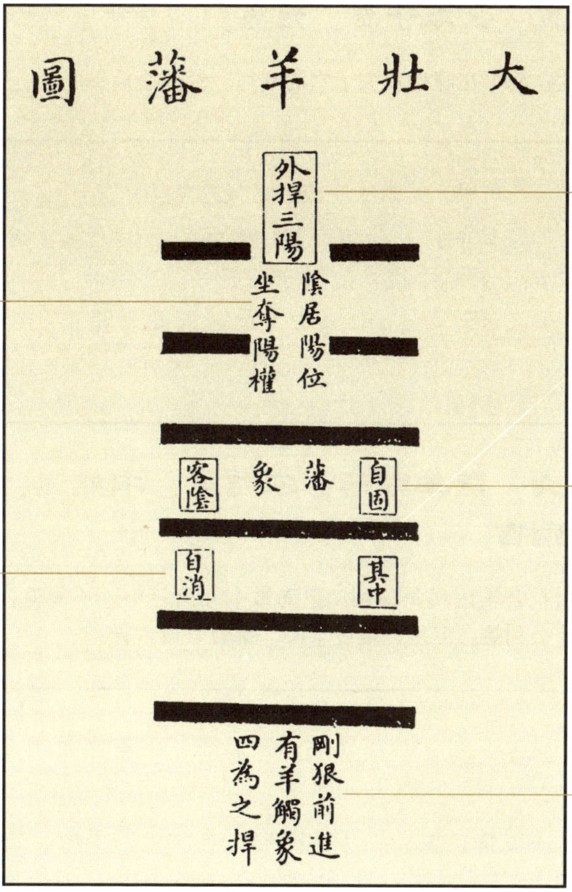

六五阴爻而居阳位，阴柔处尊而夺阳爻之权。

九二失正，但以阳处阴位，刚中守谦，有趋正自养之意，因此自消其灾。

上六阴柔居卦之极，下应六三，两爻终必和合而获吉祥。

九三居下卦之终，当位应上，刚亢而强盛，若恃强而动，则会像羊触藩而被缠角，所以应自固容阴，守正养德。

初九阳刚处卦之始，有壮于足趾之象，躁动不安；羊角抵藩，而趾用力，因此说"有羊触象"。

【译文】《象传》说：小人捕获猎物用力气，君子捕获猎物则讲求方法用网围。

【启示】这一爻告诉我们，不可利用壮大，逞强任性。

九四：贞吉，悔亡。藩决不羸，壮于大舆之腹。

九四：去占卜得到吉祥的预兆，悔恨消除。因为公羊冲撞篱笆，篱笆被撞坏了，羊角得以解脱，它强壮得像大车轮一样结实。

【原文】《象》曰："藩决不羸"，尚往也。

【译文】《象传》说：冲破篱笆，羊得以脱身，这表明还可以有所行动。

【启示】这一爻告诉我们，如我们非常强壮，并采取了莽撞的正义行动，就不能退缩。

六五：丧羊于易，无悔。

六五：公羊在疆场丧失了它的刚猛，没什么后悔的。

【原文】《象》曰："丧羊于易"，位不当也。

【译文】《象传》说：公羊在疆场丧失了它的刚猛，这是因为虽说六五爻位置不当，但它居上卦的中位，能坚守正道。

【启示】这一爻告诉我们，如果自己的行为是非正义的，应顺从正义之声，及时撤退。

上六：羝羊触藩，不能退，不能遂，无攸利。艰则吉。

上六：公羊因用角顶触篱笆而被卡在篱笆中，不能退，也不能进，没有什么利益。但是，挺过难关，就会获得吉祥。

【原文】《象》曰："不能退，不能遂"，不详也。"艰则吉"，咎不长也。

【译文】《象传》说：处于不能退、不能进的境地，是因为考虑不周。挺过难关，就会获得吉祥，这表明只要坚持忍耐，灾祸是不会长久的。

【启示】这一爻告诉我们，如处于进退两难的境地，就要坚持忍耐。

大壮卦卦爻要义图解

大壮

- 九二不取象于羊，而自有得正之吉 —— 刚柔相济而又得中，此其上也
- 九四如羝羊决藩，而能守正则吉 —— 刚柔相济此其次也
- 初九羊壮于趾而征凶 —— 纯以刚此其下也
- 六五丧其羊于易，而自无用壮之悔
- 上六如羝羊触藩，而能知艰则吉
- 九三羊羸其角而贞厉

【疑难解析】壮于趾。征凶，有孚

"壮于趾。征凶，有孚"的大意是：脚趾强壮有力。这时如果出兵，即使有诚信，也会招来灾祸。它是初九爻的爻辞。初九为阳居阳位，这就暗示我们，一个人非常有实力，但他如果莽撞行事，还是会招致灾祸。

因为莽撞就会使他不听贤明的人的忠言，从而导致几种坏的结果：

一、由于莽撞，逆耳的忠言就变成刺耳的恶语，不辨是非，致使在内部出现"小人当道，君子失势"的局面。

二、莽撞行事就意味着不假思索地做事，无时间运用自己的智慧，往往容易掉进对方设的陷阱中，为对方所利用。

再从他所要进攻的对象来看，如攻打的是弱者，由于大多数人形成了一个定式：强者对弱者发动进攻，就是侵略。莽撞就会使他的正义变为非正义，就好像围观的人看到一大人正在打一小孩，便纷纷指责大人，即使这大人有理，如不冷静行事，就会造成"众口铄金，积毁销骨"。如攻打的是比他还强大的人，其后果更是不堪设想。

贞吉，悔亡。藩决不赢，壮于大舆之腹

"贞吉，悔亡。藩决不赢，壮于大舆之腹"的大意是：去占卜得到吉祥的预兆，悔恨消除。因为公羊冲撞篱笆，篱笆被撞坏了，羊角得以解脱，它强壮得像大车轮一样。这就暗示我们，当一个人的势力非常强大时，他即使采取了莽撞的行动，与强敌交上了手，也不能退缩。

因为他非常强大，就是通过硬拼也能获得胜利。相反，如果退缩，就很可能使自己陷入被动的局面。因为退缩的人是无心恋战的，他也因此斗志低落，这将助长对方的士气，从而就把主动权让给了对方，自己只能疲于应付。

所以，我们在自己采取了莽撞的行动时，如自己颇有实力，应继续进攻。

羝羊触藩，不能退，不能遂，无攸利。艰则吉

"羝羊触藩，不能退，不能遂，无攸利。艰则吉"的大意是：公羊因用角顶触篱笆而被卡在篱笆中，不能退，也不能进，没有什么利益。但是，挺过难关，就会获得吉祥。就好比一个人处于进退两难的境地，如能坚持到最后，就能取得胜利。

因为双方的力量难以分高低，处于伯仲之间，他们的较量就不是单纯的力量的较量，而主要是意志力的较量。所以，谁能坚持到最后，谁就笑到最后。

六十卦象象义图

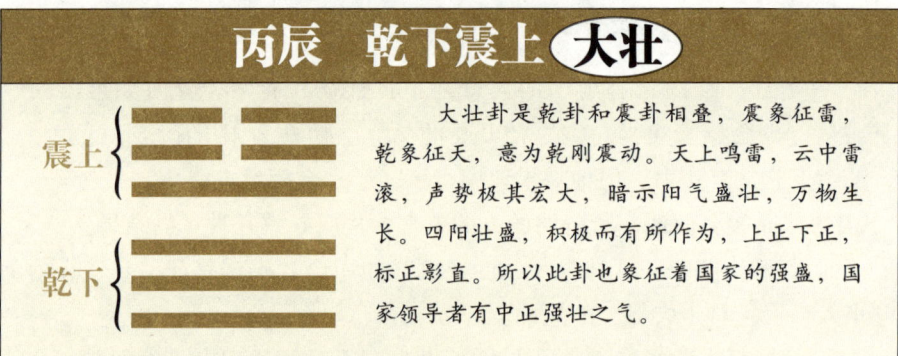

丙辰　乾下震上　**大壮**

震上
乾下

大壮卦是乾卦和震卦相叠，震象征雷，乾象征天，意为乾刚震动。天上鸣雷，云中雷滚，声势极其宏大，暗示阳气盛壮，万物生长。四阳壮盛，积极而有所作为，上正下正，标正影直。所以此卦也象征着国家的强盛，国家领导者有中正强壮之气。

领导贤明，盛世太平

颂曰

一个孝子自西来。
手握干纲天下安。
域中两见旌旗美。
前人不及后人才。

谶曰

阙中天子。礼贤下士。
顺天休命。半老有子。

金圣叹评注

此象有一秦姓名孝者，登极关中，控制南北，或以秦为国号，此一治也。

叁拾伍 火地晋卦

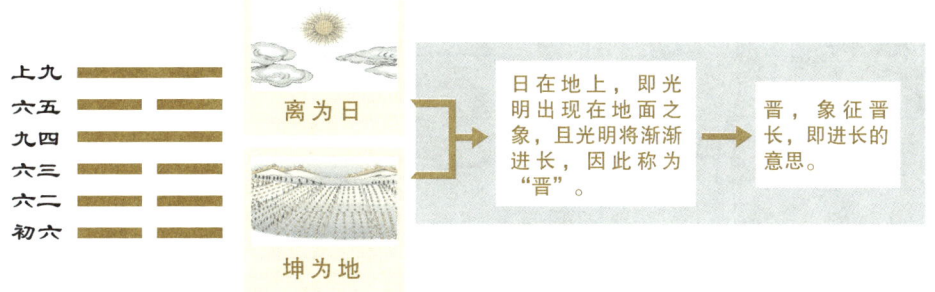

晋：康侯用锡马蕃庶，昼日三接。

《彖》曰：晋，进也。明出地上，顺而丽乎大明。柔进而上行，是以"康侯用锡马蕃庶，昼日三接"也。

《象》曰：明出地上，晋。君子以自昭明德。

《晋卦》：康侯蒙受成王的赏赐，得到众多良马，并在一天之内多次得到成王的接见。

《彖传》说：晋就是进取、晋升的意思。就好像太阳从地平线上升起，做臣子的坦然顺从地依附君主的光明伟大，以柔顺之道前进，从而步步高升。因此卦辞说"康侯蒙受成王的赏赐，得到众多良马，并在一天之内多次得到成王的接见"。

《象传》说：《晋卦》的卦象是坤在下、离在上，坤为地、离为火，这代表太阳从地面升起，所以把它叫做《晋卦》。君子应该充分发挥自己的才能，使自己的美好的德行得以发扬。

【启示】《晋卦》主要阐释了进取的原则。壮大之后具有了进取发展的条件，就像太阳慢慢升起，最终普照大地。但在进取的过程中，一定要动机纯正，这样即使结果失败，也没有什么好愧疚的。而且不可过于瞻前顾后，只要坚持中正的原则，就能获得进取。所以此卦主要说明了，要想使事业发展壮大，必须要坚守正道的道理。

断易天机问占图

龙剑出匣之卦，以臣遇君之象

晋卦卦象解义

古解：晋者，进也。日出于地，柔而上行，巡运照耀，升进其明。居官益位，祸灭福生，利见王侯，任意必亨。

今译：晋为进长。日出于地上，柔顺上行，光芒渐渐进长，照耀万物。离卦喻示消灾得福，利于觐见王侯，将得以升迁。

此卦为马周进策卜得，后果为相。

一只鹿口衔文书，说明将接到任命文件

一位官人掩面而泣，独自悲伤，地上有一个球，说明事情受阻

远处一棵枯树开花，说明发迹较晚

有一个文字破损，表示不全

一只鸡口衔秤杆，说明鸡鸣有准

一堆金元宝，说明财利皆至

【晋之爻】依附光明，柔顺进长

① 初六，晋如摧如　　受到摧折，宽裕待时
② 六二，晋如愁如　　欲进有愁，得福于五
③ 六三，众允　　　　取信于众，悔恨消亡
④ 九四，晋如硕鼠　　失正有危，守持正固
⑤ 六五，悔亡　　　　悔恨消亡，无所不利
⑥ 上九，晋其角　　　进长至极，宜于征伐

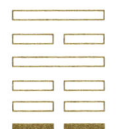

初六：晋如摧如，贞吉。罔孚，裕无咎。

初六：在前进之初就遭受挫折，去占卜得到吉利的预兆。这表明如果在前进之初没有得到别人的信任，还宽厚待人，将没有什么过失。

【原文】《象》曰："晋如摧如"，独行正也。"裕无咎"，未受命也。

【译文】《象传》说：在前进之初就遭受挫折，却得到吉祥的预兆，这是因为能遵循正道。宽厚待人是没有什么过失的，之所以遭受挫折，是因为别人还没有得到上天的命令——相信他。

【启示】这一爻告诉我们，在前进之初，即使因别人不相信自己而遭遇挫折，也要宽厚待人。

六二：晋如愁如，贞吉。受兹介福，于其王母。

六二：在前进之初就愁苦，卜问得吉祥。因为有他的祖母赐福分给他。

【原文】《象》曰："受兹介福"，以中正也。

【译文】《象传》说：之所以得到这样大的福气，是因为它位置适当，坚守正道。

【启示】这一爻告诉我们，不能前进，不必愁苦，只要坚守正道，就能迎来成功。

六三：众允，悔亡。

六三：得到群众的信任，没有什么悔恨。

【原文】《象》曰："众允"之志，上行也。

【译文】《象传》说："得到群众的信任，没有悔恨"，是因为意愿得

晋康侯之图

晋卦揭示了事物进长的过程，并以"康侯"受赐为喻来说明进长必须要遵循"柔"、"顺"两个原则。六爻之中，四阴爻均因柔顺而晋升之途畅通，尤其六五居尊，犹比"康侯"；两阳爻则因为处"晋"不当，有失柔顺而晋升受阻。

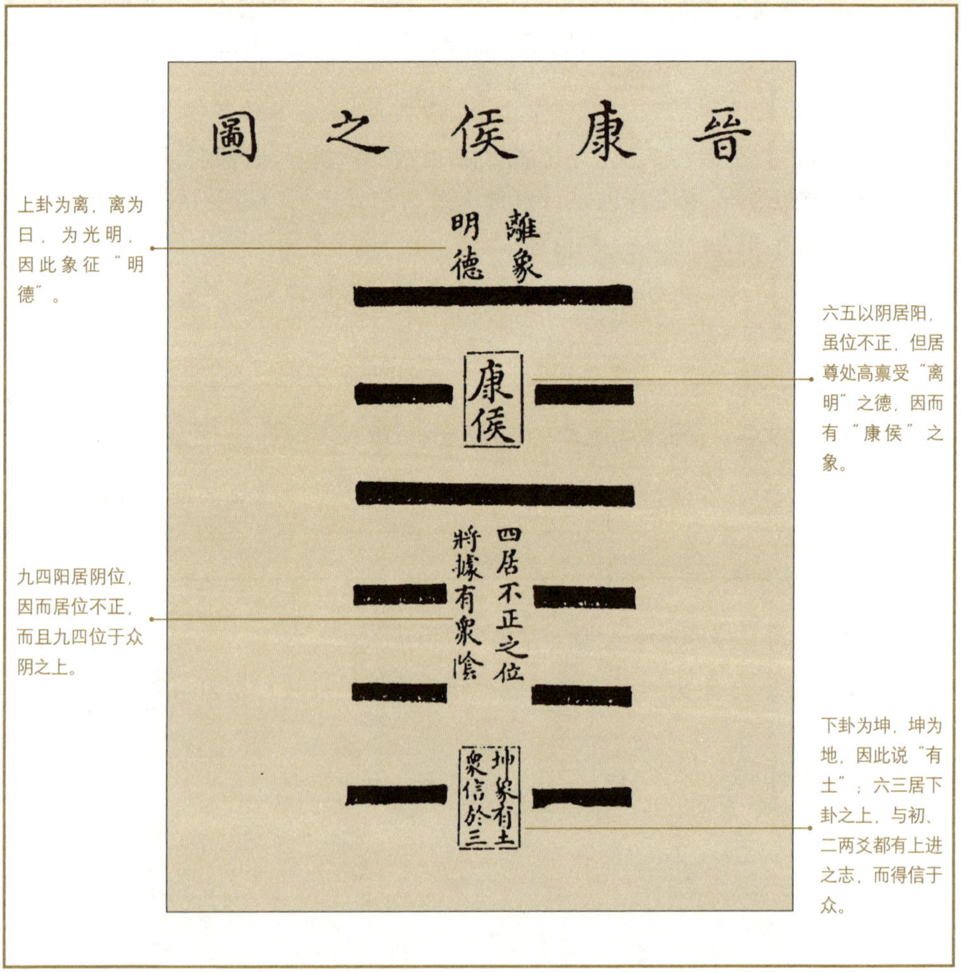

上卦为离，离为日，为光明，因此象征"明德"。

六五以阴居阳，虽位不正，但居尊处高禀受"离明"之德，因而有"康侯"之象。

九四阳居阴位，因而居位不正，而且九四位于众阴之上。

下卦为坤，坤为地，因此说"有土"；六三居下卦之上，与初、二两爻都有上进之志，而得信于众。

到推行。

【启示】这一爻告诉我们，前进要以获得群众的信任为前提。

九四：晋如硕鼠，贞厉。

九四：前进时十分贪心，就好像偷吃的大老鼠，去占卜得到凶兆。

【原文】《象》曰："硕鼠，贞厉"，位不当也。

【译文】《象传》说："前进时十分贪心，就好像偷吃的大老鼠，去占卜得到凶兆"，是因为它所在的位置不对。

【启示】这一爻告诉我们，在前进时贪心，危险。

六五：悔亡，失得，勿恤。往吉，无不利。

六五：悔恨已经消失，不用担心得与失。前进就会吉祥，没有什么不利。

【原文】《象》曰："失得勿恤"，往有庆也。

【译文】《象传》说："不用担心得与失"，勇往直前，一定会吉祥如意的。

【启示】这一爻是阴爻阳位，处在上卦至尊的中位，这表明还有进取的余地，所以前进时不要患得患失，应勇往直前。

上九：晋其角，维用伐邑。厉吉，无咎，贞吝。

上九：前进已到了极点，此时去攻打别人的城邑。是凶险，是吉利，还是没过失，卜问困难。

【原文】《象》曰："维用伐邑"，道未光也。

【译文】《象传》说："考虑攻击对方的城邑"，说明正道没有得到发扬光大。

【启示】这一爻暗示我们，前进已到了极点，到底要不要向外扩展，寻求更广阔的发展空间，这必须慎重考虑。

晋卦卦爻要义图解

- 初六不见信于人，而五欲速之过咎
- 六三已见信于人，而无自失之愧悔
- 在下位而进以柔也

- 六五大明之君，委任其臣而不以失得为忧，故锡康侯之宠－六二
- 中顺之臣附丽于君而知以责任为忧，故受王母之福
- 君臣善进于治也

- 九四贪畏如鼠，而贞固守此，则危厉
- 上九躁急如角，而贞固守此，则羞吝
- 在上位而进以刚也

【疑难解析】晋如摧如，贞吉。罔孚，裕无咎

"晋如摧如，贞吉。罔孚，裕无咎"的大意是：由于没有得到别人的信任，在前进之初就遭受挫折。此时宽厚待人，去占卜将得到吉利的预兆。这就暗示我们，在前进之初因别人不信任你而遭受挫折时，一如既往地对他好是最佳的选择。

试想想，如果别人能在你对他采取不利的行动后，还能对你好，你能不被他的诚信所感动吗？

退一步说，即使别人不能被你感动，也不会给你带来大的灾难。因为假如你一开始就改变对他的态度，必定会引起他有这样的想法——幸亏当初没相信他，现在狐狸尾巴露出来了，自然就毁了你将要树立的良好形象。再说，如不能感动对方，就表明此人不值得你对他好，便远离他，因而远离了灾祸。

晋如愁如，贞吉。受兹介福，于其王母

"晋如愁如，贞吉。受兹介福，于其王母"的大意是：在前进之初就愁苦，卜问得吉祥。因为有他的祖母赐福分给他。

"介"是大的意思。"王母"即是祖母。祖母指"六五"，古时有祭祀先妣，也就是祭祀先祖母亲的祈福礼仪。"六五"阴爻处尊，正有祖母之象。六二阴爻居阴位，且处下卦中位，中正得当，理所应当晋升，但其与"六五"两阴不相应，因而前途困难，忧虑满腹。但是只要能坚贞守正，仍然可获吉祥，就像受福于祖母一样。

这一爻，说明一时不能前进，也不必忧虑，只要坚守中正，必能成功。

晋如硕鼠，贞厉

"晋如硕鼠，贞厉"的大意是：前进时十分贪心，就好像偷吃的大老鼠，去

占卜得到凶兆。我们可从大老鼠的特点推出贪心的几种状况和相对应的结果：

一、自己的能力有限，为了得到更多的称誉，去做自己力所不能及的事，结果造成失败。

二、不但能力有限，而且居心不良，通过不正当的手段窃取别人的劳动果实，损人利己，违背了道义，遭到了被窃取的人的仇视，人民的鄙视。

三、由于对自己不能作出正确的评价，总不满足现状，怨天尤人，让日子在埋怨中消磨，结果一事无成。出现这种状况的主要原因是在对自己作评价时，只把现在的自己与原来的自己作比较，而忽略了整个时代也在进步，于是对于同一职位的要求也在不断提高，这样就造成了自己对自己的评价高于现实的客观评价。

四、在前进时，忽略先来后到的时间价值，只盲目地把自己的能力与别人相比，导致违背了"先入为主"的道义，成了贪心的抢夺者或窃取者，引起了人民的公愤。

所以，在前进时，不可有贪求之心。

晋其角，维用伐邑。厉吉，无咎，贞吝

"晋其角，维用伐邑。厉吉，无咎，贞吝"的大意是：前进已到了极点，此时去攻打别人的城邑。是凶险，是吉利，还是没过失，卜问困难。这就好比一个人在自己所熟悉领域已取得相当高的成就，为了自己的事业进一步壮大，打算进入一个陌生的领域，这是祸还是福，还不知道。它暗示我们，此时要谨慎。贸然闯入一个陌生的领域是不明智的选择：

一、他对陌生领域的深浅还不知道，当灾难来临时，别人早已躲开，或采取了防范的措施，而他还傻乎乎地等待灾难降临在自己的头上。

二、从陌生领域的主人的角度来说，对一个贸然闯入的人充满了敌视，为了防止自己的既得利益的失去，严加防范，甚至想方设法把他驱除出去。

三、从与这两方都无关的第三方来说，他会认为贸然闯入者是侵略者，自然不会支持他。

四、一个人的能力及精力是有限的，也许刚开始能取得成绩，但由于他没有对自己的实力进行充分估计，结果力不从心，就是自己所熟悉的产业也被拖垮。

六十卦象象义图

辛未 坤下离上 晋

离上 ☲
坤下 ☷

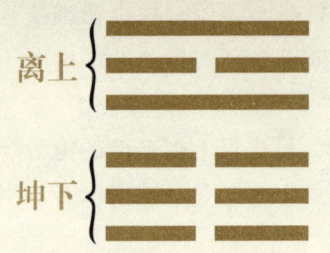

晋卦下为坤，指地；上为离，指火。大象曰："日出地面，普照大地，有光明上进之象"。正是李晟的"晟"字之意。晋卦有"良臣遇君之意"，运势为"事业、名望、财运皆吉，所谓有加官晋爵之兆"，正是指李晟的运势。

▶ 藩镇之乱，孤军收复

谶曰

挽枪血中土。
破贼还为贼。
朵朵李花飞。
帝曰迁大吉。

颂曰

天子蒙尘马首东。
居然三杰跻关中。
孤军一注安社稷。
内外能收手臂功。

金圣叹评注

此象主建中之乱，三人者李希烈、朱泚、李怀光也。李怀光以破朱功，为卢杞所忌，遂反，故曰破贼还为贼。三人先后犯阙，德宗乘舆播迁，赖李晟以孤军收复京城，而社稷重安矣。

叁拾陆 地火明夷卦

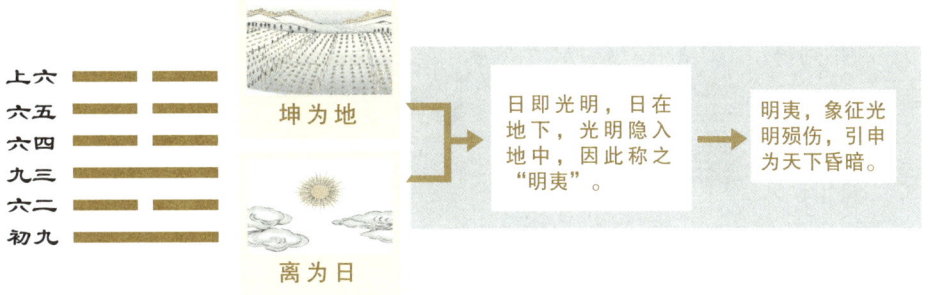

明夷：利艰贞。

《彖》曰：明入地中，明夷。内文明而外柔顺，以蒙大难，文王以之。"利艰贞"，晦其明也。内难而能正其志，箕子以之。

《象》曰：明入地中，"明夷"。君子以莅众，用晦而明。

《明夷卦》：有利去卜问艰难之事。

《彖传》说：太阳已沉入地中，所以把它叫做《明夷卦》。如果内有文明，在外就会表现得忍让、克制和顺从，这样就能够承受巨大的灾难，周文王就是这样做的。"有利去卜问艰难之事"，就好像太阳隐晦它的光明，但总会再次重放光明，明亮耀眼。因此，内有超人的才智、高尚的品德，虽然处在困难中，但能坚守自己的正确的志向，就像处在殷纣王黑暗统治中的箕子那样。

《象传》说：《明夷卦》的卦象是离在下、坤在上，离为火、坤为地，这代表太阳沉入地下，天昏地暗，所以把它叫做《明夷卦》。君子要能够遵循这个道理去管理民众，看似糊涂，实则政治清明。

【启示】此卦阐释了在政治昏暗、光明泯灭之时，君子的行为准则。事物的盛衰，社会的发展，自有一定的发展规律。君子处于光明衰落的时期，必然会存在危险。小人当道，政治昏暗，正义的力量难以抗拒邪恶的力量，因此这时君子应内明外柔，韬光养晦，才能承受大难。为了保存实力，我们不仅应坚守"自晦其明"、守正不移的品质，还要谨慎小心，保全自己。也就是说，一个人陷于困境时，既要坚守自己的节操，又要顺应时势保护好自己。

断易天机问占图

凤凰垂翼之卦，出明入暗之象

明夷卦卦象解义

古解： 明夷者，伤也。火入地中，掩伤明德。君子在厄，三日不食。文王之难，困于丛棘。百凡谋望，且宜止息。

今译： 明夷，即光明损伤。日在地下，光明陨落。君子有危难，仓皇远走，不顾填充饥肠。文王被困，不得脱身。所求之事，宜于停息。

此卦为文王囚羑里见子不至，卜得之卦。

- 一人拿棍追赶一只鹿，表示追求名禄
- 地上的钱残缺不全，表示不可得财
- 一只老虎在井边徘徊，表示需防被伤的意思
- 一位妇人陷于井中，努力想爬出来

【明夷之爻】 天下昏暗，艰贞守正

①	初九，明夷于飞，垂其翼	潜隐过早，遭受责怪
②	六二，明夷于左股，用拯马壮	伤于"左腿"，以马助行
③	九三，明夷于南狩	除暗复明，仍需待时
④	六四，入于左腹	深知昏暗，毅然远遁
⑤	六五，箕子之明夷	比邻"暗君"，守正避难
⑥	上六，不明晦	不明反晦，损伤五爻

初九：明夷于飞，垂其翼。君子于行，三日不食。有攸往，主人有言。

初九：光明沉没，就好像鸟在黑暗中飞行，低垂着受伤的翅膀。君子从家里往外出行，多日没有吃东西，有所行动，则必遭主人的斥责。

【原文】《象》曰："君子于行"，义不食也。

【译文】《象传》说：君子离家出行，从道义上说，不能蒙羞受食。

【启示】这一爻的爻辞说在黑暗中应学会自保，而不是有所行动。

六二：明夷于左股，用拯马壮，吉。

六二：在黑暗中行走，君子左腿负伤，用强壮的马帮助行走。这是吉利的。

【原文】《象》曰：六二之吉，顺以则也。

【译文】《象传》说：六二爻讲之所以能够得到吉祥，是因为马天性柔顺，以至于听主人的话。

【启示】六二柔顺中正，但处"明夷"之时，志向难以实现，又使自己受伤，因此其依靠良马的帮助，继续前行。这一爻告诉我们，一个人处在困境中，难以自拔，如有一个性格柔顺且非常有能力的助手来帮他，则是吉利的。

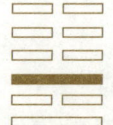

九三：明夷于南狩，得其大首，不可疾贞。

九三：在黑暗中向南征伐，可以俘虏其首领，但不能急躁冒进，须等待时机。

【原文】《象》曰：南狩之志，乃大得也。

明夷箕子图

明夷卦通过光明落入地下的喻象，展示了政治昏暗、光明陨落的世间状况以及“君子”处暗而艰贞自守、自晦其明的的处世之道。全卦六爻，除上六为“暗君”之外，其余皆为“君子”，他们以消极反抗或积极救治的态度处于“明夷”之世。尤其六五犹如近于商纣的箕子，佯狂自晦以守志，不为昏暗所没。

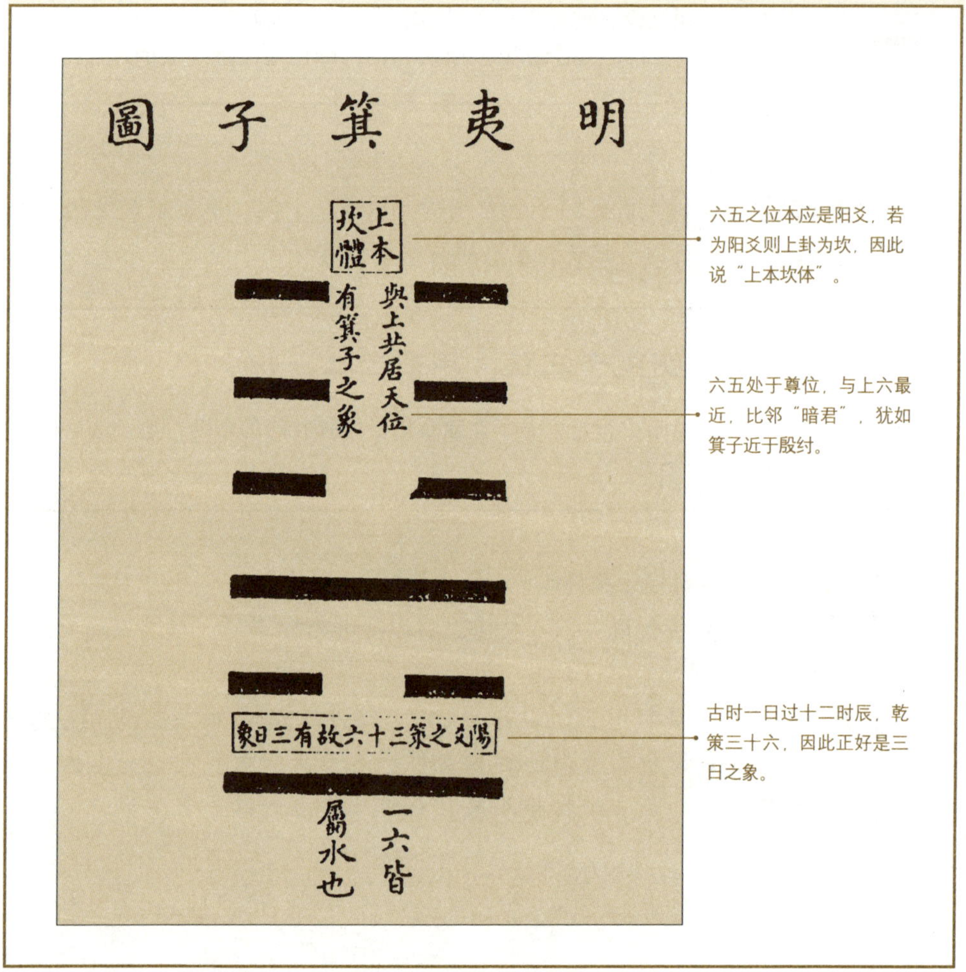

明夷箕子圖
上本坎體
與上共居天位
有箕子之象
陽爻之策三十六故有三日象
一六皆屬水也
六五之位本应是阳爻，若为阳爻则上卦为坎，因此说“上本坎体”。
六五处于尊位，与上六最近，比邻“暗君”，犹如箕子近于殷纣。
古时一日过十二时辰，乾策三十六，因此正好是三日之象。

【译文】《象传》说：有到南方征伐的志向，一定大有收获的。

【启示】此爻是阳爻阳位，居下卦的最上位，这表明到南方征伐暴君的志向是正确的，但这是非常行动，所以要谨慎行事。

六四：入于左腹，获明夷之心，于出门庭。

六四：在黑暗之中，得知小人之心，便离家远逃，避免受到伤害。

【原文】《象》曰："入于左腹"，获心意也。

【译文】《象传》说：回到深山里，实现退隐的愿望。

【启示】这一爻告诉我们，一个人身处黑暗中，如不能与小人相抗衡，那么走就为上计。

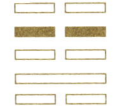

六五：箕子之明夷，利贞。

六五：箕子处于最黑暗的时候，保持中正是有利的。

【原文】《象》曰：箕子之贞，明不可息也。

【译文】《象传》说：箕子处于最黑暗的时候，保持中正是有利的，他的高风亮节千古不灭。

【启示】这一爻告诉我们，一个人处在黑暗中，必须保持中正。

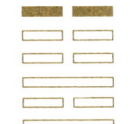

上六：不明晦。初登于天，后入于地。

上六：太阳下山，灰暗。开始如登天一般地得高位，光芒四射，而后又沉入地中。

【原文】《象》曰："初登于天"，照四国也。"后入于地"，失则也。

【译文】《象传》说：次日清晨太阳再次升起，这表明它的光明能够普照四方各国。而后又沉入地中，这表明它失去了正确的原则。

【启示】这告诉我们，在身居高位时，更要坚持正道。

明夷卦卦爻要义图解

明夷	六四处稍疏之地，柔邪以得君心，为异姓之廉来	六二处明之中，被害而伤我之股，为文王姜里之囚	明体
	上六至暗之主，初登天后，入地为商纣暗体为商人	初六以明处下，见几而去，为伯夷大公避纣归周	为
	六五处亲贵之位，内难而正己志，为同姓之箕子	九三处明之极，除害而得彼之首，为武王牧野之战	周人

【疑难解析】君子于行，三日不食。有攸往，主人有言

"君子于行，三日不食。有攸往，主人有言"的大意是：君子从家里往外出行，多日没有吃东西，有所行动，则必遭主人的斥责。他又没去偷主人的东西，主人为什么要斥责他呢？

"君子从家里往外出行，多日没有吃东西"表明君子十分饥饿，十分狼狈。此时他有所行动，很容易被主人误以为是偷东西的，当然就大声责备他。

所以说，一个人处在黑暗中，不能有所行动。

明夷于南狩，得其大首，不可疾贞

"明夷于南狩，得其大首，不可疾贞"的大意是：在黑暗中向南征伐，可以俘虏其首领，但不能急躁冒进，须等待时机。它是九三爻的爻辞。此爻是阳爻阳位，居下卦的最上位。这暗示我们，即使到南方征伐暴君是正义行动，也要谨慎行事：

一、暴君居于至高无上的位置，还有一定的实力，就好比"瘦死的骆驼比马壮"，所以我们不能等闲视之。

二、人往往不愿打破原有的生活，除非原有的生活已把他逼上绝路。所以在被逼到绝路前，人就会设法维护原有的生活秩序，对打破者的行动构成阻碍。

三、一个人往往受到本地域的爱国主义教育，所以在他还没有对暴君彻底绝望前，他以维护暴君的利益来保自己的名节。

不明晦。初登于天，后入于地

"不明晦。初登于天，后入于地"的大意是：太阳下山，灰暗。开始如登天一般地得高位，光芒四射，而后又沉入地中。它是上六的爻辞。此爻是阴爻

阴位，又是上卦的最上位，表明昏庸到了极点，人一昏庸就辨不清东南西北，分不清高低，所以在他登上高位后，就容易一脚踩空，坠落于地。这就暗示我们，在身居高位时，更要坚持正道。

一是因为身居高位的人的每一句话都起作用，所以就是说错一句话，也会对人民造成大的伤害。

二是因为他的一举一动也在人民的视野之中，他的每一个错误的行动都有可能给人民造成这样的想法：他的能力和他的位置不相匹配。就好比站在高山上的人，只有很小的一块活动的地方，周围都是悬崖，稍微不慎，就会掉进悬崖。

六十卦象象义图

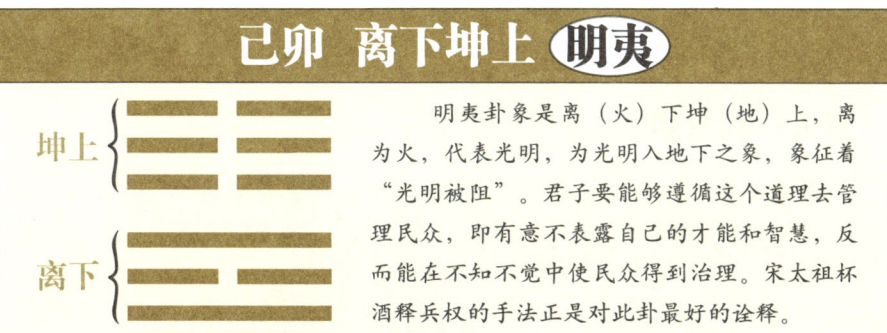

己卯　离下坤上　明夷

明夷卦象是离（火）下坤（地）上，离为火，代表光明，为光明入地下之象，象征着"光明被阻"。君子要能够遵循这个道理去管理民众，即有意不表露自己的才能和智慧，反而能在不知不觉中使民众得到治理。宋太祖杯酒释兵权的手法正是对此卦最好的诠释。

▶ 建立宋朝，一扫群雄

谶曰
天一生水。姿禀圣武。
顺天应人。无今无古。

颂曰
纳土姓钱并姓李。
其余相次付真人。
天将一统付真人。
不杀人民更全嗣。

金圣叹评注

此象主宋太祖受禅汴都，天下大定，钱李二氏相率归化，此一治也。

叁拾柒 风火家人卦

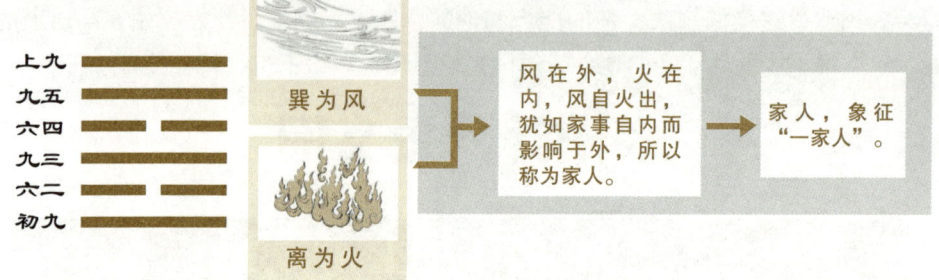

家人：利女贞。

《彖》曰：家人，女正位乎内，男正位乎外。男女正，天地之大义也。家人有严君焉，父母之谓也。父父，子子，兄兄，弟弟，夫夫，妇妇，而家道正。正家而天下定矣。

《象》曰：风自火出，家人。君子以言有物而行有恒。

《家人卦》：有利妇女去卜问。

《彖传》说：一家人，女人应在家内主持好家务，男人应在家外干好工作。男主外女主内，合乎天地的大道义。家庭中应该有严厉而正直的家长，这就叫做父母。对家里的每个人来说，父亲应该尽到做父亲的责任，儿子应该承担做儿子的义务；兄长要尽到当兄长的责任，弟弟要尽到做弟弟的义务；丈夫要尽到做丈夫的责任，妻子要承担做妻子的义务，如果这种家庭的伦理道德纳入正轨，家就合乎规范。每一家都被治理好，天下也就安定了。

《象传》说：《家人卦》的卦象是离在下、巽在上，离为火、巽为风，这就有风从火中出来之象，就好像一家人各尽其责，严明的家风也就形成了，所以把它叫做《家人卦》。君子要言而有信，不能夸夸其谈，行动要合乎客观规律。

【启示】《家人卦》告诉我们，一家之主，负有领导职责，要防患于未然，因此治家要刚柔相济，既要有诚信，又要有威严。同时家庭的成员要各安其位，各司其职，分工协作。

断易天机问占图

入海求珠之卦，开花结子之象

家人卦卦象解义

古解： 家人者，同也。阴阳得位，夫妇克隆，田土增广，财入本宫。婚姻之道，以存始终。不求自合，家庆融融。

今译： 家人，象征"一家人"。各爻阴阳得位，夫妇和睦，财运兴盛。婚姻之道，在于始终如一，这样就能家庭和睦，其乐融融。

此卦为董永卖身葬父卜得之卦，感动仙女下凡为妻。

- 水边有一条带子，表示事情迟滞，不顺利
- 一人张弓射箭，表示遇到贵人帮助
- 一妇人携手，表示因妇人而得富贵，利于求婚
- 云中神人送来一卷文书，表示将接到恩命
- 贵人跪在地上接受文书，表示拜谢领命

叁拾柒 风火家人卦

【家人之爻】各尽其责，家道得正

①	初九，闲有家	家道初立，严防辟邪
②	六二，无攸遂，在中馈	无所成就，居中守正
③	九三，家人嗃嗃	阳刚亢盛，治家过严
④	六四，富家	柔顺得正，增富其家
⑤	九五，王假有家	以德感人，保有其家
⑥	上九，有孚，威如	心存诚信，威严治家

初九：闲有家，悔亡。

初九：平时要保护和管理好自己的家庭，防止意外发生，没有什么后悔的。

【原文】《象》曰："闲有家"，志未变也。

【译文】《象传》说：平时要保护和管理好自己的家庭，能防止意外发生，这是因为有坚贞不渝的意志。

【启示】这一爻告诉我们，平时做一些预防工作，能防患于未然。

六二：无攸遂，在中馈，贞吉。

六二：妇人没有什么大的志向，在家中操持好家务，去占卜一定得到吉利的预兆。

【原文】《象》曰：六二之吉，顺以巽也。

【译文】《象传》说：《家人卦》的六二爻位是阴爻阴位，它之所以是吉祥的，是因为它位于下卦的中位，顺从而又互相配合。

【启示】六二居下卦之中，且柔顺中正，又上应九五，有妇人顺从丈夫之象，因此称其在家操持家务。这一爻暗示我们，作为一个家庭的成员，能尽到自己应尽的责任，就能获得吉祥。

九三：家人嗃嗃，悔厉，吉。妇子嘻嘻，终吝。

九三：家长很严肃，有时因自己发脾气或太严肃，又有点后悔，自然会有不利的影响，但最终是吉利的。母亲、儿女在一起嘻嘻哈哈的，治家不严，最终是不利的。

【原文】《象》曰："家人嗃嗃"，未失也。"妇子嘻嘻"，失家节也。

家人象图

家人卦主要阐发了"治家"之道，并且强调治家需女子柔顺守正、男子阳刚威严，这样才能不失"家道"。初六"闲"，九三"厉"，九五"假"，上九"威"，这都是男子治家的方法；六二与六四皆柔顺守正，是对女子持家的要求，这正符合古时人们"男严女顺"、"男尊女卑"的观念。

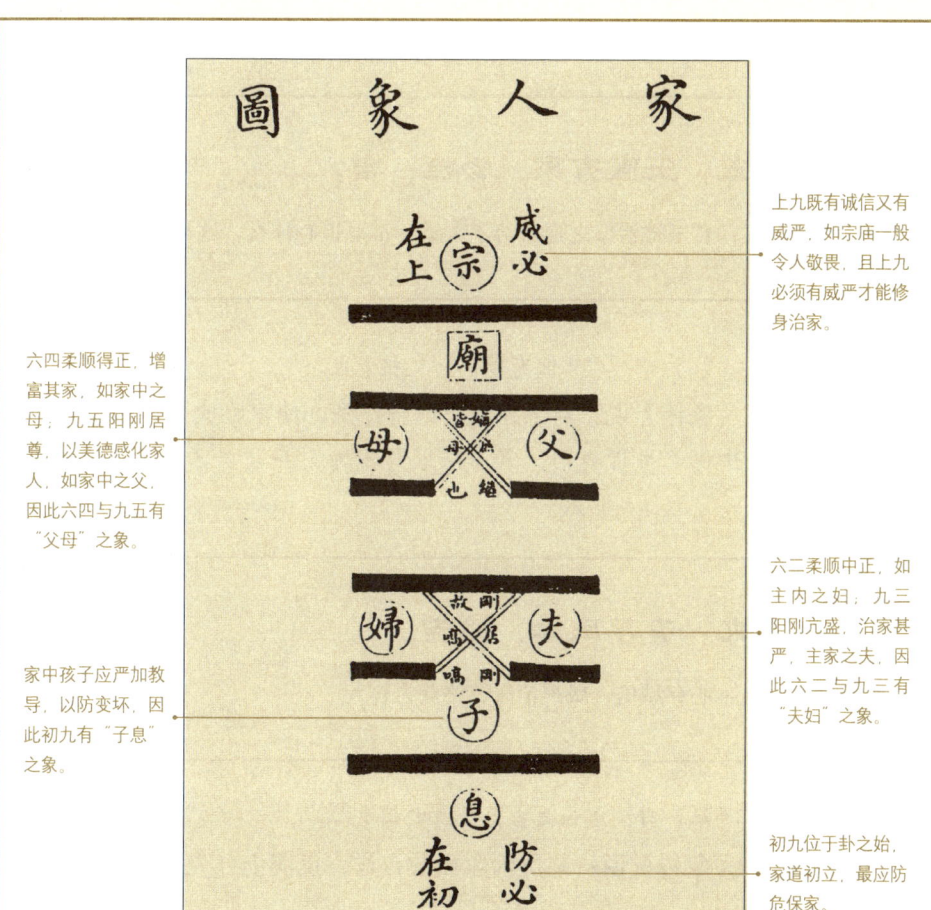

【译文】《象传》说:"家长很严肃",没有失去正派家风。"母亲、儿女在一起嘻嘻哈哈",有失家中的礼节。

【启示】这一爻告诉我们,一个人治家要严格。

六四:富家,大吉。

六四:家庭富有了,十分吉利。

【原文】《象》曰:"富家,大吉",顺在位也。

【译文】《象传》说:"家庭富有了,十分吉利",这是由于六四爻位的柔顺居正位。

【启示】这一爻告诉我们,一个家庭无论在物质上还是在精神上都是富有的,一定是吉祥之家。

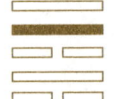
九五:王假有家,勿恤,吉。

九五:君王把治家之道带给了大家,不要担心什么,这是吉利的。

【原文】《象》曰:"王假有家",交相爱也。

【译文】《象传》说:君王在家里以身作则,使家庭成员互相关爱。

【启示】这一爻告诉我们,君王应以身作则,并以自己的正确的治家之道教化人们。

上九:有孚威如,终吉。

上九:心存诚信,威严治家,终获吉祥。

【原文】《象》曰:威如之吉,反身之谓也。

【译文】《象传》说:威严治家而获吉祥,说明上九先要自我反省,严格要求自己。

【启示】这一爻告诉我们,作为一家之长,一方面他虚心谦和,善于改正自己的错误，并且善待家庭成员；另一方面他办事果断，颇有魄力。这是吉利的。

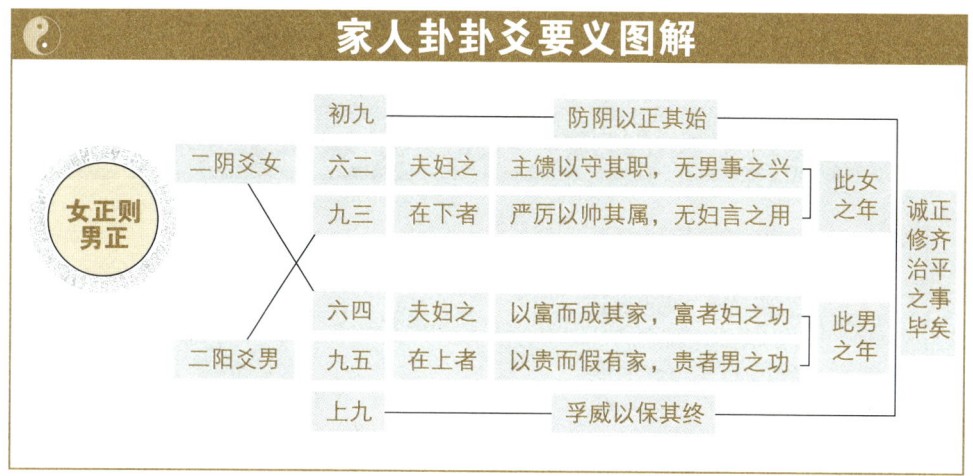

【疑难解析】"王假有家，勿恤，吉"和"有孚威如，终吉"

"假"是至、到的意思。"有家"是有家道的意思。"王假有家，勿恤，吉"是九五爻的爻辞。九五为阳居阳位，就有正当之意。所以，它的大意是：君王把正确的治家之道带给了他的臣民，不要担心什么，这是吉利的。怎样把它带给他的臣民？一是以身作则；二是以之来教化人民。

这里的治家之道指的是什么呢？是有孚威如。"有孚威如"是上九爻的爻辞。上九为阳居阴位。这就表明：

一、作为一家之长，虽居于上位，但他谦虚，善待家庭的每一个成员。这样做有两大好处：一是家庭的各个成员都信任他；二是大家都以他为榜样，关爱他人，从而家里充满了爱。

二、作为一家之长，他又根据当时的道义，制定了家规，并以之来治家。这样，他在家里又树立了威信（注意这里的家规包含两层含义：一是家里的规矩；二是家外的规矩，即跟别人相处的法则），能出现两种好的情形：一是大家的行动就有序，不会陷入"群龙无首"的混乱局面；二是能抵御家人的不正确的干扰，做到公正无私，能使家外的人服从。

总而言之，如君王能以正确的治家之道教化人们，让每一个家长既赢得家里的每一个成员的信任，又办事果断，十分有魄力，那么天下就太平了。

六十卦象象义图

甲午 离下巽上 家人

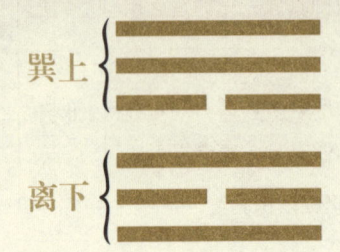

巽上
离下

《易经》曰："家人：利女贞。""家人"象征着家庭，特别注重女人在家中的作用，如果她能够坚守正道，始终如一，将会非常有利。但是明熹宗却没有把自己的家管好，宫廷中的女人也不守正道，天下自然也无法安定兴盛。

▶ 阉党专权，祸乱大明

谶曰
当涂遗孽。秽乱宫阙。
一男一女。斯送人国。

颂曰
忠臣贤士尽沈沦。
天启其衷乱更纷。
纵有胸怀光坦白。
乾坤不属旧明君。

金圣叹 评注

此象主天启七年间，妖气漫天，元气受伤。一男一女指魏阉与客氏而言。魏杀客氏，客氏熹宗乳母，称奉圣夫人。

叁拾捌 火泽睽卦

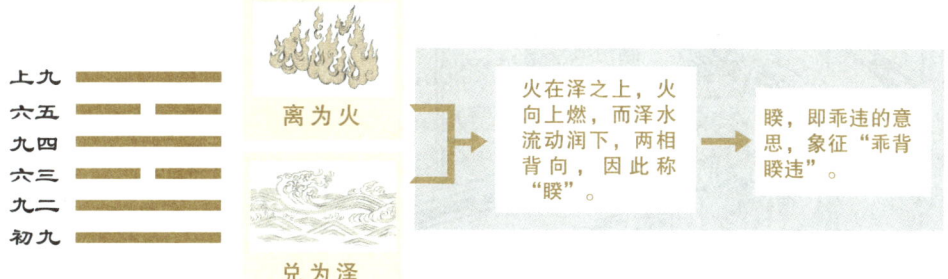

睽：小事吉。

《彖》曰：睽，火动而上，泽动而下。二女同居，其志不同行。说而丽乎明，柔进而上行，得中而应乎刚，是以"小事吉"。天地睽而其事同也，男女睽而其志通也，万物睽而其事类也。睽之时用大矣哉！

《象》曰：上火下泽，睽。君子以同而异。

《睽卦》：去卜问小事是吉利的。

《彖传》说：《睽卦》的卦象为离在上、兑在下，离为火、兑为泽，这就好像火往上窜，水往下流。两个女人在一起居住，但志向、情趣、行为却大不一样。以欢喜愉悦依附着光明，凭着柔顺的力量前进向上，这样做就符合中正之道，且与阳刚相应，就会得到卦辞中所讲的"去卜问小事是吉利的"结果。天和地性质不同，差别很大，但共同滋润万物，使万物茁壮成长；男人和女人性别不一样，但男女都渴望组建家庭，共同哺育后代；天下万物各有各的形态，但它们都有共同点。《睽卦》所展示的对立的道理和把握时机的意义是多么大呀！

《象传》说：《睽卦》的卦象是兑在下、离在上，兑为泽、离为火，这表示水火相遇，所以把它叫做《睽卦》。君子找出事物的共同点，并辨别它们各自的特点。

【启示】《睽卦》讲家庭及社会成员的背离，暗示我们，矛盾的双方是对立统一的。即事物是矛盾的，相互对立的，但一方的存在以另一方的存在为条件，并且在一定的条件下相互转化。根据矛盾的特性，我们一方面要同心同

断易天机问占图

猛虎陷井之卦，二女同居之象

睽卦卦象解义

古解：睽者，乖也。两情相违，大事非吉，小事无违。口舌相争，财散人离。疾病难产，行者不归。

今译：睽，乖违、乖异。两相背向，乖异背离，大事不吉，小事吉。易出现口舌之争，财散人离。生病难以痊愈，远行的人难以归来。

此卦为武则天聘尚贾至，精魅成，卜此除之。

- 一只大雁边飞边鸣叫，表示传来了消息
- 旁边一树桃花开得正艳，表示春至花开
- 一人手拿斧子，十分威武，表示掌握权力
- 文书破损，表示不全
- 门虚掩着，表示人还未回来
- 一头牛、一只老鼠，表示子丑位有喜

德消除异己力量，一方面要求同存异，要创造条件使矛盾向好的方向转化，推动事物发展。

【睽之爻】顺势利导，睽违终合

① 初九，悔亡　　　　　　　谦逊勿动，广和于人
② 九二，遇主于巷　　　　　守谦顺时，睽违得合
③ 六三，无初有终　　　　　睽违至极，终将欢合
④ 九四，睽孤　　　　　　　睽违孤立，两阳相交
⑤ 六五，悔亡　　　　　　　居尊柔顺，下应九二
⑥ 上九，睽孤　　　　　　　猜疑消除，阴阳和合

初九：悔亡。丧马，勿逐自复。见恶人，无咎。

初九：悔恨消失。不用去找丢失的马，它自己就会回来。遇到坏人，不会有什么灾祸。

【原文】《象》曰："见恶人"，以避咎也。

【译文】《象传》说："遇到坏人"，用这种态度跟他们相处，意在避开灾祸。

【启示】这一爻暗示我们，我们要一分为二地看问题，找出对立事物的同一性，就能避免灾祸。

九二：遇主于巷，无咎。

九二：在小胡同里遇到自己的主人，没有什么灾祸。

【原文】《象》曰："遇主于巷"，未失道也。

【译文】《象传》说："在小胡同里遇到自己的主人，没有什么灾祸"，是因为没有脱离正道。

【启示】这一爻告诉我们，一个人在处理事物时，应对事不对人，按照自己的道德、良心去办事。

六三：见舆曳，其牛掣，其人天且劓。无初有终。

六三：一头牛使劲地拉着货车，赶车的人是一个额头刺了字又被割掉鼻子的奴隶。虽然开始是困难的，但最终是有好结果的。

【原文】《象》曰："见舆曳"，位不当也。"无初有终"，遇刚也。

【译文】《象传》说："看见一个烙额割鼻的奴隶在拉车"，这是因为六三爻是阴爻阳位，所处的位置不恰当。"开始时特别困难，但最终还是有好

睽卦象图

睽卦虽名为"睽"，但其主旨却在阐述变"睽"为"合"的方法，即秉持"求同存异"的原则，小心柔顺处事。卦中六爻，阳居阴位，阴居阳位，因而阴阳相疑，睽而不合，但却没有久睽不合的，因此睽卦体现了古人"对立统一"的哲学思想。

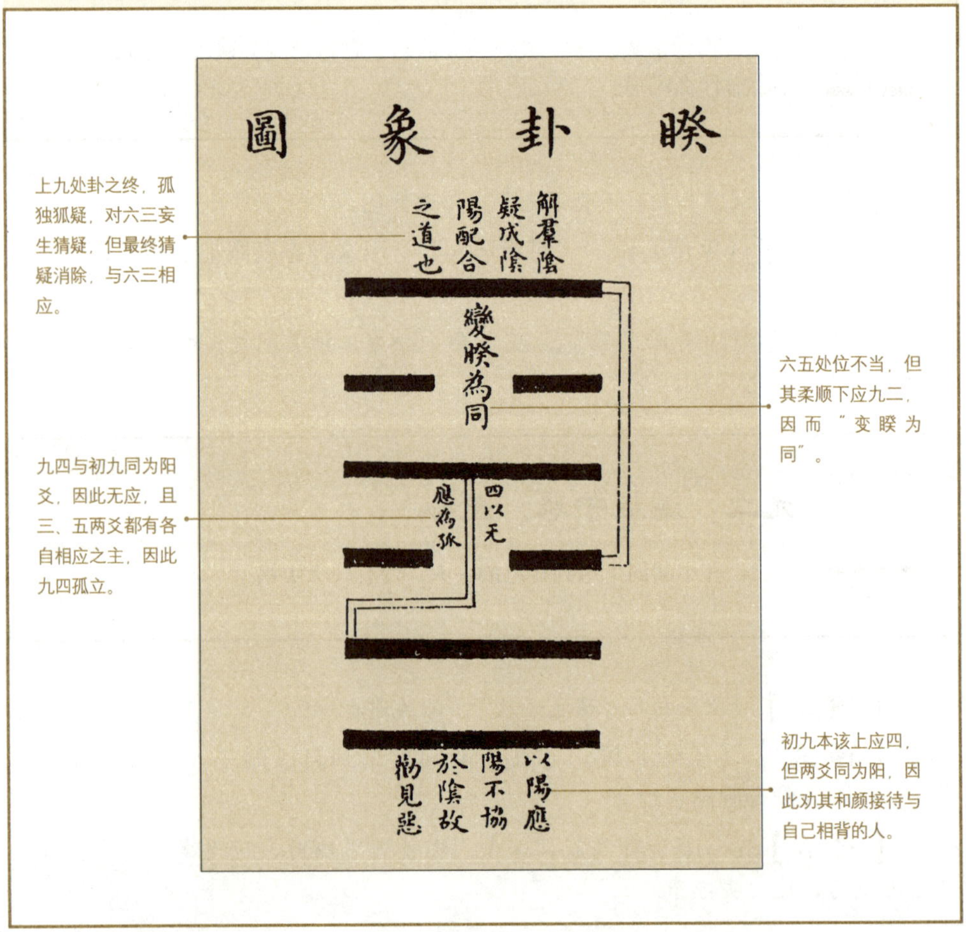

睽卦象圖
解羣陰疑成陰陽配合之道也
上九处卦之终，孤独狐疑，对六三妄生猜疑，但最终猜疑消除，与六三相应。
變睽為同
六五处位不当，但其柔顺下应九二，因而"变睽为同"。
四以无應為孤
九四与初九同为阳爻，因此无应，且三、五两爻都有各自相应之主，因此九四孤立。
以陽應陽不協於陰故勸見惡
初九本该上应四，但两爻同为阳，因此劝其和颜接待与自己相背的人。

结果的"，这是因为六三阴爻上遇到九四阳爻，就好像有贵人相助。

【启示】这一爻告诉我们，即使一开始就遇到阻碍，也不必忧惧，因为只要巧妙地应付，就能变阻力为推动力。

九四：睽孤，遇元夫，交孚。厉无咎。

九四：孤独又自负，遇到上大夫，有诚信地和他交往。开始艰难，但最终没有什么灾祸。

【原文】《象》曰："交孚"无咎，志行也。

【译文】《象传》说："有诚信地和上大夫交往"，能免去灾祸，这是因为他们从不同的角度推行他们共同的心愿。

【启示】这一爻告诉我们，诚信是求同存异的保证。

六五：悔亡。厥宗噬肤。往何咎？

六五：悔恨消失了。同宗族的人能唇齿相依。一起行动起来，又有什么灾祸呢？

【原文】《象》曰："厥宗噬肤"，往有庆也。

【译文】《象传》说：同宗族的人能唇齿相依，一起行动起来，一定是吉庆的。

【启示】这一爻告诉我们，如果大家同心同德，就能克服困难，获得吉祥。

上九：睽孤，见豕负涂，载鬼一车，先张之弧，后说之弧。匪寇，婚媾。往遇雨则吉。

上九：孤独而自负，看见一头背上沾满污泥的猪，又遇见一辆车，有一群穿奇装异服的人在上面坐着，于是就拉开了弓准备射它，但是后来又放下弓。因为定下神来一看，发现并不是强盗，而是要婚娶的。继续前往，遇到大雨，就获得吉利的预兆。

【原文】《象》曰："遇雨之吉"，群疑亡也。

【译文】《象传》说："遇上大雨，会获得吉利的预兆"，是说原来的种种怀疑都已经烟消云散了。

【启示】这一爻暗示我们，猜疑是导致离散的原因。所以，设法消除对方的疑虑，就能合同。

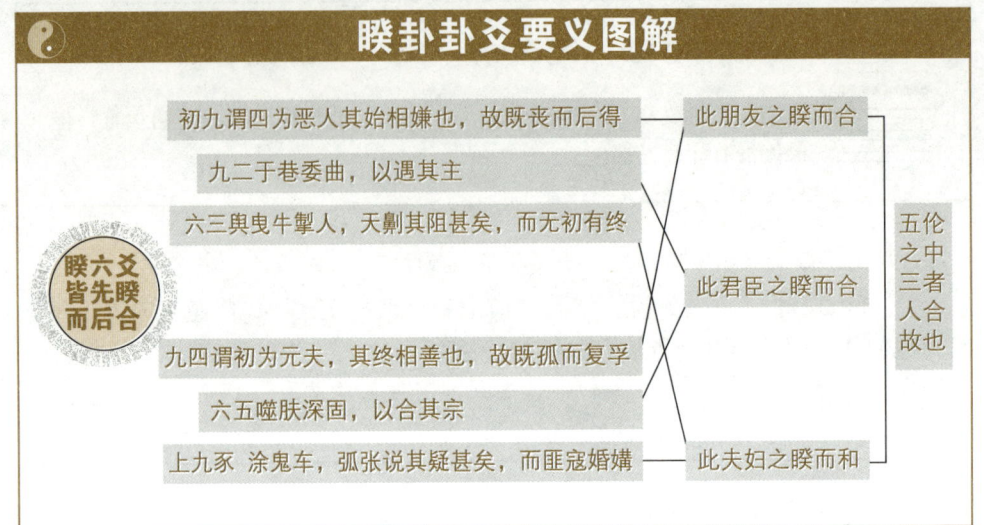

【疑难解析】悔亡。丧马，勿逐自复。见恶人，无咎

"悔亡"的大意是：悔恨消失。它是初九爻的爻辞。从卦画可以看出是刚刚遇见一个与自己背离而行的人。为什么悔恨会消失呢？

"丧马，勿逐自复。见恶人，无咎"的大意是：悔恨消失。不用去找丢失的马，它自己就会回来。遇到坏人，不会有什么灾祸。这就暗示我们：事物是异中有同，离中有合。即使遇见一个与自己志不同的坏人，既不要回避，也不要强迫人家根据你的意志行事，而是设法与他好好相处。一般说来，要离坏人远点，而这里为什么说"要设法与坏人好好相处"呢？

一、人类文明还未达到极高境界——坏人都自动从地球上消失，所以我们不遇见坏人是不可能的，不和坏人同居一个地球是不现实的。二、如积极和坏人交往，设法找到彼此的共同点，并以此为切入点，教化、感化坏人，那坏人就会变成好人。三、如强迫人家根据你的正确意志行事，那坏人会更坏。因为坏人本来和你的观点就不一样，所以强迫他按照你的意志行事，就会引起强烈的逆反心理，从而他的行动与正义的行动相隔得更加远了。

六十卦象象义图

乙酉 兑下离上 睽

离上 ☲
兑下 ☱

睽卦上卦为离，为火；下卦为兑，为泽，火向上燃，而水润于下，两相背离，因此"睽"即"乖背睽违"的意思。北宋灭亡后，赵构建立了南宋，父兄被掳的奇耻大辱竟没有激起他对金人的仇恨。高宗在位期间，一味地对金投降求和。本应抗金的君主，却谈金色变，这与睽卦的意思正相符。

▶▶ 泥马南渡，建立南宋

颂曰

神京王气满东南。
祸水汪洋把策干。
一木会支二八月。
临行马色半平安。

谶曰

天马当空。否极见泰。
凤凰淼淼。木篝大赖。

金圣叹评注

此象乃康王南渡。建都临安，秦桧专权，遂成偏安之局。当时之史实鉴之。木勾，康王名构。一木会支二八月者汉奸也，木会即合为桧，春之一半，秋之一半，可合成秦字，妙之王也。

叁拾捌 火泽睽卦

叁拾玖 水山蹇卦

蹇：利西南，不利东北。利见大人，贞吉。

《彖》曰：蹇，难也，险在前也。见险而能止。知矣哉！蹇"利西南"，往得中也。"不利东北"，其道穷也。"利见大人"，往有功也。当位"贞吉"，以正邦也。蹇之时用大矣哉！

《象》曰：山上有水，蹇。君子以反身修德。

《蹇卦》：有利于向西南方向走，不利于往东北方向走。有利于拜见王公贵族，去占卜得到吉祥的预兆。

《彖传》说：蹇有艰难的意思。遇到危险能停止行动，多么明智的做法呀！《蹇卦》的卦辞说："有利于向西南方向前进。"只有这样行动，才会顺利。"不利于向东北方向前进"，是因为东北是山，自然道路尽了。"利于会见王公贵族"，是说在这时如果能够积极行动，就会建功立业。位置正当时去占卜得到吉利的预兆，这是因为坚守正道，始终如一，就能拯救国家，摆脱困境，因此，《蹇卦》的实际意义真伟大呀！

《象传》说：《蹇卦》的卦象是艮在下、坎在上，艮为山、坎为水，这就表明山上存水，不利于行，所以把它叫做《蹇卦》。看到这个卦象，君子应该好好反省自己，培养自己良好的德行。

【启示】《蹇卦》告诉人们该如何看待困难、走出困境。一要知难而退，坐待时机。二要加强自我的道德修养，并聚集起各方力量，确定核心领导。

断易天机问占图

飞雁衔芦之卦，背明向暗之象

蹇卦卦象解义

古解：蹇者，难也。利往西南，不利东北。向暗背明，多有壅塞。求事未遂，尚多疑惑。

今译：蹇为困难、艰险之意。利于向西南平地前行，不利于走向东北山地。由于行走背明向暗，多有险阻。所求之事未得，仍有诸多疑惑。

此卦为钟离为将收楚卜得之卦，乃知身不王矣。

一面旗迎风招展，上面写着"使"字，这是一面使旗

明日当空，为光明的象征

有五面鼓，旁边还有一只鹿，表示兴旺福禄的意思

一个堠上面有"千里"二字，表示前程远大的意思

叁拾玖　水山蹇卦

【蹇之爻】进退合宜，合力济难

①	初六，往蹇，来誉	前行艰难，退处获誉
②	六二，王臣蹇蹇	柔顺居中，奋力济蹇
③	九三，往蹇，来反	前行艰难，退居其所
④	六四，往蹇，来连	进退两难，寻求共济
⑤	九五，大蹇，朋来	阳刚中正，友朋相助
⑥	上六，往蹇，来硕	前行艰难，辅君建功

初六：往蹇，来誉。

初六：刚前往就遇上了困难，自己知道返回则会受到称誉。

【原文】《象》曰："往蹇，来誉"，宜待时也。

【译文】《象传》说：刚前往就遇上了困难，自己知道返回则会受到称誉，是告诫人们应知难而退，等待时机。

【启示】这一爻告诉我们，一个人应知难而退，等待时机。

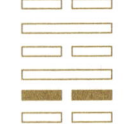

六二：王臣蹇蹇，匪躬之故。

六二：君王的臣子屡碰艰难，这是因为他为正王室而奋不顾身的缘故。

【原文】《象》曰："王臣蹇蹇"，终无尤也。

【译文】《象传》说："君王的臣子屡碰艰难"，但终究不会有什么怨尤。

【启示】六二正当蹇难之时，柔顺居中，又上应九五，犹如"王臣"尽职事君。爻辞中"蹇蹇"，有奋力济蹇，而不顾自身安危之义。这一爻告诉我们，一个人为了大家的利益而奋不顾身，虽遇到重重困难，但最终没有什么怨尤。

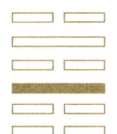

九三：往蹇，来反。

九三：出门时遇到困难，又返回来了。

【原文】《象》曰：“往蹇，来反”，内喜之也。

【译文】《象传》说：“出门时遇到困难，又返回来了”，从内心为此

蹇往来之图

蹇卦通过六爻处艰难之时的不同处事方法，喻示了涉蹇济难时应遵循的道理：一是要进退适宜，可进则进，不可进则退，即往来合宜；二是要有主导的力量，即要有“大人”；三是要守持正固，不违正道。全卦六爻均揭示了要善处蹇时，勉力济蹇，但却只有上六获吉，这就暗示着度过艰难必会经历长期而艰辛的过程。

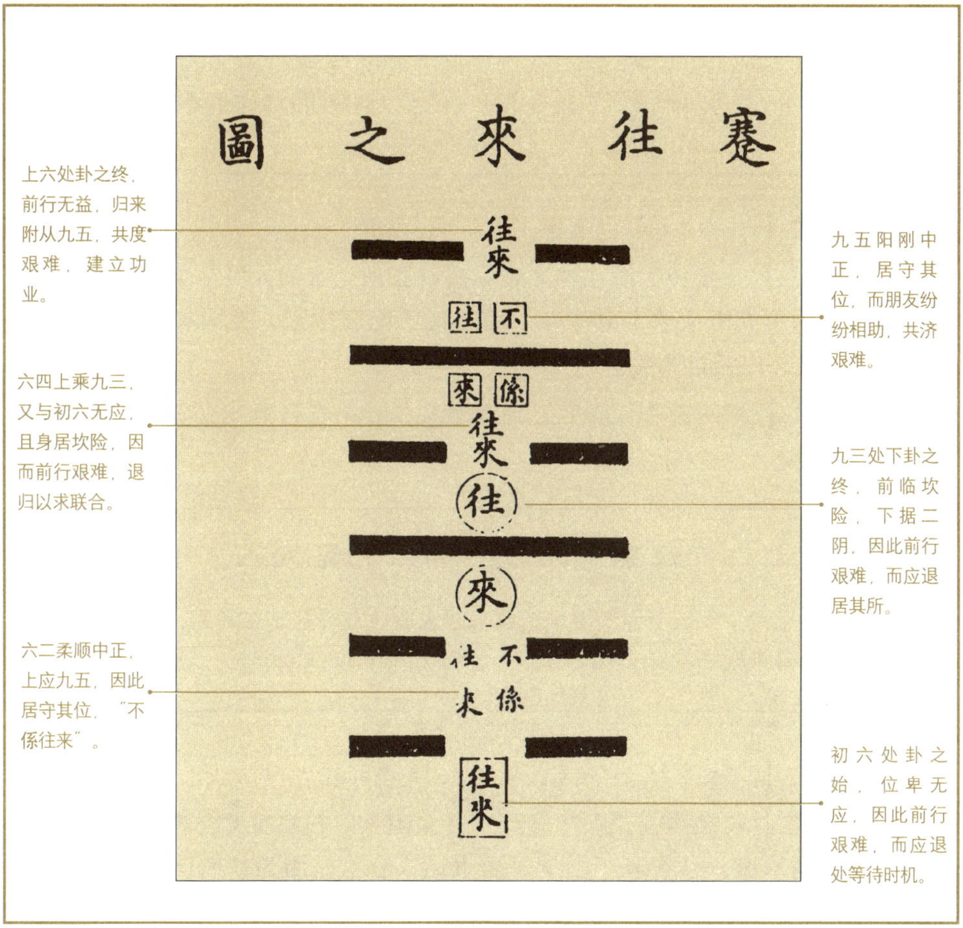

蹇往來之圖
往來
不往
係來
往來
往
來
不往
係來
往來
上六处卦之终，前行无益，归来附从九五，共度艰难，建立功业。
九五阳刚中正，居守其位，而朋友纷纷相助，共济艰难。
六四上乘九三，又与初六无应，且身居坎险，因而前行艰难，退归以求联合。
九三处下卦之终，前临坎险，下据二阴，因此前行艰难，而应退居其所。
六二柔顺中正，上应九五，因此居守其位，“不係往来”。
初六处卦之始，位卑无应，因此前行艰难，而应退处等待时机。

事感到高兴。

【启示】这一爻告诉我们,即使不是为了个人私利而采取行动,为了安全起见,也应停止行动。

六四：往蹇,来连。

六四：出门时遇到艰难,回来联系自己的同志。

【原文】《象》曰："往蹇,来连",当位实也。

【译文】《象传》说："出门时遇到艰难,回来联系自己的同志",是指这一爻所处的位置恰到好处。

【启示】在艰难的时候,应联合同志,壮大力量,共渡难关。

九五：大蹇,朋来。

九五：大难临头,各地受难的人民都来到贤明的大王的身边。

【原文】《象》曰："大蹇,朋来",以中节也。

【译文】《象传》说："大难临头,各地受难的人民都来到贤明的大王的身边",因为九五爻居上卦中位,就好像王坚守中正,把同处于危机中的人民都集合起来,以渡过难关。

【启示】这一爻告诉我们,大难当头,如果自己的实力不够,应联合其他人共渡难关。

上六：往蹇,来硕,吉,利见大人。

上六：经历了许多困难,归来时大有收获,这是吉利的,有利于见王公贵族。

【原文】《象》曰："往蹇,来硕",志在内也。"利见大人",以从贵也。

【译文】《象传》说："经历了许多困难,归来时大有收获",说明志气高昂,奋勇取胜。"有利于会见王公贵族",这是因为他们认为他高贵了,要大家以他为榜样。

【启示】这一爻告诉我们,大难之后必有大的收获。

蹇卦卦爻要义图解

| 九五得朋来之助 | 六二尽匡躬之节 | 君臣同心济天下之蹇 | 初六
九三
六四
上六 | 往蹇 | 来誉,以处下位
来反,以就二阴
来连,以同九三
来硕,以见大人 | 天下同心赖君臣之济 |

【疑难解析】"王臣蹇蹇,匪躬之故"和"往蹇,来反"

"王臣蹇蹇,匪躬之故"的大意是:君王的臣子之所以屡碰艰难,是因为他为正王室而奋不顾身的缘故。"往蹇,来反"的大意是:出门时遇到困难,又返回来了。一般说来,为了大家的利益应奋不顾身,那为什么一遇到困难要返回呢?

"往蹇,来反"是蹇卦九三爻的爻辞。九三是阳居阳位,这就表明他十分冲动,走得十分快,十分急,后又因遇到困难而返回,这当然是明智之举。因为这样做有几大好处:

一、遇到困难返回,可以在联系自己的同志后,大家一起向困难进军。俗话说得好:众人拾柴火焰高。所以大家一起去克服困难的成功的概率非常大。

二、遇到困难后返回,还能避免"打草惊蛇"。因为你之所以遇到困难,是因为遇到了来自对方的阻力。如你不及时抽身,自然会被对方发觉。

三、遇到困难时返回,还有利于自己休养生息,并拖垮对方。因为你要返回的地方是你的领地,你可边退后并得到当地的人民的补给,而对方会因得不到补给而疲惫不堪。

四、遇到困难返回,还可能为你提供施展"诱敌深入"的计谋的机会。因为敌人不见你有动静,就以为你没有力量与他抗衡,认为进攻的机会来了,结果贸然地进入你的领地。

五、你如果遇到困难就返回,还有可能凭借自己的有利的地势跟对方相抗衡。

一般说来,撤退不是指撤退的一瞬间,而是指的一个过程,它包括撤退前的谋略和撤退后应遵守的原则。所以,我们在撤退的前后都要坚守正道,不受外界的干扰而贸然出击,特别是不会因受到对方的诱惑而贸然出击,因为这样就会陷入对方预先设计的圈套。

肆拾 雷水解卦

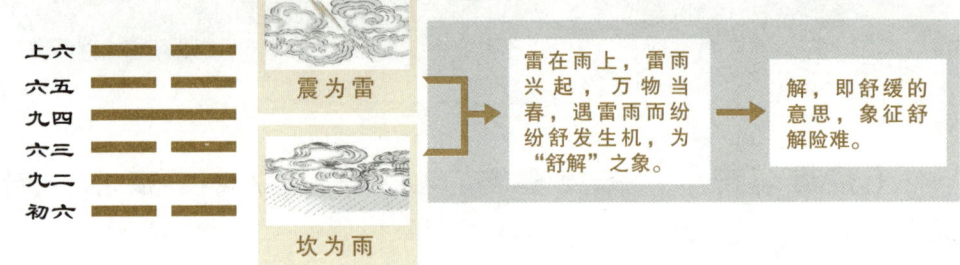

解：利西南，无所往，其来复吉。有攸往，夙吉。

《彖》曰：解，险以动，动而免乎险，解。解，"利西南"，往得众也。"其来复吉"，乃得中也。"有攸往，夙吉"，往有功也。天地解而雷雨作，雷雨作而百果草木皆甲坼，解之时大矣哉！

《象》曰：雷雨作，解。君子以赦过宥罪。

《解卦》：有利于向西南方向行进，但如果大难已解，就要返回去正纲纪，明法度，光复大业则能吉祥如意。应该有所行动，因为早点行动就能获得吉祥。

《彖传》说：《解卦》的下卦为坎、上卦为震，遇到危险而能有所行动，就会脱离困境，所以把它叫做《解卦》。卦辞说："有利于向西南方向行进"，是因为西南代表众人，如往西南方向前进就能得到群众的支持。"返回去吉祥如意"，是因为这样做坚守了中正，"早行才能获得吉祥"，这表明只要有所行动，就一定会建功立业的，天与地一旦得到交融和解，就好像春雷震荡，甘霖润泽，就会使天下所有的果木花草突破种子的外壳而绽露出勃勃生机。《解卦》的实用意义是多么大呀！

《象传》说：《解卦》的卦象是坎在下、震在上，坎为水、震为雷。这就好比春雷阵阵，春雨潇潇，万物生长，所以把它叫做《解卦》。因此，君子也应该宽恕别人，减轻处罚，使他们得到教育，重获新生。

【启示】《解卦》告诉我们，要解除大难，就要诚信待人以获得群众的支持，就要坚守中正。尤其是，一个人不要在大难解除后，就认为万事大吉，

断易天机问占图

春雷行雨之卦，忧散喜生之象

解卦卦象解义

古解：解者，散也。出于险难，恶事消散，狱讼可释，共相歌赞。忧财不集，人有隔而久在床枕，今无病患。

今译：解为解除险难。从险难中解脱出来，厄运消散，狱讼得到开释，众人欢庆。由于担忧不聚财，人心相隔而卧病在床，现在得以痊愈。

此卦为项羽困于垓下卜得之卦，后果士卒溃散。

- 一位道士手指大门，表示身入天门
- 迎风招展的旗上，写着一个"捷"字，表示上奏请功
- 另一道士献书，表示将受到表彰得到功勋
- 一只鸡在旁边鸣唱，声名远播的意思
- 贵人站在云中，是步云梯之意
- 一只兔子跑过，表示没有怀疑
- 一把刀插在地上，表示练武

因为新的任务又出现在他的面前。

【解之爻】舒解险难，排除隐患

① 初六，无咎　　　　　　　　危难初解，无所咎害
② 九二，田获三狐，得黄矢　　刚直中和，清除隐患
③ 六三，负且乘，致寇至　　　居位不正，招来祸患
④ 九四，解而拇　　　　　　　摆脱纠缠，与友相应
⑤ 六五，君子维有解　　　　　舒解危难，以德感人
⑥ 上六，公用射隼于高墉之上　去除隐患，无所不利

初六：无咎。

初六：没有什么灾祸。

【原文】《象》曰：刚柔之际，亦无咎也。

【译文】《象传》说：处在刚柔相济、相辅相成的位置，就好像君臣、夫妻同舟共济，不会有什么灾祸。

【启示】即使处于危险的境地，但如果能刚柔相济，也不会有什么灾祸。

九二：田获三狐，得黄矢。贞吉。

九二：狩猎获得了三只狐狸，而且得到了赏识——黄色的箭。去占卜得到吉祥的预兆。

【原文】《象》曰：九二"贞吉"，得中道也。

【译文】《象传》说：《解卦》的九二爻之所以"去占卜得到吉祥的预兆"，是因为它能够遵循中正之道。

【启示】九二以阳居阴，有"失正"之象，但其阳刚处中，有"得黄矢"之象，因此可排除困难，建立功业。所以这一爻告诉我们，要在险境中有大的收获，必须坚守正道。

六三：负且乘，致寇至。贞吝。

六三：背着一个东西坐在华丽的大车上，招来强盗抢劫。去占卜得灾祸的卦象。

【原文】《象》曰："负且乘"，亦可丑也。"自我致戎"，又谁咎也？

解出坎险图

解卦旨在阐发舒解险难的道理，即无难，以"来复"安居为吉；有难，则应速解为吉。解卦的宗旨是要追求一种安宁平和的状态，因此必须要清除"小人"，解除"内患"。六三窃居高位，因此称为众爻之患，终为上六所射获。解卦中两阳爻，其中九二位于坎卦之中，坎为险，即在险中，至九四而出于险，动于震下，因此称"解出坎险"。

解卦除上六居正位，其余爻皆阴居阳位，阳居阴位，阴阳悖乱。

六三阴柔失正，上乘九二，且攀附九四，犹如九四足趾之患。

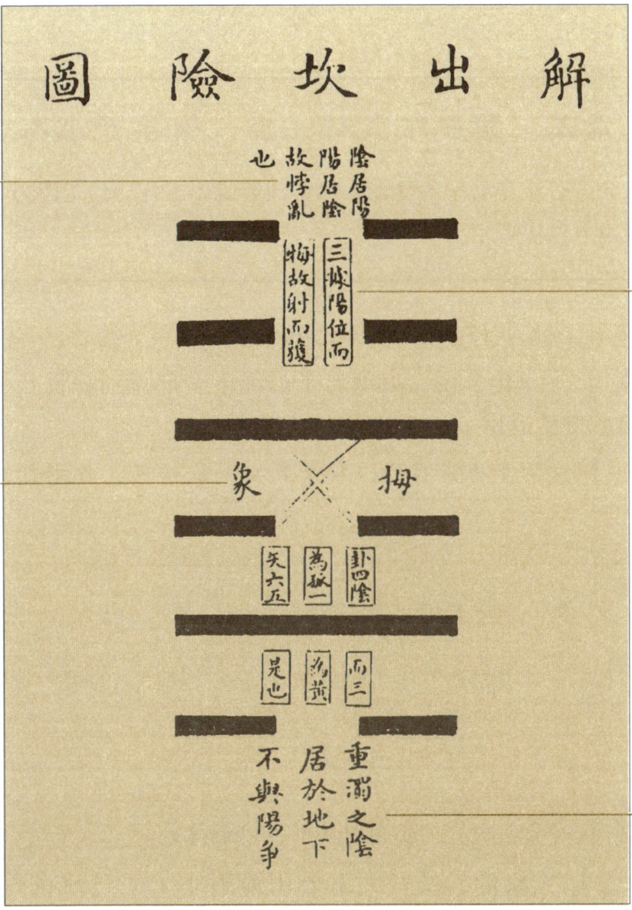

六三阴居阳位，正如小人窃居高位；上六居卦之终，有舒解危难的王公之象，因而射六三，以排除隐患。

初六居卦之初，阴柔位卑，上应九四，而不与阳争。

【译文】《象传》说:"背着一个东西坐在华丽的大车上必然引来横祸",这样的行为简直是太可笑了。"由于自己的原因而招致盗寇",这又能怪谁呢?

【启示】这一爻告诉我们,不要求虚位。

九四:解而拇,朋至斯孚。

九四:脚的大拇趾得到解脱就去赴约,朋友也来了,这表明双方都初步有了诚信。

【原文】《象》曰:"解而拇",未当位也。

【译文】《象传》说:脚的大拇趾得到解脱就去赴约,说明解开的部位不当。

【启示】这一爻暗示我们,如从局部解决问题,只能延迟灾祸发生,起到缓解的作用。

六五:君子维有解,吉,有孚于小人。

六五:束缚君子的绳索全部得到解脱,吉祥,这是因为君子首先对小人有诚信。

【原文】《象》曰:君子有解,小人退也。

【译文】《象传》说:束缚君子的绳索全部得到解脱,小人就会被君子的诚信所感动,自动退出。

【启示】这一爻告诉我们,要得到别人的信任,首先自己要光明磊落,诚信待人。

上六:公用射隼于高墉之上,获之,无不利。

上六:王公用箭射中了一只站在高高的城墙上的鹰,并且抓到它,没有什么不吉利的。

【原文】《象》曰:"公用射隼",以解悖也。

【译文】《象传》说:"王公用箭射中了一只站在高高的城墙上的鹰",解除了祸乱。

【启示】这一爻告诉我们，大难之后，更要戒备。

解卦卦爻要义图解

解

- 九二以君子之德居臣位，获狐以去邪媚之小人
- 六五以君子之德居君位，而解小人
- 九四以君子之德居臣位，解拇以去细微之小人

此皆君子

- 初六即四所指之拇也，然乃应于君子而有补过骤善之美
- 六三负且乘致寇必当解去—此真小人
- 上六亦二所指之狐也，然乃从于君子而有射隼高墉之解

此小人而变君子者

【疑难解析】无咎

"无咎"是解卦初六的爻辞。为什么一开始就说"没什么灾祸"呢？

初六是阴爻阳位，在这一卦的最下方。就好比一个人已经接近险地了，面对强大的敌人，他故意站在一个不显著的地方，而且表现得十分柔顺，这样做是没有什么过失的。这是因为：

一、他站在一个不显著的地方，引起对方的注意的可能性比较小，他可以暗中积蓄力量，等待良机。

二、柔顺使他做事谨慎，不贸然行动。这样就不会轻易陷入危险中。

三、如对方发现了他，由于他表现得十分柔顺，对方会认为他是弱者，即使他有一肚子坏水，也成不了大器。因此，对方就会轻视他，忽略他的存在，对他的发展一点也不构成威胁。

田获三狐，得黄矢。贞吉

"田获三狐，得黄矢，贞吉"的大意是：狩猎获得了三只狐狸，而且得到了赏识——黄色的箭。去占卜得到吉祥的预兆。

"黄矢"是黄色的箭。"狐"是会迷惑人的动物，在这里象征小人。《解卦》有四个阴爻，除了处于君位的"六五"之外，还有三个阴爻，所以爻辞中称"三狐"。九二处下卦之中，又与"六五"相应，就像得到君王信任的大臣，因而能够驱逐迷惑君主的小人，所以说"田获三狐"。如果狐狸逃走，箭同时也会丢失，但若射中猎获，箭就会回来。箭是直的，象征着正直的人格。驱逐小人，是为了治国安邦，一定要坚守正道，才会吉祥。

所以这一爻说明，解除困难必须坚守正道的原则。

六十卦象象义图

辛卯 坎下震上 解

震上
坎下

解卦上卦为震，为雷；下卦为坎，为雨，雷在雨上，雷雨兴起而万物生发，因此"解"为"舒解"之意。明朝建文帝在位时，燕王朱棣篡位，攻入南京。建文帝大势已去，但仍保全了性命，出家做了僧人，这正是生死之险得以"舒解"之象。

▶▶ 燕王篡位，建文帝出家

谶曰

草头火脚。宫阙灰飞。
家中有鸟。郊外有尼。

颂曰

羽满高飞日。
争妍有李花。
真龙游四海。
方外是吾家。

金圣叹 评注

此象主燕王起兵，李景隆迎燕兵入都，宫中大火，建文祝发出亡。

肆拾壹 山泽损卦

损：有孚，元吉，无咎，可贞。利有攸往。曷之用？二簋可用享。

《彖》曰："损"，损下益上，其道上行。损而有孚，元吉无咎，可贞，利有攸往。曷之用？二簋可用享，二簋应有时，损刚益柔有时。损益盈虚，与时偕行。

《象》曰：山下有泽，损。君子以惩忿窒欲。

《损卦》：双方都有所收获，大吉大利，没有什么灾祸，是称心的卜问。有利于有所行动。二簋食物可用来干什么呢？可用来祭祀。

《彖传》说：《损卦》，就是损坏老百姓的利益以供给王族，呈现出自下而上的运行方式。要这么做必须"双方都有所收获，大吉大利，没有什么灾祸，是称心的卜问。有利于有所行动。二簋食物可用来干什么呢？可用来祭祀"。这种用两簋粗食祭享神灵的做法，一定要在适当时机进行，减损阳刚以补给阴柔也要在恰当时机进行。所以说，损益、盈虚，都应该顺应天时。

《象传》说：《损卦》的卦象是兑在下、艮在上，兑为泽、艮为山。这就表示山下有湖泽，湖泽渐深而山渐高，所以把它叫做《损卦》。君子看到此卦象，应该抑制自己的情绪，克制自己的贪欲、欲望。

【启示】《损卦》告诉人们，损不是单方面的损，而是利人、利己的损。所以应损则损，决不吝惜。

断易天机问占图

凿石见玉之卦，握土为山之象

损卦卦象解义

古解：损者，益也。损下益上，后易先难。本非走失，事主忧官。必损而已，何以为安？

今译：损为减损。损下益上，初始艰难，后来容易。损下并非真正减损，而是补益于上，因此只要心存诚信，仍可获吉。

此卦为薛仁贵收燕卜得，后大破燕军。

- 空中的两束文书上写着"再告"两字，表示需再求才能得到
- 两位官人在门前对饮，表示欢饮的意思
- 酒瓶倒在桌子上，瓶内空空，表示事情没有指望
- 蹴鞠滚落在地上，表示所求没有得到

图解易经

【损之爻】损下益上，以诚为本

① 初九，祀事遄往　　　　自德初成，速往益上
② 九二，弗损益之　　　　不可妄进，固守其正
③ 六三，一人行，则得其友　专心求合，得其友朋
④ 六四，损其疾，使遄有喜　自损疾患，速纳阳刚
⑤ 六五，或益之十朋之龟　　虚中自损，众人益之
⑥ 上九，弗损益之　　　　受益已极，施惠于人

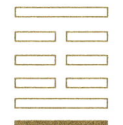

初九：祀事遄往，无咎。酌损之。

初九：祭祀的大事要快速去做，这样就没有什么灾祸。酌情减少祭品。

【原文】《象》曰："祀事遄往"，尚合志也。

【译文】《象传》说："祭祀的大事要快速去做"，表达了对神灵的崇拜。

【启示】说明应损则损，但必须适时、适量。

九二：利贞，征凶。弗损益之。

九二：有利于去卜问，征讨则会有凶险。这样做不但不会削弱他国实力，反而会增益它。

【原文】《象》曰：九二"利贞"，中以为志也。

【译文】《象传》说：《损卦》的九二爻讲"有利于去卜问"，这是因为九二爻居下卦中位，就好像人行事坚守中正之道。

【启示】这一爻告诉我们，不能为了自己的利益，去侵犯他人。

六三：三人行，则损一人；一人行，则得其友。

六三：三个人同行，则必有一人受损；一个人独行，就会得到自己的朋友。

【原文】《象》曰：一人行，三则疑也。

【译文】《象传》说：一个人独行，会遇到志同道合的朋友。三个人同行，就会相互猜疑。

【启示】这一爻暗示我们，事物的矛盾是双向的，只有两两相应，才能互补，从而达到双赢。

损益用中图

损卦主要说明事物在发展过程中，会有损下益上、损小益大或损有余益不足的过程，但损益之间必须以诚信为本，且损益要合时宜。此卦重在阐述"损下益上"，下卦三爻处下自损，而上卦三爻在上接受施益。至上九"损下益上"则向"损上益下"转化，体现了《易经》中辩证的哲学思想。

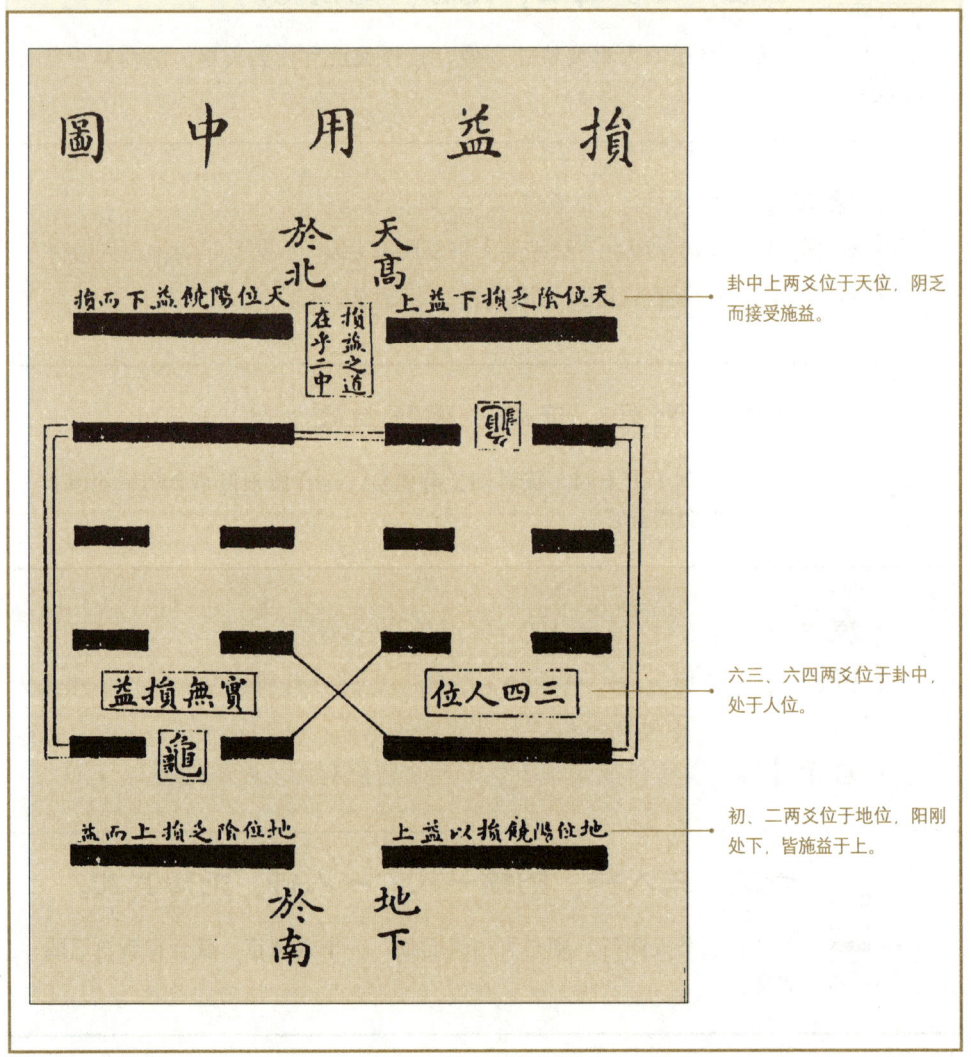

卦中上两爻位于天位，阴乏而接受施益。

六三、六四两爻位于卦中，处于人位。

初、二两爻位于地位，阳刚处下，皆施益于上。

六四：损其疾，使遄有喜，无咎。

六四：要改掉自己的坏毛病，并且行动迅速，就有喜庆的事发生，没有什么灾祸。

【原文】《象》曰："损其疾"，亦可喜也。

【译文】《象传》说："改掉了自己的坏毛病"，也是值得庆祝的事。

【启示】这一爻告诉我们，犯了严重的错误，如果迅速改掉导致错误产生的恶习，也不会遭遇灾祸。

六五：或益之十朋之龟，弗克违，元吉。

六五：有人诚心诚意送来价值十朋的宝龟，没法拒绝，十分吉利。

【原文】《象》曰：六五"元吉"，自上右也。

【译文】《象传》说：《损卦》的六五爻是"大吉大利的"，这是因为有来自上天的庇护。

【启示】这一爻告诉我们，以柔居尊，能得到大家的帮助。

上九：弗损益之，无咎，贞吉。利有攸往，得臣无家。

上九：不减损就可以增益他人，没有什么灾祸，去占卜得到吉祥的预兆。有利于有所行动，就好像不停地减损自己，到最后，自己的家没有了，得到了天下的臣民。

【原文】《象》曰："弗损益之"，大得志也。

【译文】《象传》说：不减损就可以增益他人，是因为从表面上看，施恩惠给人民是减损了自己，实际上是巩固了他的政权。

【启示】这一爻告诉我们，在上的应与老百姓共同分享劳动果实。

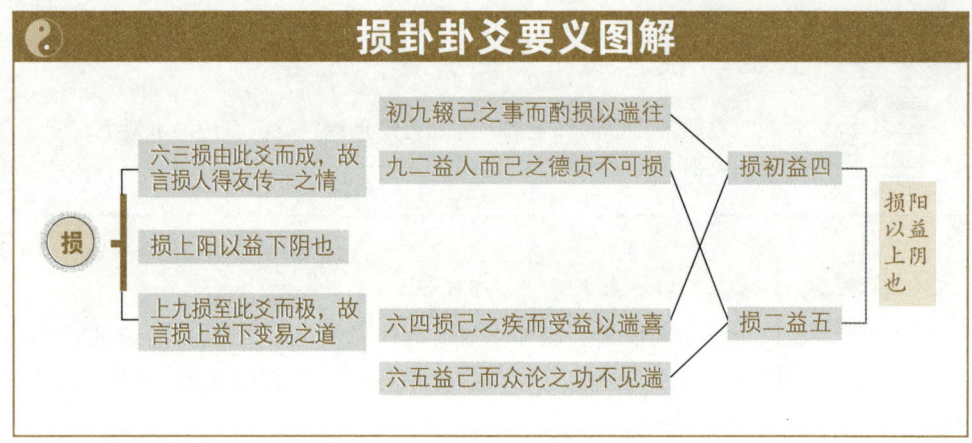

【疑难解析】祀事遄往，无咎。酌损之

"祀事遄往，无咎"的大意是：祭祀的大事要快速去做，这样就没有什么灾祸。大家都知道，我们要祭祀的是神灵，而神灵是财富的掌管者，所以这就好比到了向能提供给你帮助的人表明诚心的时候，你赶紧向他表示自己的诚意。为什么说这样做就没有什么灾祸呢？

如你不及时向别人表示自己的诚心，一方面别人就觉得你心不诚，就不愿意帮助你。因为你平时老求别人帮助你，并许下承诺："如当真得到你的帮助，我一定好好报答你。"而到了关键时刻，其他的人都带着礼品来拜望你，你却没有出现，别人误解你也是理所当然的。另一方面让小人有了从中挑拨的机会。因为你不在，小人想说什么，就说什么，即使是诬陷，你也没有辩驳的机会。而且"你没有来"本来就是事实，小人便以之为幌子，借题发挥，把你的缺点越放越大，甚至还编造一些事实。这就好像提供了小人遮掩自己丑恶的嘴脸的衣服，使能提供对你帮助的人无法识别小人的本来面目。

相反，你及时拜望了别人，别人的疑虑尽释，觉得你确实是个有诚信的人，就会给你帮助。

如果你没有什么财产，拿不出好的贡品该怎么办呢？"酌损之"。你没有好的东西给别人，为了表示自己的诚心，如果你向别人去借，结果你因此背上了沉重的包袱，使你不能轻松前行；如果你因此而起了歹意，则更糟糕了。再说，你要去拜望的那个人，他品德高尚，办事公正无私，他需要的是你的诚心，而不是许多钱财。

六十卦象象义图

甲申　兑下艮上　损

艮上 ☶
兑下 ☱

损卦的卦象是兑（泽）下艮（山）上，为山下有湖泽之象，就像泽自损而衬托出山的崇高，"损"象征着减损。可见，损卦与导致北宋灭亡的"靖康之耻"事件有着相同的悲剧气氛。

▶▶ 靖康之耻，北宋灭亡

颂曰

妖氛未靖不康宁。
北扫烽烟望帝京。
异姓立朝终国位。
卜世三六又南行。

谶曰

空厥宫中。雪深三尺。
呼嗟元首。南辕北辙。

金圣叹评注	此象主金兵南下，徽宗禅位。靖康元年十一月，京师陷，明年四月，金以二帝及宗室妃嫔北去，立张邦昌为帝。卜世三六者，宋自太祖至徽钦，凡九世，然则南渡以后又一世矣。

肆拾贰 风雷益卦

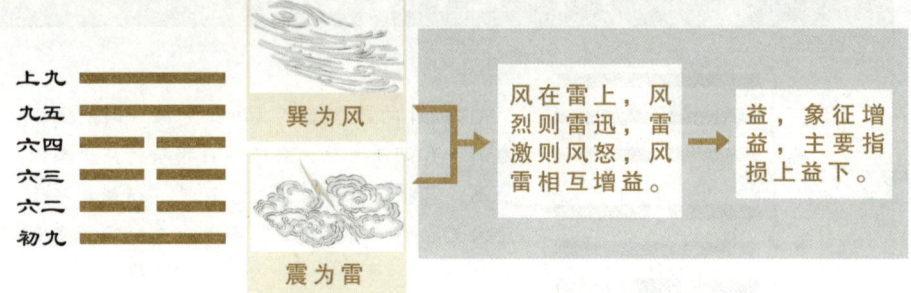

益：利有攸往，利涉大川。

《彖》曰：益，损上益下，民说无疆，自上下下，其道大光。"利有攸往"，中正有庆。"利涉大川"，木道乃行。益动而巽，日进无疆。天施地生，其益无方。凡益之道，与时偕行。

《象》曰：风雷，益。君子以见善则迁，有过则改。

《益卦》：有利于有所行动，有利于渡过大江大河。

《彖传》说：《益卦》，减损在上的利益补给在下的老百姓，老百姓内心喜悦无限。人民感到皇恩浩荡广施民间，这种体恤民情的精神必定会得到推广。"有利于有所行动"，是因为坚守中正，有值得喜庆的地方。"有利于渡过大江大河"，就是说借助于舟楫前进，前进的道路将会畅通无阻。想体恤民情就要果断采取行动，并逐渐培养谦恭的态度。就好比上天降雨，雨露滋润万物一样，这种增益活动不受地域限制，遍及四面八方。总而言之，减损在上的利益补给在下的老百姓，就是要顺时而进行。

《象传》说：《益卦》的卦象是震在下、巽在上，震为雷、巽为风，这表示狂风和惊雷互相激荡，相得益彰，所以把它叫做《益卦》。君子看到此卦象，有了错误就要马上改正。

【启示】《益卦》之意在于说明要"减损于上，增益于下"的道理。卦辞中强调"利有攸往，利涉大川"，即是称赞"益下"的好处。此卦强调要施恩惠给人民，因为这对双方都有利。

断易天机问占图

鸿鹄遇风之卦，滴水天河之象

益卦卦象解义

古解：益者，损也。风雷相举，益道如然。小人达民表，刑狱之愆。君子位变，见善则迁，利有攸往，行人速还。

今译：益为损上益下。风在雷上，风雷相益。君子在上损己以利于民，民众欣悦，利于有所前往，远行之人应速速归来。

此卦为冉伯牛有疾卜得之卦，乃知为谩师过。

一位官人手抱盒子，象征与贵人志同道合

一只鹿、一堆钱，表示财禄兴旺

一个人推着车在路上匆匆行走，表示营运及时

肆拾贰 风雷益卦

【益之爻】损上益下，相互获益

① 初九，利用为大作　　受益于初，兴作大事
② 六二，或益之十朋之龟　柔顺中正，受君所益
③ 六三，益之用凶事　　　受益至甚，持中慎行
④ 六四，中行告公从　　　依附君主，持中慎行
⑤ 九五，有孚惠心　　　　施惠天下，众亦益之
⑥ 上九，立心勿恒　　　　求益不已，众人厌弃

初九：利用为大作，元吉，无咎。

初九：有利于进行大的行动，大吉大利，没有什么灾祸。

【原文】《象》曰："元吉，无咎"，下不厚事也。

【译文】《象传》说：大吉大利，没有什么灾祸，表明百姓不为自己的私利而工作。

【启示】这一爻告诉我们，如果老百姓都不计私利地做事，有利于在上的去干大事。

六二：或益之十朋之龟，弗克违，永贞吉。王用享于帝，吉。

六二：有人诚心诚意送来价格昂贵的大乌龟，没有办法不接受，无论何时去占卜其结果都是吉祥的。君王用此祭祀先帝，也是吉利的。

【原文】《象》曰："或益之"，自外来也。

【译文】《象传》说："有人诚心诚意送来价格昂贵的大乌龟"，这是意外的收获。

【启示】谦虚地坚持走正道，就能获得吉祥。

六三：益之用凶事，无咎。有孚中行，告公用圭。

六三：在灾荒年月施恩惠给人民，没有灾祸。但要心诚，行为适当，还要用玉圭作信物禀报王公。

【原文】《象》曰：益用凶事，固有之也。

损益用中图

益卦的主要意义在于揭示"损上益下"的道理，具体到六爻，即下卦三爻"受益"，上卦三爻"自损"。从六爻之义可以看出，益卦与损卦的立义是互补的：损下而益上，上者受益而施惠于下；损上而益下，下者受益又将施益于上，损益可相互转化。本卦中上九爻不但不能自损益人，反而求益无厌，因而被"击"致"凶"，这正体现了"自益者缺"的道理。

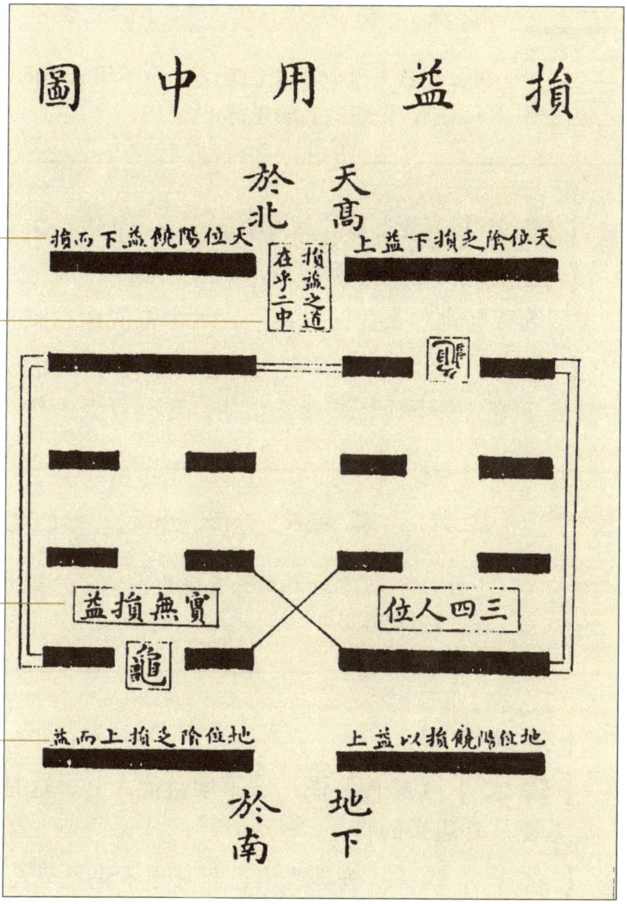

上卦天位阳众，自损而益下，以补不足。

损益两卦初爻与上爻都为阳爻，且三、四两爻都为阴爻，不同之处在于二、五两爻阴阳相异。损卦六五居尊而受益，益卦九五居尊而自益。

揭示损益之间的相互转化的关系：自损益人，也终将获人之益。所以说"实无损益"。

下卦地位阴众而阳乏，因此需上卦诸爻自损而益下。

【译文】《象传》说：在灾荒年月施恩惠给人民，自古以来就有这种做法。

【启示】这一爻告诉我们，在灾荒年岁，不但要自己施恩惠给人民，而且还要向上级汇报，以求得更多的帮助。

六四：中行告公从，利用为依迁国。

六四：把对上对下都有益的行动计划报告周公，周公听从了，并以此为行动的依据，迁移国都。

【原文】《象》曰："告公从"，以益志也。

【译文】《象传》说："向周公提出建议，周公采纳了"，说明君臣同心。

【启示】这一爻告诉我们，制订计划要以增益上下为依据。

九五：有孚惠心，勿问元吉。有孚惠我德。

九五：君王有诚心、仁爱之心，不用去卜问，大吉大利。百姓也因此有诚心，将感激我的恩德。

【原文】《象》曰："有孚惠心"，勿问之矣。"惠我德"，大得志也。

【译文】《象传》说："君王有诚心、仁爱之心"，不用去卜问这件事，"因为百姓将感戴我的恩德"，大家都能遂心成愿。

【启示】这一爻告诉我们，在上的要有诚心和仁爱之心。因为在上的诚心对待在下的，在下的将感激在上的，这样对双方都有利。

上九：莫益之，或击之。立心勿恒，凶。

上九：不增益他人，有人将攻击他。这说明他没有持之以恒施恩于民，必然凶险。

【原文】《象》曰："莫益之"，偏辞也；"或击之"，自外来也。

【译文】《象传》说："不增益他人"，这是偏激的做法；"有人攻击他"，这是从外边来的呀。

【启示】这一爻告诉我们，如果你不施恩于人，将会遭遇灾祸。

益卦卦爻要义图解

益 ─┬─ 初九居受益之极，而欲损已以报上，此则下之忠也，故大作吉
　　├─ 六二以中虚而受益于人，壶合众论之公享天意之眷 ┐
　　├─ 六三已过欲中，故欲其中行告公而用凶事　　　　│ 损益以
　　├─ 损益实合中道，中道即诚之所发　　　　　　　　├ 诚心，　┐
　　├─ 六四不及于中，故欲其中行告公而用迁国　　　　│ 诚心即　│ 益之
　　├─ 九五以中实而致益于人，故施君恩之大得民心之归 ┘ 中之所本│ 变也
　　└─ 上九居被损之极而欲损下以偿已，此非上之仁也，故勿恒凶　　┘

【疑难解析】"有孚惠心，勿问元吉。有孚惠我德"和"莫益之，或击之，立心勿恒，凶"

"有孚惠心，勿问元吉。有孚惠我德"的大意是：君王有诚心、仁爱之心，不用去卜问，大吉大利。百姓也因此有诚心，将感激我的恩德。这就告诉我们，君王应有诚心和仁爱之心。具体地说，君王有诚心、仁爱之心有几大好处：

一、君王有了诚心和仁爱之心，一个地方遇到了灾荒的年岁，他就会减免当地的赋税，并且发动其他地方的人民来帮助他们，这样使天下的人民无论在什么年岁都能安居乐业。

二、君王有了诚心和仁爱之心，在平时他也会为百姓着想，不但自己生活节俭，而且还以"俭以养德"教育天下臣民。一方面天下会因此形成节俭之风，这样节余的财富也自然而然多了起来，即使遇到了灾荒的岁月，大家也能应付；另一方面，节俭之风能清洗污浊的空气，从而使贪病病毒失去了依附物。因为人一节俭，他就容易满足现有的财务状况。再说，人一爱惜自己的财物，就不会把钱花在不正当之处。

三、君王有了诚心和仁爱之心，就经常施恩惠给老百姓，那些富有的人也受到了感化，也把自己的财富分给贫困的人。一方面不会因贫富的差距过大而造成混乱。因为人一旦看到别人家聚集相当多的财富，而自己家贫如洗，就会觉得不公平，心里就不平衡，自然就容易起坏心——抢或偷富人家的财富。另一方面，得到了恩惠的老百姓也会受到感化，准备"以恩报恩"。

"莫益之，或击之；立心勿恒，凶"的大意是：不增益他人，有人将攻击他。这说明他没有持之以恒施恩于民，必然凶险。联系上下文，就知道"不增益他人"的主语是富有的人，"有人"是指那些心里不平衡的穷人。富有的人为什么遭到攻击？是因为他没有持之以恒施恩于民。他们为什么不能持之以恒施恩于民？是因为他们没有持久地具有诚心、仁爱之心。

所以说，作为在上的，不但要有诚心、仁爱之心，而且还要让它持久地占据自己的心。

六十卦象象义图

庚子 震下巽上 益

巽上 ☰
震下 ☳

《易经》曰："益；利有攸往，利涉大川。"意思是说益卦象征增益，利于向前行事。渡大河越巨流，在这里象征着建立功业。清朝末年，革命风起云涌，最终爆发辛亥革命，推翻了清王朝。

▶▶ 辛亥革命，清朝结束

谶曰
汉水茫茫。
不统继统。
南北不分。
和衷与共。

颂曰
水清终有竭。
倒戈逢八月。
海内竟无王。
半凶还半吉。

金圣叹评注

此象虽有元首出现，而一时未易平治，亦一乱也。

肆拾叁 泽天夬卦

夬：扬于王庭，孚号有厉。告自邑，不利即戎。利有攸往。

《彖》曰："夬"，决也，刚决柔也。健而说，决而和。"扬于王庭"，柔乘五刚也。"孚号有厉"，其危乃光也。"告自邑，不利即戎"，所尚乃穷也。"利有攸往"，刚长乃终也。

《象》曰：泽上于天，夬。君子以施禄及下，居德则忌。

《夬卦》：不仅在王庭里公布小人的所作所为，而且号令天下的人都要认清这种人，这是危险的。文告来自于邑中，不利于立即动武，但有利于有所行动。

《彖传》说：夬，有决断的意思。刚能决断柔。刚健而又和悦，与人决裂又和在一起。"在朝廷里小人的所作所为被公布"，这是因为上六阴爻居于全卦中的五个阳爻之上。"号令天下的人要认清小人"，因此而遭遇的危险是为了宣扬好的德行。"文告来自于邑中，不利于立即动武"，因为崇尚武力，会使你的道义穷尽。"有利于有所行动"，是说阳刚之爻再增进一步，则全卦纯阳，这就表明君子当道。

《象传》说：《夬卦》的卦象是乾在下、兑在上，乾为天、兑为泽，这就好像湖水蒸发上天，然后又成云致雨，所以把它叫做《夬卦》。君子应向老百姓广施恩德，如自己把功德据为己有，这是最忌讳的。

【启示】这一卦告诉我们，要号召所有的人与小人决断，并且不能贸然采取强硬的措施。

断易天机问占图

神剑斩蛟之卦，先损后益之象

夬卦卦象解义

古解： 夬者，决也。乾兑相刑，恶闻其声。文字契约，事未易成，必须刚断，始得吉亨。

今译： 夬为决断，上兑下乾，五阳一阴，阳刚强盛决除阴柔。但处"夬"艰难，除阴不可大意，必须刚断，才能获得成功。

此卦为刘邦要拜韩信为将，卜得之，果有王佐之才。

两人同行，前有水后有火及虎蛇当道，表示出行将有惊恐

一人手举剑斩蛇，表示勇士与勇士结伴而行

竿上有文字，竿下有一堆钱，表示经历艰难可获得名利

【夬之爻】阳盛除阴，刚断果决

①	初九，壮于前趾	冒进前往，必致咎害
②	九二，惕号	果断谨慎，警戒呼号
③	九三，壮于頄	刚毅果断，往应上六
④	九四，臀无肤	趑趄难进，应附九五
⑤	九五，苋陆夬夬	居尊中正，持中慎行
⑥	上六，无号	以阴居极，难逃凶险

初九：壮于前趾，往不胜为咎。

初九：强壮在前边脚趾，前往就有可能由于自己的能力有限而招致灾祸。

【原文】《象》曰：不胜而往，咎也。

【译文】《象传》说：如果不能胜任某事而贸然行动，将招致灾祸。

【启示】这一爻告诉我们，一开始行动就要慎重，因为很可能会因为自己的能力有限而招致灾祸。

九二：惕号，莫夜有戎，勿恤。

九二：听到惊叫声而忧惧，其实，即使深夜敌人来犯，也用不着忧惧。

【原文】《象》曰："有戎，勿恤"，得中道也。

【译文】《象传》说："即使深夜敌人来犯，也用不着忧惧"，这是因为九二爻处在下卦的中位，即居于有利的形势。

【启示】从爻位来看，九二以阳刚中正之德处下卦之中，既果决刚断，又小心谨慎，因此能时刻保持警惕，即使有敌人前来骚扰，也不用害怕。这一爻告诉我们，如果处于有利的形势，即使遇到别人来侵犯，也没什么值得担忧的。

九三：壮于頄，有凶。君子夬夬独行遇雨，若濡，有愠，无咎。

九三：强壮在于尾骨，有凶险。君子独自作出将小人决断的决定，就好像遇上大雨浑身湿透而心怀恼怒，但不会有什么灾祸。

【原文】《象》曰：“君子夬夬”，终无咎也。

夬决之图

夬卦五阳一阴，且阴爻高居五阳之上，犹如“小人”得势，凌驾于“君子”之上，阴阳矛盾激化，阳刚将以“决断”性的气势压制阴柔。虽阳刚之势盛壮，但仍不可大意，因此爻辞中均含告诫之意：初诫不可冒进前往；二诫时刻“惕号”；三诫刚壮过甚；四诫刚决不足；五诫居中行正。由此可见阳除阴的艰难，所以“君子”应时刻戒防“小人”。

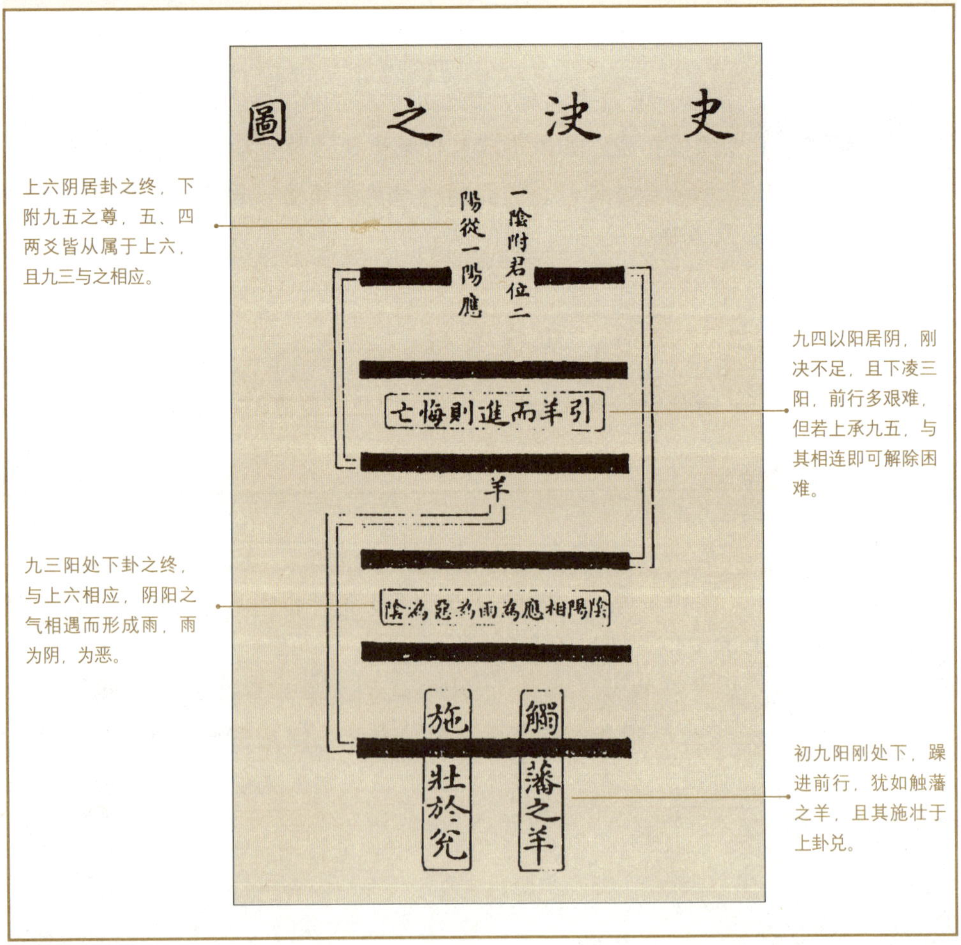

夬決之圖
一陰附君位二陽從一陽應
引羊而進則悔亡
羊
陰陽相應為雨為惡為陰
施壯於兌
觸藩之羊
上六阴居卦之终，下附九五之尊，五、四两爻皆从属于上六，且九三与之相应。
九四以阳居阴，刚决不足，且下凌三阳，前行多艰难，但若上承九五，与其相连即可解除困难。
九三阳处下卦之终，与上六相应，阴阳之气相遇而形成雨，雨为阴，为恶。
初九阳刚处下，躁进前行，犹如触藩之羊，且其施壮于上卦兑。

【译文】《象传》说:"君子独自作出将小人决断的决定",但没有灾祸。

【启示】这一爻告诉我们,要坚决决断小人,哪怕遭到大家的反对,也要采取行动。

九四:臀无肤,其行次且。牵羊悔亡,闻言不信。

九四:屁股没有皮肤,走起路来摇摇摆摆。牵着羊行走,悔恨就会消失,这是因为不听取别人的不正确的意见。

【原文】《象》曰:"其行次且",位不当也。"闻言不信",聪不明也。

【译文】《象传》说:"走起路来摇摇摆摆",是因为所处位置不当。"不听取别人的劝告",耳朵有毛病。

【启示】这一爻告诉我们,在决断小人时,要坚决抵制在上的胡乱干扰。

九五:苋陆夬夬,中行无咎。

九五:细角山羊在路上跳跃奔驰,没有什么灾祸。

【原文】《象》曰:"中行无咎",中未光也。

【译文】《象传》说:"在道路中快速地奔跑,只是没有灾祸",还没有达到万事大吉的地步,这是因为道路还不够宽广。

【启示】这一爻告诉我们,一方面要说服与小人最亲近的在上者跟小人决裂。一方面要防微杜渐,从根本上消除奸佞势力。

上六:无号,终有凶。

上六:不能听到小人的号叫了,小人最终将是凶险的。

【原文】《象》曰:"无号之凶",终不可长也。

【译文】《象传》说:"不能听到号叫的小人凶险",这表明小人得势的日子长不了。

【启示】这一爻暗示我们,要彻底跟小人决裂,因为小人当道的日子长不了。

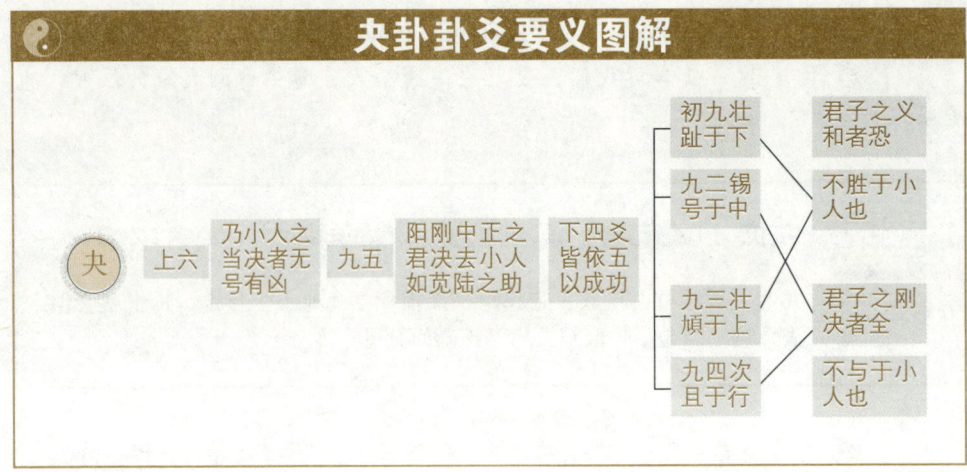

【疑难解析】 "臀无肤，其行次且。牵羊悔亡，闻言不信"和"苋陆夬夬，中行无咎"

"臀无肤，其行次且"的大意是：屁股上没有皮肤，行动起来摇摇摆摆。"牵羊悔亡，闻言不信"的大意是：牵着羊行走，悔恨就会消失，这是因为不听取别人的不正确的意见。本来牵着羊行走是容易的事，而前面却说他的行动是如此的艰难。从卦位来看，他是卦的九四爻的爻辞。九四是阳爻阴位，就说明他身居九五的下位，性格刚强，能抵制九五的胡乱干扰。在下的抵制在上的干扰自然是艰难的。而且还可以看出这里的"羊"是指九五。

既然抵制在上的胡乱干扰是如此的艰难，是不是该放弃呢？不能。

事物是变化发展的，不会静止不变的，阴向阳转变，阳向阴转变是不可改变的。所以，小人当道的日子终究会过去。当然如果我们不努力去改变，小人也不会自动退出历史舞台。

再说，如不抵制九五的胡乱干扰，就有可能出现以下的恶果：

一、此时停止决断小人的行动，就等于给了他卷土重来的机会。

二、小人遭到这一劫后，会变得更狡猾，以后更难抓住他。大家想想看，九五为什么干扰九四处置小人？不难看出，这是因为他和小人的关系密切，被小人迷惑了。此小人能巴结九五，蒙蔽九五，就说明他非常狡猾，其能力是不可小觑的。而一个能力强的人，往往善于从失败中吸取教训，使自己的能力越来越强。所以小人的手段会越来越高明。

三、此时停止决断小人的行动将会失信于民。联系上文，就知道小人的所作所为已被大多数人知道了，自然放了小人，就给人民一个这样的印象——天下乌鸦一般黑，当官的没一个好东西。

四、小人也因大家公布他的所作所为而怀恨在心，日后将疯狂报复。

五、由于没有抵制九五的胡乱干扰，小人的大阴谋将得逞，上自九五下至黎民百姓都要遭殃，九四也稀里糊涂成了千古罪人。

退一步说，即使因自己的抵制得罪了九五，受到了损失，但与没有抵制而造成的损失比起来要小多了。

我们应该怎样抵制九五呢？当然不是强硬地抵制，而是去说服。

九五的爻辞"苋陆夬夬，中行无咎"的大意是：细角山羊在路上跳跃奔驰，没有什么灾祸。这就暗示：一方面九五决定要决断小人，九五的前进道路是宽广的，不会有什么灾祸；另一方面九五是被说服的。

六十卦象象义图

丁巳 乾下兑上 夬

兑上
乾下

夬卦是泽天卦，乾下兑上，为湖水蒸发上天，即将化为雨倾注而下之象，以此象征决断。君子可从中得一启迪：应该自觉地向下层民众广施恩德，否则如果高高在上，不施恩德，就会遭到忌恨。所以，此象预言由于在体贴民生的工作上存在失误，导致国家国力衰微，开始走下坡路。

> **名存实亡，除旧换新**

谶曰
磊磊落落。残棋一局。
啄息苟安。虽笑亦哭。

颂曰
不分牛鼠与牛羊。
去毛存鞟尚称强。
裹中自有真龙出。
九曲黄河水不黄。

金圣叹评注：此象有实去名存之兆，或为周末时，号令不行，尚颁止朔；亦久合必分之征也。

肆拾肆 天风姤卦

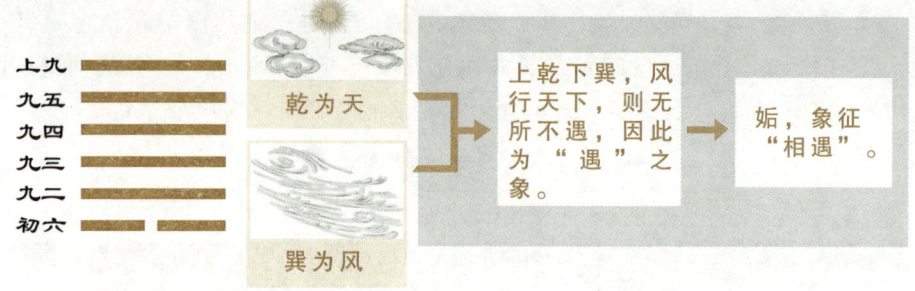

姤：女壮，勿用取女。

《彖》曰：姤，遇也，柔遇刚也，"勿用取女"，不可与长也。天地相遇，品物咸章也。刚遇中正，天下大行也。姤之时义大矣哉！

《象》曰：天下有风，姤。后以施命诰四方。

《姤卦》：女子过于强盛，不要娶该女为妻。

《彖传》说：姤，就是相遇，即阴柔者遇刚强，"不要娶该女为妻"，是因为女子过分强壮，不能与她长久相处。天与地相遇，天下万物都受到滋养而茁壮成长。阳刚的人能坚守中正，天下的人就能更好地实行正道。《姤卦》的现实意义是多么大呀！

《象传》说：《姤》上卦为乾，乾为天；下卦为巽，巽为风。它的卦象为天底下吹着和风，万物相遇，所以把它叫做《姤卦》。君子看到此卦象，应该施教于天下，让天下人懂得这个道理。

【启示】《姤卦》阐释了事物"相遇"的道理，但卦辞却从相反的方面来说明。先用"女壮"来比喻卦中一阴五阳的关系是"一女遇五男"，因此说此女过于强盛，告诫他人不要娶这样的女子为妻。此卦暗示我们：天地、男女、君臣，相识相知尽在一个缘字，是否能融洽相处，相得益彰，受时间、场合等多种条件限制，强求不得。

断易天机问占图

风云相济之卦，君臣会合之象

姤卦卦象解义

古解：姤者，遇也。以阴遇阳，以柔遇刚，本无所望，而卒然值之，不期而遇。占者得之所谋无不吉也。

今译：姤为相遇。卦中一阴遇五阳，是以阴柔遇阳刚，不期而遇，但并非理想之侣。占卜者得此卦，所期盼之事将会实现。

此卦是吕后准备立诸吕，以谋夺取刘氏天下，卜得之，后果不利。

一位身着绿衣的贵人手指前方道路，表示得到贵人相助

一位官人弯弓射鹿，比喻谋取利禄

文书上带有"喜"字，表示有喜事将至

两个人手执同一条线，表示相互牵连

肆拾肆 天风姤卦

【姤之爻】相遇之道，合礼守正

① 初六，系于金柅　　　轻浮躁动，应受牵制
② 九二，包有鱼　　　　不期而遇，不宜待客
③ 九三，臀无肤　　　　行进艰难，有险无害
④ 九四，包无鱼　　　　阳刚失正，孤立有凶
⑤ 九五，以杞苞瓜　　　屈己谦下，贤者自应
⑥ 上九，姤其角　　　　进而无遇，不遭咎害

初六：系于金柅，贞吉。有攸往，见凶。羸豕孚蹢躅。

初六：紧紧系在金属车闸上，占卜得到吉祥的预兆。有所行动，得凶兆。就像瘦弱的猪浮躁不安。

【原文】《象》曰："系于金柅"，柔道牵也。

【译文】《象传》说：紧紧系在金属车闸上，就好像阴柔被刚强牵制。

【启示】这一爻告诉我们，对于位卑且柔弱的人，不要轻举妄动，应时刻以正道规范自己的行为。

九二：包有鱼，无咎，不利宾。

九二：厨房里有一条鱼，没有什么灾祸，但不利于拿来宴请宾客。

【原文】《象》曰："包有鱼"，义不及宾也。

【译文】《象传》说："厨房里有鱼"，从道义上说，还不能以宾客之礼对待他。

【启示】这一爻告诉我们，对别人还不了解时，应保持警惕。

九三：臀无肤，其行次且。厉，无大咎。

九三：屁股上没有皮肤，走起路来摇摇摆摆。将遭遇危险，但没有什么大的灾祸。

【原文】《象》曰:"其行次且",行未牵也。

【译文】《象传》说:"走起路来摇摇摆摆,将遭遇危险,但没有什么大的灾祸",这是因为没有人牵制。

【启示】这一爻告诉我们,在与别人相交时,只要坚守中正,不受外界的干扰,就不会遭遇大灾祸。

姤遇之图

姤卦主要在于阐明事物"相遇"的道理。卦中六爻一阴在下,五阳在上,以一柔遇五刚,并用"一女遇五男"来比喻,又诫人勿娶其女,因此可看出其主张"相遇"应合礼守正,要戒除不正当的遇合。同时九五爻辞中"有陨自天",又流露出对美好、理想的"遇合"的追求,也就是对君主屈己谦下而求贤的期望。

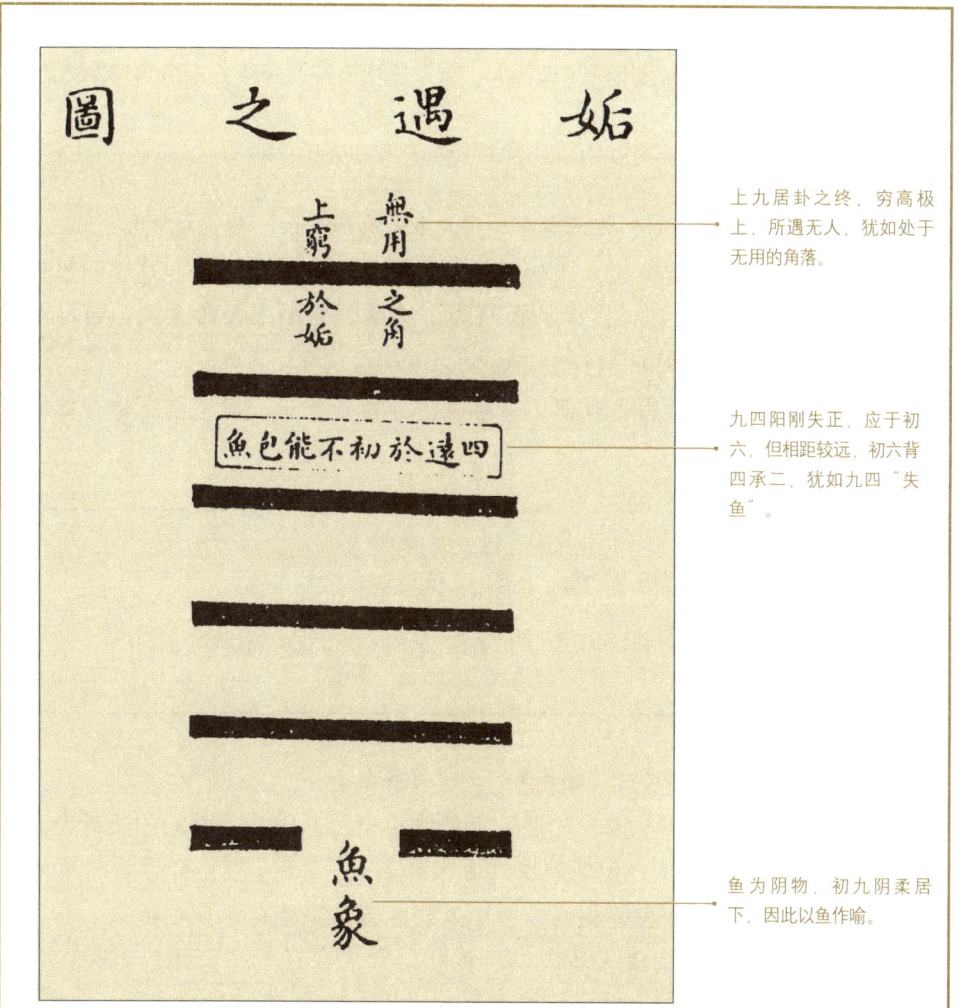

上九居卦之终,穷高极上,所遇无人,犹如处于无用的角落。

九四阳刚失正,应于初六,但相距较远,初六背四承二,犹如九四"失鱼"。

鱼为阴物,初九阴柔居下,因此以鱼作喻。

 **九四**：包无鱼，起凶。

九四：厨房里没有一条鱼，争执将招致凶险。

【原文】《象》曰：无鱼之凶，远民也。

【译文】《象传》说：厨房里没有鱼而引起凶险，就好像君主失去民众的支持而发生凶险。

【启示】这一爻告诉我们，一个人处于力量非常弱时，不能与人发生争执。

 **九五**：以杞包瓜，含章，有陨自天。

九五：用枸杞树枝叶包住瓜，就好像内心含有美德，必有良缘从天而降。

【原文】《象》曰：九五含章，中正也。有陨自天，志不舍命也。

【译文】《象传》说：《姤卦》的九五爻位是阳爻阳位。这表明虽处尊位，却能够坚守正道。必有良缘从天而降。这是因为不因天命太大，自己承受不了，就放弃自己的志向。

【启示】这一爻告诉我们，只要自己的内心纯正，能坚守正道，就有理想的遇合从天而降。

 **上九**：姤其角，吝，无咎。

上九：遇上野兽的长角，虽有危险，但不会有大的灾祸。

【原文】《象》曰："姤其角"，上穷吝也。

【译文】《象传》说："遇上野兽的长角"，因为上面的阳爻行走的道路马上就要终了、穷尽了，很快就要处于困境之中。

【启示】这一爻告诉我们，当小人就要面临绝境时，即使遇到了小人的貌似强大的阻力，也不会遭遇灾祸。

姤卦卦爻要义图解

姤
- 九三在下而不与阴遇，故危殆于其臀
- 九二与初阴相比而遇之专，故包有鱼不及于宾
- 九五以阳刚中正居君位而阴遇之，故以杞包瓜如有陨自天
- 九四与初阴相应而遇之难，故包无鱼自远于民
- 上九在上而不与阴遇，故亢极于其角

阳以阴遇为美

初六金柅欲其止，羸豕恶其躁

阴以消阳为戒

【疑难解析】包有鱼，无咎，不利宾

"包有鱼，无咎，不利宾"的大意是：厨房里有一条鱼，没有什么灾祸。但不利于拿来宴请宾客。为什么厨房里的鱼用来宴请宾客是不利的呢？

"包有鱼，无咎，不利宾"是九二爻的爻辞。九二是阳爻阴位，九二的下面是初六，初六是阴爻阳位。九二和初六就好比初次见面的两个人（一个是阴柔者，一个是阳刚者）。他俩一见如故，谈得很投机。此时，阳刚者如果用鱼来款待宾客——阴柔者，是不利的。这是因为：

一、如果在初次见面时，就把对方当做知心朋友，给他好吃的、好喝的，这会使其他朋友不满。因为他们会这样想：我们是你多年的朋友，帮了你那么多忙，你对我们也不过如此而已。而现在，一个与你素昧平生的人，跟你说了几句话，你就以如此的大礼来招待他，这不明摆着不把我们当朋友看吗？

二、人心难测，就是相处了一辈子的人，也许你还会因对别人的某一方面不了解而受骗！更何况，他只不过跟你说了几句话。所以，因不了解而受骗的可能性很大。

三、从对方的心理来讲，可能会认为你是个草包或是个不负责任的人，只能把你当做很普通的朋友，绝不可作密友。因为对方会这样想：自己说了几句话，就得到了信任。那么，别人说了几句话，也能得到信任。从而作出推断，这个人要么没有头脑，要么滥交朋友。

包无鱼，起凶

"包无鱼，起凶"的大意是：厨房里没有一条鱼，争执将招致凶险。这就好比一个人的力量非常弱，但他逞强好胜，与人发生争执，结果招致凶险。

一般来说，力量弱包括两方面：一是指他的能力不够，在别人之下，与别人发生争执，必以失败而告终。二是他没有任何财富，穷得叮当响。所以，他如与人继续发生争吵，由于他的能力不够，势必以失败而告终。即使他想回

头，想与人和谈，但他什么都没有，无法向人家表示自己的诚心。所以说，在你力量弱时，尤其不能争强好胜，与别人发生争执。

六十卦象象义图

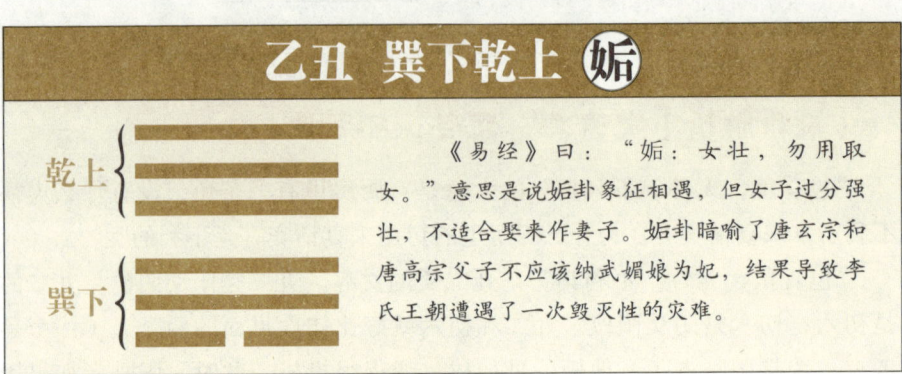

乙丑　巽下乾上　姤

乾上
巽下

《易经》曰："姤：女壮，勿用取女。"意思是说姤卦象征相遇，但女子过分强壮，不适合娶来作妻子。姤卦暗喻了唐玄宗和唐高宗父子不应该纳武媚娘为妃，结果导致李氏王朝遭遇了一次毁灭性的灾难。

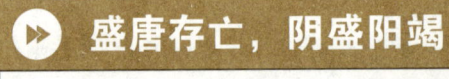

盛唐存亡，阴盛阳竭

颂曰

万物土中生。
二九先成实。
一统定中原。
阴盛阳先竭。

谶曰

果果硕果。
莫明其数。
一果一仁。
即新即故。

金圣叹评注

一盘果子即李实也，其数二十一，自唐高祖至昭宣凡二十一主。二九者指唐祚二百八十九年。阴盛者指武曌当国，淫昏乱政，几危唐代。厥后开元之治虽是媲美贞观，而贵妃召祸，乘舆播迁，女宠代兴，夏姊继之，亦未始非阴盛之象。

肆拾伍 泽地萃卦

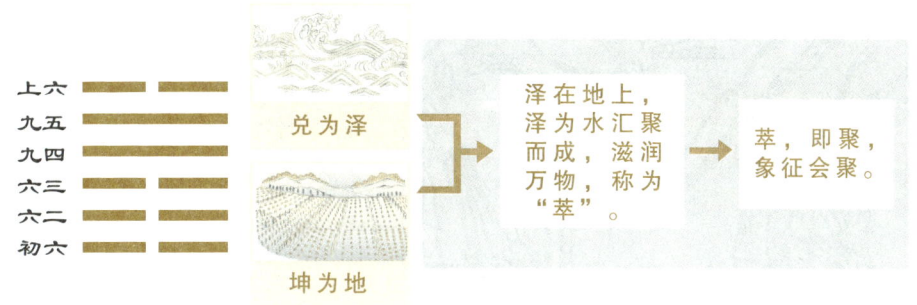

萃：亨。王假有庙。利见大人，亨，利贞。用大牲吉，利有攸往。

《彖》曰：萃，聚也。顺以说，刚中而应，故聚也。"王假有庙"，致孝享也。"利见大人，亨"，聚以正也。"用大牲吉，利有攸往"，顺天命也。观其所聚，而天地万物之情可见矣！

《象》曰：泽上于地，萃。君子以除戎器，戒不虞。

《萃卦》：顺畅。君王到祖宗庙堂里祭祀。有利于会见地位高的贤明的人，顺畅，有利于去占卜。使用大的牲畜作祭品，能够获得吉祥。有利于有所行动。

《彖传》说：萃就有聚集的意思。和顺而喜悦，阳刚和中正互相应和，就能聚集大众了。"君王到祖宗庙堂里祭祀"，表示孝心，奉献至诚之心。"利于会见地位高的贤明的人，顺畅"，这是因为君子本着光明正大的原则聚集大众。"使用大的牲畜作祭品，能够获得吉祥。有利于有所行动。"这是因为顺应天命。观察这种万物聚合的现象，就能明白天地万物之情。

《象传》说：《萃卦》是兑在上、坤在下，兑为泽、坤为地，卦象为有湖在地上，水不断流入湖中，所以把它叫做《萃卦》。因此君子应当修治兵器，以防不测。

【启示】这一卦告诉我们，能够谦恭待人，必能聚集大众。

断易天机问占图

鱼龙会聚之卦，如水就下之象

萃卦卦象解义

古解：萃者，聚也。内外喜悦，上下俱柔。万事蓄息，利禄悠悠。求谋有济，解释忧愁。

今译：萃为会聚。上兑下坤，兑为泽，坤为地，上下皆为柔顺。万事顺利，所谋求之事也可实现，忧愁将会消散。

此卦为韩信被吕后疑忌卜得，果被诛戮。

一位贵人在磨玉，表示去除瑕疵

山路崎岖，一僧人为孩童指路，表示为小孩赐福，保佑其前行

一只凤口衔书，表示诏书至，有喜事的预兆

一人倾水救火，是消除灾殃的意思

一条鱼在火上，幸免于伤

【萃之爻】 天下会聚，以正为德

① 初六，有孚不终，乃乱乃萃　　行为紊乱，应专九四
② 六二，引吉，无咎　　　　　　牵引相聚，心存诚信
③ 六三，萃如嗟如　　　　　　　无以相聚，亲比于上
④ 九四，大吉　　　　　　　　　下据三阴，建树伟功
⑤ 九五，萃有位　　　　　　　　守持正固，感化天下
⑥ 上六，赍咨涕洟　　　　　　　求聚不得，悲泣哀叹

初六：有孚不终，乃乱乃萃。若号，一握为笑。勿恤，往无咎。

初六：心中有诚信，但不能保持到最终，于是先乱而后又聚集在一起，如向上呼告，这三公又同心同德，一起辅佐主子，在上的自然不用忧惧。行动，没什么灾祸。

【原文】《象》曰："乃乱乃萃"，其志乱也。
【译文】《象传》说："先乱而后又聚集在一起"，是因为众人神志不清醒。
【启示】这一爻告诉我们，不要互相猜疑，否则，会给大家带来灾难。如果因你的部下互相猜疑而造成混乱，你应该出面主持公道，消除他们心中的疑惑，让他们重新聚集在一起。

六二：引吉，无咎。孚乃利用禴。

六二：相互牵引，吉利，没有灾祸。只要心存诚信，即使用非常简朴的方式祭祀也是有用的。

【原文】《象》曰："引吉，无咎"，中未变也。
【译文】《象传》说：相互牵引，吉利，没有灾祸，这是因为居中的心志不曾改变。
【启示】这一爻告诉我们，在聚集大众时，要有诚信。

六三：萃如嗟如，无攸利。往无咎，小吝。

六三：相聚后又不停地叹息，没有什么利益。行动，没有灾祸，但有一点小小的麻烦。

【原文】《象》曰："往无咎"，上巽也。

萃聚之图

萃卦意在揭示事物会聚的道理，并以人与人在政治关系中的相聚为喻来阐释。卦中初、上两阴爻把二阳爻、二阴爻包围在当中，正是物以类聚之象，且二、三两爻为阴类聚，四、五两爻为阳类聚。卦中四阴爻主要是求聚于人，而两阳爻主要为待人来聚，因此九四有诸侯之象，九五有天子之象。同时，天下会聚之时，应防不测之乱，因此在全卦又极力强调了戒防咎患之意。

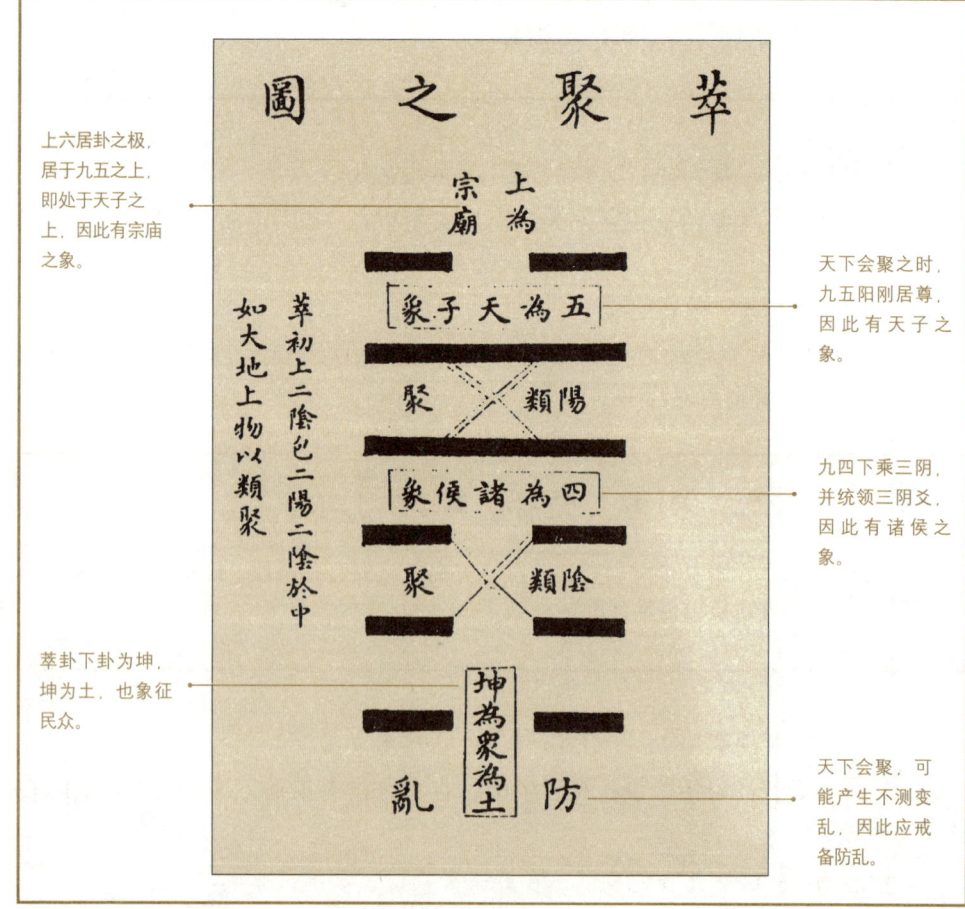

上六居卦之极，居于九五之上，即处于天子之上，因此有宗庙之象。

天下会聚之时，九五阳刚居尊，因此有天子之象。

九四下乘三阴，并统领三阴爻，因此有诸侯之象。

萃卦下卦为坤，坤为土，也象征民众。

天下会聚，可能产生不测变乱，因此应戒备防乱。

【译文】《象传》说:"前去行事不会遇到灾祸",这是因为六三顺从它上方的九四。

【启示】这一爻告诉我们,与其感叹没有与自己相知的人,还不如积极行动起来。

九四:大吉大利,没有什么灾祸。

【原文】《象》曰:"大吉,无咎",位不当也。

【译文】《象传》说:"大吉大利,没有什么灾祸",这是表明九四爻所处位置不当,只有小的作为。

【启示】这一爻告诉我们,一个本性谦恭的人,即使非常有能力,身边聚集相当多的人,如没有居至尊之位,也不会有大的作为。

九五:聚会时身居尊位,没有什么灾祸,但还没有广泛地取信于民。他应该永远地坚守中正,悔恨最终会消失。

【原文】《象》曰:"萃有位",志未光也。

【译文】《象传》说:"聚会时身居尊位",没有大的作为,因为他的志向未得到发扬光大。

【启示】这一爻告诉我们,一个人身居高位时,要想把人民紧紧聚集在自己的身边,应永远坚守中正。

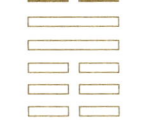

上六:叹气流泪,没有什么灾祸。

【原文】《象》曰:"赍咨涕洟",未安上也。

【译文】《象传》说:"叹气流泪",是因为他的宝位难以保住。

【启示】这一爻告诉我们,处于最高位的正职,孤立无援,在这种情况下,他只要谨慎行事,就没有什么灾祸。

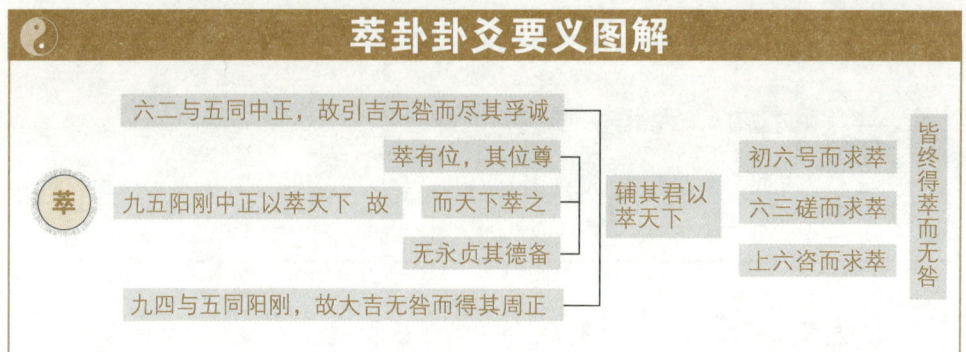

【疑难解析】大吉,无咎

九四爻的爻辞是"大吉,无咎",这个判语是怎么得来的?九四爻是阳居阴位,它的下方是三个阴爻。这就好比一个人非常有能力,谦恭待人,身边聚集了许多人,自然是大吉大利的。

首先,他谦恭待人,身边聚集了许多人,自然能很好地完成君王交给他的任务,因此得到君王的赏识。其次,因为他谦虚,君王不会因他的势力膨胀而轻易怀疑他有夺君位的嫌疑。即使他的威望高于君王,使君王不得不起了戒心,他也有急流勇退的办法应付。所以说,一个谦虚的人居于一个与他的能力不相称的职位,将获得吉祥。

但他本性谦恭,又没有居于至尊之位,他的能力不能完全发挥出来,所以不会有大的作为。致使他的能力不能完全发挥出来的几大因素有:

一、自身的因素。一方面本性谦恭很可能使他缺少闯劲,缺少冒险精神,从而使他不能成为出头鸟,不能占尽先机,所以说,纵使他再有能力,也居于有勇有谋的开创者之后;另一方面本性谦恭使他做事只求"圆满"而不求最好。注意这里的"圆满"是指尽可能让大家都满意。要知道,大多数人都是凡夫俗子,能攀登的最高处也就那么高,自然不可能和他一样,攀最高峰,立于最高位置,穿过纷繁复杂的世界,看最远处的奇景。由于站的位置太低,哪能看到最远处的奇景?那么,他要尽可能让大家都满意,势必要降低自己所站的位置的高度,找一处有比较多的人能看到的比较有特色的景象,从而赢得比较多的人的满意。所以,"圆满"使他不能成为最好的领路人,而只能成为比较优秀的领路人。

二、外在的因素。一方面，地位不高使他缺少了广阔的施展才能的空间。因为他的地位不高造成他的职权范围比较小，如果要把才能完全施展出来，势必会超出其职权范围，而所有的职权范围都划分好了，这样就造成一个领域有两个领导，就成了多层指挥。于是，对的也变成了错的。所以他必须在自己的职权范围内行事才是正确的。这样他就会因空间不足而不能完全把自己的才能施展出来。另一方面，那些地位比他高的人，为了保全自己的利益，也不愿意让他承担特别重要的任务，得到过多的荣誉，因为他的功德过高，就会功高震主，势必威胁到这些地位比他高的人的地位的稳固。

六十卦象象义图

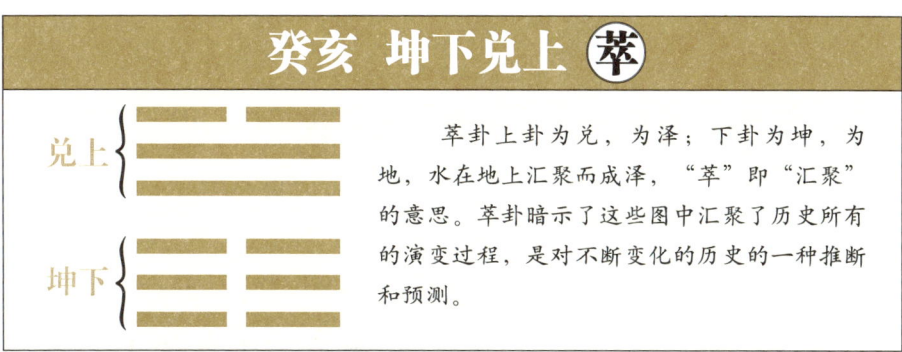

癸亥　坤下兑上　萃

萃卦上卦为兑，为泽；下卦为坤，为地，水在地上汇聚而成泽，"萃"即"汇聚"的意思。萃卦暗示了这些图中汇聚了历史所有的演变过程，是对不断变化的历史的一种推断和预测。

▶▶ 万物变化，无始无终

颂曰

茫茫天数此中求。
世道兴衰不自由。
万万千千说不尽。
不如推背去归休。

谶曰

一阴一阳。无终无始。
终者自终。始者自始。

金圣叹评注：一人在前，一人在后，有往无来，无独有偶，以此殿图，其寓意至深远焉。无象之象胜于有象。我以不解解之，著者有知当亦许可。

肆拾陆 地风升卦

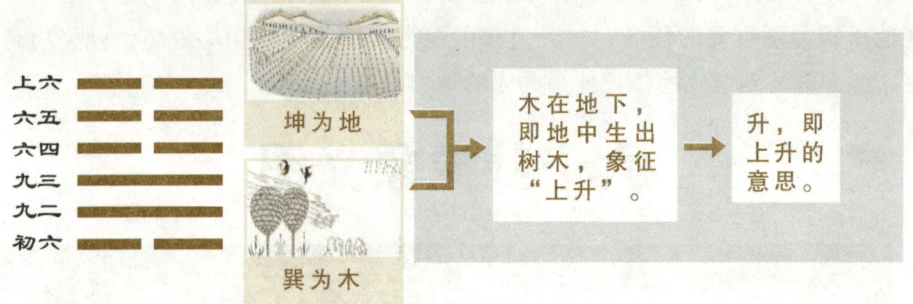

升：元亨，用见大人，勿恤。南征吉。

《彖》曰：柔以时升，巽而顺，刚中而应，是以大亨。"用见大人，勿恤"，有庆也。"南征吉"，志行也。

《象》曰：地中生木，升。君子以顺德积小，以成高大。

《升卦》：十分吉利，有利于会见地位高的人，不用担心。向南出征吉祥。

《彖传》说：沿着柔按时上升，谦逊而又和顺，刚与柔相呼应，因此十分顺畅。"有利于会见王公贵族，用不着担心"，上升过程中有贵人相助，所以有喜庆的事发生。"向南出征吉祥"，这表明上升的意愿在畅行。

《象传》说：《升卦》是坤在上、巽在下，坤为地、巽为风，卦象是树木在地中生出来，由小到大，由低到高，所以把它叫做《升卦》。君子要顺应客观规律来加强自我品德的修养，积累微小的善来成就宏大的事业。

【启示】《升卦》描述了事物由小到大，由低到高的成长过程。它强调，升是慢慢地升，而不是一步登天地不切实际地升。所以，我们要从小事做起，积少成多，从而成就自己的大业。注意在行事时，要以诚信为基础。

此外，上升应以前人的经验作为借鉴，才会能避免走弯路。而且上升为积极的有所作为，应当勇往直前，但方向和方法必须正确，要任用贤能，像大家希望的方向前进，必然会得到他人的支持。同时，也应该有目标，不能盲目冒进，以免误入歧途。

断易天机问占图

高山植木之卦，积小成大之象

升卦卦象解义

古解： 升者，进也。木生于土，萌芽渐长，积小成大，升进而上，宜见王公，利有攸往。出暗向明，亨通之象。

今译： 升，即上升。树木生于土中，萌芽生长，逐渐繁茂。宜于出现大人，向前而行。这是前方光明，道路亨通的象征。

此卦为房玄龄去蓬莱采药未回，卜得之卦，知道君主不会责怪。

- 一木匠下墨解木，表示需要经过雕刻才能成器
- 一个架子上放着镜子，表示没有沾染尘垢
- 一个人在磨镜子，象征事情渐渐分明
- 天空乌云密布，密集的雨点落下，表示将被施予恩泽

肆拾陆　地风升卦

【升之卦】顺势求升，积小成大

① 初六，允生　　　　柔顺承阳，宜于上升
② 九二，孚乃利用禴　心存诚信，上升无害
③ 九三，升虚邑　　　阳刚得位，顺畅上升
④ 六四，王用享于岐山　顺从事上，获升得吉
⑤ 六五，贞吉，升阶　阳刚相助，沿阶上升
⑥ 上六，冥升　　　　昏昧至甚，不可妄动

初六：允升，大吉。

初六：适当上升，大吉大利。

【原文】《象》曰："允升，大吉"，上合志也。

【译文】《象传》说：适当上升，大吉大利，是说上升合乎双方的心意。

【启示】这一爻告诉我们，在自己的仕途中，不急躁，不冒进，一步一个脚印，慢慢上升。

九二：孚乃利用禴，无咎。

九二：把自己的诚信用在简单的祭祀中，没有什么灾祸。

【原文】《象》曰：九二之孚，有喜也。

【译文】《象传》说：九二爻辞讲祭祀要有诚意，是因为这样就有喜庆之事发生。

【启示】这一爻告诉我们，在求得上升的过程中，只要有诚信就没有灾祸。

九三：升虚邑。

九三：登上高丘上的城邑。

【原文】《象》曰："升虚邑"，无所疑也。

【译文】《象传》说："登上高丘上的城邑"，没有什么要怀疑的。

【启示】如果你一直有诚信，获得了许多人的信任，即使升的速度超过了常速，也不要怀疑自己的行为的正确性。

升阶之图

升卦意在阐明事物顺势上升、积小成大的道理。卦中六爻集中反映了顺势求升的情况：初六处下承阳，阴阳合志而共升；九二阳刚居中，上应六五，心存诚信而上升；九三阳刚谦和，顺势上升；六四柔顺事君，得获上升；六五柔中应下，得阳相助，如沿阶而升至尊位；仅上六昏冥仍上升，必致富盛消退。综合六爻可见，升卦在说明"顺势"的同时，也强调了要"顺性"而升。

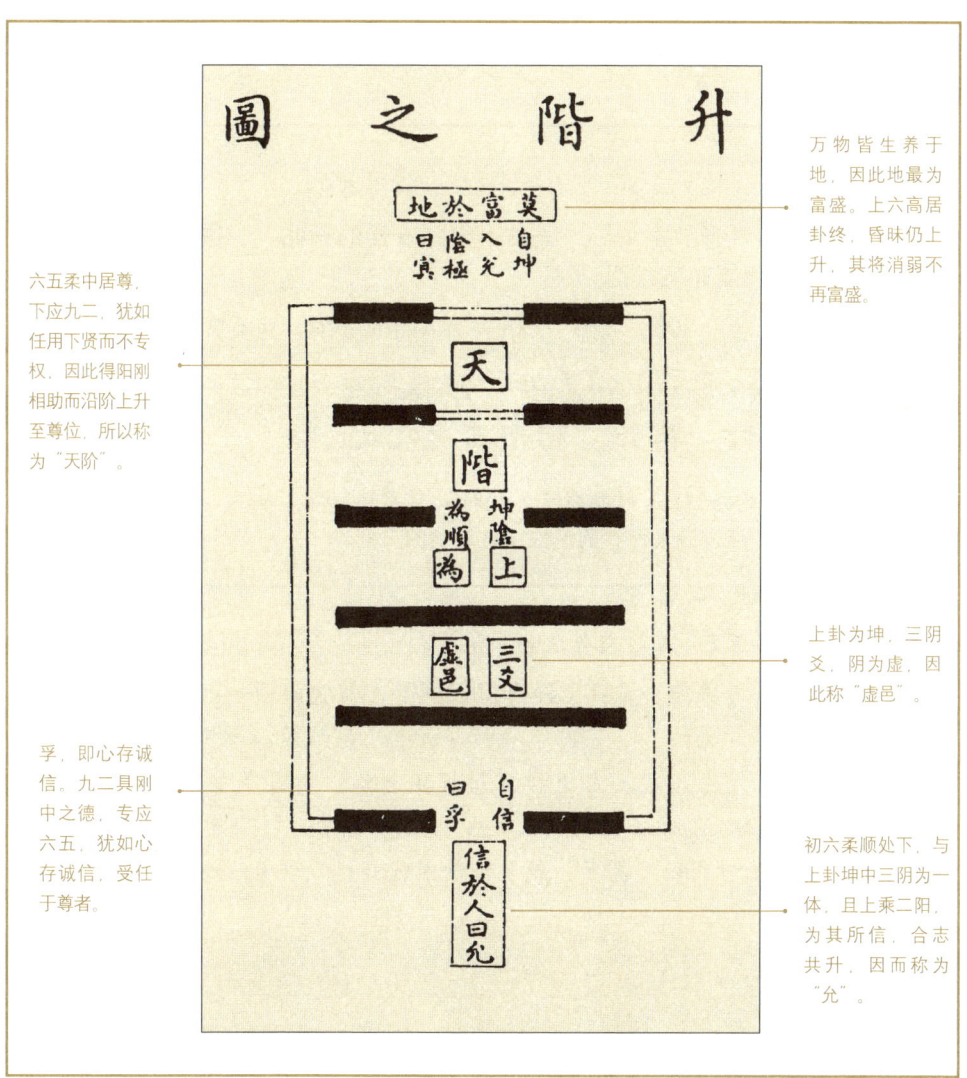

六四：王用亨于岐山，吉，无咎。

六四：周王来到岐山祭祀神灵，十分吉利，没有什么灾祸。

【原文】《象》曰："王用亨于岐山"，顺事也。
【译文】《象传》说："周王来到岐山祭祀神灵"，是顺应了天意行事。
【启示】这一爻告诉我们，要顺应民意行事。

六五：贞吉，升阶。

六五：去占卜得到吉祥的预兆，因为他是逐步升上去的。

【原文】《象》曰："贞吉，升阶"，大得志也。
【译文】《象传》说："去占卜得到吉祥的预兆"，这说明事业是逐步发展起来的，所以能如愿以偿。
【启示】这一爻暗示我们，只要是逐步升上去的，就不要拒绝再往上升。

上六：冥升，利于不息之贞。

上六：已经升到很高了，此时，有点迷糊了，去占卜，得到不往上升，通过静来调整的说法，是有利的卜问。

【原文】《象》曰：冥升在上，消不富也。
【译文】《象传》说：已经升得很高了，就应该损一点，即不要傲慢，不要居功。
【启示】上六以阴处卦之极，居坤阴之终，有昏昧却仍然不断上升之象，所以爻辞告诫"利于不息之贞"，不可轻举妄动，而应守持正固。这一爻告诉我们，已经上升得特别高了，就要以静来代升，以求日后更好地上升。

升卦卦爻要义图解

升上六
- 戒其升于位而昏迷不悟
- 六五守正固以任贤，则有升阶之易
- 勉其升于正而精进不息
- 九三顺君而升，如虚邑之易
- 九二有孚信以事君，则有用禴之利—初六信于二而升大吉
- 六四顺君而升，正岐周之事

【疑难解析】"升虚邑"、"允升，大吉"与"孚乃利用禴，无咎"

"升虚邑"的大意是：登上高丘上的城邑。它是九三爻的爻辞。九三爻是阳居阳位。在这里为什么不讲吉凶呢？难道吉凶已蕴涵在字里行间？不错，我们联系上下文，就知道究竟是怎么一回事。

"允升，大吉"的大意是：适当地上升，十分吉利。它是初六爻的爻辞。初六爻是阴居阳位。这就表明，一个人有诚信，虽居于最下位，但能适当地上升，从而获得吉祥。"孚乃利用禴，无咎"的大意是：把自己的诚信用在简单的祭祀中，没有什么灾祸。它是九二爻的爻辞，九二爻是阳爻阳位。这就表明，一个人的诚信的程度又提高了，因为用简单的祭祀仪式来祭祀神灵，神灵也愿意赐福给他，足见他的诚信度之高！把这两爻联系起来，就好比一个人一直诚信待人，赢得了人民的信任。

这不难看出，"登上高丘上的城邑"中的高丘就好比升的基础——诚信待人而获得的人民的信任。

究竟是吉还是凶呢？还是不确切。我们再看六四爻的爻辞"王用亨于岐山，吉，无咎"。它的大意是：周王来到岐山祭祀神灵，十分吉利，没有什么灾祸。这就好比一个人一直诚信待人，顺应民意行事，结果得到吉利的卜问。

所以说，登上高丘上的城邑应是吉利的。因为他有诚信作基础。再说，诚信待人，顺应民意做事的好处很多（前面已提及，在这里就不多说了）。

六十卦象象义图

癸巳 巽下坤上 升

坤上 ☷
巽下 ☴

升卦的卦象为上坤下巽，坤为地，而巽为木，木在地中，慢慢生长上升。此卦喻示君子应顺行美德，积累小善以成就崇高弘大的事业，但王振和石亨都违背了这一点，因此才落得悲惨的下场。

▶▶ **土木之变，气候复辟**

谶曰

半圭半林。合则生变。
石亦有灵。生荣死贼。

颂曰

缺一不成也占先。
六龙亲御到胡边。
天心复见人心顺。
相克相生马不前。

金圣叹评注

此象主张太后崩权归王振，致有乜先之患。其后上皇复辟，石亨自诩首功，率以恣横伏诛，此一乱也。

肆拾柒 泽水困卦

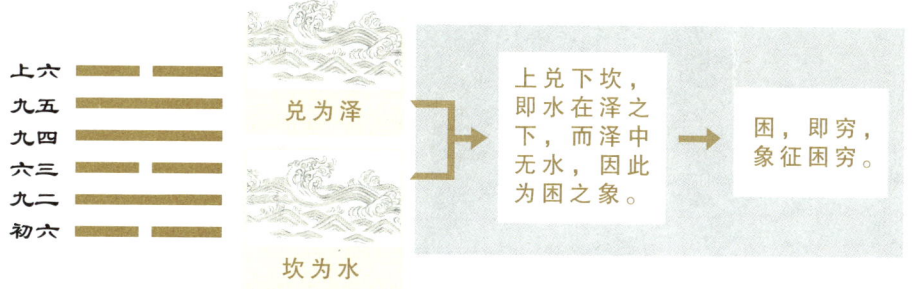

困：亨。贞，大人吉，无咎。有言不信。

《彖》曰：困，刚掩也。险以说，困而不失其所亨，其唯君子乎！"贞,大人吉"，以刚中也。"有言不信"，尚口乃穷也。

《象》曰：泽无水，困。君子以致命遂志。

《困卦》：亨通。卜问为大众所认可的人的事吉祥，没有什么灾祸。但处在困境的人说话难以使人相信。

《彖传》说：《困卦》表明，阳刚被遮掩不能施展。身处困境但心中愉悦，恐怕只有君子才能如此吧！"卜问为大众所认可的人的事吉祥"，是因为阳刚者能坚守中正。"处在困境的人说话难以使人相信"，这说明崇尚言辞不但无益反而使自己陷入更加困难的处境中。

《象传》说：《困卦》的卦象是兑在上、坎在下，兑为泽、坎为水，泽中没有水，所以把它叫做《困卦》。作为君子即使身处穷困，也一心一意致力于自己的事业，从而实现自己的意愿。

【启示】《困卦》大义在于揭示处于"困穷"之时的道理。卦辞中极力说明只有君子才能虽陷困境、其道亨通，由此来称赞能坚守正固的君子可获吉祥。同时卦辞"有言不信"，也表明此时君子应洁身自好，修美己德。因此此卦告诉我们，人处于困境时，一方面要不绝望，不气馁，耐心地等待时机；另一方面，不要过于柔弱，而要采取有效的行动。另外，它暗示我们，即使居于高位，如不谦虚，也会有陷入困境的可能性。

断易天机问占图

河中无水之卦，守己待时之象

困卦卦象解义

古解： 困者，危也。水在泽下，万物不生。君子困穷，小人滥盈。三山幽谷，向暗背明。占者有难，守而勿争。

今译： 困为穷困、危难。水在泽下，而泽中无水，万物难以滋生。君子受困于小人，阳刚受困于阴柔，是面向阴暗，而背向光明。占卜得此卦，表示有危难，应守持坚贞。

此卦为李德裕罢相时卜得之卦，乃知身命无气。

- 水池中长有青草，有生机之意
- 一个药炉，治病的用具
- 贵人往池中倒水，救池中的鱼，表示有复活的兆头
- 一人卧病在床，表示身处危难难以解脱
- 地上一个轮子，表示不能运动

【困之卦】困苦穷厄，洁身自守

① 初六，臀困于株木　　处困之始，隐入幽谷
② 九二，困于酒食　　　刚中守德，荣禄临身
③ 六三，困于石，据于蒺藜　失应不正，必有凶险
④ 九四，困于金舆　　　行动迟缓，如愿应和
⑤ 九五，劓刖，困于赤绂　众叛亲离，逐渐脱困
⑥ 上六，困于葛藟，于臲卼　谨慎思谋，困极必反

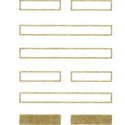

初六：臀困于株木，入于幽谷，三岁不觌。

初六：屁股挨着的地方是枯木，无法坐，便进入黑暗的山谷里，多年不见光明。

【原文】《象》曰："入于幽谷"，幽不明也。

【译文】《象传》说：退隐到幽深的山谷里，那里幽暗而没有光明。

【启示】这一爻暗示我们，在自己处于困境时，应先隐遁起来。

九二：困于酒食，朱绂方来，利用享祀。征凶，无咎。

九二：沉溺于酒食之中，穿朱红色衣服的大官就将来到，这是因为你用丰富的酒食祭祀了神灵。如果有太大的行动，则是凶险的，但最终不会有什么过失。

【原文】《象》曰："困于酒食"，中有庆也。

【译文】《象传》说："沉溺于酒食之中"，坚守中正，所以有喜庆之事。

【启示】这一爻告诉我们，一是当自己的才华不能施展时，不要绝望，耐心地等待时机；二是在刚刚出山时，锋芒不要太露。

六三：困于石，据于蒺藜，入于其宫，不见其妻，凶。

六三：被困在乱石中，手被蒺藜缠绕住了，刚刚回到家中，妻子也不见了，凶险。

【原文】《象》曰："据于蒺藜"，乘刚也。"入于其宫，不见其妻"，不祥也。

困蒺藜葛藟株木图

困卦意在喻示处于"穷困"之时的道理。卦辞中强调只有"君子"才能处于穷困而其道亨通，极力称扬守持正固的大人，并指出此时所言均难为人所信，因此要修美己德。卦中六爻分别阐释了处困的不同情况，其中三阴爻阴柔弱小而被困至甚，并以草木之象为喻加以阐释；三阳爻虽也被困，但能阳刚守正而脱困。

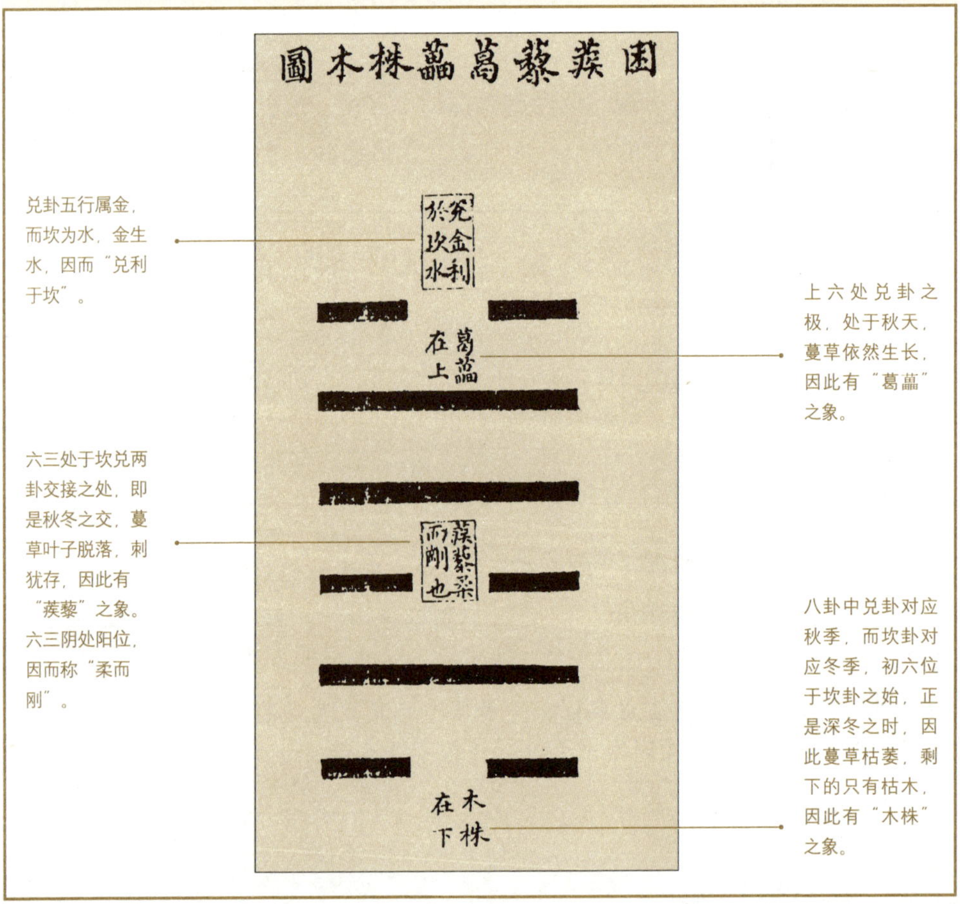

兑卦五行属金，而坎为水，金生水，因而"兑利于坎"。

上六处兑卦之极，处于秋天，蔓草依然生长，因此有"葛藟"之象。

六三处于坎兑两卦交接之处，即是秋冬之交，蔓草叶子脱落，刺犹存，因此有"蒺藜"之象。六三阴处阳位，因而称"柔而刚"。

八卦中兑卦对应秋季，而坎卦对应冬季，初六位于坎卦之始，正是深冬之时，因此蔓草枯萎，剩下的只有枯木，因此有"木株"之象。

【译文】《象传》说:"手被蒺藜缠绕住了",这是因为六三乘在九二刚爻之上。"回家不见妻子",这是不吉祥的征兆。

【启示】这一爻告诉我们,处在困境中,不要过于柔弱。

九四:来徐徐,困于金车,吝,有终。

九四:慢慢地走来,被囚禁在金车里,会遇到危险,但最终会有结果的。

【原文】《象》曰:"来徐徐",志在下也。虽不当位,有与也。

【译文】《象传》说:"慢慢地走来",表明是在帮助初六;即使所处地位不妥当,不能胜任职务,也能得到志同道合者的支持。

【启示】这一爻说明,即使是为了解救别人,也要量力而行。

九五:劓刖,困于赤绂。乃徐有说,利用祭祀。

九五:施行割掉鼻子、剁断脚这样的酷刑,困穷在至尊之位。后来慢慢地有了喜悦,是因为虔诚地祭祀神灵。

【原文】《象》曰:"劓刖",志未得也。"乃徐有说",以中直也。"利用祭祀",受福也。

【译文】《象传》说:"施行割掉鼻子、剁断脚这样的酷刑,困穷在至尊之位"。"后来慢慢地有了喜悦",因为九五之爻居上卦中位,就好像人中正端直。"虔诚地祭祀神灵",承受其福荫。

【启示】这一爻暗示我们,在上的也会陷入困境之中。处于上位的人容易狂妄自大,把在下的忠言看成恶语,从而造成是非不分,引起老百姓的不满,于是,为了使老百姓服从,他会采取强硬的办法压制百姓,以致陷于困境之中。该怎样从困境中走出来呢?要心地纯正。

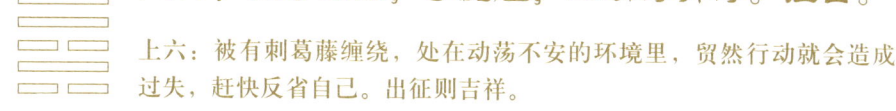

上六:困于葛藟,于臲卼,曰动悔有悔。征吉。

上六:被有刺葛藤缠绕,处在动荡不安的环境里,贸然行动就会造成过失,赶快反省自己。出征则吉祥。

【原文】《象》曰:"困于葛藟",未当也。"动悔有悔",吉行也。

【译文】《象传》说:"被有刺葛藤缠绕",说明所处位置不妥当。贸然行动一造成过失就开始反省自己,这是吉利的行动。

【启示】这一爻告诉我们,处于困境中,应及时对自己进行反省,而不是贸然行动。

困卦卦爻要义图解

困三阳爻
- 九二得朱绂之君而无咎 —— 君子困于富贵而
- 九五得朱绂之臣而有说 —— 同心相济
- 九四得金车之助而有终

三阴爻
- 初六困于株木不觌其人 —— 小人困于贫贱而
- 六三困于蒺藜不见其妻 —— 异心相离
- 上六困于葛藟有悔于终

【疑难解析】困于石,据于蒺藜,入于其宫,不见其妻,凶

"困于石,据于蒺藜,入于其宫,不见其妻,凶"的大意是:被困在乱石中,手被蒺藜缠绕住了,刚刚回到家中,妻子也不见了,凶险。就好比一个人处在困境中,周围的人处处和他为难,连自己的妻子也看不起他,离他而去,这是凶险的。他为什么会得到如此的下场?为什么说这是凶兆呢?

"困于石,据于蒺藜,入于其宫,不见其妻,凶"是困卦六三爻的爻辞。六三爻是阴居阳位,六三的下边就是阳居阴位的九二。这就好比阳刚者九二胸怀大志,十分有能力,随时准备出头。此时,阴柔者很想保全自己的地位,但由于自己的能力有限,而且天性柔弱,什么事也不敢干。结果九二对他的威胁越来越大,他不知该怎么办?他的妻子嫌他太柔弱,许久不见升迁,便弃他而去。

一个人生性柔弱,能力有限,又没有谁帮助他,自然难从困境中摆脱出来,所以他是凶险的。

此时,柔弱者是不是因此而永远消沉呢?我们常说:"从哪里跌倒就从哪里爬起。"所以说,重新开始的机会还是有的,柔弱者应积极面对现实,找到解决问题的办法。具体该怎么做呢?

柔弱者为了向别人证明自己不是一个孬种,贸然行事,这对吗?"来徐徐,困于金车,吝,有终"的大意是:慢慢地走来,被囚禁在金车里,会遇到危险,但最终会有好的结局。它是九四爻的爻辞。九四爻阳居阴位,与初六为正应，其上为九五（阳居阳位）。这就好比一个人为了解救自己的朋友，不顾自己的力量，贸然采取行动，结果遇到危险。幸亏有力量雄厚的领导的支持，才使这件事没胎死腹中。这就暗示我们，柔弱者为了表现自己的勇敢，不量力而行，而贸然行动，这不是明智的做法。

　　柔弱者为了使别人服从他，变得凶狠起来，采取强硬的方法压制自己的下属服从，这对吗？"劓刖，困于赤绂；乃徐有说，利用祭祀"的大意是：施行割掉鼻子、剁断脚这样的酷刑，困穷在至尊之位。后来慢慢地有了喜悦，是因为虔诚地祭祀神灵。它是九五爻的爻辞。这就好比一个人居于上位，刚开始他为了使别人服从他，采取了残酷的刑罚，结果使自己陷入了更危险的境地。后来，他改正了自己的错误，终于使自己脱离了困境。这就暗示我们，强硬的措施不可取。

　　柔弱者处在这样的困境中，他不采取任何行动，积极反省自己，找出自己的错误究竟在哪儿，然后对其进行改正。这对吗？"困于葛藟，于臲卼，曰动悔有悔。征吉"的大意是：被有刺葛藤缠绕，处在动荡不安的环境里，贸然行动就会造成过失，赶快反省自己。出征则吉祥。这就表明，一个人如处于困境中，及时对自己进行反省，就有利于他去干大事。这就不难看出，柔弱者的不行动不是真正的静止不动，而是积极地思索，积极地思考，以求更快地脱离困境。这里的"思索"就好比砍柴前的磨刀工，是不误脱离困境的时机的。

　　所以说，柔弱者要脱离困境，就必须要及时对自己的行为进行反省。

劓刖，困于赤绂，乃徐有说，利用祭祀

　　"劓刖，困于赤绂，乃徐有说，利用祭祀"的大意是：施行割掉鼻子、剁断脚这样的酷刑，困穷在至尊之位。后来慢慢地有了喜悦，是因为虔诚地祭祀神灵。

　　"劓"是削鼻，"刖"是砍脚，都属于刑罚的种类。《困卦》中阳被阴穷困，"九五"阳刚居尊，被"上六"与"六三"的阴爻包围，困在当中。又因为九五居尊自大，其为了压制他人，从而施行割掉鼻子、剁断脚这样的酷刑，由此引发了处下者的不满，被孤立在高位，陷入困境。但是，由于"九五"阳刚中正，又处于上卦兑卦之中，只要虔诚地祭祀神灵，始终保有刚中之德，广泛取信于人、神，就能摆脱困境，得到喜悦的结果。

　　这一爻，说明领导者要有至诚之心。

六十卦象象义图

辛酉 坎下兑上 困

兑上 ⚌⚏⚌
坎下 ⚌⚏⚌

坎下兑上，即水在泽下，为泽中无水之象，象征穷困。《易经》中说："困，亨贞，大人吉，无咎；有言不信。"意思是说困卦代表亨通，神通广大的大人物可以获得吉祥，没有灾祸，但是此时许下的诺言很难令人相信。总体看来，此象象征吉祥，但也存在着小瑕疵，无疑是一种遗憾，预示未来世界将和平统一。

▶▶ 战乱平息，世界和平

谶曰
大乱平。四夷服。
称弟兄。六七国。

颂曰
锋烟净尽海无波。
称帝称王又统和。
犹有煞星隐西北。
未能遍唱太平歌。

金圣叹 评注

此象有四夷来王，海不扬波之兆。惜乎西北一隅尚未平靖，犹有遗憾，又一治也。

肆拾捌 水风井卦

井：改邑不改井，无丧无得，往来井井。汔至，亦未繘井，羸其瓶，凶。

《彖》曰：巽乎水而上水，井。井养而不穷也。"改邑不改井"，乃以刚中也。"汔至亦未繘井"，未有功也。"羸其瓶"，是以凶也。

《象》曰：木上有水，井。君子以劳民劝相。

《井卦》：城邑村庄可以改移而水井不可迁徙，没有损失什么，也没有得到什么。周围的人来来往往到井里汲水，水井干涸淤塞却没人淘洗，还把汲水瓶打破了，这是凶兆。

《彖传》说：顺应水的自然特性把水汲到地面上，这就是水井。水井养育世人的功德无穷无尽。"城邑村庄可以改移而水井不可迁徙"，就好像君子充满阳刚之气而且坚守中庸之道。"周围的人来来往往到井里来汲水，水井干涸淤塞，也不加以淘洗"，是说明并未实现井水养人的功用。"把汲水瓶打破了"，自毁用具，势必发生凶险。

《象传》说：《井卦》的卦象是水分沿着树干向上行，直到树木最上端，然后从最上端渗出水来，源源不断，所以把它叫做《井卦》。君子看到这一卦象，应当效法井的这种精神，不辞劳苦地为老百姓操劳，劝勉老百姓互相资助。

【启示】《井卦》的卦辞讲了井水与人民的生活有紧密联系，以井为喻，告诉我们，为了最大限度地发挥自身及物的作用，一方面要修身养性，另一方面要对物进行及时清理。

断易天机问占图

珠藏深渊之卦，守静安常之象

井卦卦象解义

古解：井者，静也。邑乃可改，井不可移，安身勿动，守道无亏。所作于人，且宜修之，逃亡难得，应没还期。

今译：井象征水井，暗喻静守。城邑村庄可以迁移，但井不可移动。人应安身立命，恒守修德，这样就没有什么灾祸。应善待他人，逃亡之人，没有归还之期。

此卦为杨贵妃与安禄山私通，卜得之卦，结果反受其害。

- 金甲神人一手执符，象征天降祥瑞
- 女子抱一个盒子，表示好合
- 金钱元宝闪闪发光，表示钱财有气
- 官人用绳子搭救落井之人，表示得贵人相助而脱险
- 一人落入井中，表示遭遇危难

【井之爻】修身养人，大公无私

① 初六，井泥不食　　柔暗卑下，被人舍弃
② 九二，井谷射鲋　　清水未汲，瓶瓮敝漏
③ 九三，井渫不食　　井水不食，终将可汲
④ 六四，井甃　　　　得位无应，静守修德
⑤ 九五，井冽　　　　居中得正，井水清冽
⑥ 上六，井收　　　　心怀诚信，广施井德

初六：井泥不食。旧井无禽。

初六：井底污泥沉滞，井水不能饮用。废弃的老井连飞鸟都不来光顾。

【原文】《象》曰："井泥不食"，下也。"旧井无禽"，时舍也。

【译文】《象传》说："井底污泥沉滞，井水不能饮用"，是因为有污泥在下边。"废弃的老井连飞鸟都不来光顾"，是说这口井已经弃置不用了。

【启示】这一爻暗示我们，一方面，人要及时反省自己，不断用新知识充实自己；另一方面，不能用不自省的人。

九二：井谷射鲋。瓮敝漏。

九二：在井口射中井中小鱼。汲水用的瓦器很旧了以致漏了起来。

【原文】《象》曰："井谷射鲋"，无与也。

【译文】《象传》说："在井口射中井中小鱼"，这是因为没有人去治理这口井。

【启示】这一爻告诫我们，井需及时治理，人也需及时反省自己。

九三：井渫不食，为我心恻。可用汲，王明，并受其福。

九三：井水被淘洗干净却没有人来饮用，为此我感到伤心。应该赶快来汲取这干净的井水，渴望君臣共受福泽。

【原文】《象》曰:"井渫不食",行恻也。求"王明",受福也。

【译文】《象传》说:"井水被淘洗干净却没有人来饮用",就好像九三的行为没有被理解,令人感到凄恻。盼求"君王英明",是期望君臣共同获得好处。

【启示】这一爻说明,一方面,如你是人才,要想其才能得到发挥,必须要贤明的领导发现你,重用你;另一方面,一个领导如不贤明,会把人才白白浪费,无法享用到上天赐给他的福分。

井鼎水火

井卦中三阳爻、三阴爻,以三阳爻比喻泉,以三阴爻比喻井,通过将"水井"人格化,展示了水井固定不移、不盈不竭、守恒不渝、惠人无私的品德。同时又以汲水者应防止水瓶出井口时倾覆,暗喻修德惠人要善始善终,不能功亏一篑。综合这两方面,井卦主要阐释了"善修己德"和"养人无私"这两点内容。此外,井卦通过展示九五"井水清冽",寄托了对统治者清廉公正的美好期望。

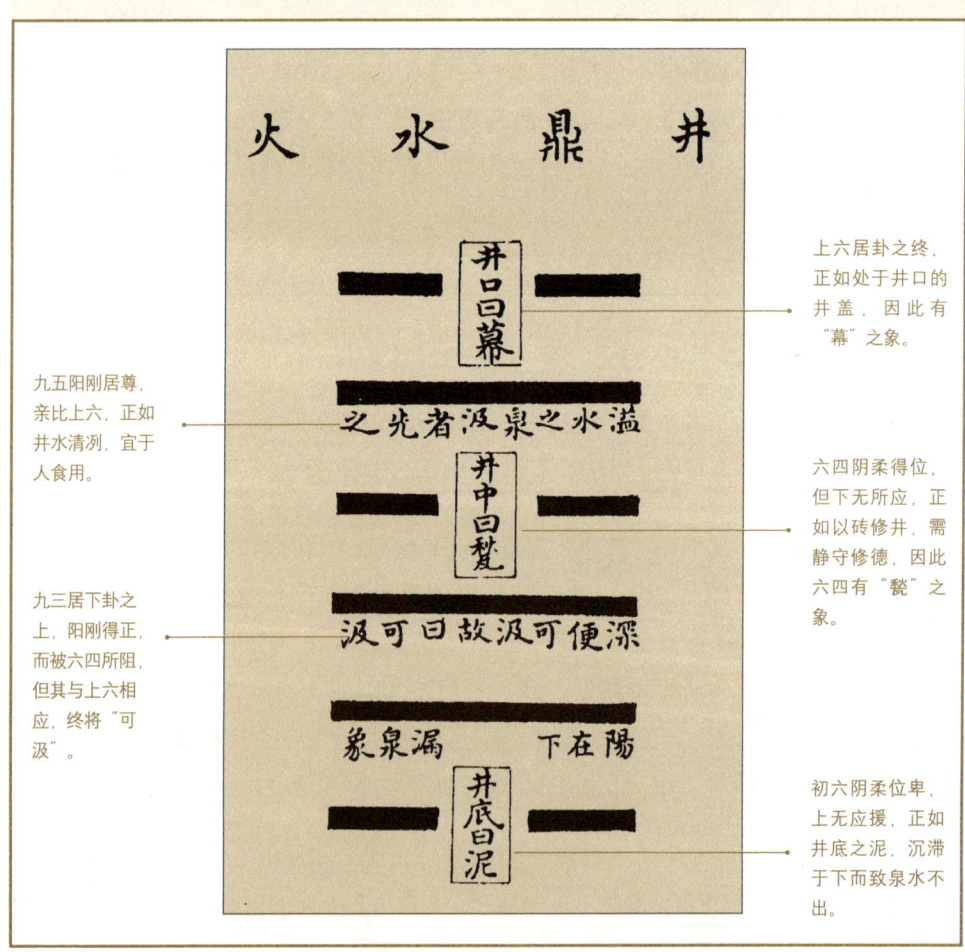

 **六四：井甃，无咎。**

六四：用砖石加固井壁，没有什么灾祸。

【原文】《象》曰："井甃，无咎"，修井也。

【译文】《象传》说："用砖石加固井壁，没有什么灾祸"，这是修治水井呀！

【启示】这一爻说明，要及时弥补自己的过失。

 **九五：井冽，寒泉食。**

九五：井水十分清凉，寒凉的泉水可供人饮用。

【原文】《象》曰："寒泉之食"，中正也。

【译文】《象传》说："清凉的井水可供人饮用"，这是因为九五爻处在上卦中位，象征通过修身养性的人内心纯正无私。

【启示】这一爻说明，要重用内涵十分深的人才。

 **上六：井收，勿幕；有孚，元吉。**

上六：井修好，不要盖上盖子；有诚信，十分吉利。

【原文】《象》曰："元吉"在上，大成也。

【译文】《象传》说：上六爻之所以"大吉大利"，是因为它长期修身养性，已达到了最高的境界。

【启示】上六居卦之终，与九三相应，犹如井水已汲出水井，为大功告成之象；此时应心怀诚信，广施养人之德，即可获得吉祥。这一爻说明，长期修身养性，得到大众的信任，将是十分吉利的。

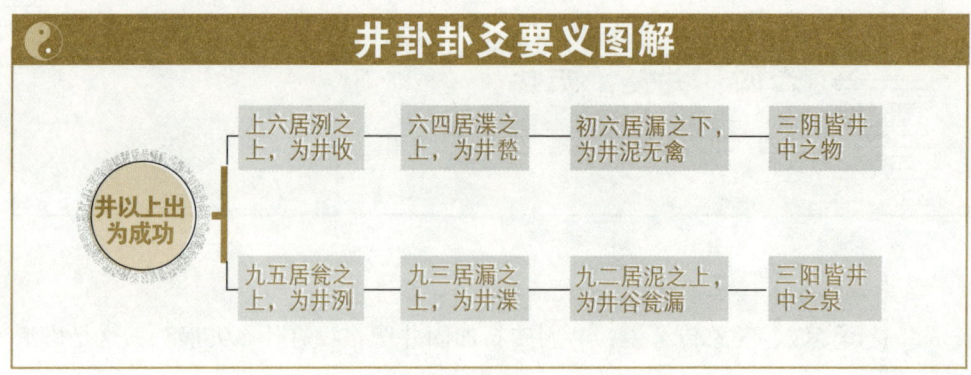

【疑难解析】井泥不食。旧井无禽

初六的爻辞是"井泥不食。旧井无禽"。它没有判语,那它究竟代表吉还是凶呢?

爻辞的大意是:井底污泥沉滞,井水不能饮用。废弃的老井连飞鸟都不来光顾。从初六的爻位来看,为阴居阳位。这就暗示我们,一个人长期不对其行为进行自省,将会被时代所淘汰,被历史所遗弃。一方面时代是不断进步的,对人的要求也是不断变化的,一个人即使一直按照原来的行为模式做事,也会被时代所淘汰;另一方面一个人是处在社会中,从他所处的社会环境来看,还存在污浊的东西,所以他如不及时自省,不及时清理污浊的思想,就会被腐蚀,被淤塞,以至于世人都远离他,成为历史的遗弃物。

大家想想看,一个被时代、被历史所抛弃的人,能获得吉祥吗?所以说,这一爻是不吉利的。

井渫不食,为我心恻。可用汲,王明,并受其福

"井渫不食,为我心恻。可用汲,王明,并受其福"的大意是:井水被淘洗干净却没有人来饮用,为此我感到伤心。应该赶快来汲取这干净的井水。渴望君臣共受福泽。

"渫"意思是将井中的泥沙挖出,使井水清洁。"九三"阳爻居于正位,在下卦的最上位,已经没有泥沙,可是这清澈的水,竟无人饮用,未免可惜。这可以汲取饮用的水,就像有的贤能之人受不到人赏识,无人重用一样。贤明的君王,应该将这些贤士,提拔重用,辅佐自己治理国家。这无论对君王,对贤士,都是福泽。

这一爻,说明君主应当求贤,发掘、任用人才。

六十卦象象义图

乙未·巽下坎上 井

坎上
巽下

《易经》曰："井：改邑不改井，无丧无得，往来井井。汔至亦未繘井，羸其瓶，凶。"意思是说城邑迁移但水井不会发生改变，井水不会枯竭也不会溢满，来来往往的人都到井里来打水。眼看水要升到井口了，却把水瓶打翻了。此卦暗示李自成虽推翻了明朝，但由于政策不当，又被赶出京城，功亏一篑。

▶▶ 闯王入京，明朝灭亡

谶曰
马跳北阙。犬嗷西方。
八九数尽。日月无光。

颂曰
杨花落尽李花残。
五色旗分自北来。
太息金陵王气尽。
一枝春色占长安。

金圣叹评注　此象主李闯、张献忠扰乱中原，崇祯投环梅山，福王偏安不久明祀遂亡。颂末句似指胡后，大有深意。

肆拾玖 泽火革卦

革：己日乃孚，元亨，利贞。悔亡。

《彖》曰：革，水火相息。二女同居，其志不相得，曰革。"己日乃孚"，革而信之。文明以说，大亨以正。革而当，其"悔"乃"亡"。天地革而四时成，汤武革命，顺乎天而应乎人，革之时大矣哉。

《象》曰：泽中有火，革。君子以治历明时。

《革卦》：在亟须转变的"己日"推行变革，并且有诚信，十分顺畅，有利于去占卜。悔恨终将消失。

《彖传》说：革，就好像水火不容，又好像两女共事一夫，她们的志向不可能同时实现，终将生变，这就叫做"革"。"在亟须转变的'己日'推行变革，并且有诚信"，改革而且有诚信，人们会拥戴他。凭着文明的美德使民众心悦诚服，坚守中正就十分顺畅。改革得当，其"悔恨"就会"消失"。天地之间由于变革而形成了春、夏、秋、冬四个季节。商汤灭夏桀，周武王灭殷纣王，都是顺应天时，顺应民意的事，变革的现实意义是多么伟大啊！

《象传》说：《革卦》是兑在上、离在下，兑为泽、离为火，卦象为泽中有火之表象。大水可以灭火，大火也可以把水蒸发干，它们是相克相生的，所以把它叫做《革卦》。君子观此卦象，应修订历法，明定时令。

【启示】《革卦》告诉我们，变革是有条件的，所以我们变革也要讲方法：一要顺应事物发展规律，选择适当时机，势在必行时才能大胆变革；二要顺应民意，使人心悦诚服；三要变革者动机纯正和使用正当手段，不急功近利，并且考虑问题要全面细致。

断易天机问占图

豹变为虎之卦，改旧从新之象

革卦卦象解义

古解：革者，改也。改故就新，变易之道，交易其所，君子豹变。时有不遇，并宜改革。守旧则凶，从新则吉。

今译：革为改革、变革。改革旧事物，实现革新。变革之道在于改变原来的状态。时机难遇，应在适宜的时机进行改革。守旧凶险，革新则亨通。

此卦为彭越战项羽，绝粮时卜得，遂承恩改革。

另一人手中拿半个柿子，半表示旧

一人手中拿一整个柿子，全表示新

一只兔子、一只老虎，表示寅卯日出现变革

官人推车，车上放有官印，表示运转求新有印信

一条大路通向远方，表示四通八达

肆拾玖 泽火革卦

【革之爻】适时变革，以诚取信

① 初九，巩用黄牛之革　　　固守常规，不可妄为
② 六二，己日乃革之　　　　时机适宜，断然变革
③ 九三，革言三就　　　　　革道初成，暂退求进
④ 九四，有孚改命　　　　　心存诚信，革除旧命
⑤ 九五，大人虎变　　　　　阳刚居尊，全面变革
⑥ 上六，君子豹变，小人革面　变革已成，众人归顺

初九：巩用黄牛之革。

初九：用黄牛皮牢固束缚住。

【原文】《象》曰："巩用黄牛"，不可以有为也。
【译文】《象传》说："用黄牛皮牢固束缚住"，因为此时不可以有所行动。
【启示】这一爻告诉我们，变革的时机未到，不要轻易行动。

六二：己日乃革之。征吉，无咎。

六二：改革的时机到了，于是推行变革。出征吉祥，没有什么灾祸。

【原文】《象》曰："己日革之"，行有嘉也。
【译文】《象传》说："改革的时机到了便推行变革"，行动就有嘉奖。
【启示】这一爻告诉我们，变革的时机成熟，便当机立断，发动变革。

九三：征凶，贞厉。革言三就，有孚。

九三：出征凶险。去卜问得危险的预兆。这个变革方案讨论了三次才采取行动，所以得到信任，于是便成功了。

【原文】《象》曰："革言三就"，又何之矣。

【译文】《象传》说："变革方案讨论了三次才采取行动"，又哪来的凶和厉呢？

【启示】这一爻告诉我们，变革要把握住火候，不能太过。防止太过的方法是变革方案要经过多次讨论才能实施。

革卦炉鞴鼓铸图

革卦下卦为离，上卦为兑，离为火，兑五行属金，因此有烈火炼金之象。而革卦后为鼎卦，所以又有炼金成鼎、革故鼎新之意。革卦通过六爻的喻象，展示了变革不同阶段的发展过程，其主旨主要有两点：一是要把握时机，及时推行变革；二是要诚信守正，以孚诚之心取信于人，这样才能取得良好的改革效果。

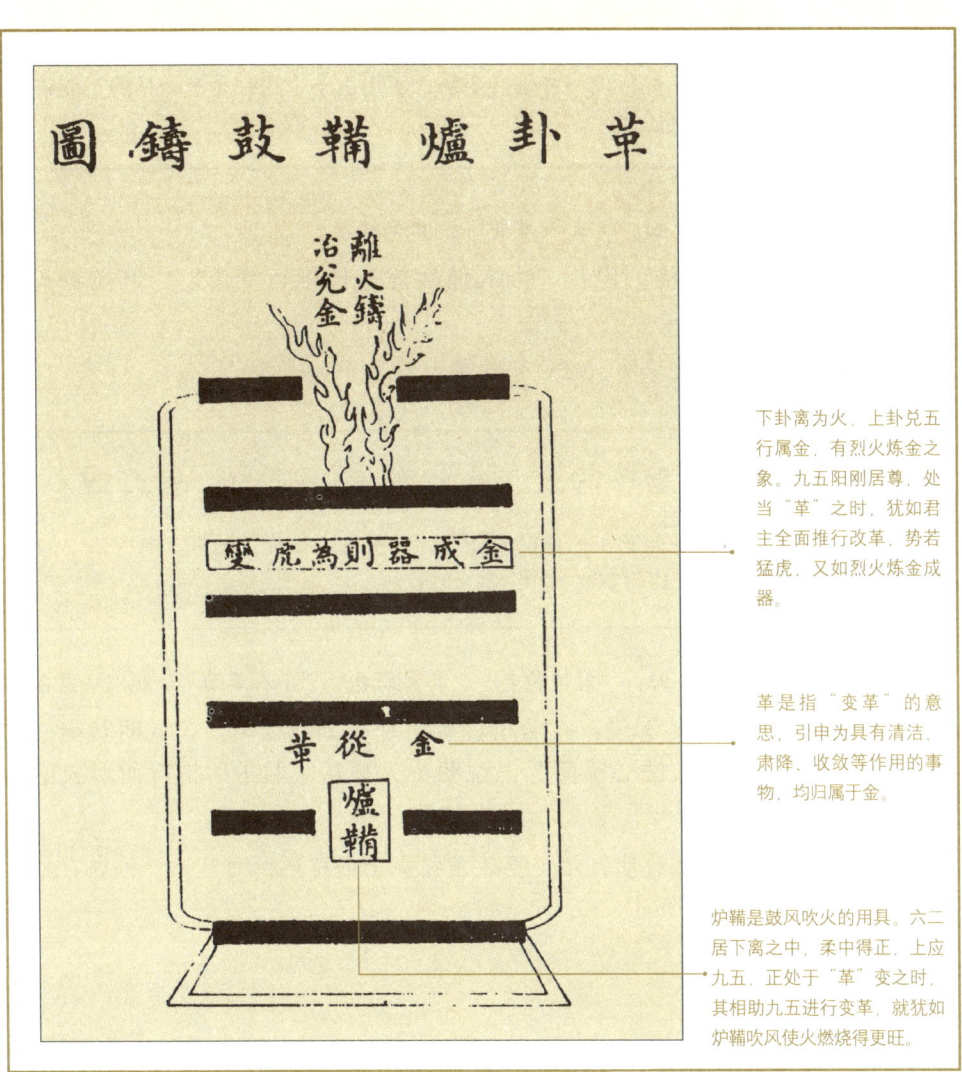

下卦离为火，上卦兑五行属金，有烈火炼金之象。九五阳刚居尊，处当"革"之时，犹如君主全面推行改革，势若猛虎，又如烈火炼金成器。

革是指"变革"的意思，引申为具有清洁、肃降、收敛等作用的事物，均归属于金。

炉鞴是鼓风吹火的用具。六二居下离之中，柔中得正，上应九五，正处于"革"变之时，其相助九五进行变革，就犹如炉鞴吹风使火燃烧得更旺。

肆拾玖 泽火革卦

 九四：悔亡，有孚，改命，吉。

九四：悔恨已经消失，赢得了群众的信任，改掉过去的陈规，立新的规章制度，十分吉利。

【原文】《象》曰：改命之吉，信志也。

【译文】《象传》说：改掉过去的陈规，立新的规章制度之所以是吉祥的，是因为这样能使大家信奉你所推行的意愿。

【启示】这一爻告诉我们，既要推翻陈腐的制度，又要建立新的纲纪。

 九五：大人虎变，未占有孚。

九五：大人像猛虎一样推行变革，不用占卜，这都是有诚信的，能得到大家的信任。

【原文】《象》曰："大人虎变"，其文炳也。

【译文】《象传》说："大人像猛虎一样推行变革"，其美德光照天下。

【启示】这一爻说明，推行变革要大刀阔斧。

 上六：君子豹变，小人革面。征凶。居贞吉。

上六：君子像豹子那样助成变革，小人洗心革面。出征会有凶险。静居守贞正可以得到吉祥。

【原文】《象》曰："君子豹变"，其文蔚也。"小人革面"，顺以从君也。

【译文】《象传》说："君子像豹子那样助成变革"，说明其美好的德行蔚然成风。"小人洗心革面"，说明小人顺从了君子所推行而形成的新风尚。

【启示】这一爻说明，不但要改革社会上的陈规，而且还要检查自己的行为，彻底改掉自己的陋习。

革卦卦爻要义图解

革九五
- 初九 革之始欲革而有不敢，故言黄牛之革中顺坚固、宁守其常也
- 九三 阳刚中正之君臣相与革天下之事，而本之以诚信
- 六二
- 九四 故象爻皆言其有孚加之以详审，故象爻皆言其已日
- 上六 革之终既革而无不当，故言豹变革面文蔚顺从，果胜其初也

【疑难解析】征凶，贞厉。革言三就，有孚

"征凶，贞厉"的大意是：出征凶险，去卜问得危险的预兆。这是为什么呢？

"征凶，贞厉"是革卦九三爻的爻辞。九三为阳居阳位，就好比刚健之才推行变革，由于刚健之才的阳刚十分旺盛，他看不惯充满污浊的世道，意气行事，贸然进行改革，这当然是凶险的。

实行任何一项制度所产生的利和弊都不是绝对的：它总是对某一部分人有利，对某一部分人不利；对同一个人的某一方面有利，对其另一方面不利。这就造成在改革的浪潮中涌现三种人：坚决反对改革的，坚决拥护改革的，动摇不定的中间分子。我们都知道，改革要取得胜利，必须要争取动摇不定的中间分子。而阳刚过盛的改革者是贸然进行改革的，自然没有做好准备工作——积极宣传改革的利大于弊，争取中间分子，所以他会因势单力薄而遭遇凶险。

那究竟该怎样推行变革呢？"革言三就，有孚"就作出了正确的回答。它的大意是：这个变革方案讨论了三次才采取行动，所以得到信任，得到成功了。这就暗示：要使改革取得成功，变革方案必须经过群众（注意这里的群众包括大多数的中间分子）的讨论才能实施。这是因为：

一、经过群众的多次讨论的变革方案会日趋完善。"众人拾柴火焰高"的道理谁都明白。

二、这里的每一次讨论不仅仅是单纯的讨论，还是一次绝妙的宣传。因为要讨论，势必要把方案公布于众，要把方案的利公布于众。而且人民通过讨论，对方案的利理解得更透彻，对旧的制度所带来的危害了解得更多，更能看清旧制度的坚决维护者的本来面目。这样就无意中向群众作了绝妙的宣传。

三、人们对经过自己的讨论而出台的方案都积极拥护：他们感觉到这个方案也渗透着自己的汗水。于是，对他们来说，成功推行它的过程就是自我实现的过程。

六十卦象象义图

丁丑 离下兑上 革

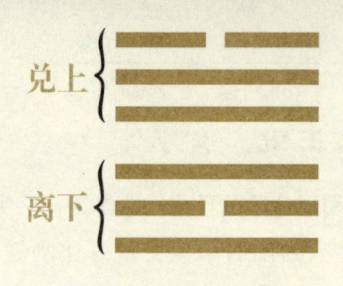

兑上
离下

《象》曰："泽中有火，革，君子以治历明时。"意思是说革卦的卦象是离（火）下兑（泽）上，为泽中有火之象，火性干燥，泽水湿润，两物不相宜，终究会产生变革。君子根据变革的规律制定历法以明辨春、夏、秋、冬四季的变化。此卦正好象征的是后周柴荣实行改革的事情。

▶ 五代十国，后周为终

颂曰

金木水火土已终。
十三童子五王公。
英明重见太平日。
五十三三运不通。

谶曰

石榴漫放花。
李树得根芽。
枯木逢春只一瞬。
让他天水自荣华。

金圣叹 评注

此象主周世宗承郭威受命为五代之终，世宗姓柴名荣，英明武断，勤于为治，惜功业未竟而殂。五代共五十三年，凡八姓十三主，颂意显然。

伍拾 火风鼎卦

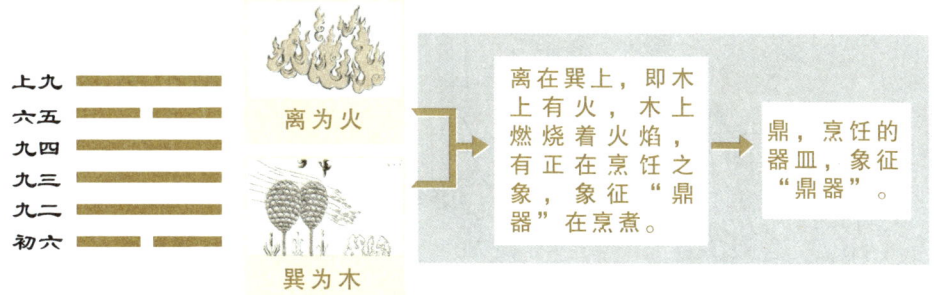

鼎：元吉，亨。

《彖》曰：鼎，象也。以木巽火，亨饪也。圣人亨以享上帝，而大亨以养圣贤。巽而耳目聪明，柔进而上行，得中而应乎刚，是以元亨。

《象》曰：木上有火，鼎。君子以正位凝命。

《鼎卦》：大吉大利，顺畅。

《彖传》说：鼎，象形的呀。把木柴放在火中，由于风的帮助，火更旺，这是在烹饪食物。圣人烹饪食物是用来祭祀天帝，进而大规模地烹饪食物以来奉养圣贤，使他们自愿为君主效力，从而使君主耳聪目明。此时君主能凭着谦逊的美德前进，高居中位又能下应阳刚贤人，因此说此卦大吉大利。

《象传》说：《鼎卦》是离在上、巽在下，离为火、巽为木，卦象为木材在燃烧，象征烹饪，所以把它叫做《鼎卦》。君子应当像三足两耳的鼎那样端正居中位，严守使命。

【启示】《鼎卦》借烹煮食物变生为熟为喻，阐释事物去旧布新之理，其中又更侧重于行使权力、治理天下、"自新新人"的道理。由此来看，此卦意在告诉我们，行事要敢于破旧立新。

从另一方面来看，《鼎卦》还含有"养贤"之意。由于变革必须依靠人才，只用任用贤能，才能实现革故鼎新的目的。而且选拔人才还要知人善用，必须排除小人，否则任用不当，必然招致灾祸。明智的君王，贤能的臣下，必然能做到无往不利。

断易天机问占图

调和鼎鼐之卦，去旧取新之象

鼎卦卦象解义

古解： 鼎者，定也。鼎象九州，和羹之器，变生为熟，以成香味。鼎乃易溢，不宜争事，官鬼持世，求官不利。

今译： 鼎为君王权力法制的定物。鼎器象征九州。鼎为烹饪的器皿，将生食物变熟，使其发出香味。鼎内食物易溢出，这就告诫人们不宜争夺。卜得此卦不利求官。

此卦为秦君卜得，乃知得九鼎以象九州也。

- 贵人端坐无畏，表示福重，可避过危难
- 一人样貌凶恶，手执大刀，表示要防被人暗伤
- 一只喜鹊南飞，表示将有喜事
- 云雾之中，明月高挂，象征三光照临

- 一只老鼠，表示耗费的意思
- 一人头戴席帽，表示有子之喜

【鼎之爻】 去旧纳新，端正居位

① 初六，鼎颠趾　　　　鼎覆趾倒，去旧成新
② 九二，鼎有实　　　　鼎内充实，无所充溢
③ 九三，鼎耳革，其行塞　守实无应，无所为用
④ 九四，鼎折足　　　　失正不中，自不量力
⑤ 六五，鼎黄耳，金铉　　获益刚实，以尽鼎用
⑥ 上九，鼎玉铉　　　　体刚处柔，鼎道大成

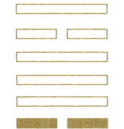

初六：鼎颠趾，利出否。得妾以其子，无咎。

初六：将鼎翻转使鼎足向上，有利于倾倒废物。就像娶妾生子一样，没有什么不好的。

【原文】《象》曰："鼎颠趾"，未悖也。"利出否"，以从贵也。

【译文】《象传》说：将鼎翻转使鼎足向上，没有悖理。有利于清除恶人，这其实是服从上级领导。

【启示】这一爻告诉我们，只有去掉旧的恶的东西，才有新的好的东西到来。

九二：鼎有实。我仇有疾，不我能即，吉。

九二：鼎中装满了食物。与我相对立的人嫉妒我，不能理解我，我还是坚持走我自己的路，是吉祥的。

【原文】《象》曰："鼎有实"，慎所之也。"我仇有疾"，终无尤也。

【译文】《象传》说："鼎中盛满了食物"，应该谨慎行事，不要盲目出行。"与我相对立的人嫉妒我"，我还是坚持走我自己的路，没什么可担心的。

【启示】这一爻告诉我们，在破旧立新时，要尽量发挥自己的卓越才能，不要因别人的不理解就退缩。

九三：鼎耳革，其行塞，雉膏不食。方雨亏悔，终吉。

九三：变革变到鼎耳上去了，这样的变革将受到阻塞。美食不能吃，天正下雨，落入鼎上，开始感到遗憾，后雨水将热量消损了，所以说，最终还可以获得吉祥。

【原文】《象》曰："鼎耳革"，失其义也。

二用之图

古时，鼎作为烹饪之器，具有"养人"的功用，作为"法器"，又象征着君主的权利。鼎卦借烹饪食物，化生为熟，比喻事物去旧成新的道理，其中又着重体现了君主行使权利、任用贤能、修德而治天下的意义。卦中六爻各以鼎的某一部分为喻，意在说明在一定情况下，行使职权的不同方法。六爻中除九四，其余皆"吉"或"无咎"，而九四由于居位不正且行事自不量力而得"凶"，寓诫之意深刻。

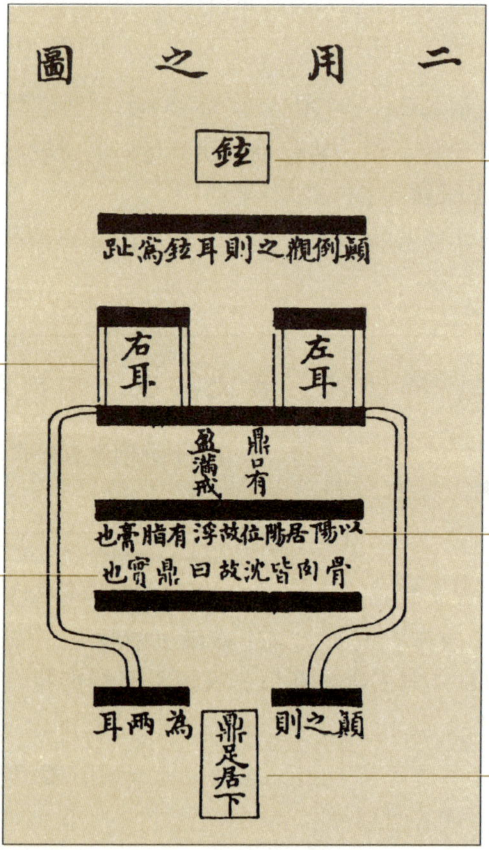

上九阳居阴位，处卦之终，且与九三不相应，意在广应于下，因此有"鼎铉"之象。

六五柔居尊位，得九二相应，获刚实之益，犹如黄色的鼎耳。

九三以阳居阳，阳刚过盛，犹如鼎内食物充溢，浮有脂膏。

九二居下卦之中，阳刚充实，犹如骨肉皆沉入鼎中，因此称"鼎有实"。

初六阴虚在下，处鼎卦之始，犹如鼎足，但因鼎三足，缺一足，因此"鼎颠趾"。

【译文】《象传》说："变革变到鼎耳上去了"，是暗示人行为不当。

【启示】这一爻告诉我们，变革立新也要讲究方法，遵循规则。

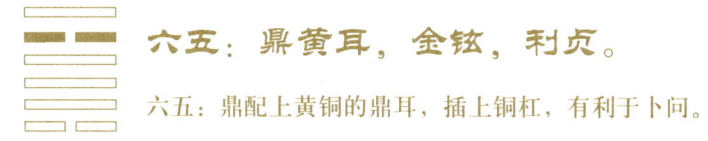

九四：鼎的足被折断了，王公鼎里的美食被倾倒出来了，鼎身被污染，凶险。

【原文】《象》曰："覆公𫗧"，信如何也！

【译文】《象传》说："王公鼎里的美食被倾倒出来了"，哪里还有什么诚信可言呢！

【启示】这一爻告诉我们，在立新时，更不能重用有才无德的人。

六五：鼎配上黄铜的鼎耳，插上铜杠，有利于卜问。

【原文】《象》曰："鼎黄耳"，中以为实也。

【译文】《象传》说：鼎配上黄铜的鼎耳，插上铜杠，是由于六五爻位居中，不但有真才实学，而且坚守中正。

【启示】这一爻告诉我们，在破旧立新时，一个人不但有才学，而且品德高尚，应当重用。

上九：鼎玉铉，大吉，无不利。

上九：鼎耳插上玉制的横杠，大吉大利，没有什么不利。

【原文】《象》曰：玉铉在上，刚柔节也。

【译文】《象传》说：玉制的横杠插在鼎上，这说明刚与柔互相调节。

【启示】这一爻告诉我们，在立新时，如果一个人行事能刚柔相济，那么一定要重用他。

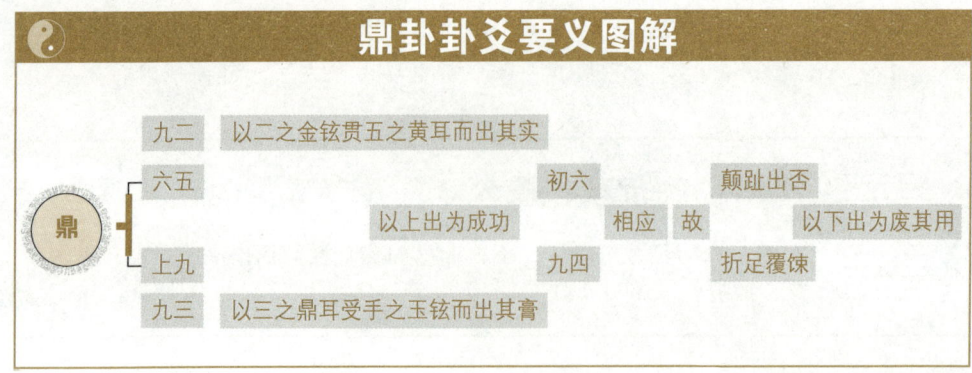

鼎卦卦爻要义图解

【疑难解析】鼎耳革，其行塞，雉膏不食；方雨亏悔，终吉

"鼎耳革，其行塞"的大意是：变革变到鼎耳上去了，这样的变革将受到阻塞。这究竟是什么意思呢？鼎耳是鼎的关键部位，一般要借助鼎耳才能把鼎里的美食倾倒出来。如不慎将鼎耳革掉，想将美食倒出来，可太难了。"鼎耳革，其行塞"是九三爻的爻辞。九三为阳居阳位。这就好比一个有才能的阳刚者刚得到一个能发挥才能的位置，由于他是阳刚者，一心想干大事，这就造成阳刚过盛，于是他一上任就触及关键问题（如把它解决好则一切都好办，如解决不好则会遇到更大的阻力），像这种一上任就燃起一把火的做法是很容易造成恶果的。

首先，要解决任何一个问题，都要找到问题的症结。而他阳刚过盛，一心想展现自己的才华，行事急于求成，不能凡事做透彻的分析，更何况，关键问题是复杂的。结果，没有找到问题的症结，自然不能解决问题。

再说，他刚一上任，没有形成自己的交际网，他将会因没有人响应自己而失败。俗话说，一个好汉三个帮。这个古训也说明他此行凶多吉少。

退一步说，就是有谁愿意帮他，也会由于他阳刚过盛而被拒于千里之外。因为过分地想展现自己的才华使他变得刚愎自用。此时，也许你会感到困惑："新官上任三把火"不是许多改革先锋所提倡的吗？那这里的一把火为什么都不能烧呢？试想，每一个改革者都把火烧起来了吗？都成功了吗？显然，有一部分人没有成功，究其原因，大部分是因为他们在烧火之前没有作周密的考虑。所以，我们为避免陷入十分危险的境地，要讲究改革的方法，即先避开关键问题，从侧面入手，步步为营，最终让关键问题中的难关不攻自破。

如已触及关键问题，已把问题弄得一团糟，该怎么办呢？应由刚转为柔。"雉膏不食，方雨亏悔，终吉"的大意是：美食不能吃，天正下雨，落入鼎上，开始感到遗憾，后雨水将热量消损了，所以说，最终还可以获得吉祥。这就好比一个刚健的人，意识到自己因变革的方法不对而才能发挥不出来，从而得不到别人的重用，于是，他由刚转柔，刚开始别人还是不理解他，问题还是没得到解决，他因此感到遗憾，后来，他终于赢得了大多数人的信任，在他们的共同努力下，问题得到解决，他的卓越才能也得到了充分发挥。

这就暗示我们，不要急于展示自己的才能，尤其是，不能为了展示自己的才能而触及最棘手却又是最关键的问题。如已触及，就应该改变策略，从侧面入手，像雨损耗热能一样，一点一滴，慢慢将其冷却，最后，将美食倾倒出来。

六十卦象象义图

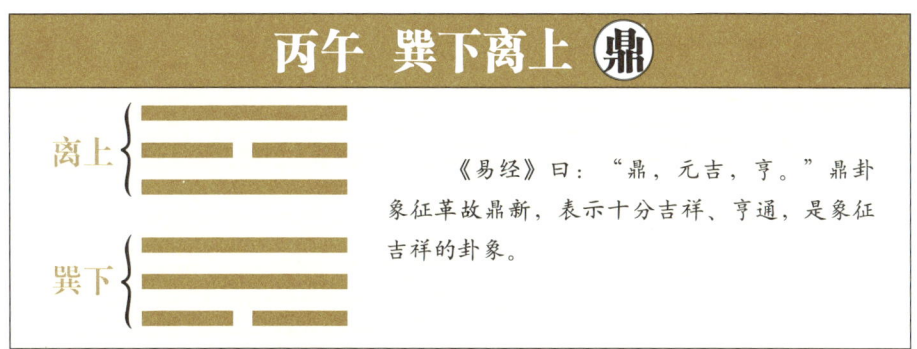

丙午　巽下离上　鼎

《易经》曰："鼎，元吉，亨。"鼎卦象征革故鼎新，表示十分吉祥、亨通，是象征吉祥的卦象。

▶ 初始艰辛，终将平复

颂曰
黑兔走入青龙穴。
欲尽不尽不可说。
惟有外边根树上。
三十年中子孙结。

谶曰
君非君。臣非臣。
始艰危。终克定。

金圣叹评注：此象疑前象女子乱国未终，君臣出狩，有一杰出之人为之底定，然必在三十年后。

伍拾壹 震为雷卦

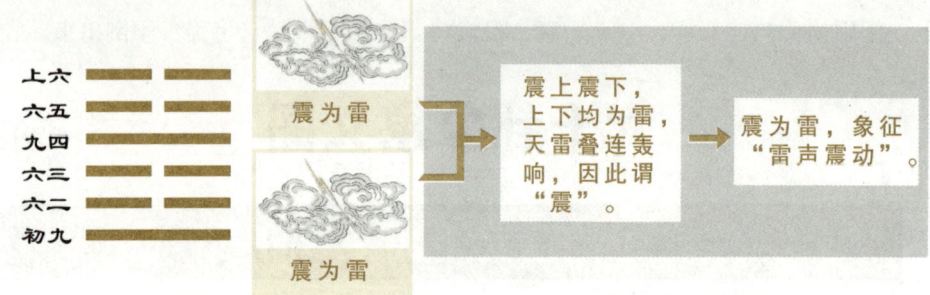

震：亨。震来虩虩，笑言哑哑。震惊百里，不丧匕鬯。

《彖》曰：震，亨。"震来虩虩"，恐致福也。"笑言哑哑"，后有则也。"震惊百里"，惊远而惧迩也。出可以守宗庙社稷，以为祭主也。

《象》曰：洊雷，震。君子以恐惧修省。

《震卦》：顺畅，雷鸣地颤，有的人吓得浑身哆嗦，过了一会大家谈笑自如。巨雷震响，使方圆百里的人震惊，但祭祀活动还是照常。

　　《彖传》说：雷声震动，亨通。"雷鸣地颤，有的人吓得浑身哆嗦"，这是因为恐惧能招福。"过了一会又谈笑自如"，说明惊惧之后就能遵循自然规律。"雷声震惊百里之遥"说明使远处的人震惊，近处的人恐惧。"祭祀活动还是照常"，说明其人胆量非凡，可以守宗庙保社稷，成为祭祀的主人。

　　《象传》说：《震卦》是上、下卦都为震，震为雷，卦象为雷相重叠响雷不断，所以把它叫做《震卦》。君子应找出自己恐惧的原因，自我修身省过。

　　【启示】《震卦》以"雷动"威盛为喻象，意在阐明雷动之声使万物警惧，从而使万事亨通的道理。卦辞从两方面说明了"雷动"的结果：一方面雷鸣奋起，万物畏惧，因此小心谨慎，获福；另一方面君主教令严明，因而百姓警惧，社会安定。但震动的影响也不是只有益而没有害的，对我们来说，震动的到来是祸还是福是个未知数，因为一方面它能使人恐惧，从而谨慎行事，避开灾祸；另一方面它使人惶惶不可终日，因忧惧而不能采取有效的措施防范灾祸的发生。

断易天机问占图

震惊百里之卦，有声无形之象

震卦卦象解义

古解：震者，动也。重雷发响，百里飞声，无事之者，愕然而惊。求谋和遂，官爵难成。空闻其响，不见其形。

今译：震为动。雷声叠连轰响，四处皆闻其声，君子因此惶恐惊惧。宜求和合，官爵难得，只听得到雷声连响，却看不到巨雷。

此卦为李靖天师遇龙母借宿，替龙行雨卜得之卦。

- 一人推着车，车上有文字，表示文字紧急
- 园子里的花盛开着，旁边还有一文书，表示当春之月因文字得喜
- 一人站在岩石上，表示提防危险的意思
- 一堆钱财，象征将获得厚利

伍拾壹　震为雷卦

【震之爻】慎行省过，免祸致福

① 初九，震来虩虩　　　　雷动震来，慎行保福
② 六二，震来，厉　　　　震来丧财，远避复得
③ 六三，震苏苏　　　　　惶惶不安，警惧慎行
④ 九四，震遂泥　　　　　刚德不足，陷于泥泞
⑤ 六五，震往来，厉　　　不宜往来，慎守中道
⑥ 上六，震索索，视矍矍　惶恐难安，预先戒备

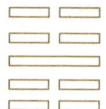

初九：震来虩虩，后笑言哑哑，吉。

初九：开始听到响雷，吓得浑身发抖，过一会听到雷声仍谈笑自如，吉祥。

【原文】《象》曰："震来虩虩"，恐致福也。"笑言哑哑"，后有则也。

【译文】《象传》说：开始听到响雷，吓得浑身发抖，表明恐惧能够致福。"后来听到雷声仍谈笑自如"，是说明惊惧之后就能遵循客观规律办事。

【启示】这一爻告诉我们，当危险到来时，不可掉以轻心，但也不能惶惶不可终日。

六二：震来，厉，亿丧贝，跻于九陵，勿逐，七日得。

六二：电闪雷鸣，有危险，惊慌中丢失了钱财，登上了高山。不必追寻它，待到七天自会失而复得。

【原文】《象》曰："震来，厉"，乘刚也。

【译文】《象传》说："电闪雷鸣，有危难"，这是因为六二阴爻凌驾于初九阳爻之上。

【启示】这一爻暗示我们，如果十分危险，行动也于事无补，要以退为进。

六三：震苏苏，震行无眚。

六三：响雷使人恐惧不安，但是它能使人因恐惧而谨慎行事，因此不会有灾祸。

【原文】《象》曰："震苏苏"，位不当也。

【译文】《象传》说："响雷使人恐惧不安"，说明恐惧不安者所处的

震动心迹之图

震卦以"雷动"威盛为象，揭示了"震惧"而致"亨通"的道理。卦辞中包含了两层比喻：一是雷声连震，万物惊惧而慎行保福，终致欢声笑语；二是君主教令震惊百里，因此群臣万民警惧而社稷长保。此卦上下卦从震之心与迹两方面阐述了"惊恐不安"、"修身省过"与"免祸致福"之间的关系，也以六爻展示了不同阶段的处"震"之道。

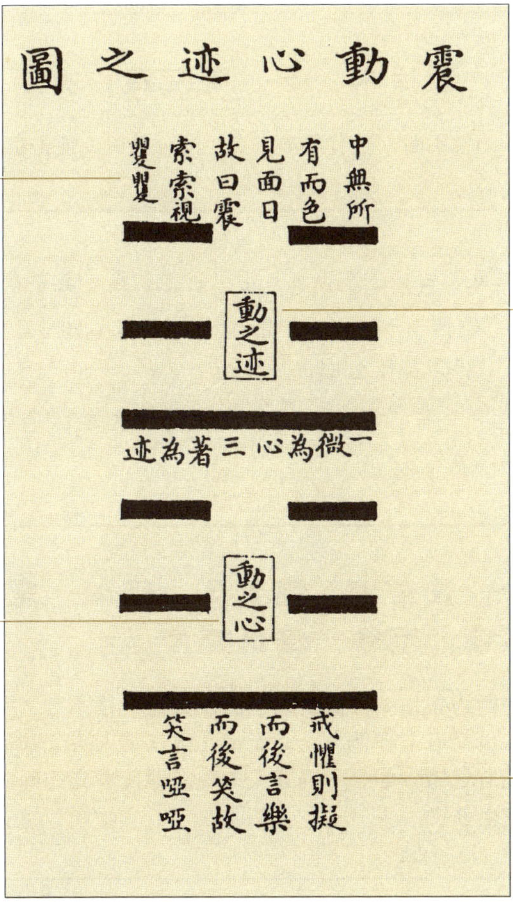

上六以阴处卦之极，未能居处适中的位置，因此惊恐至甚，无所安处。

上卦主要论震动之迹，即事情发展的过程，因此九四言"遂泥"，事情迟滞不决；六五言"无丧"，事情获得成功；上六言"征凶"，警戒事情失败。

下卦主要戒心之妄动，要求内心无妄动，而不贪其利，因此初九动以戒惧，六二戒"丧贝"而"勿逐"，六三则言"苏苏"，告诫应慎行而不要误入迷途。

初九阳刚在下，当"震"之时，震雷初来，万物惊惧，先能恐惧修省，耳后能慎行保福，获得笑语声声。

位置不适当。

【启示】这一爻暗示我们，一个人因居位不当而受到震动，这是件好事，因为这样会促使他谨慎行事，从而能避免灾祸。

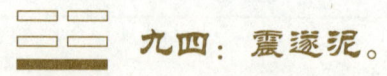

九四：雷声震动，被吓得掉到泥地上去了。

【原文】《象》曰："震遂泥"，未光也。

【译文】《象传》说："雷声震动，被吓得掉到泥地上去了"，说明其人见识浅，胆量小。

【启示】这一爻暗示我们，一个人要有胆识，否则，禁不住震撼，更谈不上化险为夷。

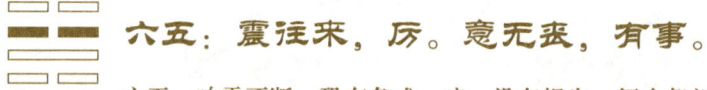

六五：响雷不断，恐有危难。噫，没有损失，便去祭祀。

【原文】《象》曰："震往来，厉"，危行也。其事在中，大无丧也。

【译文】《象传》说："响雷不断，恐有危难"，这是因为危险在运行。处事恪守中道，不会有什么损失。

【启示】这一爻告诉我们，自己侥幸躲过灾难，也要拜访将来对自己可能有帮助的人。

上六：震索索，视矍矍，征凶。震不于其躬，于其邻，无咎。婚媾有言。

上六：因为害怕响雷而畏缩不前，目光飘移不定，出征就会有凶险。如果雷电没有击在他身上，而是先落在邻人头上，他因此有了思想准备，没有过错。如果不以邻人为戒，即使事先约好，出征也会与同盟的人发生争议。

【原文】《象》曰："震索索"，中未得也。虽凶无咎，畏邻戒也。

【译文】《象传》说："因为害怕响雷而畏缩不前"，因为上六爻的居位不正。即使有危险却不致受害，这是因为能吸取邻人的教训，因而能防患于未然。

【启示】这一爻告诉我们，要善于从他人的经历中吸取教训。

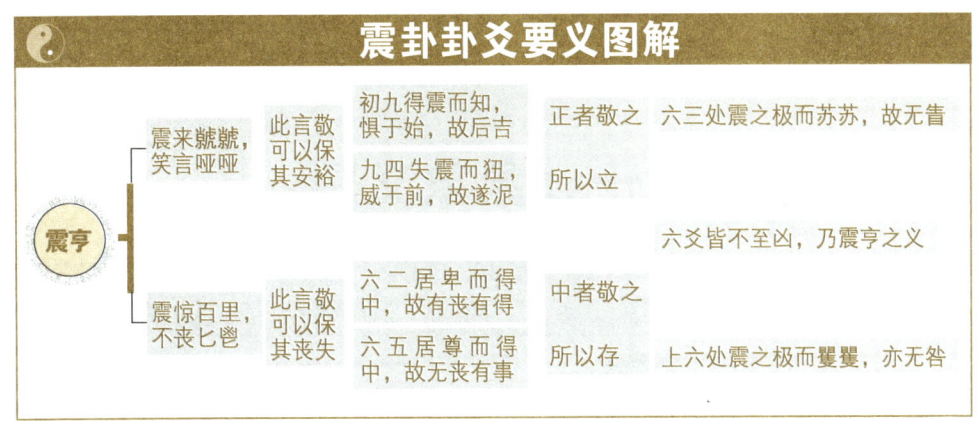

震卦卦爻要义图解

【疑难解析】震往来，厉。意无丧，有事

"意无丧,有事"的大意是什么呢？自古以来，对它的争议颇多。我们认为，应是：噫，没有损失，便去祭祀。因为"震往来，厉"的意思是：响雷不断，恐有危难。而且它是六五爻的爻辞，六五为阴居阳位。这就好比一个人处在重重的危险中，当他糊里糊涂地度过了危险(阴代表能力不够强，阳代表运气比较好)，自然是不禁露出喜悦之色：噫，没有损失。既然是"没有损失"，"有事"也不能作"有事"讲。再说，古代的人习惯把"祭祀"称为"有事"。

此时，我们也不难看出，一个人在自己侥幸躲过灾难时，还记得去祭祀神灵（注意这里的"祭祀神灵"是指去拜访那些有能力的而且他将有求于他的人），这不但是未雨绸缪的做法，能防患于未然，而且更是他的智慧的体现。

首先，一个人不因自己已侥幸躲过灾难而居功自傲，还能客观地评价自己，客观地分析自己所处的境地，从而去做"三顾茅庐"这样的求贤之事。这哪里会遭遇灾难呢？

再说，如他不这样做，他将很可能遭遇灾难：

一、世事无常，时时都有可能有意外的灾难降临在他的头上，而他每次都能侥幸躲过的概率太小。在灾难来临时，只有两种可能：躲过；没有躲过。这两种概率各占一半。每一刻都面临着这两种结果，而人的一生是由无数个这样的时刻组成的，按照科学的概率论来计算他每次都能躲过灾难的概率几乎等于零（它的概率应是无数个二分之一相乘）。

二、一般情况下，人是最有感情的动物，是最讲交情的动物。他们不会随便帮助一个与他无交情的人。

三、当灾难再一次来临时，他的处境更困难。因为那些能帮助他的人会认为，他这人太自不量力、太狂妄——本来自己的能力不够，只是因为运气好，才逃过这一劫，他倒好，自认为自己有能力，不把别人放在眼里，连普通的拜望也不愿意做。

这样，无论是人为的还是非人为的条件都不利于他，自然难逃脱灾难。

六十卦象象义图

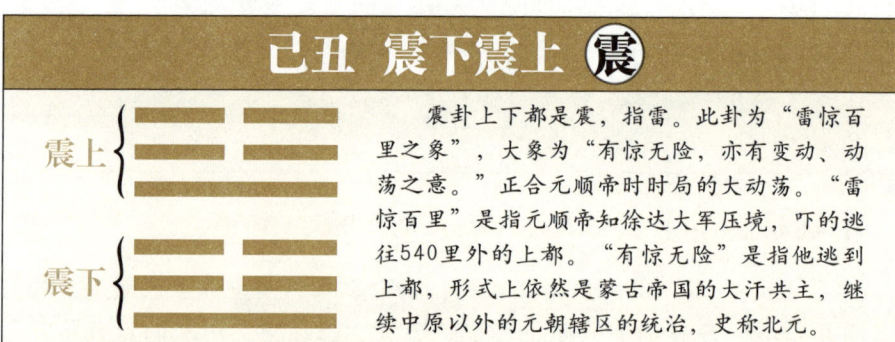

己丑　震下震上　震

震卦上下都是震，指雷。此卦为"雷惊百里之象"，大象为"有惊无险，亦有变动、动荡之意。"正合元顺帝时时局的大动荡。"雷惊百里"是指元顺帝知徐达大军压境，吓的逃往540里外的上都。"有惊无险"是指他逃到上都，形式上依然是蒙古帝国的大汗共主，继续中原以外的元朝辖区的统治，史称北元。

▶ 荒淫误国，元朝灭亡

谶曰
花不花。
贼四起。
时无夜。
年无米。

颂曰
鼎沸中原木木来。
四方警报起边垓。
房中自有长生术。
莫怪都城澈夜开。

金圣叹评注：此象主顺帝惑西僧房中运气之术，溺于娱乐，以致刘福通、徐寿辉、方国珍、明玉珍、张士诚，陈友谅等狼顾鸱张，乘机而起。宦官不花壅不上闻，至徐达、常遇春直入京师，都城夜开，毫无警备。有元一代竟丧于淫僧之手，不亦哀哉。刘福通立韩林儿为帝，故曰木木来。

伍拾贰 艮为山卦

艮：艮其背，不获其身；行其庭，不见其人。无咎。

《彖》曰：艮，止也。时止则止，时行则行；动静不失其时，其道光明。艮其止，止其所也。上下敌应，不相与也。是以"不获其身，行其庭，不见其人，无咎"也。

《象》曰：兼山，艮。君子以思不出其位。

《艮卦》：用自己的背对着事物，就不能看见事物，自然静止。在别人的庭院中行走，在这庭院里没见到人。没有灾祸。

《彖传》说：艮有静止的意思。该静止就静止，该行走就行走，动静都要在适当的时机，他的前景就会光明。用自己的背对着事物，就不能看见事物，自然静止，这就是止的地方是适当的。眼睛和背是相悖的，不能互相支持，因此不能看见事物。在别人的庭院中行走，在这庭院里没见到人。自然不会滋生欲望，没有灾祸。

《象传》说：《艮卦》艮在上，艮在下，艮为山，卦象为两山重叠之象，所以把它叫做《艮卦》。君子观此卦象，他的思维不能超出自己本位。

【启示】《艮卦》告诉我们，不要受外界的干扰，该静止就静止，该行动就行动。

断易天机问占图

游鱼避网之卦，积小成高之象

艮卦卦象解义

古解：艮者，止也。纯艮危危，安静无亏。时止则止，时移则移。钱财散失，失在小儿，寻求不得，东北宜之。

今译：艮为止，象征"抑止"。艮卦相叠，有危险，若守静不动则可免祸。应随着情况的变化而变化。占得此卦，将因为小儿散失钱财，不能寻获，宜向东北方向前进。

此卦是汉高祖困于荥阳卜得之卦，只宜守旧。

三人之间有一条绳子相牵连，表示因事相互受到牵连，遇到贵人而得解脱

一官吏手拿明镜，表示清明

一只猴手拿文书，表示申日将得到所求的文书

【艮之爻】自我节制，当止则止

① 初六，艮其趾　　　　止于动初，守持正固
② 六二，艮其腓　　　　当行不行，施止不适
③ 九三，艮其限　　　　腰动被止，危险之至
④ 六四，艮其身　　　　抑止上身，"止"得其所
⑤ 六五，艮其辅　　　　慎止其口，言而有序
⑥ 上九，敦艮　　　　　谨慎敦厚，抑止邪欲

初六：艮其趾，无咎，利永贞。

初六：静止在自己的脚上，没有什么灾祸，有利于长期卜问。

【原文】《象》曰："艮其趾"，未失正也。
【译文】《象传》说：静止在自己的脚上，这就说明没有失去正道。
【启示】这一爻说明，应在错误的行动还未开始之前停止行动。

六二：艮其腓，不拯其随，其心不快。

六二：静止在小腿上，没有随着别人行动，他心里不痛快。

【原文】《象》曰："不拯其随"，未违听也。
【译文】《象传》说：没有随着别人行动，心里不愉快，是说九三没因他的劝说而停止行动。
【启示】这一爻暗示我们，该停止就停止，就会平安无事。

九三：艮其限，列其夤，厉熏心。

九三：抑止在腰部，但已拉伤脊背，危险就像火一样烧灼他的心。

【原文】《象》曰："艮其限"，危熏心也。

【译文】《象传》说：抑止在腰部，但已拉伤脊背，所以危险就像火一样烧灼他的心。

【启示】这一爻告诉我们，该静止不静止，急躁冒进，结果想静止也静止不了，将遭遇危险。所以，我们要适时静止。

艮背象之图

艮卦意在阐释抑止邪欲的道理，六爻分别以人身体的各部位为喻，从不同角度揭示了"抑止"的不同情况。初六止于"趾"动之前，六四止于其"身"，六五慎止其"口"，上九敦厚而止，均能妥善"抑止"；六二止于"腓"而不得行，九三止于"腰"而不能动，均属施止不当。因此可看出，艮卦不仅强调要"抑止"，而且还强调应"时止则止，时行则行"。艮卦爻辞中言"辅"而不言"口"；言"身"而不言"腹"；言"夤限"而不言"脐"，有背身而立之象，所以称"艮其背"。

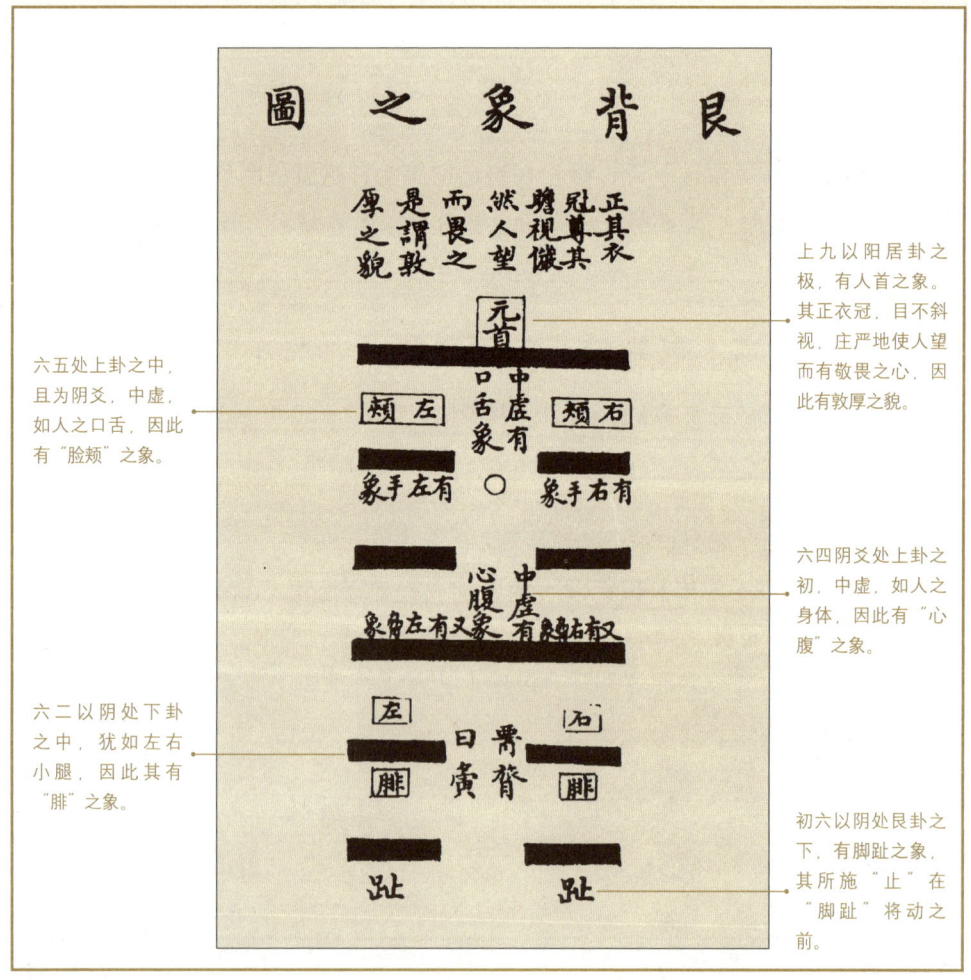

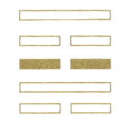

六四：艮其身，无咎。

六四：静止在上身的部位，没有什么灾祸。

【原文】《象》曰："艮其身"，止诸躬也。

【译文】《象传》说：静止在上身的部位，这是说能停止自己的各种行为。

【启示】这一爻告诉我们，能自己克制自己，做事有行为规则规范自己，这不会遭遇灾祸。

六五：艮其辅，言有序，悔亡。

六五：静止在口上，说话很有条理，悔恨消失。

【原文】《象》曰："艮其辅"，以中正也。

【译文】《象传》说：静止在口上，说明六五爻居于中位能守中正之道。

【启示】这一爻暗示我们，说话要有分寸，不能口不择言。

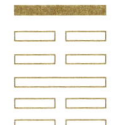

上九：敦艮，吉。

上九：因敦厚而静止，吉祥。

【原文】《象》曰："敦艮之吉"，以厚终也。

【译文】《象传》说：因敦厚而静止，吉祥，是说明此人生性忠厚，必得善终。

【启示】上九阳爻居于卦终，也就是说处于"止"的终极，一切都到此为止，因此应更加谨慎敦厚。人的操守，往往到了晚年就容易坚持不住，学业也经常在接近结束时，容易荒废，所以，到了事情的最后，荏苒要保持之前敦厚、静止的品质，这样才能达到至美至善。这一爻启示我们，要将美好的品质保持至终。

艮卦卦爻要义图解

艮上九 — 为艮之主 敦厚于艮 尽艮之道

- 初六艮其趾，而能止于行，以守己
- 九三厉薰心，不能止于内
- 六五艮其辅，而能止于言，以有序
- 六四艮其身，而能止于外
- 六二艮其腓，不能止于行以徇人

言、行、身、心 皆贵于能止也

【疑难解析】"艮其腓，不拯其随，其心不快"和"艮其限，列其夤，厉薰心"

从字面上说，"艮其腓，不拯其随，其心不快"（六二爻的爻辞。六二为阴居阴位）的大意是：静止在小腿上，没有随着别人行动，他心里不痛快。他没有随着别人行动，为什么还心里不愉快呢？

很显然，在"其心不快"的前面省略了一句话，那省略的又是什么呢？九三（阳居阳位）爻的爻辞"艮其限，列其夤，厉薰心"的大意是：抑止在腰部，但已拉伤脊背，危险就像火一样烧灼他的心。这就不难看出，居于九三爻位的阳刚者是因为没有听从居于六二爻位的阴柔者的劝告，才拉伤了脊背。所以，省略的是：不听其劝，即六二因九三没听从他的劝告而心里不愉快。

从上述的分析，我们也可以得出这样一个结论：该静止就静止，否则，很可能遭遇灾难。如你走到悬崖边，别人劝你静止，而你硬要向前，结果一脚踩空，你能在半空中静止下来吗？

敦艮，吉

"敦艮，吉"是上九的爻辞，为阳居阴位。它的大意是：因敦厚而静止，吉祥。这暗示我们为人要敦厚（做事不计个人得失，不采取过激的行为，在他人看来，所有的一切都在静中得到），因为敦厚的人往往能成为"大智若愚"的智者，能适可而止，于公于人于己都是有利的。

一、对公来说，他以人民的利益为重，不会急功近利，该静止就静止，从而顺应时势，做到无为而治。

二、对他人而言，敦厚的人往往能以静制动，是最好的朋友、老师。他宽厚待人，不过分计较得失，即使别人做了对不起自己的事，只要不太过分，他也能做到以平常心对待别人，不采取任何报复的行动。一方面使别人因羞愧而停止错误的行为；另外一方面旁观者也能从他的行为受到启发。

三、对他自己而言，敦厚的人的那些看似愚笨的外在表现更是一笔大大的财富。他不采取过激的行动，说过激的话，从而赢得了大家一致的好评，赢得了世界上最难以计量的最大的财富——人心。

六十卦象象义图

辛巳 艮下艮上 艮

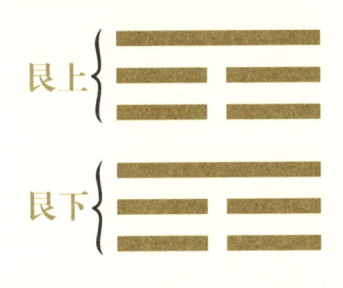

艮卦上下两部分都是艮，指山，卦为"重山关锁之象"。大象曰："宜止不宜进，阻塞之象。"似指章献垂帘听政期间，宋朝保守治国，对外邦没有进取之意。且卦中有"重山"，山上压山，似指刘太后在仁宗之上，仁宗成年也无法亲政，直到仁宗24岁时太后去世，他才成为真正的统治者。

▶▶ 垂帘听政，政治清明

颂曰
水旱频仍不是灾。
力扶幼主坐灵台。
朝中又见钗光照。
宇内承平氛象开。

谶曰
天下之母。金刀伏兔。
叁八之年。治安巩固。

金圣叹评注：此象主仁宗嗣立，刘太后垂帘听政。旁有一犬，其惟狄青乎。

伍拾叁 风山渐卦

渐：女归吉。利贞。

《彖》曰：渐之进也。女归吉也，进得位，往有功也。进以正，可以正邦也。其位，刚得中也。止而巽，动不穷也。

《象》曰：山上有木，渐。君子以居贤德善俗。

《渐卦》：女子出嫁是吉利的事。有利于去占卜。

《彖传》说：渐，就是渐进的意思。如同女大当嫁是吉利的事，因为女子嫁到夫家，如按规矩行事，是个循序渐进的过程，前进就得到了中正之位，行动就有功。循序渐进又能坚守正道，就可以治国安邦。居于高位，刚健而又坚守中正，知道适可而止又谦逊，不贸然行事，就能渐进不已。

《象传》说：《渐卦》是巽在上、艮在下，巽为风、艮为山。渐卦的卦象为高山上的树木渐渐长大，所以把它叫做《渐卦》。君子观此卦应逐渐积累贤德，改善风俗。

【启示】《渐卦》意在阐释事物发展过程中循序渐进的道理。前进时事物发展的趋向，前进要刚毅，但也要遵循中庸原则。在这个过程中不可以冒进，应当扎实稳打，依据状况，脚踏实地，一步步地向前发展。动静顺时，且符合自然规律，行动才不会穷困。如果刚强过度，急躁冒进，就有陷入困境的危险。同时，在渐进的过程中，还要守正，这样才能抵御凶险，获得胜利。所以此卦告诉我们，不仅要循序渐进，还必须坚守正道，做到真正的循序渐进。

断易天机问占图

高山植木之卦，积小成大之象

渐卦卦象解义

古解：渐者，进也。渐进之义，动静皆宜，食无求饱，款曲施为。婚姻和合，行人将归，即日相见，开门待之。

今译：渐为"渐进"之意。宜动宜静，食而不求饱，由衷诚挚地施予。利于婚嫁，女嫁吉祥，即日就可迎娶，应开门迎接。

此卦为齐晏子应举卜得，后果为相。

一个竹梯，延伸向高处，表示求望远

地上一枝花，预示落地而未能闻达

一官人登梯，表示登上云梯之半

地上放着一个药炉，预防有危难之意

伍拾叁 风山渐卦

【渐之爻】循序渐进，守正大成

① 初六，鸿渐于干　　　所进尚浅，渐进不躁
② 六二，鸿渐于磐　　　柔中应上，安享饮食
③ 九三，鸿渐于陆　　　过刚不中，躁进必失
④ 六四，鸿渐于木　　　渐进不躁，栖止平柯
⑤ 九五，鸿渐于陵　　　居正守中，阴阳相合
⑥ 上九，鸿渐于陆　　　渐进上位，高洁可法

初六：鸿渐于干。小子厉，有言，无咎。

初六：鸿雁渐渐飞到了水边上。但是遭到了年幼无知的孩子的指责，有争议，但只要循序渐进就不会有灾难。

【原文】《象》曰："小子之厉"，义无咎也。

【译文】《象传》说：虽遭到年幼无知的孩子的指责，但没有灾难，是因为他所坚持的循序渐进的规则没错。

【启示】这一爻告诉我们，只要循序渐进地做事，即使在其过程中有违规的动作，也不会遭遇灾难。

六二：鸿渐于磐，饮食。吉。

六二：鸿雁渐渐飞到水边的石堆上，好好地吃了一顿，十分欢畅，吉祥。

【原文】《象》曰："饮食"，不素饱也。

【译文】《象传》说："好好地吃了一顿，十分欢畅"，说明他从不吃白食。

【启示】这一爻告诉我们，渐进而又干实事，会有好的回报。

九三：鸿渐于陆。夫征不复，妇孕不育，凶。利用御寇。

九三：鸿雁逐渐飞到陆地上。就好像夫君出征一去不复返，妇女怀孕却不生育，凶险。但有利于抵御强寇。

【原文】《象》曰："夫征不复"，离群丑也；"妇孕不育"，失其道也。"利用御寇"，顺相保也。

鸿渐南北图

渐卦主旨意在阐明事物发展"循序渐进"的道理。卦辞以"女子出嫁"为喻，说明应"礼备"然后渐行之理。由于渐卦下艮上巽，恰是正月立春之后鸿鸟迁移的时期，因此六爻皆以鸿鸟渐飞为喻，生动而形象地展示了事情发展的各个阶段。从初爻至上爻，鸿鸟飞行经历了水涯、磐石、小山、树木、丘陵和高山，由近渐远，由低至高。各爻之意均强调应守正渐行，因此各爻多获"吉"或"无咎"，唯九三虽有凶险，但爻辞诫其慎用刚强，化害为利，可见此卦自始至终赞美"渐进"的道理。

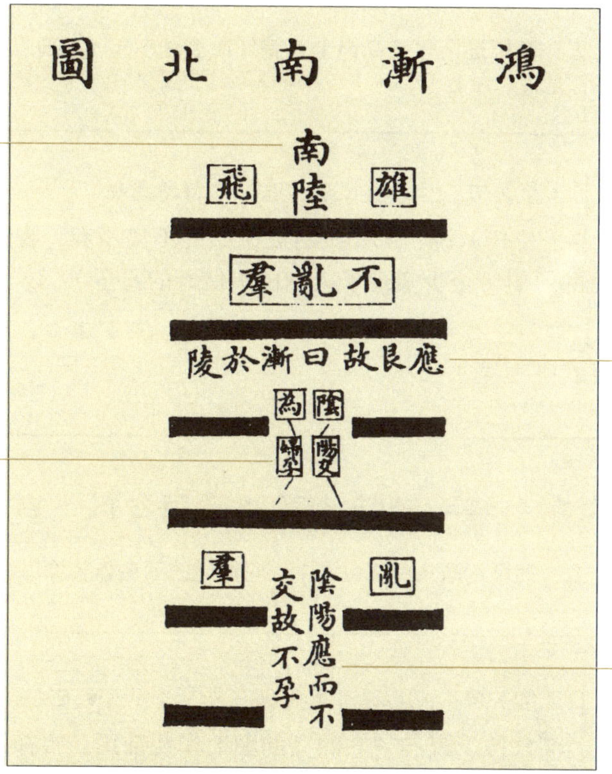

九三居艮卦之上，上九居巽卦之上，艮对应东北方，巽对应东南方，有"南北二陆"之象，因此称上九为"南陆"。

九三阳爻陷于群阴之间，正当鸿雁北来之际，万物繁殖之时，且又与六四相比于人位，因此有妇孕之象。

九五居上卦之中，下应艮卦中六二，艮为山，因此有"渐于陵"之象。

六二处下卦之中，上应九五，但中间有九三、六四两爻相隔，因此二、五不得相合，因此说"三岁不孕"。

【译文】《象传》说:"夫君出征一去不复返",说明他可能离开了这个群类。"妇人怀孕却不生育",说明她违背了妇道。但有利于抵御强寇,这表明她和别人互相保护。

【启示】这一爻暗示我们,在渐进时,要根据具体情况权衡利弊来定"序"。

六四:鸿渐于木,或得其桷,无咎。

六四:鸿雁飞起来逐渐前进到高树上,有的找到有利于栖息的平柯,没有灾祸。

【原文】《象》曰:"或得其桷",顺以巽也。

【译文】《象传》说:"有的找到有利于栖息的桷木"。说明六四柔顺而顺从。

【启示】这一爻告诉我们,为了更好地渐进,要把握冒险的度。

九五:鸿渐于陵,妇三岁不孕;终莫之胜,吉。

九五:鸿雁逐渐飞到高岗上,就好比妻子多年不怀身孕,但丈夫始终不离不弃,吉祥。

【原文】《象》曰:"终莫之胜,吉",得所愿也。

【译文】《象传》说:"丈夫对妻子始终不离不弃,吉祥",这是因为他将会实现自己的愿望(至少实现了夫妇白头偕老的愿望)。

【启示】这一爻告诉我们,处在渐进之时,要有信心,继续做自己没完成的事业,将会获得吉祥。

上九:鸿渐于陆,其羽可用为仪,吉。

上九:鸿雁逐渐飞到高山之上,它漂亮的羽毛作装饰用,吉祥。

【原文】《象》曰:"其羽可用为仪,吉",不可乱也。

【译文】《象传》说:"它漂亮的羽毛作装饰用,吉祥",这就好比人的品德高尚，心地纯洁，其心志不会被扰乱。

【启示】这一爻告诉我们，一个人只要心地纯正，就是渐进到了最高境界，已是登峰造极，他也不会走下坡路。

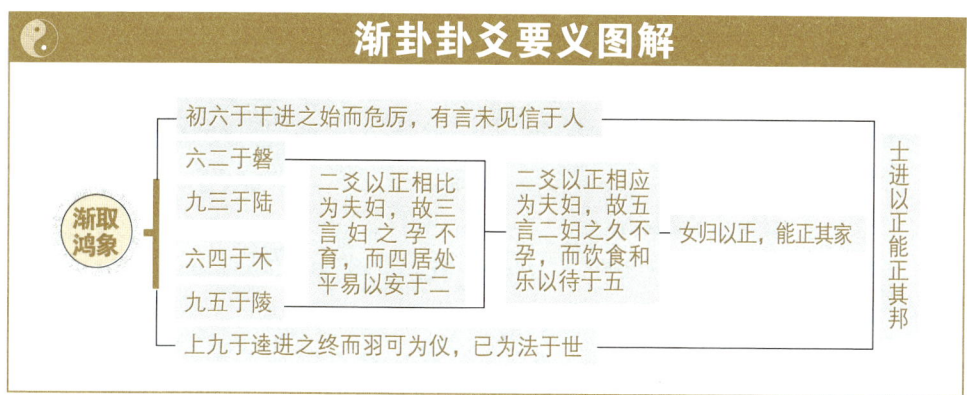

【疑难解析】鸿渐于陆。夫征不复，妇孕不育，凶。利用御寇

"鸿渐于陆。夫征不复，妇孕不育，凶。利用御寇"的大意是：鸿雁逐渐飞到陆地上。就好像夫君出征一去不复返。妇女怀孕却不生育，凶险。但有利于抵御强寇。按一般的道义来讲，一个人在她的夫君出征久久不归时，她却怀了别人的孩子，以至于不敢把孩子生下来，这是非常凶险的事。而这里紧接着又说"利御寇"，似乎暗含着这样做是正确的，这是为什么呢？

任何事都有其两面性，它们正确与否应通过权衡利弊而定。所以说，如果我们一向遵循的一般的道义是不合时宜的，遵循它已是弊大于利，那么应根据具体情况来定新的"序"。

首先，从不改变"序"的人的本质来说，他是丑的恶的，自私自利的。因为他坚持要遵守那个不适合当时的一般的道义，无非是想保持自己的名节，不受世人的唾弃。从定新的"序"的人的本质来说，他的品德是高尚的，他是以大家的利益为重的。因为他为了自己的家园不被外人侵扰，甘愿失自己的名节来保平安。

再说，人民最终会理解他的行为，会更加敬佩他。想想看，如他为了自己的名节，让强盗进来了，让人民的家园毁了，人民流离失所，人民还会高歌他的美德吗？相反，如他让人民安居乐业，而自己因丢失了名节而羞愧不已，人民难道不会同情他，为他平反昭雪吗？

这就不难看出，只要坚守了正道，一切以"利大于弊"的新"序"为遵循的准则，就能循序渐进。

六十卦象象义图

戊子 艮下巽上 渐

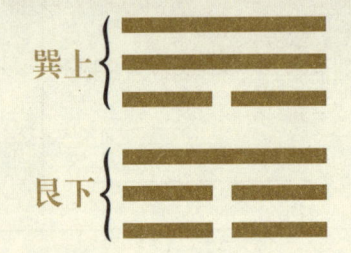

巽上
艮下

《象》曰:"山上有木,渐,君子以居贤德善俗。"渐卦的卦象是艮下巽上,即木在山上,表明高山上的树木逐渐长得高大,象征循序渐进,君子由此得到启示,修养德性,改善社会的风尚、礼节和习惯。在这里暗示铁木真由小到大、由弱到强,建立蒙古国的过程。

▶▶ 开疆拓土,建立元朝

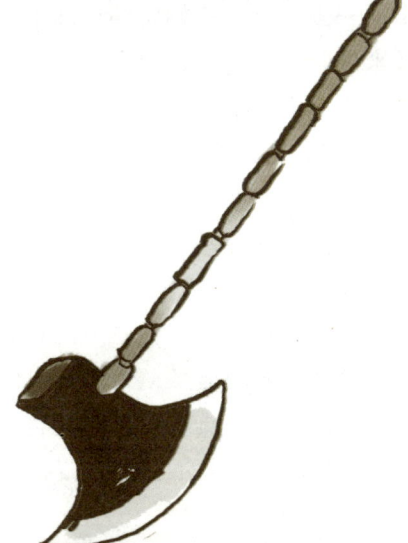

颂曰

鼎足争雄事本奇。
一狼二鼠判须臾。
北关锁钥虽牢固。
子子孙孙五五宜。

谶曰

北帝南臣。一兀自立。
离离河水。燕巢朴檝。

金圣叹评注

此象主元太祖称帝离河,太祖名铁木真,元代凡十主。斧铁也,柄木也,斧柄十段即隐十主之意。

伍拾肆 雷泽归妹卦

上六 六五 九四 六三 九二 初九

震为雷
兑为泽

兑为阴，性悦顺，震为阳，性动，雷在泽上，即雷震于上，泽随其而动，阳动于上而阴从之，有女从男之象，因此谓"归妹"。

归妹象征嫁出少女。

归妹：征凶。无攸利。

《彖》曰：归妹，天地之大义也。天地不交而万物不兴。归妹，人之终始也。说以动，所归妹也。"征凶"，位不当也。"无攸利"，柔乘刚也。

《象》曰：泽上有雷，归妹。君子以永终知敝。

《归妹卦》：出征凶险，没有什么利益。

《彖传》说：《归妹卦》，即男女婚配，这是体现天地阴阳相交的重大意义。宇宙间天地阴阳如果不交相感应，万物就不会兴旺发达。婚嫁，是人类得以繁衍的基础。相互产生喜悦之情而动了真感情，所以把它叫做《归妹卦》。"出征则有凶险"，这是说所居的位置不适当。"无攸利"，是因为柔凌驾于阳刚之上。

《象传》说：《归妹卦》的卦象是泽（兑）上有响雷（震），而兑又代表少女，震又代表男娶女入门，所以把它叫做《归妹卦》。君子应当长久保持夫妇之道，而不使其受到破坏。

【启示】《归妹卦》卦辞谓"征凶，无攸利"，是对"归妹"的告诫，即强调女子出嫁从须严守"正"道，以"柔顺"为本，成为丈夫的"贤内助"，如果做不到这些，就将招来凶险。此卦以男女之间的爱情为比喻，告诉我们在不当的时机前进或动机不良而前进就会有凶险。

断易天机问占图

浮云蔽日之卦，阴阳不交之象

归妹卦卦象解义

古解：归妹者，大也。归妹未吉，其道将穷。天地不交，闭塞不通。有殃有咎，无始无终，所作不顺，必见其凶。

今译：归妹象征嫁出少女，这是一件大事。少女出嫁若行为不当必有危难，道穷而不利。天地之气不相交，因此闭塞不通。诸事不顺，将有咎害，必然有凶险。

此卦为舜娶尧二女，卜得之，乃知卑幼不宁也。

一人陷于荆刺中，另一人正帮其脱险，预示事情将变凶为吉

官人骑鹿指云，表示志向远大之意

一只小鹿跟在大鹿之后，象征禄位重重，接连而来

望竿上有文字，表示盼望的信息将至

【归妹之爻】严守妇德，柔顺为本

① 初九，归妹以娣　　　　　跛足前行，以"偏"助"正"
② 九二，眇而视　　　　　　相配不良，守持正固
③ 六三，归妹以须　　　　　失正承阳，不可冒进
④ 九四，归妹愆期　　　　　不请从人，愆期以待
⑤ 六五，帝乙归妹　　　　　帝王嫁女，德盛不盈
⑥ 上六，女承筐无实，士刲羊无血　穷极之位，无所适从

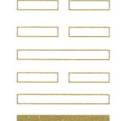

初九：归妹以娣，跛而履。征吉。

初九：嫁女作为侧室。就好像跛脚能勉强行走。出行吉祥。

【原文】《象》曰："归妹以娣"，以恒也。"跛而履"，吉相承也。

【译文】《象传》说：嫁女作为侧室，这是婚嫁中的常规。跛脚能勉强行走，出行吉利，是因为初九能以偏帮助正，相与顺承。

【启示】这一爻告诉我们，位卑的人只要能安贫乐道，也能获得吉祥。

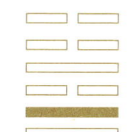

九二：眇而视，利幽人之贞。

九二：眼睛瞎了勉强能看到东西，有利于幽静安恬的人去卜问。

【原文】《象》曰："利幽人之贞"，未变常也。

【译文】《象传》说：有利于幽静安恬的人去卜问，是因为他没有违背常理。

【启示】这一爻告诉我们，如果没有得到上天的恩赐，就居家静守。

六三：归妹以须，反归以娣。

六三：少女嫁出后希望能够成为正室，后来听从了姐姐的劝说，返回到正道，嫁作了侧室。

【原文】《象》曰："归妹以须"，位未当也。

【译文】《象传》说：女嫁出后希望能够成为正室，这是不适当的想法。

【启示】这一爻告诉我们，要按规矩办事。

归妹君娣之袂图

归妹卦以"少女出嫁"为象，说明了"男婚女嫁"是人类繁衍生存的根本因素。虽然婚嫁是大喜之事，但爻辞中却谓"征凶，无攸利"，这是作者借以告诫女子出嫁必须严守妇德，以柔顺为本，内助夫君，因此纵观六爻，合"妇德"者均无凶，而有非分之想或位居极高者却获"凶"或"无攸利"。此卦通过"嫁出少女"阐发了"天地阴阳"恒常不变的道理，强调"阴"要以"阳"为归宿，则天地和合，万物繁盛。

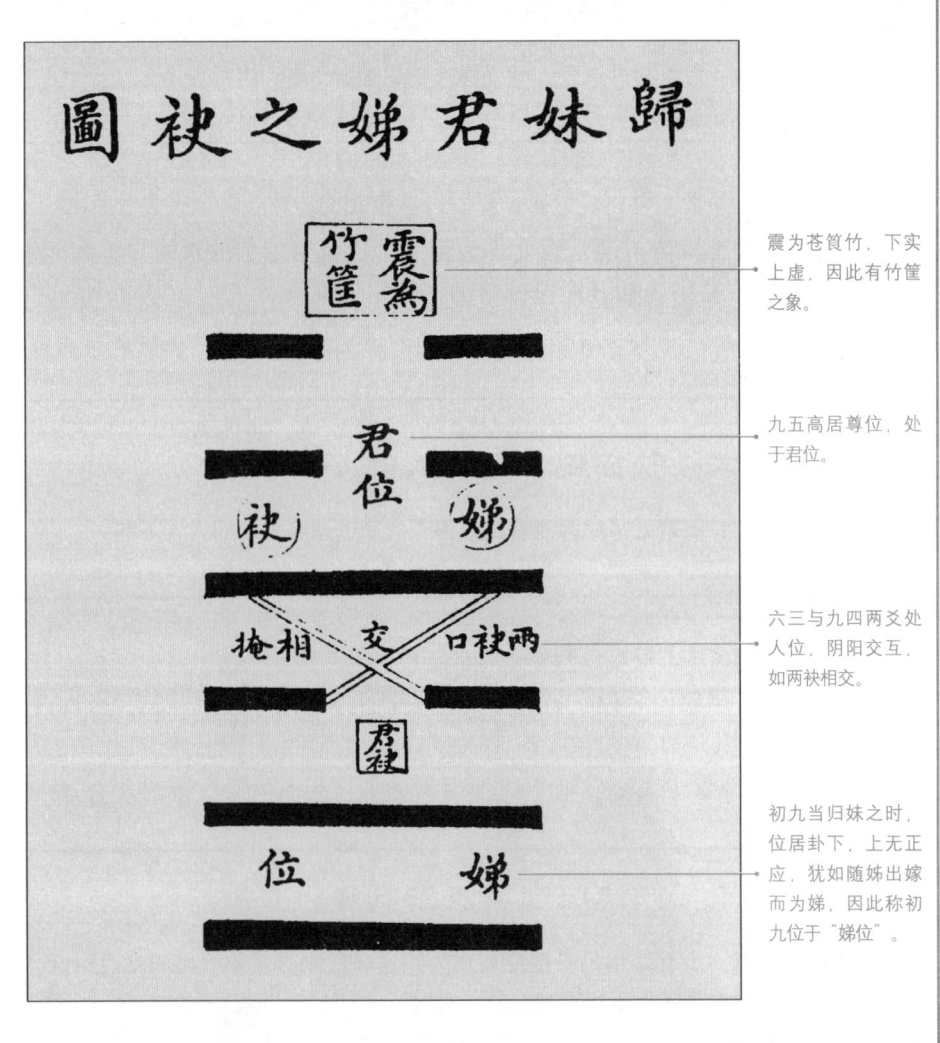

震为苍筤竹，下实上虚，因此有竹筐之象。

九五高居尊位，处于君位。

六三与九四两爻处人位，阴阳交互，如两袂相交。

初九当归妹之时，位居卦下，上无正应，犹如随姊出嫁而为娣，因此称初九位于"娣位"。

九四：归妹愆期，迟归有时。

九四：待嫁少女拖延了嫁人的时机，迟迟不嫁是等待良机。

【原文】《象》曰：愆期之志，有待而行也。

【译文】《象传》说：超过婚龄而不嫁，是想等待好的时机才嫁。

【启示】这一爻告诉我们，要得到良机，适时而进，应遵循"宁缺毋滥"的原则。

六五：帝乙归妹，其君之袂不如其娣之袂良。月几望，吉。

六五：帝乙把女儿嫁给周文王，让小女儿作陪嫁。作为正室的姐姐的衣着不如作为侧室的妹妹，犹如月亮快要圆满了，吉祥。

【原文】《象》曰："帝乙归妹，不如其娣之袂良"也。其位在中，以贵行也。

【译文】《象传》说：帝乙嫁女于周文王，姐姐的嫁妆不如妹妹的艳丽华美。说明虽身居中位，十分尊贵，却能保持勤俭谦虚的美德。

【启示】这一爻告诉我们，一个人虽身居正职，但内心纯正，不和副职比排场，比待遇，终能获得吉祥。

上六：女承筐，无实；士刲羊，无血。无攸利。

上六：女子拿着盛祭品的篮筐，但筐中没有装实物；男子用刀刺羊，却不见出血。没有什么利益。

【原文】《象》曰：上六无实，承虚筐也。

【译文】《象传》说：《归妹卦》上六没有实物，就好比手持空空的篮筐一样。

【启示】这一爻暗示我们，两人合作要有诚心，重视内在的东西，才能达到目的。

归妹卦卦爻要义图解

归妹六五

- 有贤为妇，得中为贤，在上为贵
- 故曰帝乙归妹，而娣袂良于君袂上也
- 初九贤而贱其无归由人不见知，故跛履
- 九二贤宜有归而不贵，故曰幽人，此次也
- 九四贤而贵其无归，由己不由轻，故有时
- 六二贱且不贤而无归，故以须以娣
- 此下也
- 上六贵而不贤而无归，故无实无血

【疑难解析】帝乙归妹，其君之袂不如其娣之袂良。月几望，吉

"帝乙归妹，其君之袂不如其娣之袂良。月几望，吉"的大意是：帝乙把女儿嫁给周文王，让小女儿作陪嫁。作为正室的姐姐的衣着不如作为侧室的妹妹，犹如月亮快要圆满了，吉祥。这就暗示我们，一个人身居正职，如果他副手的才能和自己不相上下，内心更要纯正，更不应与副职比排场、比待遇。

首先，要使大众服从，只有两种方法：以才服人和以德服人。正职采取"以德服人"是正确的选择。因为作为副职的才能和他不相上下，他如采取以才服人的策略，在使大众服从上，他难以胜于副职。

再说，对方的心理得到了满足，从而愿意服从他，这对他是非常有利的。本来他们的才能就不相上下，对方屈居在他之下，一般来说，对方的心理是不平衡的，是极不愿意的。但现在他的待遇却比正职还好，于是他心理也平衡了，不是一心想着怎样把正职拉下马，而是愿意辅佐他。

其次，从大众的心理来说，大众看到他作为一个正职甘愿享受着比副职还差的待遇，会更加敬他。

女承筐，无实；士刲羊，无血。无攸利

"女承筐，无实；士刲羊，无血。无攸利"的大意是：女子拿着盛祭品的篮筐，但筐中没有装实物；男子用刀刺羊，却不见出血。没有什么利益。

"上六"阴柔居终，缺乏坚定的品德，而且在下卦又没有相应，所以有得不到配偶之象。虽然订婚，最终也不能成婚，即使勉强结婚，也会分离。在结婚之时，新娘的篮筐内，什么都没有；新郎在婚礼中行割羊的仪式时，羊也没有流血，出现这些不祥的预兆，就表示一切都不会顺利。

这一爻暗示我们，做事要有诚心，要重视内在的品德，这样才能有圆满的结局。

伍拾伍 雷火丰卦

丰：亨，王假之。勿忧，宜日中。

《彖》曰：丰，大也。明以动，故丰。"王假之"，尚大也。"勿忧，宜日中"，宜照天下也。日中则昃，月盈则食，天地盈虚，与时消息，而况于人乎？况于鬼神乎？

《象》曰：雷电皆至，丰。君子以折狱致刑。

《丰卦》：顺畅，君王亲临宗庙。不用忧惧，最佳时机在太阳位居中天时。

《彖传》说：丰有硕大丰满的意思。人能明察事理，依理而行，一定能取得丰硕成果，所以把它叫做《丰卦》。"亲临宗庙祭祀"，说明君王崇尚宏大的美德。"不用忧惧，最佳时机在太阳位居中天时"，因为正午太阳当头可以普照天下。正午后，太阳就会向西斜，出现满月之后就会亏蚀。天地万物有盈有亏，随着时间的变化而消长，更何况是人？何况是鬼神呢？

《象传》说：《丰卦》是震在上、离在下，震为雷、离为火，卦象表现为电闪雷鸣，所以把它叫做《丰卦》。君子应该像雷电那样，理清案情，秉公执法。

【启示】《丰卦》说明盈虚消长的客观规律，提示人们，要求得丰盛，应依理而行，而且强调在兴盛时更要谨慎行事，更要坚守正道。

断易天机问占图

日丽中天之卦，背阴向明之象

丰卦卦象解义

古解：丰者大也。日月斗闭，幽而不明，此事适大，隐映其形。水中见日，无所取呈，求财未得，事卒难明。

今译：丰为丰盛、盛大的意思。日月光华隐避，幽暗不明，适宜事物隐藏其形。太阳倒映在水中，只是幻影，这象征求财不得，事情的结果不明朗。

此卦为庄子说剑，卜得后果得剑。

- 龙蛇交错，为变化之象
- 一人脚踩虎尾，为变在足下之意
- 官人身着公服而立，表示将见贵人
- 一人吹笙竽，乐声欢快
- 竹筒往外冒火，象征阳春已动
- 一个盒子，表示和合之意

【丰之爻】丰美盛大，盈不忘亏

① 初九，遇其配主　　　以阳适阳，相互光大
② 六二，丰其蔀　　　　光明掩蔽，自我诚信
③ 九三，丰其沛　　　　光明遮掩，屈己慎守
④ 九四，丰其蔀　　　　光明掩盖，阳德平衡
⑤ 六五，来章　　　　　召致人才，丰大光明
⑥ 上六，丰其屋，蔀其家　深藏自蔽，高亢昏暗

初九：遇其配主，虽旬无咎。往有尚。

初九：遇到了和自己实力相当的主人，尽管双方的力量均等，但没有什么灾害。前往还能得到推崇和赞美。

【原文】《象》曰："虽旬无咎"，过旬灾也。

【译文】《象传》说：双方的力量均等，没有什么灾害，这表明如力量相差过于悬殊就可能会有灾祸了。

【启示】这一爻暗示我们，为了保持丰的状态，最好找一个力量与自己不相上下的人联合。

六二：丰其蔀，日中见斗，往得疑疾。有孚发若，吉。

六二：盛大的光明被掩盖了，掩盖到正午时分，可看见北斗星，贸然前进会招致猜疑。若诚心感化，这是吉利的。

【原文】《象》曰："有孚发若"，信以发志也。

【译文】《象传》说："以自己一片至诚之心求得信任"，这表明六二用自己的诚心感化这光明的心志。

【启示】这一爻告诉我们，处于盛大而迷失的情形中，不能贸然行动，应以自己的至诚之心感化这种盛大光明的心志。

九三：丰其沛，日中见沫。折其右肱，无咎。

九三：盛大的光明被遮盖了，就像太阳正当中午，却能看见没有名气的小星。折断自己的右臂，这是吉利的。

【原文】《象》曰："丰其沛"，不可大事也。"折其右肱"，终不可用也。

丰日见斗之图

丰卦意在阐述事物"丰盛"、"丰大"的道理，卦辞强调了处"丰"时应遵守的两项准则：一是道德盛美，即有"德"君王才可致"丰"；二是光明常照，才可无忧。虽然卦辞极力赞美"丰大"的盛状，但卦中也指出了"盛极必衰"、"盈满有亏"的道理，以警醒人们"丰"不忘失，寓意深刻。卦中六爻爻辞皆取象于"日"、"斗"，正合"少阳之震，运至南方，合太阳之离"的卦象。

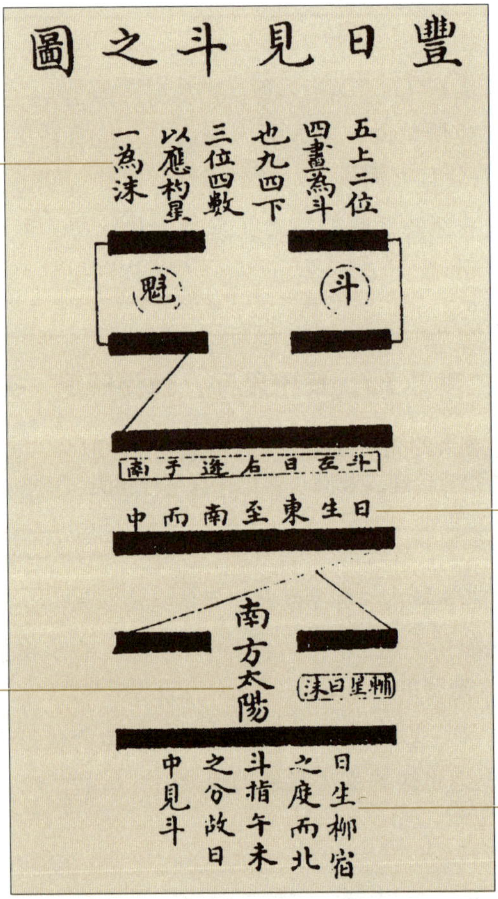

- 丰卦中五上两爻均为阴爻，共四画，如北斗星之勺；而初、二、三爻，如北斗星的第五、六、七颗星，有斗柄之象，因此称为"沫"。

- 离卦对应南方，离为日，因此谓"南方太阳"。

- 震对应东方，离对应南方，丰卦上震下离，正有日出东方而运转至南方之象，因此称"日中"。

- 丰卦上震下离，在五六月之交，太阳在柳宿星的方向，而北斗星指向午未之分，柳宿之度，实通三辰，因此有见斗之象。

【译文】《象传》说:"盛大的光明被遮盖了",不可以去干大事。"右臂折断了",就表明他终究没有能将自己的能力发挥出来。

【启示】这一爻告诉我们,处于盛大而迷失的情形中,其才能得不到发挥是必然的,因此应该使自己暂不能有所作为,消除对方的疑虑,以求自保,然后再图将来。

九四：丰其蔀，日中见斗。遇其夷主，吉。

九四：盛大的光明被遮盖了，就像正午时分，可看见北斗星。遇到了与自己实力相当的人，可获吉祥。

【原文】《象》曰："丰其蔀"，位不当也。"日中见斗"，幽不明也。"遇其夷主"，吉行也。

【译文】《象传》说："盛大的光明被遮盖了"，这是因为居位不当。"正午时分看见北斗"，说明处于幽暗不明的环境。"遇到了与自己实力相当的人"，这是吉利的变化。

【启示】这一爻告诉我们，此时如遇到另一个与自己实力相当的上司或朋友，就能改变这种盛大而迷失的情形。

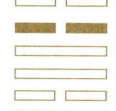

六五：来章，有庆誉，吉。

六五：招来了有文采的人，大家都庆贺夸奖他，这是吉利之兆。

【原文】《象》曰：六五之吉，有庆也。

【译文】《象传》说：六五爻辞所讲的吉利，是因为有吉庆之事。

【启示】这一爻告诉我们，为了事业如日中天，应积极提拔和吸引有才能的人。

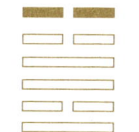

上六：丰其屋，蔀其家，窥其户，阒其无人，三岁不觌，凶。

上六：扩大自己的房屋，遮蔽居室，从门缝里探视，静悄悄的没有人影，长时间看不见人，这是不祥之兆。

【原文】《象》曰："丰其屋"，天际祥也。"窥其户，阒其无人"，自藏也。

【译文】《象传》说："扩大自己的房屋"，看来此人如鸟飞蓝天，踌躇满志，想大干一场。"从门缝里探视，空无一人"，看来是因为被胜利冲昏了头脑，盲目扩大，结果招来灾祸，只能将自己掩藏起来。

【启示】这一爻告诉我们，在自己处于盛大的时候，千万不要被胜利冲昏了头脑，盲目扩充。

丰卦卦爻要义图解

丰	象言日中因卦德，以勉人君之宜明盛	初九与五合体，故曰配主而以遇之为可尚	章美之而求其裕君也皆美才欲裕君
	上六丰屋蔀家窥户无人，言丰之不可常也	六二与五相应力犹足救其暗，故曰中见斗	
		六五柔暗之主宜来致在下章美之才，则有庆誉	
	爻言日中因爻位，以戒人君之勿柔暗	九三与无非应力不足救其暗，故曰中见沫	
		九四与五同体故曰夷主，而以遇之为得吉	

【疑难解析】"丰其沛，日中见沫；折其右肱，无咎"和"丰其蔀，日中见斗。遇其夷主，吉"

"丰其沛，日中见沫；折其右肱，无咎"是丰卦九三爻的爻辞。九三为阳居阳位。它的大意是：盛大的光明被遮盖了，就像太阳正当中午，却能看见没有名气的小星，折断自己的右臂，这是吉利的。为什么处在盛大而迷失的形势中，折断自己的右臂是吉利的举动？

大家都知道，右臂是人体中最得力的一部分，从细致的技巧活到粗大的力气活都要靠它来完成。对于一般的用惯右手的人来说，如果没有了它，他就不能有所作为。为什么不能有所作为是吉利的？他处在盛大而迷失的形势中，他的上司极端昏庸，已被小人所蒙蔽。本来被小人所蒙蔽，只要揭开小人的面纱，就能重见光明。但他的上司刚刚建立了功业，取得了大的成绩，更加刚愎自用，不愿听别人的劝阻，所以更难有施展才能的机会，自然也不可能有所作为。

再说，九三是阳居阳位，这就意味着他十分有才能，所居的位置也较显着，容易引火烧身，为了给自己留条后路，他必须有所取舍，即牺牲自己的右臂，让自己暂且不能有所作为。这样，小人看见他已成了残疾，已是无用的人，也没有工夫跟他折腾。

其次，从这样做的结果来看，他不能有所作为，就可以求得自保，就符合古训：留得青山在，不怕没柴烧。

相反，如不这样做，他很可能因冲撞了昏君而遭遇灾害。

此时，我们就不难看出，总的来说，他的这一举动是利大于弊，是吉利的。

那么，怎样做才能求得将来的吉利，才能求得进一步发展呢？

"丰其蔀，日中见斗。遇其夷主，吉"的大意是：这样盛大的光明被遮盖了，就像正午时分，可看见北斗星，遇到了与自己实力相当的人，可获吉祥。这就暗示我们，处于盛大而迷失的黑暗中，要寻求外部力量（要与自己的实力相当）使自己渡过难关，并得以发展。因为自己的元气已大伤，自身的力量已受损，顶多能渡过难关以求自保，而要有所发展，必须借助外部的力量。这里为什么强调要与自己的实力相当呢？这是因为：

一、实力过于强的人很可能会觉得你的实力太弱，与你联合没有什么利益。实力过于弱的人也帮不上你什么忙。

二、如你俩实力相差过于悬殊，小人稍从中作梗，就会严重失衡。造成联盟不成，反目成仇。

因此，在黑暗中，与自己实力相当的人联合，便能渡过难关，并能求得进一步发展。

丰其屋，蔀其家，窥其户，闃其无人，三岁不觌，凶

"丰其屋，蔀其家，窥其户，闃其无人，三岁不觌，凶"的大意是：扩大自己的房屋，遮蔽居室，从门缝里探视，静悄悄的没有人影，长时间看不见人，这是不祥之兆。

"窥"是窥视的意思，"闃"是寂静的意思，"觌"指见。上六阴柔处《丰卦》之极，又居上卦震卦之终，因而不能固守安定。而且下卦离卦的光明，也不能到达，因而昏暗，就像把自己深藏自蔽在大房子里，又用帘子将居室遮挡起来，更加黑暗。由门缝向里窥视，看不到人影，长时间也看不到有人出来，像这样居"丰大"之世而自绝于人，必然将有凶险。

这一爻告诫我们不要因盛大而迷失自己，不要被胜利冲昏头脑，使自己完全闭塞。

六十卦象象义图

戊寅 离下震上 丰

震上 ☰
离下 ☲

卦辞曰:"丰,亨,王假之。勿忧,宜日中。"丰卦象征亨通,君王能够使天下达到盛大丰满就不用忧愁,好比太阳位居中天,光芒万丈。在这里暗示五代十国时南唐李氏、吴越钱氏、后蜀孟氏三个国家的君王能够致力于政事,使得国家经济发达,百姓生活富裕。

▶▶ 平息纷乱,扫除群雄

颂曰
战事中原迄未休。
几人高枕卧金戈。
寰中自有真天子。
扫尽群妖见日头。

谶曰
天有日月。地有山川。
海内纷纷。父后子前。

金圣叹评注

此象主五代末造,割据者星罗棋布,惟吴越钱氏稍图治安,南唐李氏略知文物,馀悉淫乱昏虐。太祖崛起,拯民水火。太祖小名香孩儿,手执帚着,扫除群雄也。

伍拾陆 火山旅卦

旅：小亨。旅贞吉。

《彖》曰："旅，小亨"，柔得中乎外而顺乎刚，止而丽乎明，是以"小亨，旅贞吉"也。旅之时义大矣哉！

《象》曰：山上有火，旅。君子以明慎用刑而不留狱。

《旅卦》：有小的亨通。卜问旅行，这是吉利的。

《彖传》说：寄旅有小的亨通，这是因为旅人行中正之道，得到强者的庇护，恬静安止又能附丽于光明，因此说："有小的亨通。卜问旅行，这是吉利的"。旅卦的现实意义是多么大呀！

《象传》说：《旅卦》是离在上、艮在下，离为火、艮为山。旅卦的卦象为火势十分快地蔓延的表象，所以把它叫做《旅卦》。君子观此卦象，应慎用刑罚，慎重判决，而且不稽留讼狱。

【启示】《旅卦》意在阐明"行旅"的道理。在古人看来行旅生活是孤独而困苦的，也正因此《旅卦》由"旅"而难以安定，告诫人们要善处"行旅"之道。卦辞中提到"小亨"、"贞吉"，说明"行旅"必须守正，而且又要柔顺持中。事情往往盛大到极点，又会陷入不安定的状态，在这种情况下，为解除困难，必须要守正。同时，还要以柔顺持中的态度，获得他人的支持与帮助。所以此卦告诉我们这样一个道理：旅居在外，处在动荡的生活中，更要坚守中正，这样才能转危为安。

断易天机问占图

如鸟焚巢之卦，乐极哀生之象

旅卦卦象解义

古解： 旅者，客也。长途落落，羁旅凄凄，火行山上，逐草高低。如鸟焚巢，无枝可栖。虽然先笑，后有悲啼。

今译： 旅即行旅之意。长途跋涉，羁旅凄惶。火在山上依草燃烧，就像鸟儿巢穴被烧，没有能够栖息的地方，预示着虽然有喜事，但灾难将接踵而来。

此卦为陈后主得张丽华卜得之卦，乃知先喜后悲。

一只猴、一只羊，表示未申二日将有喜事

天边有三颗星，为台星

一条大溪，象征前程远大

贵人站在台上垂钓，牵引水畔之人，象征得到贵人牵引而脱离尘泥

【旅之爻】 旅而难居，柔顺持中

① 初六，旅琐琐　　　　　　　行为卑贱，招致灾患
② 六二，旅即次，怀其资，得童仆　柔中居正，守持正固
③ 九三，旅焚其次，丧其童仆　　　刚亢不中，遭遇灾难
④ 九四，旅于处　　　　　　　　　居位不正，不得安居
⑤ 六五，射雉，一矢亡　　　　　　略有损失，终获美誉
⑥ 上九，旅人先笑，后号咷　　　　阳刚高亢，先喜后悲

初六：旅琐琐，斯其所取灾。

初六：旅人举动猥琐卑贱，这是自我招取灾祸。

【原文】《象》曰："旅琐琐"，志穷灾也。

【译文】《象传》说：旅人举动猥琐卑贱，这说明他丧失了做人的人格，将招致灾祸。

【启示】这一爻告诉我们，一个人要人穷而志不穷。

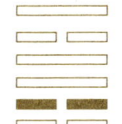

六二：旅即次，怀其资，得童仆，贞。

六二：旅客住在旅舍，携带钱财，拥有一男仆，应当守持正固。

【原文】《象》曰："得童仆，贞"，终无尤也。

【译文】《象传》说："拥有一忠实男仆，应当守持正固"，这样做就没有什么怨尤。

【启示】这一爻告诉我们，一个人旅居在外，处在动荡的生活中，应当坚守中正。

九三：旅焚其次，丧其童仆，贞厉。

九三：旅途中旅舍失火，丧失自己的男仆，卜问得凶兆。

【原文】《象》曰:"旅焚其次",亦以伤矣。以旅与下,其义丧也。

【译文】《象传》说:"旅途中旅舍失火",一定会遭受伤害。是因为他没有与男仆相处好,这是在情理之中的事。

【启示】这一爻告诉我们,一个人在羁旅中要柔顺一点。

旅次舍图

旅卦主要说明了"行旅"的道理,由于行旅之人"旅"而难"居",因而此卦意在戒人善处"行旅"之道。旅卦卦辞谓"小亨,旅贞吉",表明"行旅"之人应守持正固,以柔顺持中为本。全卦六爻中,凡阴柔中顺者皆吉,如六二"怀资"、六五"誉命";卑下自辱或阳刚高亢者皆危,如初六"琐琐"、九四"不快"、九三"焚次"、上九"焚巢"。此外,本卦通过初六、九四及上九爻辞,还劝告人们应为求道而"旅",而不应为求利而"旅"。

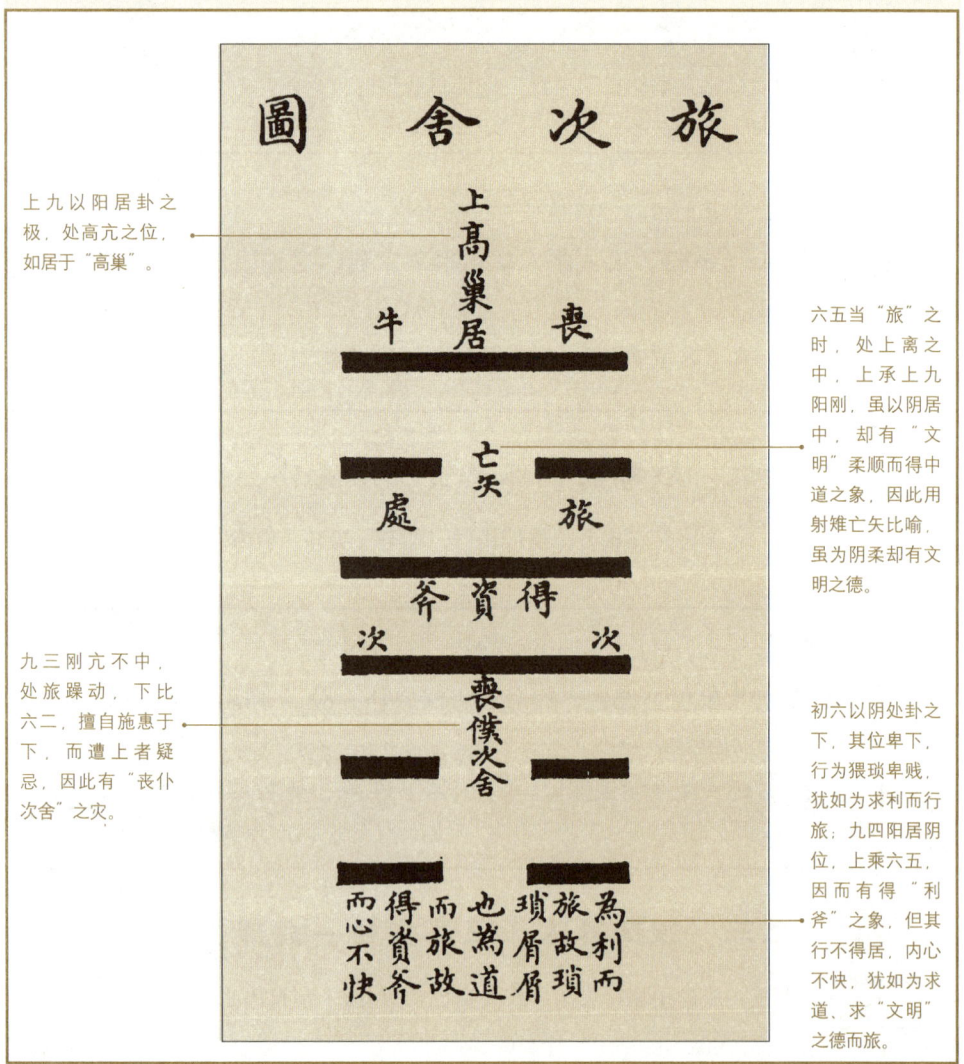

上九以阳居卦之极,处高亢之位,如居于"高巢"。

六五当"旅"之时,处上离之中,上承上九阳刚,虽以阴居中,却有"文明"柔顺而得中道之象,因此用射雉亡矢比喻,虽为阴柔却有文明之德。

九三刚亢不中,处旅躁动,下比六二,擅自施惠于下,而遭上者疑忌,因此有"丧仆次舍"之灾。

初六以阴处卦之下,其位卑下,行为猥琐卑贱,犹如为求利而行旅;九四阳居阴位,上乘六五,因而有得"利斧"之象,但其行不得居,内心不快,犹如为求道,求"文明"之德而旅。

 **九四：旅于处，得其资斧，我心不快。**

九四：旅居在野外，得到了别人的资助，但我心里仍然不痛快。

【原文】《象》曰："旅于处"，未得位也。"得其资斧"，心未快也。

【译文】《象传》说："旅居在野外"，没有得到真正的好住处。虽"得到别人的帮助"，但由于没有实现自己的愿望，故此时心中仍不畅快。

【启示】这一爻暗示我们，旅居在外，不能因得到暂时的安身之地而忘记自己的理想。

 **六五：射雉，一矢亡，终以誉命。**

六五：射了一只野鸡，费去了一支箭，最终得到了称誉。

【原文】《象》曰："终以誉命"，上逮也。

【译文】《象传》说：最终得到了称誉，是因为亲近了居高位的尊者。

【启示】这一爻暗示我们，求安定应不计一时的得失。

 **上九：鸟焚其巢，旅人先笑，后号咷。丧牛于易，凶。**

上九：高枝上的鸟巢被烧毁，旅人先得到高位而笑，后看到眼前的悲惨境地而掉眼泪。在异地失去了牛，有凶险。

【原文】《象》曰：以旅在上，其义焚也。丧牛于易，终莫之闻也。

【译文】《象传》说：作为旅客却在异乡身居高位，他的住处被烧是常理中的事。在异地失去了牛，最终没有人来慰问，也是意料之中的事。

【启示】这一爻告诉我们，旅居在外，得到了高位，更要谦逊待人。

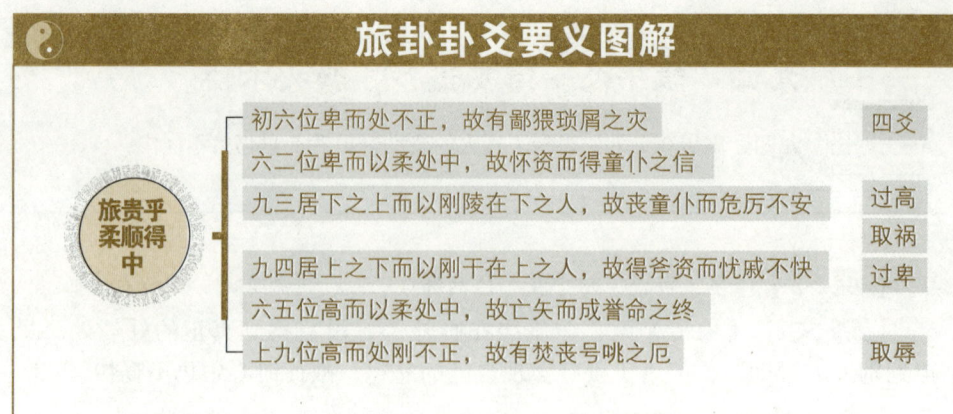

【疑难解析】鸟焚其巢，旅人先笑，后号咷。丧牛于易，凶

"鸟焚其巢，旅人先笑，后号咷。丧牛于易，凶"是旅卦上九爻的爻辞。上九为阳居阴位。它的大意是：高枝上的鸟巢被烧毁，旅人先得到高位而笑，后看到眼前的悲惨境地而掉眼泪。在异地失去了牛，有凶险。这就暗示我们，旅居在外，得到了高位，更要谦逊待人。这是为什么呢？从他的处境来看：

一、旅居在外的人往往处在一个陌生的环境，人民并不了解他。他之所以得到高位是因为有人提拔他。此时，人民很可能会认为他的高位来的不正当。

二、人都有排异性，往往不愿意服从一个外地人的领导。

三、任何一个地方都有地头蛇，这些地头蛇因他到来而心里极端不平衡。因为他们在此地已称霸多时，本想乘机升上去，没想到却让一个外人占了他们已看好多时的位置。

一个人在外地做官，没有自己的势力范围，没有当地人民的支持，又受到地头蛇的嫉妒和暗中破坏。不难看出，他处在一个极端危险的境地，其原因是人民不了解他，也不愿意服从他，给了地头蛇从中作祟的机会。

该怎样使人民服从他呢？古往今来，许多贤人志士的经历告诉我们，谦逊待人是获取民心的最好的武器。所以，我们在得到了别人的提拔后，不要以居高位而自傲，而要谦逊待人。

六十卦象象义图

乙巳　艮下离上　旅

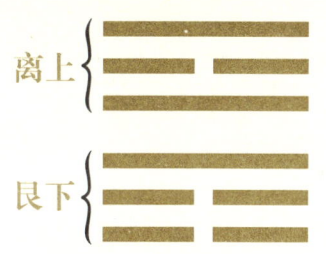

离上
艮下

旅卦卦辞曰"小亨，旅贞吉"，意为谦柔小心可致亨通，行旅能守持正固。这正是告诫当国之人应谦柔小心、守持正固，否则会祸国殃民。

▶ 卯年之时，女子乱国

谶曰

美人自西来。
朝中日渐安。
长弓在地。
危而不危。

颂曰

西方女子琵琶仙。
皎皎衣裳色更鲜。
此时浑迹居朝市。
闹乱君臣百万般。

金圣叹评注

此象疑一女子当国，服色尚白，大权独揽，几危社稷，发现或在卯年，此始乱之兆也。

伍拾柒 巽为风卦

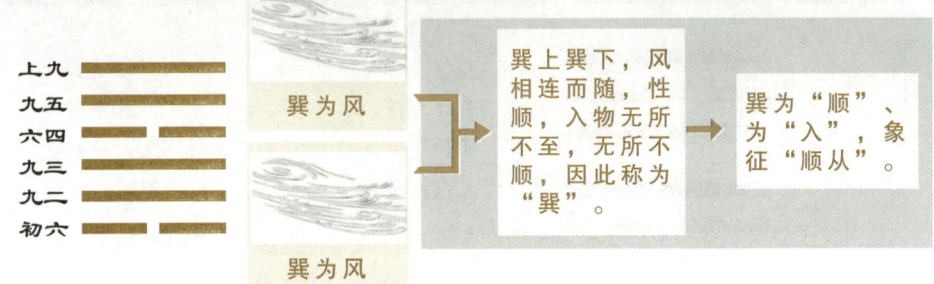

巽：小亨。利有攸往，利见大人。

《彖》曰：重巽以申命，刚巽乎中正而志行。柔皆顺乎刚，是以"小亨，利有攸往，利见大人"。

《象》曰：随风，巽。君子以申命行事。

《巽卦》：小有亨通，有利于有所行动，利于会见大人。

《彖传》说：两个巽卦上下重叠，意在重申一种命令。阳刚者的谦恭在于他中直正大，他的志向和抱负也因此得以实现，而阴柔者的顺从在于他能听从强者差遣，因此说"小有亨通，有利于有所行动，利于会见大人"。

《象传》说：《巽卦》是巽在上、巽在下，巽为风，卦象为风行起来无孔不入之表象，所以把它叫做《巽卦》。君子把命令立在谦逊之德之上，这样有利于他推行政事。

【启示】《巽卦》阐释了"顺从"的道理。比如，对于阴阳来说，即阴顺阳；对于君臣来说，即臣顺君。卦辞一方面反映了此时柔顺、谦逊的人利于前行，可获亨通；另一反面又指出上下顺从的目的是有利于"大人"施行命令。在不安定的环境中，必须谦逊，才能得到他人的帮助，才能转危为安。谦逊是顺从，但也不能盲从，必须择善而从。顺从并非懦弱胆小，更非自卑畏惧，而是以刚健之德自勉，不断进取。此卦告诉了我们，一个人做事要谦逊、顺从的道理。

断易天机问占图

风行草偃之卦，上行下效之象

巽卦卦象解义

古解：巽者，顺也。乃顺成天，动用相尚，消息交通，无诸蔽障。恶事不同，风飘其响。所作随顺，进达之象，利为君子。

今译：巽为顺从，即顺从天命，则动用相互辅助，消息互通，没有什么障碍，但恶事将会传播。所做的事情以顺从为本，利于君子进达。

此卦为范蠡辞官入五湖卜得之卦，乃知越国将亡。

- 一人坐在猛虎旁边，表示有凶险
- 云中大雁衔书飞来，表示有信到来
- 猛虎受惊逃走，惊散之状
- 贵人手拿衣服，赐予下跪之人，表示访贵人而得衣禄
- 一人弯弓射虎，得中，表示险中得吉

【巽之爻】谦柔顺从，刚健为德

①	初六，进退	卑顺过甚，进退犹豫
②	九二，巽在床下	过于卑顺，谦恭事神
③	九三，频巽	为柔所凌，忍屈顺从
④	六四，悔亡，田获三品	奉行君命，悔恨消亡
⑤	九五，无初有终	申命之君，更布新令
⑥	上九，巽在床下	谦卑过度，丧失刚正

初六：进退，利武人之贞。

初六：进进退退，这有利于勇武的人去卜问。

【原文】《象》曰："进退"，志疑也。"利武人之贞"，志治也。

【译文】《象传》说：进进退退，这说明他在决策时十分犹豫。有利于勇武的人去卜问，是因为这样能使他的决策得到完善，在实际上是成立的。

【启示】这一爻告诉我们，勇武的人要注意培养谦逊的美德。

九二：巽在床下，用史、巫纷若，吉，无咎。

九二：谦卑而趴在床下，像史、巫那样用谦恭的态度行事，吉祥，没有什么灾祸。

【原文】《象》曰："纷若之吉"，得中也。

【译文】《象传》说："像史、巫那样用谦恭的态度行事，是吉祥的"，是因为史、巫居中而守正。

【启示】这一爻告诉我们，一个人要心地虔诚、中正地对待一切。

九三：频巽，吝。

九三：勉强顺从，有灾祸。

【原文】《象》曰："频巽之吝"，志穷也。

【译文】《象传》说："勉强顺从的灾祸"，是因为他的谦逊之德丧失了。

【启示】这一爻告诉我们，一个人如果丧失了谦逊的美德，就无可救药了。

巽床下图

巽卦之意主于"顺从"，从阴阳之理来说，即阴顺阳；从君臣之道来说，即臣顺君。卦辞中一方面指出阴柔谦顺者可获吉，利于前往，另一方面又说明谦卑顺从的最终目的是利于君主实施政命。但巽卦所倡导的"顺从"不是无条件的，而是以"刚健"为根本的，强调顺从之道要阳刚持正，要有所作为。巽卦中以四阳爻为床箦，以两阴爻为床足，因此为床下有足之象，因此称为"巽在床下"。

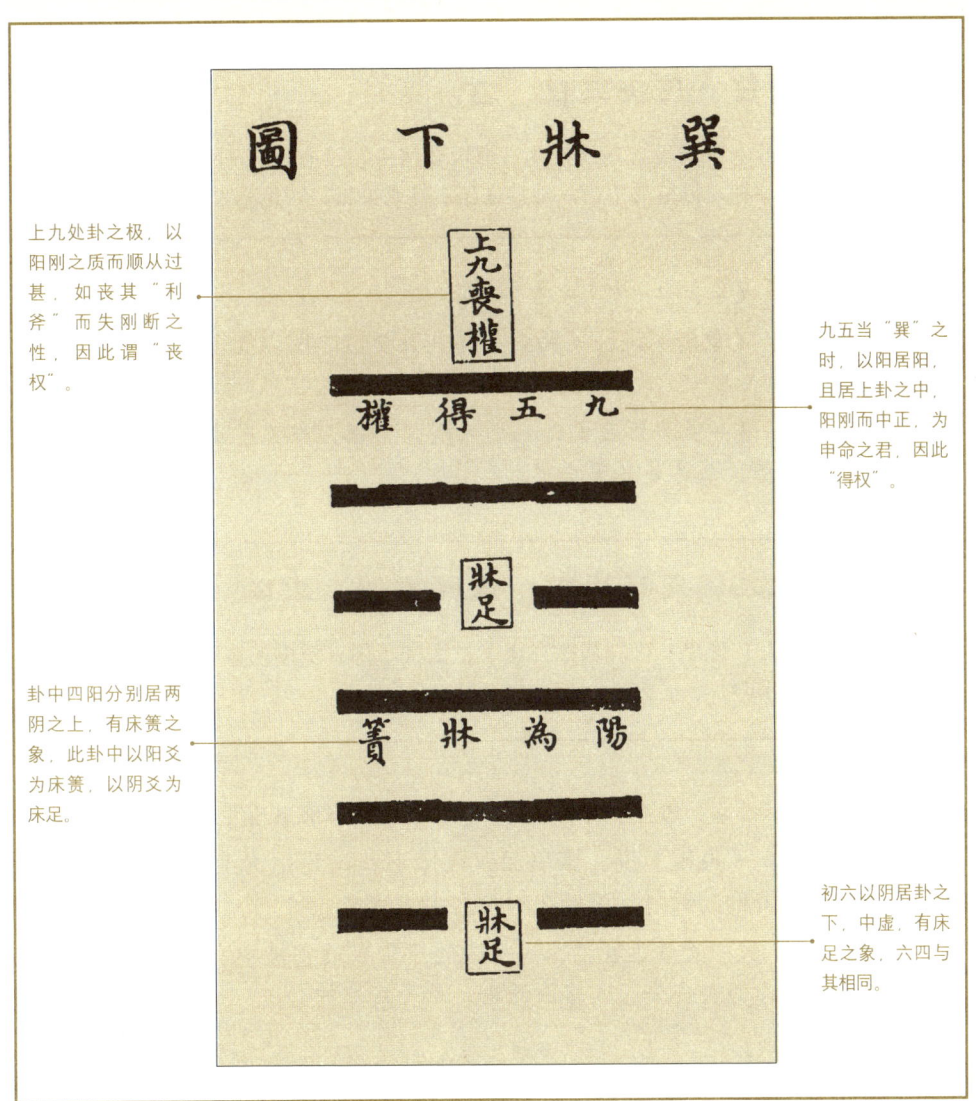

上九处卦之极，以阳刚之质而顺从过甚，如丧其"利斧"而失刚断之性，因此谓"丧权"。

九五当"巽"之时，以阳居阳，且居上卦之中，阳刚而中正，为申命之君，因此"得权"。

卦中四阳分别居两阴之上，有床箦之象，此卦中以阳爻为床箦，以阴爻为床足。

初六以阴居卦之下，中虚，有床足之象，六四与其相同。

六四：悔亡，田获三品。

六四：悔恨消失，打猎时捕到可作为祭祀、宴请宾客、献给君主用的上等猎物。

【原文】《象》曰："田获三品"，有功也。

【译文】《象传》说：打猎时捕到可作为祭祀、宴请宾客、献给君主用的上等猎物，说明功劳很大。

【启示】这一爻告诉我们，能恪守谦逊、顺从之道，就能有所建树。

九五：贞吉，悔亡，无不利。无初有终。先庚三日，后庚三日，吉。

九五：卜问得吉利的预兆，悔恨会消失，没有什么不利的。虽然起初不顺利，但结果不错，时日定在丁日或癸日，一定是吉利的。

【原文】《象》曰：九五之吉，位正中也。

【译文】《象传》说：《巽卦》的九五爻位之所以能得吉祥，是因为它居中而得正了。

【启示】这一爻告诉我们，一个人刚强正直，难免有不甚谦逊之悔，但只要他有中正之德，最终能获得吉祥。

上九：巽在床下，丧其齐斧，贞凶。

上九：谦卑、顺从而趴在床下，丢失了别人资助的钱财，卜问结果是凶险的。

【原文】《象》曰："巽在床下"，上穷也。"丧其资斧"，正乎凶也。

【译文】《象传》说：谦卑而趴在床下，这是因为上九已居于穷极之路。丢失了别人资助的钱财，正处在凶险之中。

【启示】这一爻告诉我们，一个人处于穷极的困境中所表现的谦卑不是坚守正道的谦卑，而是丧失了人格的谦卑，是不可取的。

巽卦卦爻要义图解

	初六 皆居阳位｜将进将退，利矫以武勇 ——— 此在下之巽
	九三 而不中故｜颇失频巽，不免于羞吝
巽	九五 大君刚得中，故更改有先后，三日之详审，六四大臣柔得正，故绩效有田猎三品之实，得此在上，巽顺得宜
	九二 皆居阴位｜巽在床下，宜出于诚意 ——— 顺之不得宜
	上九 而不正故｜巽在床下，已失其刚断

【疑难解析】"巽在床下，用史、巫纷若，吉，无咎"和"巽在床下，丧其齐斧，贞凶"

"巽在床下，用史、巫纷若，吉，无咎"的大意是：谦卑而趴在床下，像祝史、巫觋那样用谦恭的态度行事，吉祥，没有什么灾祸。"巽在床下，丧其资斧，贞凶"的大意是谦卑而趴在床下，丢失了别人资助的钱财，卜问结果是凶险的。为什么同是谦卑而趴在床下，一个是吉利的，一个是凶险的？

古代的祝史、巫觋是与鬼神沟通的半仙，他们在施行法术时表现得非常谦卑，就是对于地位比自己低下的鬼神也不施加威力。再从"巽在床下，用史、巫纷若，吉，无咎"所处的爻位来看，它是九二爻的爻辞。九二为阳居阴位。所以说，这就暗示我们，一个人虽处于优势，但他也愿意居于与自己的能力不相称的下位，自然能获得吉祥。其原因是：

一、人民只尊敬真正的谦逊、宽容者——虽有能力向对方施加威力，但他不施加威力。

二、从处于优势的人的处境来说，他处于一个进可退、退可守的处境，即如果谦逊不能赢得对方的尊重，反而招来对方的无理取闹，他可以用强硬的方法解决问题；如果对方因此而尊重他，这也达到了目的，他也没有损失什么。

三、从对方的心理来看，一方面他可能会更加敬佩他；另一方面可能会因看到对方的强大实力而不敢冒犯对方。

"巽在床下，丧其齐斧，贞凶"是上九爻的爻辞。上九为阳居阴位，又是巽卦的最后一爻，这就暗示我们，一个人处在穷极的困境中，不能表现得太柔顺了：

一、一般人认为，处在穷极的困境中所表现的顺从，不是谦逊，而是软弱，其实质是懦夫的表现。所以，他们会因此更鄙视他。

二、从他的处境来看，他已没有退路，如果他还是顺从对方，还是往后退，那么只有绝路一条。

三、从对方的心理来看，对方会认为，他在自己步步紧逼的情况下，连连后退，即使已快把他逼到绝路上，也不知反抗一下，这是没有骨气的人。因此会更加憎恶他。相反，如他刚强一点，或许对方会因欣赏他的骨气而放了他。

四、从结果来看，如他在穷极的困境中，不再顺着对方的紧逼之势往绝路上走，积极反抗，这就意味着还有一线生机；相反，连一线生机也没有。

所以说，在自己有实力时，适当的退让是吉利的；在处于穷极的困境时，顺从、退让往往会给自己带来危险。

六十卦象象义图

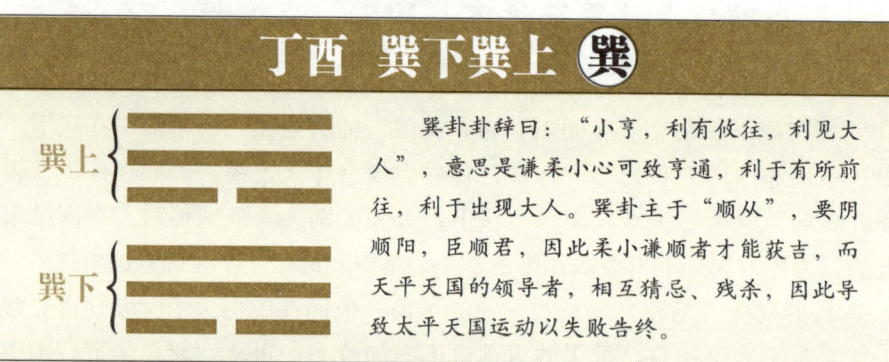

丁酉　巽下巽上　巽

巽上
巽下

巽卦卦辞曰："小亨，利有攸往，利见大人"，意思是谦柔小心可致亨通，利于有所前往，利于出现大人。巽卦主于"顺从"，要阴顺阳，臣顺君，因此柔小谦顺者才能获吉，而天平天国的领导者，相互猜忌、残杀，因此导致太平天国运动以失败告终。

▶ 太平天国，失败而终

谶曰
头有发。衣怕白。
太平时。王杀王。

颂曰
太平又见血花飞。
五色章成里外衣。
洪水滔天苗不秀。
中原曾见梦全非。

金圣叹评注

证已往之事易，推未来之事难，然既证已往，似不得不推及将来。吾但愿自此以后，吾所谓平治者皆幸而中，吾所谓不平治者幸而不中，而吾可告无罪矣。此象疑遭水灾或兵戎与天灾共见，此一乱也。

伍拾捌 兑为泽卦

上六
九五
九四
六三
九二
初九

兑为泽

兑为泽

兑性悦，兑上兑下，即两泽并连，相互附丽，交相浸润，互有滋益，因此称"兑"。

兑即悦，象征"欣悦"。

兑：亨。利贞。

《彖》曰：兑，说也。刚中而柔外，说以"利贞"，是以顺乎天而应乎人。说以先民，民忘其劳。说以犯难，民忘其死。说之大，民劝矣哉！

《象》曰：丽泽，兑。君子以朋友讲习。

《兑卦》：亨通。有利于去占卜。

《彖传》说：兑，就是喜悦的意思。说明阳刚居中坚守正道而谦逊恭顺在外，喜悦而有利于民去占卜，因此能够顺应客观规律而又切合人意。用喜悦去引导民众，民众因此忘记了疲劳。用喜悦去引导人民奔赴国难，民众则会忘记死的痛苦。这个和悦的意义多么伟大呀！可以使人民自我勉励而为之。

《象传》说：《兑卦》是兑在上、兑在下，兑为泽，卦象为泽水并连之象。就好像泽水相通，互相滋润，彼此受益，所以把它叫做《兑卦》。君子效法于这种和悦，就能使朋友都来亲附他，而且大家可在一起研讨学业，讲习道义。

【启示】《兑卦》阐明了"欣悦"之道。此卦中所说的"欣悦"侧重强调以"内刚外柔"为悦，即柔顺以刚健为本，欣悦而坚守正固。卦辞中称"欣悦"可使事物亨通，但其又必须守持正固，即是揭明了本卦的主旨。使他人喜悦，自己也会喜悦，这样可以促使人际关系和谐，这是顺天应人的做法。但与人和悦，首先应当动机纯正、明辨是非、光明正大，而不能阿谀谄媚；其次应该内刚外柔，坚持原则。

简言之，此卦告诉我们，做事要和悦待人，还要恰当地取悦于人。

断易天机问占图

江湖养物之卦，天降雨泽之象

兑卦卦象解义

古解：兑者，悦也。泽润万物，恩惠兆民，居上爱下，悦而忻忻，利有攸往，无不亨贞。

今译：兑为欣悦。兑为泽，滋润万物，施惠民众。于高位而关心百姓，欢欣喜悦，利于前往，万事亨通。

此卦为唐三藏去西天取经卜得之卦，乃知必能成功。

- 文字上有一支箭，表示领荐之意
- 一人坐着看守一个扁担，是因为劳苦而休息
- 秀才正在攀登云梯，预示其将步入蟾宫
- 一轮圆月挂在天边，表示团圆的意思
- 一女子站在盒子的旁边，表示嫁娶利于和合

【兑之爻】刚中柔外，悦不失正

① 初九，和兑　　　和悦待人，人所不疑
② 九二，孚兑　　　刚中有信，欣悦待人
③ 六三，来兑　　　下谋欣悦，邪佞凶险
④ 九四，商兑未宁　思量欣悦，隔绝柔邪
⑤ 九五，孚于剥　　孚信小人，终将有危
⑥ 上六，引兑　　　阴居卦极，引人相悦

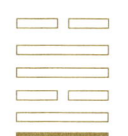
初九：和兑，吉。
初九：和悦待人得到吉祥，吉利。

【原文】《象》曰："和兑"之吉，行未疑也。
【译文】《象传》说：和睦喜悦之所以吉祥，是因为这种和悦是一种端正的行为。
【启示】这一爻告诉我们，要和悦待人。

九二：孚兑，吉，悔亡。
九二：以诚信为基础的和悦待人，吉祥，悔恨消失。

【原文】《象》曰："孚兑"之吉，信志也。
【译文】《象传》说："以诚信为基础的和悦待人得到吉祥"，这表明为人诚实、可靠，能获得好的结果。
【启示】这一爻告诉我们，和悦待人要以诚信为基础。

六三：来兑，凶。
六三：前来谋求和悦，凶险。

【原文】《象》曰:"来兑之凶",位不当也。

【译文】《象传》说:"前来谋求和悦,凶险",是因为居位不当的缘故。

【启示】进一步强调和悦待人要以诚信为基础。

兑象之图

兑卦意在阐述"欣悦"之道,即应以"刚中柔外"为悦,要秉持刚为柔本、悦不失正的原则。卦辞中谓欣悦可致亨通,但要"守持正固",即表明了卦的主旨。纵观卦中六爻,两阴爻正当"悦"之时,但其均以柔媚取悦,而遭否定;四阳爻因所处情况不同,因而结果也不同:初、二、四守持阳刚,均获吉,但九五虽居尊位却孚信小人,因而有凶,所以"和悦"之道必须禀持正德,拒绝谄媚小人,阳刚不被阴柔所诱,才能终成"欣悦"之美。

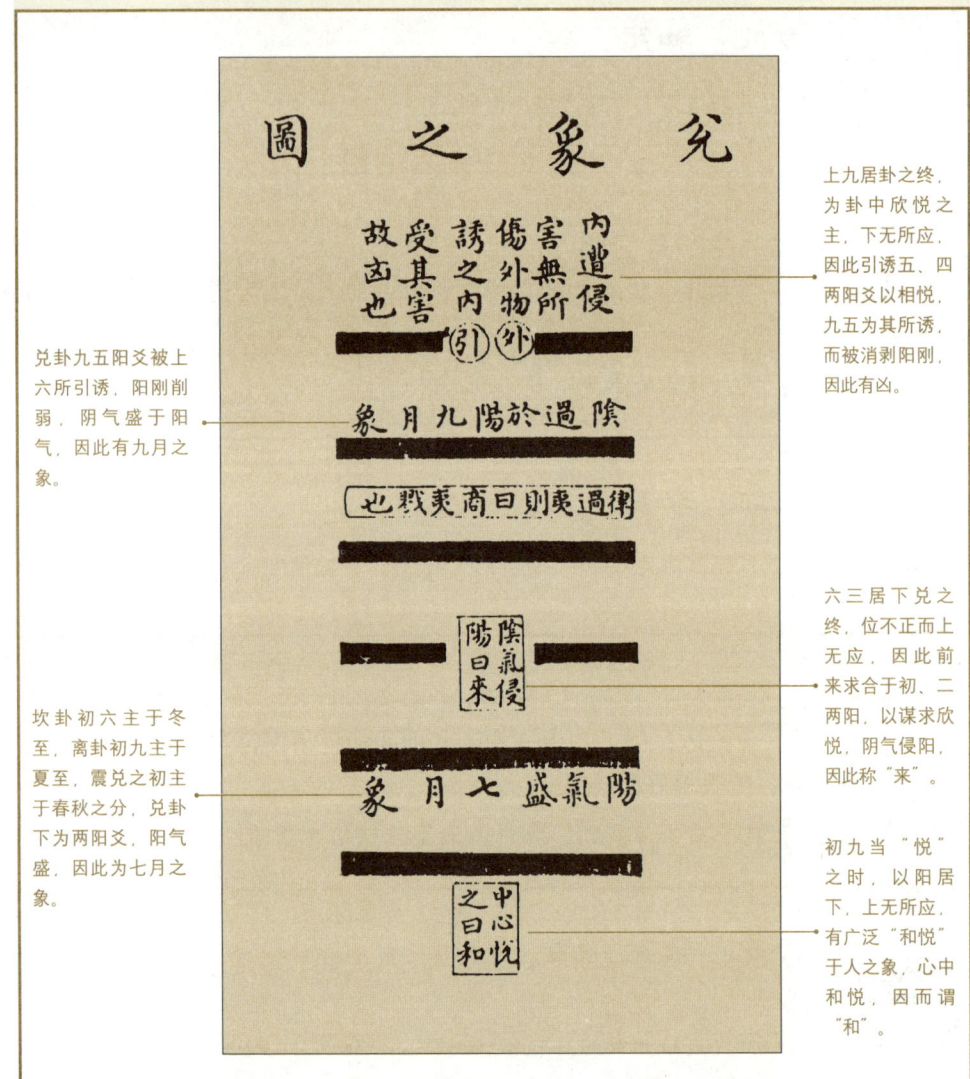

上九居卦之终,为卦中欣悦之主,下无所应,因此引诱五、四两阳爻以相悦,九五为其所诱,而被消剥阳刚,因此有凶。

兑卦九五阳爻被上六所引诱,阳刚削弱,阴气盛于阳气,因此有九月之象。

六三居下兑之终,位不正而上无应,因此前来求合于初、二两阳,以谋求欣悦,阴气侵阳,因此称"来"。

坎卦初六主于冬至,离卦初九主于夏至,震兑之初主于春秋之分,兑卦下为两阳爻,阳气盛,因此为七月之象。

初九当"悦"之时,以阳居下,上无所应,有广泛"和悦"于人之象,心中和悦,因而谓"和"。

九四：商兑未宁，介疾有喜。

九四：商量和解之事，但是心中不安宁，如果能隔断阴柔、嫉妒，就有喜庆的事。

【原文】《象》曰：九四之喜，有庆也。

【译文】《象传》说：《兑卦》的九四爻位的喜是指将有庆贺之事。

【启示】这一爻告诉我们，和解或和谈时，如对方没有诚意，必须要揭穿他的真面目。

九五：孚于剥，有厉。

九五：诚信被小人剥落了，必有危险。

【原文】《象》曰："孚于剥"，位正当也。

【译文】《象传》说：诚信被小人剥落了的原因是他正处于容易被小人剥落的位置上。

【启示】这一爻告诉我们，处于显要的位置上的人更加要有诚信。

上六：引兑。

上六：引诱他人与之和悦。

【原文】《象》曰：上六"引兑"，未光也。

【译文】《象传》说：《兑卦》的上六爻位引诱别人与之和悦，不是光明正大的品德。

【启示】这一爻告诉我们，不择手段地取悦于人是不可取的。同时，要对这样的人提高警惕。

兑卦卦爻要义图解

兑亨利贞
- 六三来就初二，二阳以说于内
- 九四下比阴柔，故言疾恶之，则有喜
- 九五上比阴柔，故言孚信之，则有厉
- 上六牵引四五二阳，以说于外

君子在上，绝夫在人，诱惑之说

初九处卑，故和兑
九二中实，故孚兑

君子在下，得失在己，义理之说

小人不贞者也

【疑难解析】商兑未宁，介疾有喜

"商兑未宁，介疾有喜"的大意是：商量和解之事，但是心中不安宁，如果能隔断阴柔、嫉妒，就有喜庆的事。看了爻辞，不禁产生两大疑问：一、九四为什么心中不安宁？二、九四要阻断谁的阴柔、嫉妒？

九四的上一爻是六三，六三是阴居阳位，六三爻的爻辞是"来兑，凶"。九四的下一爻是九五，九五爻的爻辞是"孚于剥，有厉"。从卦画上看，六三和九五相对。这就表明六三是一个没有诚意的和谈者，他将要到九五那里去游说，引诱九五犯罪。这就不难看出，九四心中不安宁是因为六三没有诚意，担心六三这种奸诈小人去蛊惑九五，给人民带来灾难。九四为了确保大家的真正的和悦，必须揭穿六三的丑恶面目，阻止他利用他的假仁假义去害更多的人。

引兑

"引兑"的大意是：引诱他人与之和悦。它为什么不下判语呢？

因为一个人去引诱别人与之和悦带来的结果是吉还是凶，还不能确定。如果被引诱的人能坚守正道，不被其迷惑，则双方都不会有过错。如果被引诱的人不但不被引诱，还能说服引诱的人，使他停止这种罪恶的行动，这是非常吉利的。如果双方一拍即合，同流合污，则是非常凶险的。暂且不说他们的行为给人民所带来的灾难及事情败露后的悲哀，就是对他们自己而言，也不是一件好事：他们都能为名为利所动，说明他们不能坚守中正，他们像墙头的草，风吹两边倒。大家都知道，有东风就有西风，有南风就有北风，这是不可改变的自然现象，一个人有得势的时候也有失势的时候，这也是不可改变的客观规律。所以他们天天担心事情败露，为之没睡过一天安稳的觉。

从上述的分析，我们可以得到这样一个启示：我们一方面要抵制小人的引诱，另一方面也不能引诱别人犯罪。

六十卦象象义图

庚申　兑下兑上　兑

兑上 ☱
兑下 ☱

兑卦卦辞为："兑：亨，利贞。"说明此卦是一个吉祥之卦，象征喜悦，亨通畅达，利于坚守中正之道。兑卦为兑（泽）下兑（泽）上，两个泽水并连之象，泽水相互流通滋润，彼此受益，所以象征喜悦。此象以"兑"卦为基础，正好预示了战争的结束，战火的熄灭需要水，而"兑"卦正好包含了泽水的意思。

▶ 三尺童子，结束战争

谶曰

物极必反。以毒制毒。
三尺童子。四夷詟服。

颂曰

坎离相克见天倪。
天使斯人弭杀机。
不信奇才产吴越。
重洋从此戢兵师。

金圣叹评注	此象言吴越之间有一童子，能出奇制胜，将燎原之火扑灭净尽，而厄运自此终矣，又一治也。

伍拾玖 风水涣卦

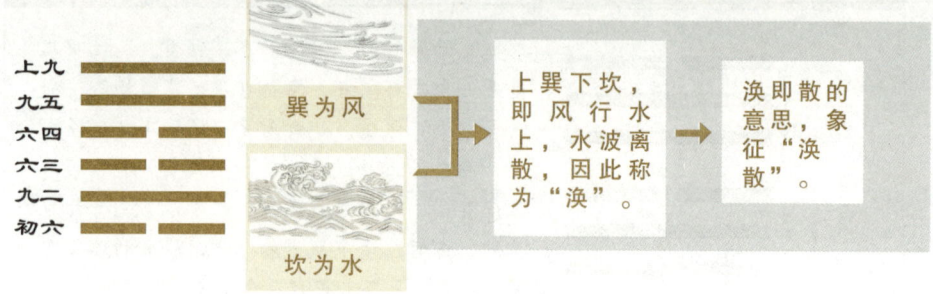

涣：亨，王假有庙。利涉大川，利贞。

《彖》曰："涣，亨"，刚来而不穷，柔得位乎外而上同。"王假有庙"，王乃在中也。"利涉大川"，乘木有功也。

《象》曰：风行水上，"涣"。先王以享于帝立庙。

《涣卦》：亨通，君王亲临祠庙祭祀神灵以祈求保佑。有利于渡江过河，有利于去占卜。

《彖传》说：《涣卦》亨通，是因为阳刚之士居于阴柔中而不困穷，阴柔者居于外而与阳刚者同心协力，共济大业。"君主到祠庙祭祀神灵，以祈求其保佑"，这表明君主能居中位而凝聚人心。"有利于涉过大川河流"，这说明涉难而常用涣道，就一定会成功。

《象传》说：《涣卦》是巽在上、坎在下，巽为风、坎为水，巽卦象表现为风行水上，所以把它叫做《涣卦》。先王为了凝聚人心便祭祀天帝，修建庙宇。

【启示】《涣卦》所说的"涣散"并非只是指"散乱"，而是从对立的角度揭示"聚"与"散"之间相互依存的关系。卦辞中以君王祭祀，来比喻聚合神灵的庇佑，以涉越大河比喻聚合人心以度过艰难。这说明事物在形散的情况下，只要神聚就让仍然能获得亨通。此外，卦辞中还强调，此时做事应坚持守正。

在丰盛安逸的环境中，人心容易涣散，以致重私利而忘公益，社会风气逐渐就会败坏。所以在这样的状况下，必须采取有力的对策，及时挽救。首先要凝聚人心，以求安定；然后逐渐消除私心，抑制私利，革除弊端，造福于公众。

所以，此卦意在告诉我们，处于涣散之时，一定要凝聚人心，以求济难。

断易天机问占图

顺水行舟之卦，大风吹物之象

涣卦卦象解义

古解：涣者，散也。逐波随水，患难将消，恶事离身，狱讼出牢。利涉大川，舟楫遥遥，出入无滞，福德滔滔。

今译：涣即涣散的意思。随水飘散，患难结束，厄运消除，狱讼之灾也将化解。利于涉越大川，乘舟破浪，无所阻碍，福德无边。

此卦为汉武帝卜得，乃知李夫人还能活。

- 一位僧人，表示遁入空门
- 山上有一座寺庙，表示清净的境界
- 一人跟在僧人之后，是清闲之人
- 一鬼跟随在清闲人之后，表示要提防有人暗中窥算
- 金甲神人从天而降，表示将得到神人的庇护

伍拾玖 风水涣卦

【涣之爻】拯救涣散，聚合人心

① 初六，用拯马壮　　　　获阳之助，勉力济涣
② 九二，涣奔其机　　　　与初相比，相互依凭
③ 六三，涣其躬　　　　　涣散自身，附从阳刚
④ 六四，涣其群　　　　　涣散朋党，以聚大群
⑤ 九五，涣王居　　　　　疏散居积，聚合人心
⑥ 上九，涣其血去逖出　　涣散至极，四方聚合

初六：用拯马壮，吉。

初六：借助强健的马来涉难，吉利。

【原文】《象》曰：初六之吉，顺也。

【译文】《象传》说：《涣卦》的初六爻位之所以获得吉祥，是因为它能顺承阳刚。

【启示】这一爻告诉我们，处于涣散的阶段，如能借助外力来弥补力量的不足，也是吉利的。

九二：涣奔其机，悔亡。

九二：处在涣散之时，找到像几案似的可安身立命的凭借，悔恨消失。

【原文】《象》曰："涣奔其机"，得愿也。

【译文】《象传》说："处在涣散之时，找到像几案似的可安身立命的凭借"，愿望实现了。

【启示】这一爻告诉我们，处于涣散之时，如能相互保全，就没有什么悔恨。

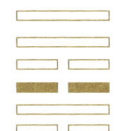

六三：涣其躬，无悔。

六三：涣散自身的不良习气，服从阳刚尊者，没有什么悔恨。

【原文】《象》曰："涣其躬"，志在外也。

【译文】《象传》说："涣散自身的不良习气，服从阳刚尊者"，说明

涣躬之图

涣卦虽名"涣"，却并非主张"涣散"，而是在于阐发"散"与"聚"之间相互依存的关系。卦辞中"君王"以美德感召神灵而保有庙祭，说明应聚合人心以济难。卦中六爻虽然均处于"涣散"之时，但阴阳相应、相比，正和"聚合"之象。因此本卦所谓处"涣"之道，是以散而不乱、散而能聚为原则的。从哲学的观点来看，涣卦展示了事物"散"、"聚"对立而统一、散极而聚的特定规律。

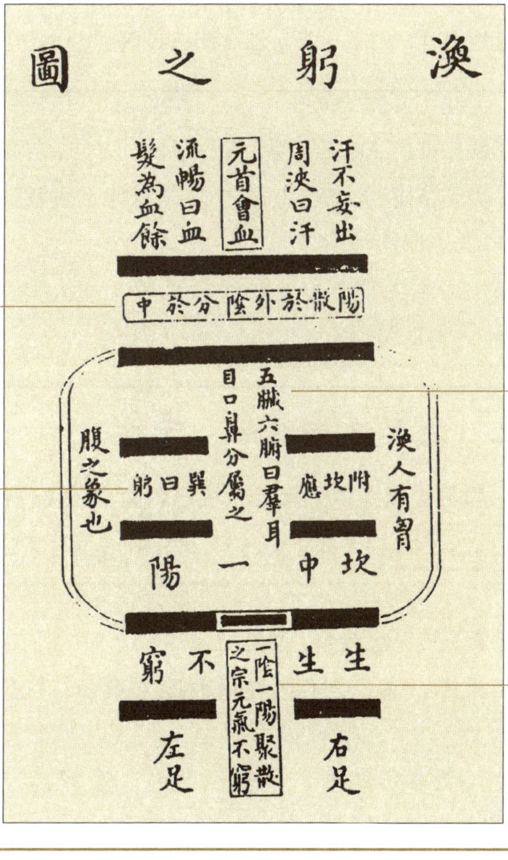

涣卦中九五、上九居于卦外，六三、六四居于卦中，是阳散于外而阴分于中。

六三当"涣"之时，居坎卦之终，与上九相应，有涣散其身，附从上九之象，因此称为"躬"。

涣卦中间两爻皆为阴，阳主气，阴主形，两阴居卦中，因此有"群"、"躬"之象，躬分而为四肢，群分而为五脏六腑，耳鼻口又分属之。

涣卦下两爻一阴一阳，阴阳相聚而元气不穷，坎中阳似人之元气，生生不穷。

此人志向远大。

【启示】这一爻告诉我们，处在涣散之时，能以大局为重，自觉服从有领导才能的人的安排，这是明智之举。

六四：涣其群，元吉；涣有丘，匪夷所思。

六四：涣散自己的小团体，十分吉利；涣散的人群聚集起来像小山，不是平常人所想到的。

【原文】《象》曰："涣其群，元吉"，光大也。

【译文】《象传》说："涣散自己的小团体，十分吉利"，因为这是光明正大的举动，使好的品德得到发扬光大。

【启示】这一爻告诉我们，要解除狭隘的团体思想。

九五：涣汗其大号。涣王居，无咎。

九五：号令发出后，就像人散发出一身大汗一样，发出大汗便舒服。处在涣散之时，君王居正，没有什么灾祸。

【原文】《象》曰："王居无咎"，正位也。

【译文】《象传》说："君王居正，没有什么灾祸"，是因为九五爻居于正位，大家都愿意服从他的命令。

【启示】这一爻告诉我们，处在涣散之时，如人心又能聚合，政令又能得到实行，这不会有什么灾祸。

上九：涣其血去逖出，无咎。

上九：涣散至极而四方聚合，忧患消除，远离惕惧，不会有什么灾祸。

【原文】《象》曰：涣其血，远害也。

【译文】《象传》说："涣散至极而四方聚合，忧患消除"，这是远离了祸害。

【启示】这一爻告诉我们，如果能谦逊、宽容待人，就能使涣向聚转变，从而远离了灾祸。

涣卦卦爻要义图解

涣九五
- 诚敬之德，足以萃众志
- 广济之才，足以涉险难

故象言
- 一假有庙
- 一涉大川

初六济于二马之拯｜在下之人无以庇　上下
九二就夫初机建安｜其身而求援于人　苟免

六四辅其君，以散四方之小群，成一统之大功｜君臣同心以济天下，主涣

- 发号施令，足以动群听
- 布德行惠，足以慰民望

故爻言
- 一涣大号
- 一涣王居

六三涣其躬，以免悔｜在上之人无以救　以济一
上九涣其血，以远害｜其人而仅免于身　己之涣

【疑难解析】涣奔其机，悔亡

"涣奔其机，悔亡"的大意是：处在涣散之时，找到像几案似的可安身立命的凭借，悔恨消失。他的悔恨是什么？他为什么会悔恨消失？

因为处在涣散之时，如他没有找到相互依存的东西，就会孤立无援，处于危险之中，自然就后悔这个找的行动了。

此卦辞是属九二爻的。从卦画上看，九二为阳居阴位，居于下卦的中位，它的上一爻是初六，阴居阴位，它们形成了相承的关系。此时，我们不难看出，这个几案指的是初六。九二和初六可谓在涣散中相互保全：初六愿意承载九二，因为九二坐上去后，他便会更加稳当，而九二能居中而坐，他也坐得稳当。能相互保全，自然悔恨消失。

涣其血去逖出，无咎

"涣其血去逖出，无咎"的大意是：涣散至极而四方聚合，忧患消除，远离惕惧，不会有什么灾祸。大家都知道，事物要向其对立面转变，是有条件的，而此爻辞说"涣散至极而四方聚合"，这不违背了我们的哲学真理吗？

其实，只要我们看看卦画，就知道这句话是合情合理的。此爻辞是涣卦上九爻的爻辞，上九是阳居阴位，这就好比一个人在涣散的过程中，逐渐变得心胸开阔，把狭隘引起的忧愁和恐惧都给涣散出去了。而心胸开阔的人不计个人得失，一切以大局为重，处处知退让，从而赢得其它人的尊重，教化其它人，使分散的人民走向凝聚的团体。这不难看出，涣散向四方聚合转变的条件是心胸开阔。

所以说，我们处在涣散的逆境时，要心胸开阔。

六十卦象象义图

己酉 坎下巽上 涣

巽上 ☴
坎下 ☵

《象》曰："风行水上，'涣'；先王以享于帝立庙。"意思是风行水面，象征"涣散"；先王以祭祀天帝、修建庙宇来凝聚人心。因此"涣"含有散而不乱，秩然有序的意思，是告诫人们要聚合人心以济难。

▶ 患难之时，为民请命

谶曰：
物极必反。以毒制毒。
三尺童子。四夷　服。

颂曰：
坎离相克见天倪。
天使斯人弭杀机。
不信奇才产吴越。
重洋从此戢兵师。

金圣叹评注

此象言吴越之间有一童子，能出奇制胜，将燎原之火扑灭净尽，而厄运自此终矣，又一治也。

陆拾 水泽节卦

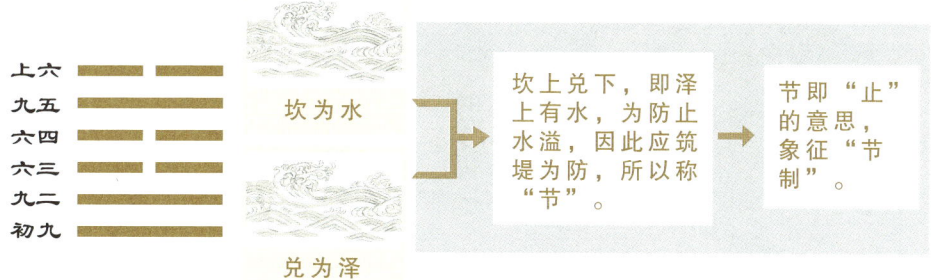

节：亨，苦节不可，贞。

《彖》曰："节，亨"。刚柔分而刚得中。"苦节不可，贞"，其道穷也。说以行险，当位以节，中正以通。天地节而四时成，节以制度，不伤财不害民。

《象》曰：泽上有水，节。君子以制数度，议德行。

《节卦》：亨通。节制得太过分，不可以守持正固。

《彖传》说：节制就亨通。是因为刚柔有区分而阳刚居中。"节制得太过分，不可以守持正固"，说明节制到了极端，他的道路就会穷尽。心情喜悦就能振奋精神勇于赴险，处于适当的位置就要适当约束自己，把握好节制的度，这样就会畅通无阻。天地正是因为有节度才形成了一年四季，用制度来节制自己的行为，就能既不浪费资财，又不伤害民众。

《象传》说：《节卦》是坎在上、兑在下，坎为水、兑为泽。《节卦》的卦象为泽上有水之象，所以把它叫做《节卦》。君子制定典章制度和必要的礼仪法度、确立伦理道德的标准来规范人民的行为。

【启示】《节卦》告诉我们，适当节制自己的行为，就会通达顺利。但过分的节制会适得其反。

断易天机问占图

船行风横之卦，寒暑有节之象

节卦卦象解义

古解：节者，止也。天地得节，四时所成。节以制度，俭以丰盈。内忧外悦，不出户庭，于身谨节，无不康宁。

今译：节为止，象征"节制"。天地自然有所节制，因此一年四季才能形成。以典章制度为节制，勤俭而使物质丰盈。节卦上坎下兑，因此内忧外悦，节制慎守而足不出户，自身节谨，因此诸事顺利。

此卦是孟姜女为夫送寒衣，卜得后知夫亡，不吉之兆。

- 天下下着大雨，表示雨水充沛
- 一条鱼从旺火中跃出，是死而生之兆
- 太阳冲出云层的遮挡，当空照耀
- 一只鸡站在屋顶上，象征日晓而明
- 屋门大开，人人可进入
- 一只狗在井中，表示晚没

【节之爻】适当节制，合乎规律

① 初九，不出户庭　　自我节制，不出户庭
② 九二，不出门庭　　拘与节制，失时不出
③ 六三，不节若，则嗟若　不知节制，嗟叹伤悔
④ 六四，安节　　　　柔正得位，安行节制
⑤ 九五，甘节　　　　适当节制，甘美适中
⑥ 上六，苦节　　　　节制过甚，守正防凶

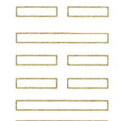

初九：不出户庭，无咎。

初九：节制慎守，足不出户，没有什么灾祸。

【原文】《象》曰："不出户庭"，知通塞也。

【译文】《象传》说：节制慎守，足不出户，说明知道该适时进退，能认清形势是通达还是受阻。

【启示】这一爻告诉我们，节制适度，没有什么灾祸。

九二：不出门庭，凶。

九二：拘于节制，足不出户，会有凶险。

【原文】《象》曰："不出门庭，凶"，失时极也。

【译文】《象传》说："拘于节制，足不出户，会有凶险"，是因为失去了适中的时机。

【启示】这一爻告诉我们，一个人过分节制，就会有凶险的。

六三：不节若，则嗟若，无咎。

六三：不能节制，于是嗟叹自悔，没有殃咎。

【原文】《象》曰:"不节之嗟",又谁咎也!

【译文】《象传》说:"不能节制而嗟叹自悔",这是谁的过错呢?

【启示】这一爻暗示我们,因不能节制而嗟叹自悔,能避免以后不再发生类似的错误。

节气之图

节卦主要阐释了"节制"应该"持正"、"适中"的道理,因此卦辞中称节制可致亨通,但又戒"苦节"。适当的节制,是事物发展顺利的一项重要因素,节卦通过六爻不同情况下的节制,表明其观点:若不中不正而节制,皆会获凶;但若持中守正而节,则得吉或无咎,尤其九五中正"甘节",是"节之尽善尽美"的体现。节制不仅应中正,还应符合规律,这样才能使事物正常发展,因此要戒"苦节",守四时。

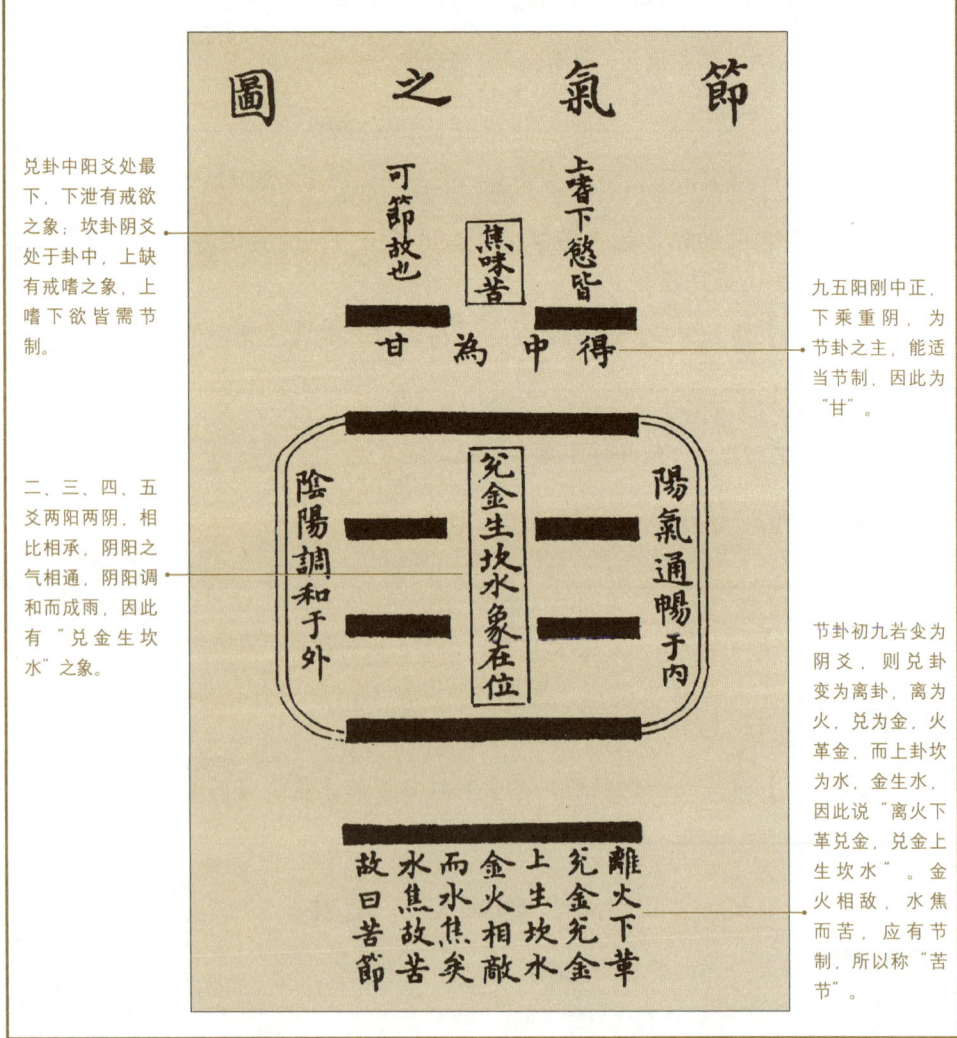

兑卦中阳爻处最下,下泄有戒欲之象;坎卦阴爻处于卦中,上缺有戒嗜之象,上嗜下欲皆需节制。

二、三、四、五爻两阳两阴,相比相承,阴阳之气相通,阴阳调和而成雨,因此有"兑金生坎水"之象。

九五阳刚中正,下乘重阴,为节卦之主,能适当节制,因此为"甘"。

节卦初九若变为阴爻,则兑卦变为离卦,离为火,兑为金,火革金,而上卦坎为水,金生水,因此说"离火下革兑金,兑金上生坎水"。金火相敌,水焦而苦,应有节制,所以称"苦节"。

六四：安节，亨。

六四：安然实行节制，亨通。

【原文】《象》曰："安节之亨"，承上道也。
【译文】《象传》说："安然实行节制的亨通"，说明顺从尊上之道。
【启示】这一爻告诉我们，应安守正道，顺其自然地节制。

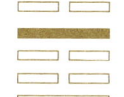
九五：甘节，吉。往有尚。

九五：平和地节制，吉祥。采取这种节制手段，会使人自愿接受。

【原文】《象》曰："甘节之吉"，居位中也。
【译文】《象传》说："平和地节制的吉祥"，是指节制适中。
【启示】这一爻进一步强调，节制要适度。

上六：苦节，贞凶，悔亡。

上六：过分节制，卜问得凶兆，悔恨消失。

【原文】《象》曰："苦节，贞凶"，其道穷也。
【译文】《象传》说："过分节制，卜问得凶兆"，他的道路穷尽了。
【启示】上六处卦之极，有极端节制、痛苦不堪之象。"贞凶"与卦辞中"不可贞"相同，是说过分节制也会有凶险。"悔亡"是说如果能坚守正固，就不会有悔恨。《象传》说：过分的节制使人痛苦，还是应当守持正固，以防凶险。

从其能"悔亡"这一点来看，若一个人为了有益于社会而过分节制，还是有可取之处的。

节卦卦爻要义图解

节 ── 初九其位尚隐，故以不出户庭为宜 ── 此四
　　 九二其位已显，故以不出门庭为凶 ── 爻戒
　　 九五惠修中正之德，故甘节，一六四顺承中正之道，故安节——此二爻美其能节者也
　　 六三其时当节，故言不知节，则嗟伤 ── 其当
　　 六四其时已极，故言不知变，则苦节 ── 节者也

【疑难解析】甘节，吉。往有尚

"甘节，吉。往有尚"的大意是：平和地节制，吉祥。采取这种节制手段，会使人自愿接受。

"甘节"与"苦节"相对，是平和愉快地节制。"九五"阳刚中正，居于君位，正符合《象传》中所提到的"当位以节，中正以通"。作为王者，节制天下，已自身中正的品德，消除阻碍，平和地节制自己的欲望，且在节制其他人时，会让人自愿接受，所以吉祥。这样君主才能积极行动，建立有益于民的丰功伟业。

这一爻阐发了"平和节制"的道理，进一步强调了节制应适度。

苦节，贞凶，悔亡

"苦节，贞凶，悔亡"的大意是：过分节制，卜问得凶兆，悔恨消失。此爻辞的判语不是互相矛盾了吗？

其实，它们并不互相矛盾。此爻辞是节卦上六爻的爻辞。从卦画上看，上六为阴居阴位，为正当的居位，这就表示上六的过分节制不是为了私人利益，而是为了公众的利益，也许人民起初不理解他的行为，但没有不透风的墙，人民最终会知道事实的真相，因而尊重他，悔恨自然消失。

从另一方面看，他过分地节制，给他自己带来了伤害：

一、外来的伤害。在人民还不知道他的真实意图时，会误解他，甚至因误解而采取对他不利的行为。

二、自制的伤害。他过分地节制自己，抑制自己的适当欲望，过着苦行僧似的生活，势必会损害自己的身体。对他自己的事业是有伤害的。

六十卦象象义图

甲戌　兑下坎上　节

坎上 ☵
兑下 ☱

节卦下半部分为兑，指泽；上半部分为坎，指水。本卦运势"更要戒酒色"，庄宗热衷唱戏，沉迷酒色，正犯了此象。本卦大象为："泽为池沼，坎水在上，喻蓄积及约束水份不使流失，但水位过高，则成泛滥。"后唐开国皇帝李存勖正是过分苛政，连皇家侍卫军都饥寒交迫；他压制、约束、滥杀功臣，全国军民怨声载道。所以叛乱一呼而起。

▶ 庄宗昏庸，伶人误国

颂曰
龙蛇相斗三十年。
一日同光直上天。
上得天堂好游戏。
东兵百万入秦川。

谶曰
五人同卜。非禄非福。
兼而言之。喜怒哀乐。

金圣叹评注

此象主伶人郭从谦作乱，唐主为流矢所中。

陆拾壹 风泽中孚卦

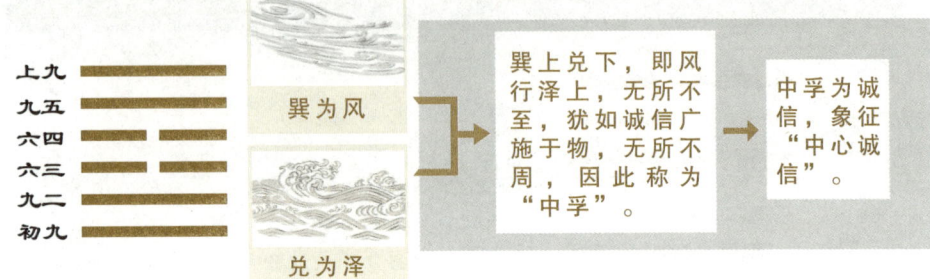

中孚：豚鱼吉。利涉大川，利贞。

《彖》曰："中孚"，柔在内而刚得中，说而巽，孚，乃化邦也。"豚鱼吉"，信及豚鱼也。"利涉大川"，乘木舟虚也。中孚以"利贞"，乃应乎天也。

《象》曰：泽上有风，中孚。君子以议狱缓死。

《中孚卦》：用诚信能感化猪和鱼，是吉祥的。有利于渡过大江，有利于去占卜。

《彖传》说：《中孚卦》，就是阴柔在内能谦虚诚恳，刚健居外能忠实有信，诚而有信，和悦而谦逊，可以教化全国。"用诚信能感化猪和鱼，是吉祥的"，是说诚信已施及猪、鱼这样微不足道的动物。"利于涉越大川大河"，是说就像怀着一颗诚挚的心去涉险渡难，畅通无阻。具有一颗诚实的心"利于去卜问"，这是因为顺应了自然规律。

《象传》说：《中孚卦》巽在上、兑在下，巽为风、兑为泽。《中孚卦》的卦象表现为泽上有风，风吹动着泽水之表象，所以把它叫做《中孚卦》。君子应用诚信来评议决断案件，为了不至于造成错案、冤案，必须认真审核。

【启示】《中孚卦》告诉我们，诚信能感动一切。只要有了它，什么样的困难都能克服。

断易天机问占图

鹤鸣子和之卦，事有定期之象

中孚卦卦象解义

古解：中孚，信也。天地养育，万物安居，泽被草木，信及豚鱼。利涉大川，厄难消除。

今译：中孚象征"中心诚信"。天地滋养万物而生生不息，泽水滋润草木，心中的诚信连小猪小鱼都能被感化。此时利于涉越大河巨流，危难也会消除。

此卦为辛君屯边卜得，果得梅妃之信。

- 一人击柝，表示应预防危难
- 大雁衔书飞过，表示将获得喜信
- 贵人用绳牵鹿，表示行事保守则可永保福禄
- "望"字上有一文书，表示诚心可望之意

陆拾壹 风泽中孚卦

【中孚之爻】诚信之德，感化万物

① 初九，虞吉，有它不燕　　　安守诚信，不宜上应
② 九二，鸣鹤在阴，其子和之　阳刚诚信，与上相应
③ 六三，得敌　　　　　　　　存心不诚，前临劲敌
④ 六四，月几望，马匹亡　　　柔顺居正，承上绝下
⑤ 九五，有孚挛如　　　　　　至诚至信，天下相应
⑥ 上九，翰音登于天　　　　　虚声远闻，信实不继

初九：虞吉。有它不燕。

初九：安守诚信可获吉祥。别有他求，就会不得安宁。

【原文】《象》曰：初九"虞吉"，志未变也。

【译文】《象传》说：《中孚卦》的初九爻位"安守诚信可获吉祥"，是因为别无他求的心志未变。

【启示】这一爻告诉我们，应安守诚信。

九二：鸣鹤在阴，其子和之。我有好爵，吾与尔靡之。

九二：鹤在山的背面鸣叫，它的同类在很远的地方应和。我有甘甜的美酒，愿与你一同分享。

【原文】《象》曰："其子和之"，中心愿也。

【译文】《象传》说："它的同类在很远的地方应和"，是发自内心的意愿。

【启示】这一爻告诉我们，言行一致就能得到别人的信任。

六三：得敌，或鼓或罢，或泣或歌。

六三：面对强大的敌人，或乘胜追击，或精神委靡而休息片刻，或失败而泣，或放声高歌。

【原文】《象》曰:"或鼓或罢",位不当也。

【译文】《象传》说:"或乘胜追击,或精神委靡而休息片刻",是因为居位不正。

【启示】这一爻告诉我们,如果没有诚信,人的言行就经常变动,就像没有舵手的船,漂浮不定,往往是凶多吉少。

中孚小过卵翼生成图

中孚卦意在阐明"信守诚信"的意义,卦辞中用"感化小猪小鱼可获吉祥"来比喻诚信之德应无所不至,广被万物,这样才有利于涉越大川,利于守正。卦中六爻从不同的角度揭示了信守诚信的道理:初九处下安守诚信,九二至诚中实而感物,六四专心承上不渝,九五广施诚信而居尊,这四爻虽处位不同,但皆可守诚而得无咎;六三与上九,一为居心不诚,一为虚声远闻,都无信而有凶。此外,九五爻以"诚信"而获天下相应,包含着"君王"应"取信于民"的含义。

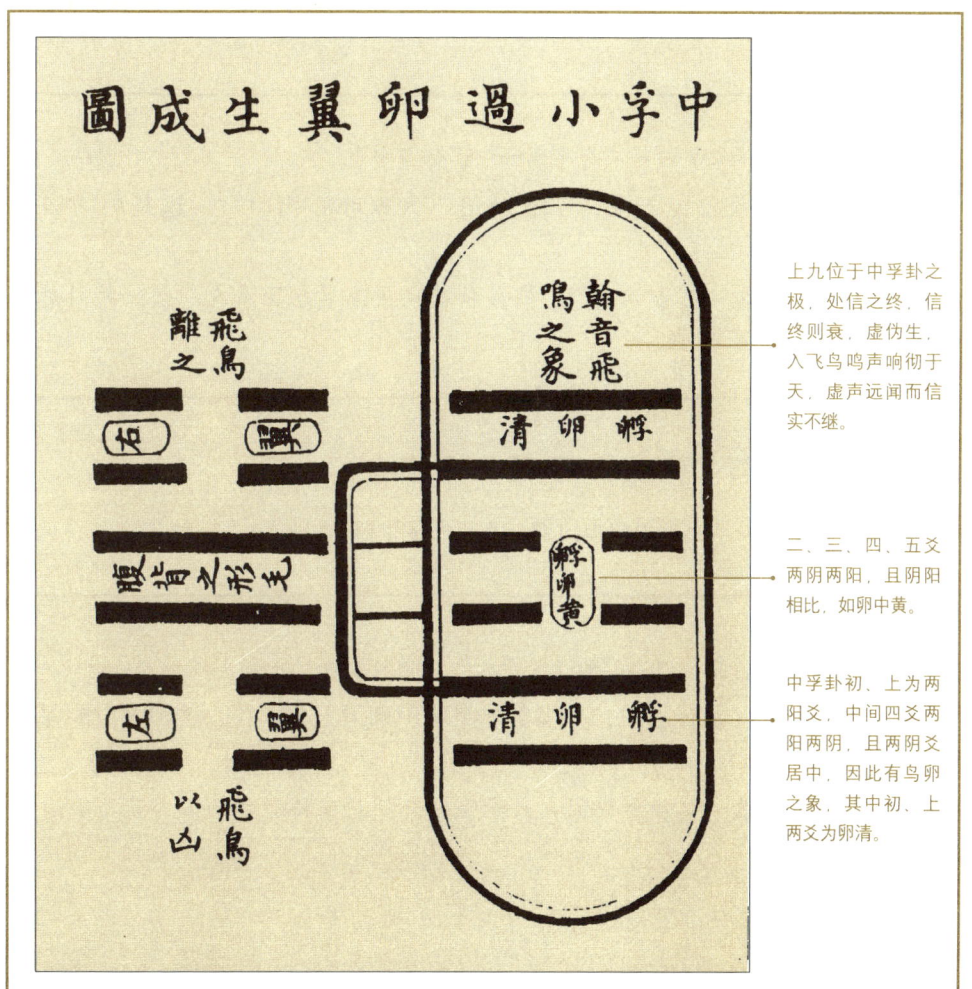

六四：月几望，马匹亡，无咎。

六四：月亮快圆的时候，马忽然失踪了，没有大的灾祸。

【原文】《象》曰："马匹亡"，绝类上也。

【译文】《象传》说："马匹丢了"，就说明六四与同类六三决裂，上承九五。

【启示】这一爻告诉我们，应与有诚信的至尊者结交。

九五：有孚挛如，无咎。

九五：有诚信使大家紧密团结在一起，没有灾祸。

【原文】《象》曰："有孚挛如"，位正当也。

【译文】《象传》说："有诚信，大家心心相印"，这是因为居于正位。

【启示】这一爻告诉我们，有诚信能使大家紧密团结在一起，共同对付困难，自然没有什么灾祸。

上九：翰音登于天，贞凶。

上九：飞鸟的鸣叫声到天上去了，去占卜得凶兆。

【原文】《象》曰："翰音登于天"，何可长也！

【译文】《象传》说："飞鸟的鸣叫声到天上去了"，这种虚声能保持多久呢？

【启示】这一爻告诉我们，只说空话，不讲实际行动的人，是不会有好结果的。

中孚卦卦爻要义图解

中孚	孚信以中正为贵	初九	四当月望阴盈之际，其信恐私故宜绝｜此虽正而不中	
		六四	初之马匹而初亦虞度详审，不可即四｜当慎其所信	六爻皆取相应
		九二 九五	鹤鸣子和，我爵尔靡，孚信相孚，以其中正也	
		六三	九当天衢高极之处，其信已过乃但登｜此不正又不中	
		上九	已之翰音，而三亦鼓罢泣歌以求于上｜但私于所信	

【疑难解析】得敌，或鼓或罢，或泣或歌

"得敌，或鼓或罢，或泣或歌"的大意是：面对强大的敌人，或乘胜追击，或精神委靡而休息片刻，或失败而泣，或放声高歌。为什么会出现这一系列的反应呢？

"得敌，或鼓或罢，或泣或歌"是六三爻的爻辞。从卦画上讲，六三是阴居阳位。这就表明他内在阴柔，但刚强好胜，于是"或鼓"。但由于自身力量并不是太强大，而敌人的力量非常强大，一时难以取胜，便打了退堂鼓，于是"或罢"。没有取胜而退，担心敌兵追来，被杀得片甲不留，于是"或泣"。一时还不见敌兵追来，于是"或歌"。

从以上所述，我们不难看出，六三的言行严重受到外界的影响，经常变动，内心没有诚信，就像没有舵手的船。没有舵手的船能到达目的地吗？机会太少。所以说，六三是凶多吉少。

月几望，马匹亡，无咎

"月几望，马匹亡，无咎"的大意是：月亮快圆的时候，马忽然失踪了，没有大的灾祸。一般说来，马突然失踪，并不是件好事，而它的判语却是"无咎"，这是为什么呢？

"月几望，马匹亡，无咎"是六四爻的爻辞。从卦画上看，六四是阴居阴位，它的上一爻是六三，六三为阴居阳位，它的下一爻是九五，九五是阳居阳位。这就表明，"马匹亡"在这里指的是六四失去了六三这样一个好朋友。

再结合六三爻和九五爻的爻辞，就不难看出，六三是个没有诚信的人，言行无常，九五是个有诚信的至尊者，他因诚信而团结了一大批人在身边。尽管六三和六四都是阴爻，属于同类，是好朋友，六四要与有诚信的九五相交，果断与六三决裂，这当然没什么灾祸。

其次，从六四这样做的结果来看，这也是明智之举。因为六三没有诚信，言行经常改变，他随时都可能因利益关系跟六四分开（自古以来，没有诚信的人都不会从一而终，他们与别人的分合都以利益为标准）。而九五就不一样了，他有诚信，能诚恳待人，而且身边还团结了一批人，如与他相交，就等于投入一个有实力的团体，这个团体自然能救他于危急中。

所以说，要与有诚信的至尊者结交。

六十卦象象义图

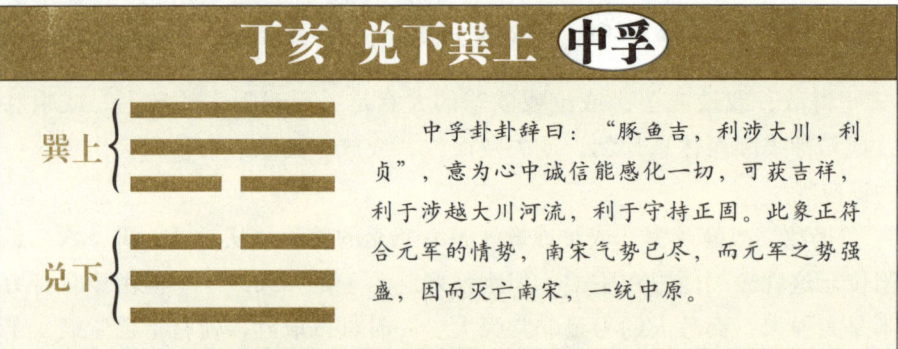

丁亥　兑下巽上　中孚

巽上

兑下

中孚卦卦辞曰："豚鱼吉，利涉大川，利贞"，意为心中诚信能感化一切，可获吉祥，利于涉越大川河流，利于守持正固。此象正符合元军的情势，南宋气势已尽，而元军之势强盛，因而灭亡南宋，一统中原。

▶▶ **君臣葬海，宋朝终结**

颂曰

十一卜人小月终。
回天无力道俱穷。
干戈四起疑无路。
指点洪涛巨浪中。

谶曰

山崖海边。不帝亦仙。
三九四八。于万斯午。

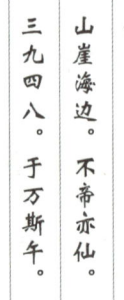

金圣叹评注

此象主帝迁山，元令张弘范来攻，宋将张世杰兵溃，陆秀夫负帝赴海，宋室以亡。

陆拾贰 雷山小过卦

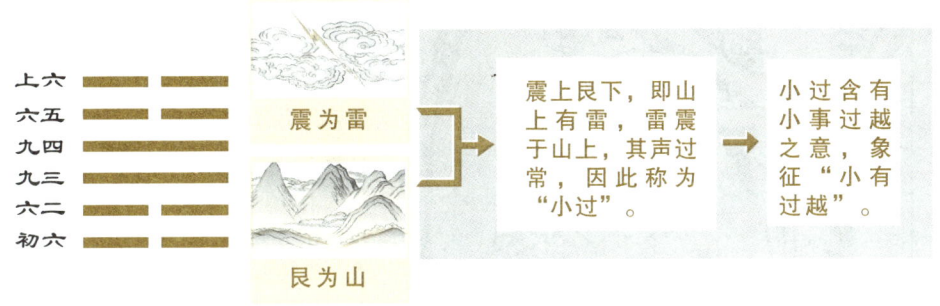

小过：亨，利贞。可小事，不可大事。飞鸟遗之音，不宜上，宜下，大吉。

《彖》曰：小过，小者过而亨也。过以"利贞"，与时行也。柔得中，是以小事吉也。刚失位而不中，是以不可大事也。有飞鸟之象焉。"飞鸟遗之音，不宜上，宜下，大吉"，上逆而下顺也。

《象》曰：山上有雷，小过。君子以行过乎恭，丧过乎哀，用过乎俭。

《小过卦》：亨通，有利于去占卜。但只适于卜问小事，不适用于卜问大事。飞鸟留下悲鸣之音，告诫人们：不应再向上飞，而应该向下飞，这么做就会大吉大利。

　　《彖传》说：小过是指阳刚之气稍微过盛而引起的动荡，关系不大，仍能亨通。在小的动荡中犯小的错误，有利于去占卜，是因为它能使你适时进退、畅行无阻。柔得中正之道，因此适宜做小事。阳刚失去中正之位而不能守持中道，因此不利于涉足天下大事。此卦有飞鸟之象："飞鸟留下悲鸣的声音，告诫人们：不应再向上飞，而应该向下飞，这么做就会大吉大利"，是说向上飞，违背天理，埋头去干一些寻常小事则会平安顺达。

　　《象传》说：《小过卦》的卦象为山上响雷之象，雷声超过了寻常的雷鸣，所以把它叫做《小过卦》。君子行事不要太谨慎，居丧不敢过度悲哀，吃穿用度不能太节俭，唯适中而已。

　　【启示】《小过卦》告诉我们，处在小的动荡中，不能有过分大的行动。

断易天机问占图

飞鸟遗音之卦，上逆下顺之象

小过卦卦象解义

古解：小过者，过也。飞鸟翩翩，音彻于天。进则有咎，退则无愆。多忧过失，疾病相缠，出入不利。

今译：小过象征"小有过越"。鸟儿飞过，留下悲哀的鸣声。不宜前进，宜于退守。若忧虑过多，易有失误，疾病缠身，出入不利。

此卦为汉君有难卜得，后果脱难。

- 一人坐于树下弹冠，预示即将出仕为官
- 明月当空，表示得到太阴照临
- 山头有一个土堡
- 一人在网中，另一人在割网营救，表示能脱离危难

【小过之爻】谦恭卑柔，小有过越

① 初六，飞鸟以凶　　　　逆势上翔，将有凶险
② 六二，过其祖，遇其妣　守正得中，自得其分
③ 九三，弗过防之　　　　自恃强盛，不肯防备
④ 九四，弗过遇之　　　　自慎静守，守持正固
⑤ 六五，密云不雨，自我西郊　阴气旺盛，无阳可应
⑥ 上六，弗遇过之　　　　阴处穷高，过阳之极

初六：飞鸟以凶。

初六：飞鸟飞到一定的高度，继续往上飞将会出现凶险。

【原文】《象》曰："飞鸟以凶"，不可如何也。

【译文】《象传》说："飞鸟飞到一定的高度，继续往上飞将会出现凶险"，不可以这么做。

【启示】这一爻告诉我们，在小的动荡中，不能有太过分的行动。

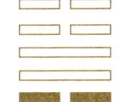

六二：过其祖，遇其妣。不及其君，遇其臣，无咎。

六二：超过祖父，遇到他的祖母。没有赶上国君，国君遇到他请他做他的辅臣，一定没有灾祸。

【原文】《象》曰："不及其君"，臣不可过也。

【译文】《象传》说："不能超越国君"，因为作为臣子是不能超越国君的。

【启示】这一爻告诉我们，在小的动荡中，一个人要适当展示自己的才能，但不能表现得比自己的上司优秀。

九三：弗过防之，从或戕之，凶。

九三：不要过分刚强，要防止因过分刚强而做出太过的行为，放纵自己或许会被人杀害，凶险。

【原文】《象》曰:"从或戕之",凶如何也!

【译文】《象传》说:"放纵自己或许会被人杀害",是多么凶险呀!

【启示】这一爻告诉我们,在小的动荡中,更不能有太过的行为。

中孚小过卵翼生成图

小过卦说明了事物有时需"小有过越"的道理。卦辞中体现了小过卦的两项主要宗旨:一是"小有过越"只可施用于寻常小事,二是"过越"必须谦恭卑柔,即"不宜上,宜下",而且卦辞还强调虽然是柔小之事,也应守"正",否则将会招致大凶。卦中六爻不同的情况就反映了卦辞中的道理:初、上两爻因不能谦恭卑下而致"凶";三、四两爻前者阳刚不能自下而凶,后者居柔能下而"无咎";二、五两爻阴柔居中,最能体现小过之旨,过与不及皆"适当其时与分"。

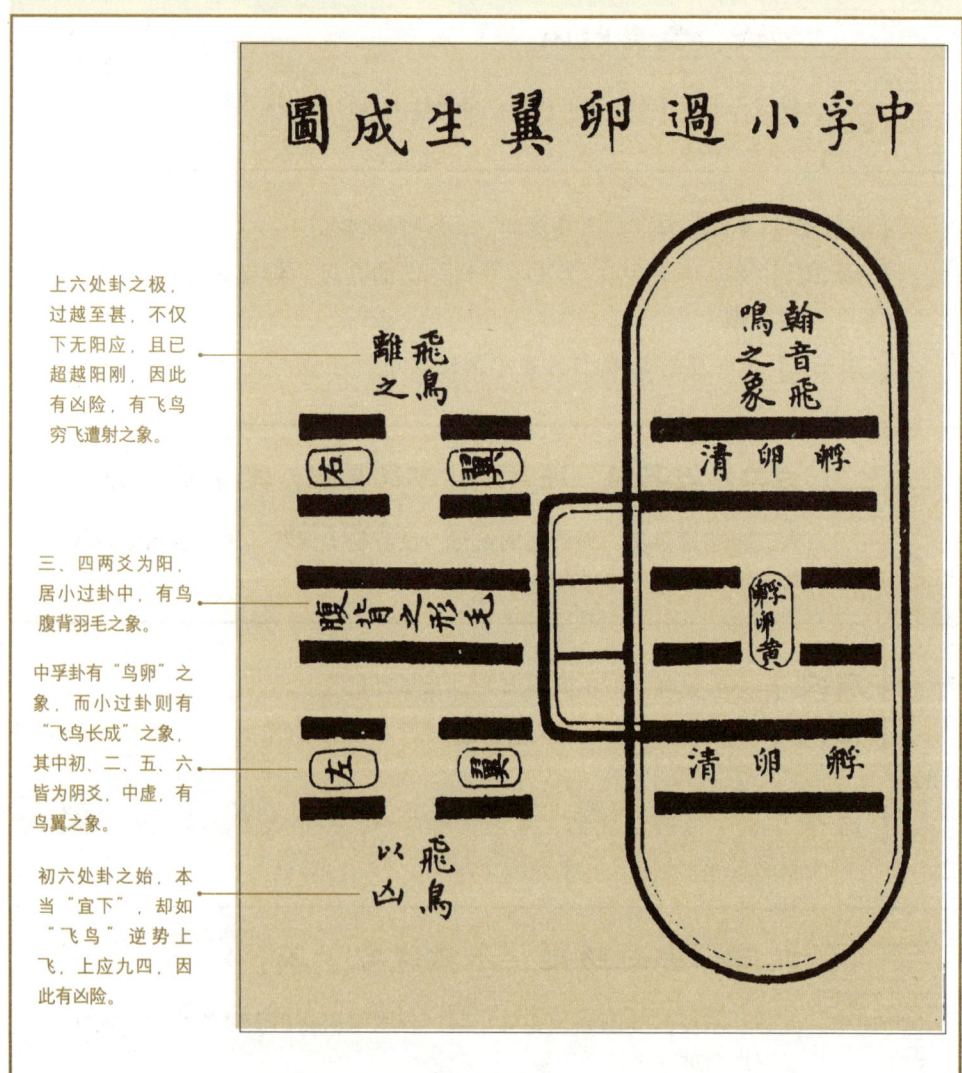

上六处卦之极,过越至甚,不仅下无阳应,且已超越阳刚,因此有凶险,有飞鸟穷飞遭射之象。

三、四两爻为阳,居小过卦中,有鸟腹背羽毛之象。

中孚卦有"鸟卵"之象,而小过卦则有"飞鸟长成"之象,其中初、二、五、六皆为阴爻,中虚,有鸟翼之象。

初六处卦之始,本当"宜下",却如"飞鸟"逆势上飞,上应九四,因此有凶险。

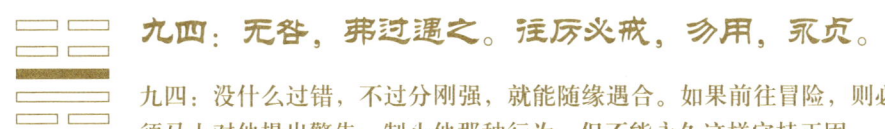

九四:没什么过错,不过分刚强,就能随缘遇合。如果前往冒险,则必须马上对他提出警告,制止他那种行为,但不能永久这样守持正固。

【原文】《象》曰:"弗过遇之",位不当也。"往厉必戒",终不可长也。

【译文】《象传》说:"没什么过错,不过分刚强,就能随缘遇合",因为九四爻以刚居柔位,位置不正。前去冒险,必须加以警告,因为规律存在的条件是变化的。

【启示】这一爻暗示我们,事情是变化的,我们要根据变化的时势来定行动的标准。

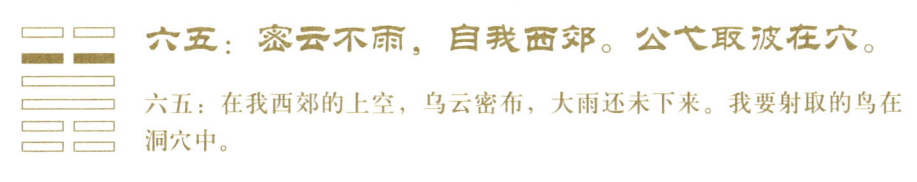

六五:在我西郊的上空,乌云密布,大雨还未下来。我要射取的鸟在洞穴中。

【原文】《象》曰:"密云不雨",已上也。

【译文】《象传》说:"乌云密布,大雨还未下来",是因为六五这一阴在九四的阳之上。

【启示】这一爻告诉我们,过于强求不足以成大事。

上六:弗遇过之,飞鸟离之,凶,是谓灾眚。

上六:没有随缘而遇合,去拜访他人,就好比飞鸟自投罗网,凶险,这叫做灾难。

【原文】《象》曰:"弗遇过之",已亢也。

【译文】《象传》说:"没有随缘而遇合,去拜访他人",已经走上极端了。

【启示】这一爻告诉我们,在小的动荡中,如想采取过分的行动,无疑是飞蛾扑火。

小过卦卦爻要义图解

小过

- 初六有伤四之心，故戒以飞鸟之凶 | 六二不遇其祖之阳，而遇其妣之际，不及其君之阳，而遇其臣之阴
- 九四宜勿过礼遇于初，而必当戒惧
- 皆以阳遇阴也　　　　　　　　　以阴遇阴也
- 九三苟不过防备于上，则必被戕害
- 上六有戕三之心，故戒以飞鸟之凶 | 六五不成自东之雨，而徒有西之云，不弋在上之鸟，而弋在穴之物

【疑难解析】过其祖，遇其妣。不及其君，遇其臣，无咎

"过其祖，遇其妣。不及其君，遇其臣，无咎"的大意是：超过祖父，遇到他的祖母。没有赶上国君，国君遇到他请他做自己的辅臣，一定没有灾祸。这暗示我们，在小的动荡年代（一个国家或一个企业的管理机制及运行模式已成熟，作为领导者，只需按章办事，就能有所作为，不过，在运行的过程中，难免出现一些小的错误，从而引起小的震荡，我们把这样的小震荡中的时期叫小的动荡年代），要适当展示自己的卓越的才能，但不能表现得比自己的上司还优秀。一般来说，表现得越优秀越好，而这里为什么说要适当展示自己的才华呢？这是因为：

一、与动荡年代相应的职位相比，小的动荡年代中的每一个职位对人的要求要低些。因为在小的动荡年代只需按章办事，而处在大的动荡年代，无章可循，需要创新，才能稳步前进。

二、一般说来，上司喜欢有才华的人，但是如超过了他的才华，他就会有危机感，甚至因嫉妒、猜疑而除掉他。因为人民可能会因他有才能而赞美他，并且他的美誉可能会超出他的上司，毕竟人民只认才，不认人。此时，他的上司自然就感觉压力太大，心里十分紧张，而一个人在精神紧张时，往往多疑，于是，稍有风吹草动，他就会因错误的猜想而采取过分的行动。

三、在小的动荡年代，如才华高过上司，更容易遭小人暗算。因为在小的动荡年代，人民较安居乐业，一方面产生的剩余产品也相对较多，另一方面领导者往往容易忽视小问题，这使小人的生存空间更广，而且也因无偿占有别人的剩余产品而有了闲工夫。再说，对小人来说，他的上司因他的才华出众而恐慌，这无疑是个好机会。小人如乘机与他的上司联合，这无疑对他是一个莫大的威胁；如不联合，从中调唆，对他来说，也不可小觑其杀伤力。

所以说，在小的动荡年代，要适当展示自己的才华。

陆拾叁 水火既济卦

既济：亨小，利贞。初吉终乱。

《彖》曰："既济，亨"，小者亨也。"利贞"，刚柔正而位当也。"初吉"，柔得中也。"终止则乱"，其道穷也。

《象》曰：水在火上，既济。君子以思患而豫防之。

《既济卦》：亨通，稍稍利于卜问。起初吉利，最终会发生危乱。

《彖传》说：《既济卦》，亨通，意思是小事亨通。"有利于去卜问"，是因为刚柔皆居正位。"起初吉利"，说明弱者居于中位不偏倚。"最终会发生危乱"，说明事物发展到了极限，就可能走下坡路。

《象传》说：《既济卦》是坎在上、离在下，坎为水、离为火，卦象为水在火上之表象。水上火下，水浇火熄，所以把它叫做《既济卦》。君子观此卦象，就该深谋远虑，事成之后，就要考虑将来可能出现的祸患而采取预防措施。

【启示】由卦形来看，《既济卦》阳爻都在阳位，阴爻都在阴位，全部都得正位，就像事情已经完成，物无大小，具得亨通。但是，也正因如此，更应该谨慎小心，避免业绩毁于一旦。因为凡事情成功之后，人们往往会松懈下来，这样就容易再次出现混乱，因此必须谨小慎微、坚守正道，才能"守成"。所以，此卦意在告诫人们，在事情成功之后，为防止最终发生危乱，必须懂得"守成艰难"，要谨慎行事。

断易天机问占图

舟楫济川之卦，阴阳配合之象

既济卦卦象解义

古解：既济，合也。水火相遇，会合之义，往渡得船，成功必济。所求必从，所欲必遂，斯不失时，谓之既济。

今译：既济象征"事已成"。既济卦上坎下离，即水在火上，水火相济，会合之意，将要过河而得船，表示必能获得成功。所做之事将能完成，所要的也能得到，没有错过时机，因此称为"既济"。

此卦为季布匿于周家，卜得后遇高祖。

- 一个小孩雨中行走，象征承受恩泽
- 天上乌云浓密，下着大雨，象征恩泽丰沛
- 一策文书，上面写着姓名
- 一人站在河岸边，船即将驶来，表示可得到接济
- 一堆钱，表示将获大利

【既济之爻】诸事已竟，慎为守成

① 初九，曳其轮，濡其尾　　不急求应，谨慎守成
② 六二，妇丧其茀　　　　　柔中得正，光明中正
③ 九三，小人勿用　　　　　排除余患，不可焦躁
④ 六四，繻有衣袽　　　　　将有转化，守正防患
⑤ 九五，不如西邻之禴祭　　敬慎修德，免遭咎害
⑥ 上六，濡其首　　　　　　济极终乱，势必危厉

初九：曳其轮，濡其尾，无咎。

初九：把车轮往后拖曳，打湿小狐狸的尾巴，没有灾祸。

【原文】《象》曰："曳其轮"，义无咎也。

【译文】《象传》说：把车轮往后拖曳，从符合谨慎守成的道义来说，没有灾祸。

【启示】这一爻告诉我们，应谨慎守成。

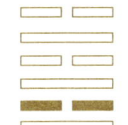

六二：妇丧其茀，勿逐，七日得。

六二：妇人丢了车幔，不用寻找，七天可失而复得。

【原文】《象》曰："七日得"，以中道也。

【译文】《象传》说："七天可失而复得"，说明此时正处于中位，坚守中正之道。

【启示】这一爻告诉我们，要想进一步取得成功，要随其缘，因为欲速则不达。

九三：高宗伐鬼方，三年克之。小人勿用。

九三：殷高宗征伐鬼方国，经过多年的征战才获得胜利。焦躁急进的小人不可以任用。

【原文】《象》曰："三年克之"，惫也。

【译文】《象传》说："经过多年的征战才获得胜利"，说明将士已经精疲力竭了。

既济未济合律之图

既济卦借"涉水已竟"比喻"事已成"，但此卦主旨却是在阐发"守成艰难"的道理。从卦辞中看，虽然称处于"事已成"之时，万事俱得亨通，但又诫以"守正"，保有事功。而卦中六爻，皆见警戒之意，初九戒"曳轮"，六二戒"丧茀勿逐"，九三戒"小人勿用"，六四"终日戒"，九五以"东邻杀牛"为戒，上六以"濡首厉"为戒。因此虽处"万事皆成"的阶段，但要保有这一成果却非易事，所以必须坚持敬慎守正。

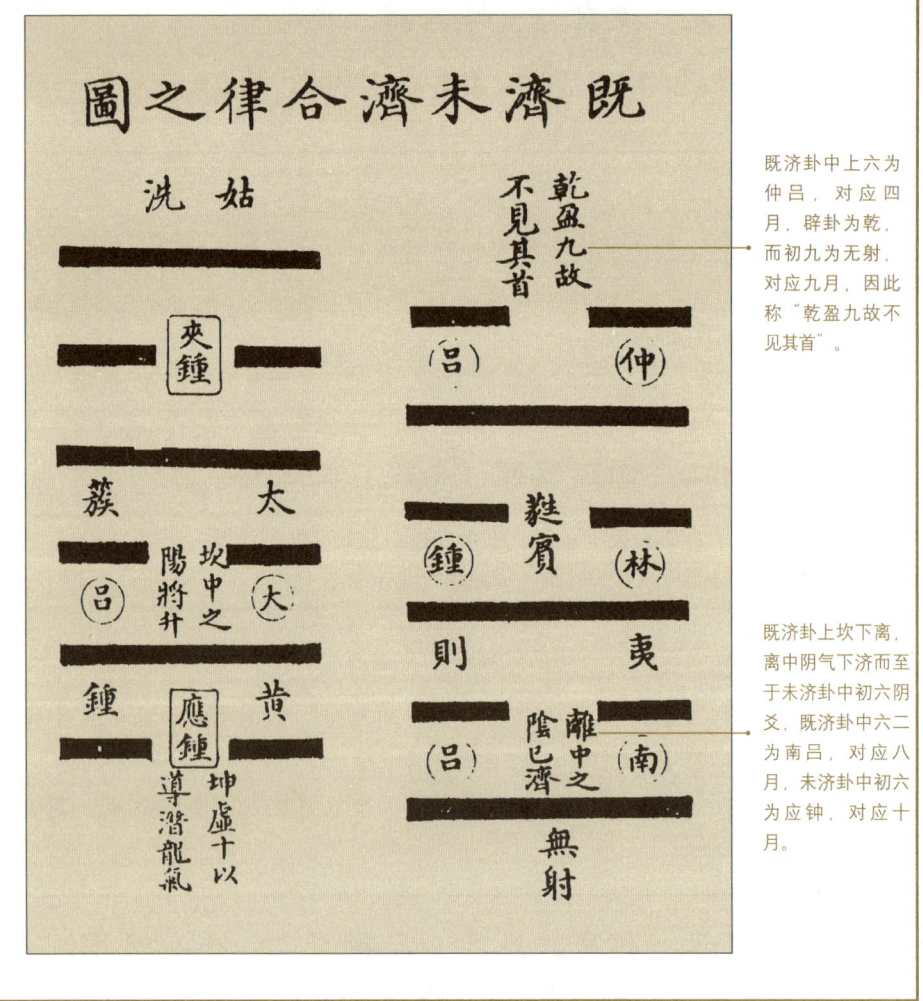

既济卦中上六为仲吕，对应四月，辟卦为乾，而初九为无射，对应九月，因此称"乾盈九故不见其首"。

既济卦上坎下离，离中阴气下济而至于未济卦中初六阴爻。既济卦中六二为南吕，对应八月，未济卦中初六为应钟，对应十月。

【启示】这一爻告诉我们，在经过千辛万苦获得胜利后，不能重用小人。

六四：繻有衣袽，终日戒。

六四：华丽的衣服总要变旧变破，所以在成功之后要时时刻刻保持警惕，以防止发生灾祸。

【原文】《象》曰："终日戒"，有所疑也。

【译文】《象传》说："时时刻刻保持戒备，以防止灾祸的发生"，说明此时心中有所疑惧。

【启示】这一爻告诉我们，在成功之后，更要保持警惕性。

九五：东邻杀牛，不如西邻之禴祭，实受其福。

九五：东边的邻居杀牛进行祭祀，不如西边邻居举行简单、朴素的祭祀，更能切实地得到神灵的福泽。

【原文】《象》曰："东邻杀牛"，不如西邻之时也。"实受其福"，吉大来也。

【译文】《象传》说："东边的邻居杀牛进行祭祀"，还不如西边邻居抓住时机举行虔诚、简单的祭祀，"更能切实地得到神灵的福泽"，吉祥福分将接踵而至。

【启示】这一爻暗示我们，在成功之后，不能贸然进行大的举措，应等待时机。

上六：濡其首，厉。

上六：涉水过河沾湿了头，有危险。

【原文】《象》曰："濡其首，厉"，何可久也？

【译文】《象传》说："涉水过河沾湿了头"，怎么可以长久呢？

【启示】这一爻告诉我们，如果在成功之后，过于保守，也会遭遇危险。

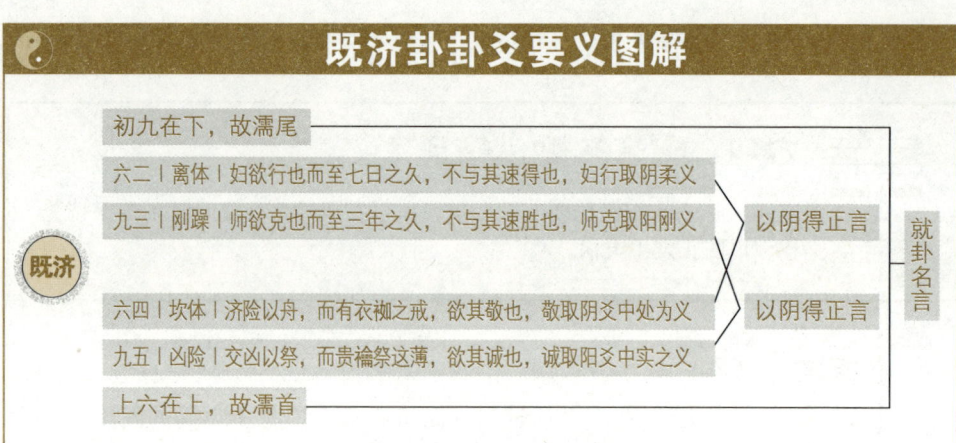

【疑难解析】"曳其轮，濡其尾，无咎"和"濡其首，厉"

"曳其轮，濡其尾，无咎"是既济卦初九爻的爻辞。初九为阳居阳位。它的大意是：把车轮往后拖曳，打湿小狐狸的尾巴，没有灾祸。这就暗示我们，一个人在成功之后，应谨慎守成。

大家都知道，一个人要想成功，必须同时具备天时、地利、人和三大条件。而一个人在成功之后，往往不具备天时。因为促使一个人成功的机会不是时时刻刻都有的，特别是在上天刚赐给他一个好机会后，上天一般不会迅速地又赐给他一个好机会。另外，人和的条件也不成熟。一方面上一次的有功之臣都沉浸在成功的喜悦中，他们都想停下来分享成果；另一方面人们一般都嫉妒成功的人，都想把成功的人拉下马，跟自己一起在地上行走。为了达到目的，人们往往制造假机遇，等他往陷阱里跳。暂且不说地利的条件怎么样，三个必备的条件，就有两个不成熟，可见，一个人在成功之后，冒进是不对的。

相反，如果在成功之后，谨慎守成，则是有利的。因为谨慎守成能防止使一个人从成功的宝座上跌落的两大弊端：一是分配不均，奖罚不分明。因为谨慎行事，就会仔细权衡各种分配方案、奖罚措施，从而选取让大多数人满意的方案。二是用人不当。因为谨慎守成的人，他往往尊重事实，不妄下结论，于是他挑选的人都是禁得住考验的。

这里的谨慎守成是不是指停止不前呀？

"濡其首，厉"的大意是：河水浸湿了小狐狸的头，有危险。大家都知道，河水浸湿了小狐狸的头，小狐狸是不能行进的，而且还有生命危险。这就暗示我们，一个人过于保守，最终也会走上毁灭。因为事物是发展的，是变化的，而他停止不前，自然会被时代进步的浪潮所淹没。所以说，谨慎守成不是指停止不前，而是指在成功的基础上积蓄新的力量，以求下一次质的飞跃。

六十卦象象义图

丙子 离下坎上 既济

坎上
离下

既济卦离下坎上，卦为"阴阳和谐之象，上下相通之意"。大象："水性下注，火势上炎，水火相济，完成之意"。运势："名利双收，成功之象，但初吉终乱，好景不长"。本卦正是郭威在位的时运。郭威开国立业，是"既济"的好运。郭威治国有方，朝政清明，惩治贪官，百姓安乐，正合"和谐畅达"。他崇尚节俭，开一朝节俭之风，令世人称颂。但郭威登基三年即逝、其养子柴荣即位后，又早逝，后周乃亡，正合"好景不长"。

▶ 后汉灭亡，后周建立

颂曰

百个雀儿水上飞。
九十九个过山西。
惟有一个踏破足。
高栖独自理毛衣。

谶曰

汉水竭。雀高飞。
飞来飞去何所止。
高山不及城郭低。

金圣叹 评注

此象主周主郭威夺汉自立。郭威少贱，世称之曰郭雀儿。

陆拾肆 火水未济卦

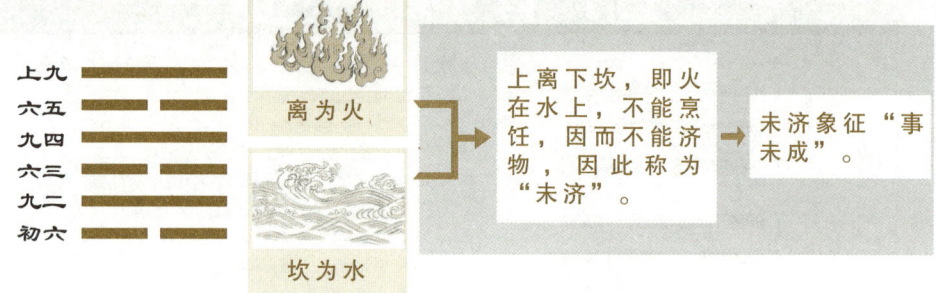

未济：亨。小狐汔济，濡其尾。无攸利。

《彖》曰："未济，亨"，柔得中也。"小狐汔济"，未出中也。"濡其尾，无攸利"，不续终也。虽不当位，刚柔应也。

《象》曰：火在水上，未济。君子以慎辨物居方。

《未济卦》：亨通。小狐狸眼看就渡过河了，却沾湿了尾巴。没有什么利益。

《彖传》说：《未济卦》，亨通，因为柔弱者能坚守中正。"小狐狸眼看就渡过河了，"但还在水里，未脱离危险。"小狐狸的尾巴被河水浸湿了。没有什么利益"，说明促使事物成功的努力不能持续下去。《未济卦》的全部爻位都不正当，但阳刚阴柔却能相应，则还是能够成功的。

《象传》说：《未济卦》，是离在上、坎在下，离为火、坎为水。卦象为火在水上之表象，火在水上，水未能扑灭火，所以把它叫做《未济卦》。君子有鉴于此，要谨慎辨别事物的本质，使万物各得其位。

【启示】《未济卦》所有的爻都居位不正，这象征着事情尚未完成。然而，正因为阴阳各爻都不在合宜的位置，才象征着极有可能发生变化，从而使不利变为有利。所以，虽然事情未成，但只要审慎进取，努力促使其成，就能将"未济"转变为"可济"。卦辞中一方面指出努力求济可致亨通，另一方面又以"小狐"渡河尾巴被水沾湿，告诫人们若做不到慎始慎终，将终难成济。

所以，此卦意在告诫我们，在事业还未成功之时，不可冒进，而且一定要慎始慎终。

断易天机问占图

竭海求珠之卦，忧中望喜之象

未济卦卦象解义

古解：未济者，失也。水火不交，刚柔失位，求事未成，多有壅滞。如狐渡水，必濡其尾。积小成大，谓之未济。

今译：未济象征"事未成"。未济卦上离下坎，即水火不交，且各爻刚柔失位，象征所求之事没有完成，受到阻碍。正如小狐过河，被水沾湿尾巴，无所利益。过失积小成大，因此称为"未济"。

此卦为孔子穿九曲明珠未彻卜得，乃遇二女方始穿得。

- 一只老虎坐在地上，没有威慑之力
- 梯子上有一个"到"字，表示有等级可至，事情未完成，还需要努力
- 卓旗插在山上，表示信期
- 一人取旗，表示树立威信
- 一人手持铁斧，神勇而有威严

【未济之爻】审慎进取，促使其成

① 初六，濡其尾　　　急于上应，有所憾惜
② 九二，曳其轮　　　谨慎守正，不敢轻进
③ 六三，未济　　　　与下共济，涉险排难
④ 九四，贞吉，悔亡　勉力持久，求成其事
⑤ 六五，贞吉，无悔　诚信待物，其时可济
⑥ 上九，有孚于饮酒　未济之极，遂成既济

初六：濡其尾，吝。

初六：小狐狸过河时尾巴被水沾湿了，会有遗憾。

【原文】《象》曰："濡其尾"，亦不知极也。

【译文】《象传》说：小狐狸过河时尾巴被水浸湿了，也不知道结果如何。

【启示】这一爻告诉我们，在条件还不成熟时，如贪功冒进，就会陷入危险中。

九二：曳其轮，贞吉。

九二：拖着车轮倒着走，去占卜获得吉利的预兆。

【原文】《象》曰：九二贞吉，中以行正也。

【译文】《象传》说：九二爻辞讲之所以可获吉祥，是因为九二阳爻处于下卦中位，坚守正道。

【启示】这一爻告诉我们，坚守中正，不做无谓的冒险。

六三：未济，征凶，利涉大川。

六三：渡不了河，出征有风险，有利于涉水渡河。

【原文】《象》曰:"未济,征凶",位不当也。

【译文】《象传》说:"渡不了河,出征不利",说明此时的处位不当。

【启示】这一爻告诉我们,在自己已积累了一定的力量时,要敢于冒险。

既济未济合律之图

未济卦由初六至上九与十二月律相配分别为:初六为应钟,对应十月;九二为黄钟,对应十一月;六三为大吕,对应十二月;九四为太簇,对应一月;六五为夹钟,对应二月;上九为洗姑,对应三月。既济卦由初九至上六与十二月律相配分别为:初九为无射,对应九月;六二为南吕,对应八月;九三为夷则,对应七月;六四为林钟,对应六月;九五为蕤宾,对应五月;上六为仲吕,对应四月。而仲吕辟卦为乾,应钟辟卦为坤,因此既济之首为乾之首,未济之尾为坤之尾。若乾尾续于坤尾,则是先九月而后十月;若坤首继于乾首,则三、四月相接,皆符合自然规律,所以此图称为"既济未济合律之图"。

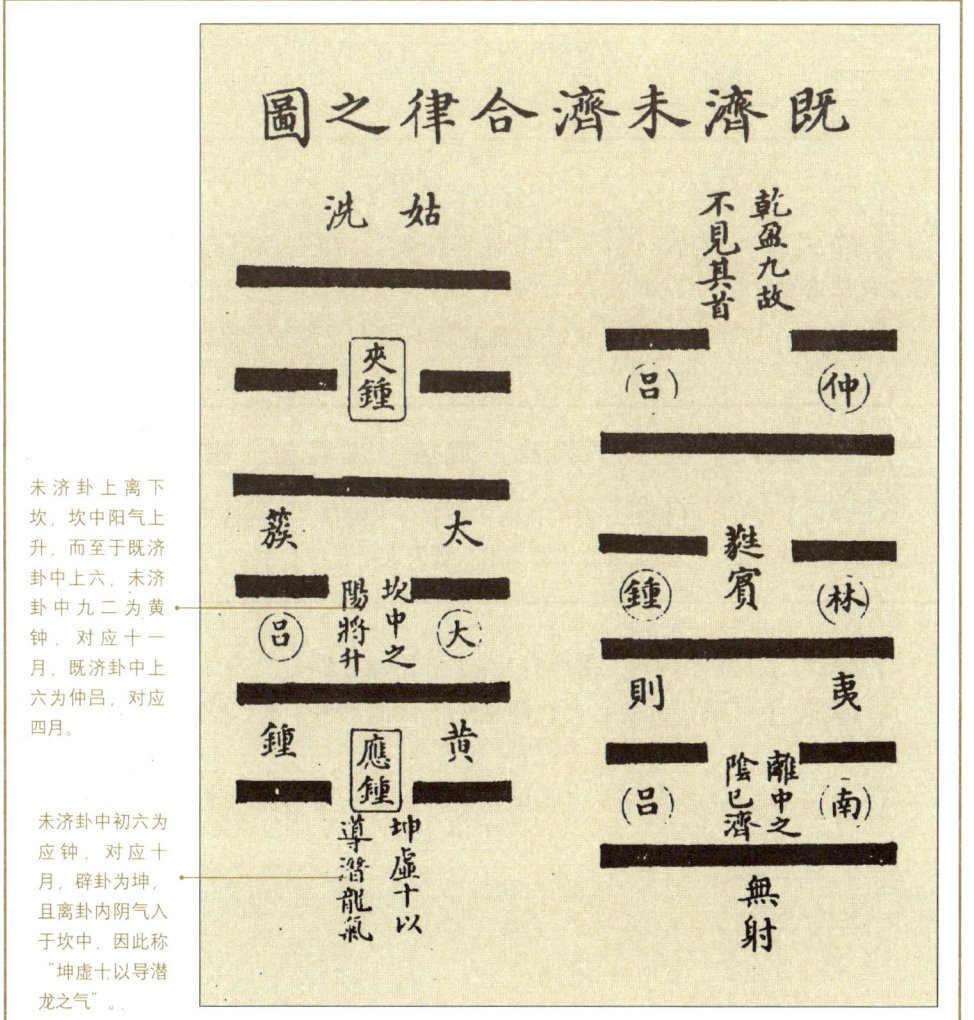

九四：贞吉，悔亡。震用伐鬼方，三年有赏于大邦。

九四：去占卜得到吉利的预兆，悔恨消失。经过多年的激烈战斗，即将胜利，用雷霆之师去攻打鬼方国，被封赏为大国的诸侯。

【原文】《象》曰："贞吉，悔亡"，志行也。

【译文】《象传》说："卜问吉祥，悔恨消失"，说明自己的意愿得以实现。

【启示】这一爻告诉我们，在即将胜利时，更要一鼓作气。

六五：贞吉，无悔。君子之光，有孚吉。

六五：去占卜得到吉利的预兆，没有悔恨。君子获得荣光，并且有诚信，吉利。

【原文】《象》曰："君子之光"，其晖吉也。

【译文】《象传》说："君子获得殊荣"，光芒四射，带动老百姓去干大事，自然吉利。

【启示】这一爻告诉我们，在即将成功时，更要有诚信。

上九：有孚于饮酒，无咎。濡其首，有孚失是。

上九：信任别人，安闲饮酒，没有什么灾祸。饮酒逸乐如小狐狸的头被沾湿了，那是过分相信别人，将失去正道。

【原文】《象》曰："饮酒濡首"，亦不知节也。

【译文】《象传》说："饮酒逸乐而被酒淋湿了头"，这是不知节制的结果。

【启示】这一爻告诉我们，要想从未济转变到既济，不能用静止的眼光看问题，因为这样会造成过分相信别人，从而失去正道。

未济卦卦爻要义图解

未济
- 初六在下，故濡尾
- 九二居险阻之中，故曳轮而不进
- 六三在坎水之涯，故涉川而有利 ┐ 以二体之象言
- 九四在离兵之始，故伐国而胜迟
- 六五居文明之中，故光辉而有孚 ┘ 以二体之德言
- 上九在上，故濡首   就卦名言

【疑难解析】濡其尾，吝

初看起来，未济卦的"濡其尾，吝"与既济卦"曳其轮，濡其尾，无咎"似乎相矛盾。但细细思考一下，它们一点也不矛盾。

"濡其尾"的大意是：小狐狸渡河时，尾巴被沾湿了。而尾巴被沾湿了，就不利于行进。所以，在既济卦中，它的象征意义是：在成功后，不妄动，谨慎守成。在未济卦中，它的象征意义是：未成功，但因受挫而难以继续行进。很显然，成功后，能谨慎守成，是不会有灾害的；未成功，就难以行进，容易遭遇灾害。再说，未济卦的"濡其尾，吝"是初六爻的爻辞，而初六是阴居阳位，这就意味着此时的小狐狸尾巴被沾湿是因为它在自己力量不足时，急功冒进。

有孚于饮酒，无咎。濡其首，有孚失是

"有孚于饮酒，无咎"的大意是：信任别人，安闲饮酒，没有什么灾祸。这就表明一个人十分信任别人，放手让别人为自己办事。这样做是明智的做法吗？

古人说："用者不疑，疑者不用。"这也告诉我们，不要胡乱猜疑别人。而且，胡乱猜疑别人很可能引起两种结果：一种是别人因他的胡乱猜疑而不能安心为他做事，不能充分发挥自己的才能。因为人一旦遭猜疑，可能就害怕自己的举动引起更多的误解，因此不敢放开手脚干事。另一种是别人因他的猜疑走向与之相对立的一面。因为人遭到了猜疑，就有可能去向自己的领导或朋友表明自己的心迹，当表明了自己的心迹之后，还不能得到信任，他就认为自己认错了人，心里充满了愤恨，不由自主地走向了与之相对立的一面。相反，如充分相信别人，别人就有一种"士为知己者死"的使命感，充分发挥自己的主

观能动性，克服困难。

我们常说"做事要有分寸"，相信别人也不例外。因为过分相信势必给我们带来危害。那么怎样避免过分相信呢？一般来说，有意识地过分相信别人的概率很小，大部分是无意识地过分相信别人，而静止地看人是造成无意识地过分相信别人的主要原因，所以我们要用发展的眼光看人。

"濡其首，有孚失是"的大意是：饮酒逸乐如小狐狸的头被沾湿了，那是过分相信别人，将失去正道。小狐狸的头被沾湿了，小狐狸是不能行进的，这就好比一个人用静止的眼光看人，而静止地看人很可能造成无意识地过分相信别人，给自己带来危害。

相信别人包括两个方面的相信：一是相信别人的才能；二是相信别人的人品。从时代的进步性来看，一个人的才能在此时适合此岗位，如他不随着时代而进步，那么在彼时就不适应此岗位了。再说，引起一个人的人品发生变化的因素很多，特别是在事业还未成功时，小人特别多，被相信的人难免会因小人而变节。更何况，事业还未成功，被相信的人的心迹究竟怎样还有待于事实证明。

此时，我们不难看出，过分相信别人的才能，其事业就会因别人不能胜任而以失败告终。过分相信别人的人品，其事业就会因别人的变节而毁于一旦。

所以说，我们不要用静止的眼光看人，而要用发展的眼光看人，即因时而异，因地而异。

贞吉，无悔。君子之光，有孚吉

"贞吉，无悔。君子之光，有孚吉"的大意是：去占卜得到吉利的预兆，没有悔恨。君子获得荣光，并且有诚信，吉利。

"六五"阴爻居于阳位，虽然处于君位，但确不正。但是，由于其为阴爻，中心空虚，又在上卦的中位，且与下卦阳刚居中的"九二"相应，表示其能拥有有力的辅佐。因为其能持正，所以吉祥，无所悔恨。上卦离卦象征光明，"六五"处于光明的中央，就像具有光辉德性的君子一样，是一位贤明的君主，如果具有诚信，更可获亨通。《既济卦》有初吉终乱之象，而《未济卦》则有初乱终吉之象。

这一爻说明在即将成功的关键时刻，更应明智、诚信、谦虚，以招徕贤能，巩固团结，从而建立功业。

六十卦象象义图

丁未 坎下离上 未济

离上
坎下

未济卦离卦在上，坎卦在下，表示一个大循环的结束，一个新纪元由此开始。所以，也象征国家将进入一个新时代，大治而安，将和汉唐时的盛况一样，屹立在世界的巅峰，傲视群雄。

▶▶ 太平盛世，傲视群雄

谶曰
日月丽天。
群阴慑服。
百灵来朝。
双羽四足。

颂曰
中国而今有圣人。
虽非豪杰也周成。
四夷重译称天子。
否极泰来九国春。

金圣叹评注

此象乃圣人复生，四夷来朝之兆，一大治也。

图解易经

易传

系辞上传

　　天尊地卑，乾坤定矣。卑高以陈，贵贱位矣。动静有常，刚柔断矣。方以类聚，物以群分，吉凶生矣。在天成象，在地成形，变化见矣。是故刚柔相摩，八卦相荡。鼓之以雷霆，润之以风雨。日月运行，一寒一暑。乾道成男，坤道成女。乾知大始，坤化成物。乾以易知，坤以简能；易则易知，简则易从；易知则有亲，易从则有功；有亲则可久，有功则可大；可久则贤人之德，可大则贤人之业。易简，而天下之理得矣；天下之理得，而易成位乎其中矣。

　　圣人设卦观象，观象系辞焉而明吉凶，刚柔相推而生变化。是故吉凶者，失得之象也；悔吝者，忧虞之象也；变化者，进退之象也；刚柔者，昼夜之象也。六爻之动，三极之道也。是故君子所居而安者，《易》之象也。所变而玩者，爻之辞也。是故君子居则观其象而玩其辞，动则观其变而玩其占，是以"自天之，吉无不利"。

　　彖者，言乎象者也；爻者，言乎变者也；吉凶者，言乎其失得也；悔吝者，言乎其小疵也；无咎者，善补过也。是故列贵贱者存乎位，齐小大者存乎卦，辩吉凶者存乎辞，忧悔吝者存乎介，震无咎者存乎悔。是故卦有小大，辞有险易。辞也者，各指其所之。

　　《易》与天地准，故能弥纶天地之道。仰以观于天文，俯以察于地理，是故知幽明之故；原始及终，故知死生之说；精气为物，游魂为变，是故知鬼神之情状。与天地相似，故不违；知周乎万物而道济天下，故不过；旁行而不流；乐天知命，故不忧；安土敦乎仁，故能爱。范围天地之化而不过，曲成万物而不遗，通乎昼夜之道而知，故神无方而《易》无体。

　　一阴一阳之谓道。继之者善也，成之者性也。仁者见之谓之仁，知者见之谓之知，百姓日用而不知，故君子之道鲜矣。显诸仁，藏诸用，鼓万物而不与圣人同忧。盛德大业至矣哉！富有之谓大业，日新之谓盛德。生生之谓易，成象之谓乾，效法之谓坤，极数知来之谓占，通变之谓事，阴阳不测之谓神。

　　夫《易》广矣，大矣！以言乎远则不御，以言乎迩则静而正，以言乎天地之间则备矣。夫乾，其静也专，其动也直，是以大生焉；夫坤，其静也翕，其动也辟，是以广生焉。广大配天地，变通配四时，阴阳之义配日月，易简之善配至德。

　　子曰："《易》其至矣乎！夫《易》，圣人所以崇德而广业也。知崇体卑，崇效天，卑法地。天地设位，而《易》行乎其中矣。成性存存，道义之门。"

圣人有以见天下之赜，而拟诸其形容，象其物宜，是故谓之象。圣人有以见天下之动，而观其会通，以行其典礼，系辞焉以断其吉凶，是故谓之爻。言天下之至赜，而不可恶也；言天下之至动，而不可乱也。拟之而后言，议之而后动，拟议以成其变化。"鸣鹤在阴，其子和之。我有好爵，吾与尔靡之。"子曰："君子居其室，出其言善，则千里之外应之，况其迩者乎？居其室，出其言不善，则千里之外违之，况其迩者乎？言出乎身，加乎民；行发乎迩，见乎远。言行，君子之枢机。枢机之发，荣辱之主也。言行，君子之所以动天地也，可不慎乎？""同人，先号而后笑。"子曰："君子之道，或出或处，或默或语。二人同心，其利断金；同心之言，其臭如兰。""初六，藉用白茅，无咎。"子曰："苟错诸地而可矣，藉之用茅，何咎之有？慎之至也。夫茅之为物薄，而用可重也。慎斯术也以往，其无所失矣。""劳谦，君子有终，吉。"子曰："劳而不伐，有功而不德，厚之至也。语以其功下人者也。德言盛，礼言恭。谦也者，致恭以存其位者也。""亢龙有悔。"子曰："贵而无位，高而无民，贤人在下位而无辅，是以动而有悔也。""不出户庭，无咎。"子曰："乱之所生也，则言语以为阶。君不密则失臣，臣不密则失身，几事不密则害成，是以君子慎密而不出也。"子曰："作《易》者其知盗乎？《易》曰：'负且乘，致寇至。'负也者，小人之事也；乘也者，君子之器也。小人而乘君子之器，盗思夺之矣；上慢下暴，盗思伐之矣。慢藏诲盗，冶容诲淫。《易》曰：'负且乘，致寇至。'盗之招也。"

大衍之数五十，其用四十有九。分而为二以象两，挂一以象三，揲之以四以象四时，归奇于扐以象闰。五岁再闰，故再扐而后挂。天数五，地数五，五位相得而各有合。天数二十有五，地数三十，凡天地之数五十有五，此所以成变化而行鬼神也。《乾》之册二百一十有六，《坤》之册一百四十有四，凡三百有六十，当期之日。二篇之册，万有一千五百二十，当万物之数也。是故四营而成《易》，十有八变而成卦，八卦而小成，引而信之，触类而长之，天下之能事毕矣。显道神德行，是故可与酬酢，可与祐神矣。子曰："知变化之道者，其知神之所为乎？"

《易》有圣人之道四焉：以言者尚其辞，以动者尚其变，以制器者尚其象，以卜筮者尚其占。是故君子将有为也，将有行也，问焉而以言，其受命也如响，无有远近幽深，遂知来物。非天下之至精，其孰能与于此？参五以变，错综其数；通其变，遂成天地之文；极其数，遂定天下之象。非天下之至变，其孰能与于此？《易》无思也，无为也，寂然不动，感而遂通天下之故。非天下之至神，其孰能与于此？夫《易》，圣人之所以极深而研几也。唯深也，故能通天下之志；唯几也，故能成天下之务；唯神也，故不疾而速，不行而至。子曰"《易》有圣人之道四焉"者，此之谓也。

天一，地二，天三，地四，天五，地六，天七，地八，天地，地十。子曰："夫《易》何为者也？夫《易》，开物成务，冒天下之道，如斯而已者也。"是故圣人以通天下之志，以定天下之业，以断天下之疑。是故蓍之德圆而神，卦之德方以知，六爻之义易以贡。圣人以此洗心，退藏于密，吉凶与民同患。神以知来，知以藏往。其孰能与此哉？古之聪明睿知，神武而不杀者夫。是以明于天之道，而察于民之故，是兴神物以前民用。圣人以此齐戒，以神明其德夫。是故阖户谓之坤，辟户谓之乾，一阖一辟谓之变，往来不穷谓之通，见乃谓之象，形乃谓之器，制而用之谓之法，利用出入，民咸用之谓之神。是故《易》有太极，是生两仪，两仪生四象，四象生八卦，八卦定吉凶，吉凶生大业。是故法象莫大乎天地；变通莫大乎四时；县象着明莫大乎日月；崇高莫大乎富贵；备物致用，立功成器以为天下利，莫大乎圣人；探赜索隐，钩深致远，以定天下之吉凶，成天下之娓娓者，莫大乎蓍龟。是故天生神物，圣人则之；天地变化，圣人效之；天垂象，见吉凶，圣人象之；河出图，洛出书，圣人则之。《易》有四象，所以示也；系辞焉，所以告也；定之以吉凶，所以断也。

《易》曰："自天右之，吉无不利。"子曰："右者，助也。天之所助者，顺也；人所助者，信也。履信思乎顺，有以尚贤也，是以'自天右之，吉无不利'也。"子曰："书不尽言，言不尽意。"然则圣人之意其不可见乎？子曰："圣人立象以尽意，设卦以尽情伪，系辞焉以尽其言，变而通之以尽利，鼓之舞之以尽神。"乾坤，其《易》之缊邪？乾坤成列，而《易》立乎其中矣；乾坤毁，则无以见《易》；《易》不可见，则乾坤或几乎息矣。是故形而上者谓之道，形而下者谓之器，化而裁之谓之变，推而行之谓之通，举而错之天下之民谓之事业。是故夫象，圣人有以见天下之赜，而拟诸其形容，象其物宜，是故谓之象。圣人有以见天下之动，而观其会通，以行其典礼，系辞焉以断其吉凶，是故谓之爻。极天下之赜者存乎卦；鼓天下之动者存乎辞；化而裁之存乎变；推而行之存乎通；神而明之存乎其人；默而成，不言而信，存乎德行。

系辞下传

八卦成列，象在其中矣；因而重之，爻在其中矣；刚柔相推，变在其中矣；系辞焉而命之，动在其中矣。吉凶悔吝者，生乎动者也；刚柔者，立本者也；变通者，趣时者也。吉凶者，贞胜者也；天地之道，贞观者也；日月之道，贞明者也；天下之动，贞夫一者也。夫干，确然示人易矣；夫坤，隤然示人简矣。爻也者，效此者也；象也者，象此者也。爻象动乎内，吉凶见乎外，功业见乎变，圣人之情见乎辞。天地之大德曰生，圣人之大宝曰位。何以守位？曰仁；何以聚人？曰财。理财正辞、禁民为非，曰义。

古者包牺氏之王天下也，仰则观象于天，俯则观法于地，观鸟兽之文，与地之宜，近取诸身，远取诸物，于是始作八卦，以通神明之德，以类万物之情。作结绳而为罟，以佃以渔，盖取诸《离》。包牺氏没，神农氏作，斲木为耜，揉木为耒，耒耨之利，以教天下，盖取诸《益》。日中为市，致天下之民，聚天下之货。交易而退，各得其所，盖取诸《噬嗑》。神农氏没，黄帝、尧、舜氏作，通其变，使民不倦；神而化之，使民宜之。《易》穷则变，变则通，通则久，是以"自天之，吉无不利"。黄帝、尧、舜垂衣裳而天下治，盖取诸《乾》、《坤》。刳木为舟，剡木为楫，舟楫之利，以济不通，致远以利天下，盖取诸《涣》。服牛乘马，引重致远，以利天下，盖取诸《随》。重门击柝，以待暴客，盖取诸《豫》。断木为杵，掘地为臼，臼杵之利，万民以济，盖取诸《小过》。弦木为弧，剡木为矢，弧矢之利，以威天下，盖取诸《睽》。上古穴居而野处，后世圣人易之以宫室，上栋下宇，以待风雨，盖取诸《大壮》。古之葬者，厚衣之以薪，葬之中野，不封不树，丧期无数，后世圣人易之以棺椁，盖取诸《大过》。上古结绳而治，后世圣人易之以书契，百官以治，万民以察，盖取诸《夬》。

是故《易》者，象也；象也者，象也。彖者，材也；爻也者，效天下之动者也。是故吉凶生而悔吝著也。

阳卦多阴，阴卦多阳，其故何也？阳卦奇，阴卦耦。其德行何也？阳一君而二民，君子之道也；阴二君而一民，小人之道也。

《易》曰："憧憧往来，朋从尔思。"子曰："天下何思何虑？天下同归而殊途，一致而百虑，天下何思何虑？日往则月来，月往则日来，日月相推而明生焉。寒往则暑来，暑往则寒来，寒暑相推而岁成焉。往者屈也，来者信也，屈信相感而利生焉。尺蠖之屈，以求信也；龙蛇之蛰，以存身也。精义入神，以致用也；利用安身，以崇德也。过此以往，未之或知也；穷神知化，德之盛也。"《易》曰："困于石，据于蒺藜，入于其宫，不见其妻，凶。"子曰："非所困而困焉，名必辱；非所据而据焉，身必危。既辱且危，死期将至，妻其可得见邪？"《易》曰："公用射隼于高墉之上，获之，无不利。"子曰："隼者，禽也；弓矢者，器也；射之者，人也。君子藏器于身，待时而动，何不利之有？动而不括，是以出而有获，语成器而动者也。"子曰："小人不耻不仁，不畏不义，不见利不动，不威不惩。小惩而大诫，此小人之福也。

《易》曰'屦校灭趾，无咎'，此之谓也。""善不积不足以成名，恶不积不足以灭身。以小人以小善为无益而弗为也，以小恶为无伤而弗去也，故恶积而不可弇，罪大而不可解。《易》曰：'何校灭耳，凶。'"子曰："危者，安其位者也；亡者，保其存者也；乱者，有其治者也。是故君子安而不忘危，存而不忘亡，治而不忘乱。是以身安而国家可保也。《易》曰：'其亡其亡，系于苞桑。'"子曰："德薄而位尊，知少而谋大，力少而任重，尟不及矣！《易》曰：'鼎折足，覆公餗，其形渥，凶。'言不胜其任也。"子曰："知几其神乎？君子上交不谄，下交不渎，其知几乎！几者，动之微，吉之先见者也。君子见几而作，不俟终日，《易》曰：'介于石，不终日，贞吉。'介如石焉，宁用终日？断可识矣！君子知微知彰，知柔知刚，万夫之望。"子曰："颜氏之子，其殆庶几乎？有不善，未尝不知；知之，未尝复行也。《易》曰：'不远复，无祗悔，元吉。'""天地壹壹，万物化醇；男女构精，万物化生。《易》曰：'三人行，则损一人；一人行，则得其友。'言致一也。"子曰："君子安其身而后动，易其心而后语，定其交而后求：君子修此三者，故全也。危以动，则民不与也；惧以语，则民不应也。无交而求，则民不与也。莫之与，则伤之者至矣。《易》曰：'莫益之，或击之，立心勿恒，凶。'"

子曰："乾、坤，其《易》之门邪？"乾，阳物也；坤，阴物也。阴阳合德而刚柔有体，以体天地之撰，以通神明之德。其称名也，杂而不越，于稽其类，其衰世之意邪？夫《易》，彰往而察来，而微显阐幽。开而当名。辨物、正言、断辞则备矣。其称名也小，其取类也大，其旨远，其辞文，其言曲而中，其事肆而隐。因贰以济民行，以明失得之报。

《易》之兴也，其于中古乎？作《易》者，其有忧患乎？是故《履》，德之基也；《谦》，德之柄也；《复》，德之本也；《恒》，德之固也；《损》，德之修也；《益》，德之裕也；《困》，德之辨也；《井》，德之地也；《巽》，德之制也。《履》，和而至；《谦》，尊而光；《复》，小而辨于物；《恒》，杂而不厌；《损》，先难而后易；《益》，长裕而不设；《困》，穷而通；《井》，居其所而迁；《巽》，称而隐。《履》以和行，《谦》以制礼，《复》以自知，《恒》以一德，《损》以远害，《益》以兴利，《困》以寡怨，《井》以辩义，《巽》以行权。

《易》之为书也，不可远。为道也屡迁，变动不居，周流六虚，上下无常，刚柔相易，不可为典要，唯变所适。其出入以度，外内使知惧。又明于忧患与故，无有师保，如临父母。初帅其辞，而揆其方，既有典常。苟非其人，道不虚行。

《易》之为书也，原始要终以为质也。六爻相杂，唯其时物也。其初难知，其上易知：本末也，初辞拟之，卒成之终。若夫杂物撰德，辩是与非，则非其中爻不备。噫!亦要存亡吉凶,则居可知矣。智者观其彖辞,则思过半矣。二与四同功而异位,其善不同;二多誉,四多惧,近也。柔之为道,不利远者;其要无咎,其用柔中也。三与五同功而异位,三多凶,五多功,贵贱之等也。其柔危,其刚胜邪?

《易》之为书也,广大悉备:有天道焉,有人道焉,有地道焉。兼三才而两之,故六;六者,非它也,三才之道也。道有变动,故曰爻;爻有等,故曰物;物相杂,故曰文;文不当,故吉凶生焉。

《易》之兴也,其当殷之末世,周之盛德邪?当文王与纣之事邪?是故其辞危。危者使平,易者使倾;其道甚大,百物不废。惧以终始,其要无咎,此之谓《易》之道也。

夫干,天下之至健也,德行恒易以知险;夫坤,天下之至顺也,德行恒简以知阻。能说诸心,能研诸侯之虑,定天下之吉凶,成天下之者。是故变化云为,吉事有祥;象事知器,占事知来。天地设位,圣人成能;人谋鬼谋,百姓与能。八卦以象告,爻彖以情言;刚柔杂居,而吉凶可见矣。变动以利言,吉凶以情迁;是故爱恶相攻而吉凶生,远近相取而悔吝生,情伪相感而利害生。凡《易》之情,近而不相得则凶;或害之,悔且吝。将叛者其辞惭,中心疑者其辞枝,吉人之辞寡,躁人之辞多,诬善之人其辞游,失其守者其辞诎。

说卦传

昔者圣人之作《易》也,幽赞于神明而生蓍,参天两地而倚数,观变于阴阳而立卦,发挥于刚柔而生爻,和顺于道德而理于义,穷理尽性以至于命。

昔者圣人之作《易》也,将以顺性命之理。是以立天之道曰阴与阳,立地之道曰柔与刚,立人之道曰仁与义。兼三才而两之,故《易》六画而成卦;分阴分阳,迭用柔刚,故《易》六位而成章。

天地定位,山泽通气,雷风相薄,水火不相射,八卦相错。数往者顺,知来者逆,是故《易》逆数也。

雷以动之,风以散之;雨以润之,日以烜之;艮以止之,兑以说之;乾以君之,坤以藏之。

帝出乎震,齐乎巽,相见乎离,致役乎坤,说言乎兑,战乎乾,劳乎坎,成言乎艮。万物出乎震,震东方也。齐乎巽,巽东南也。齐也者,言万物之絜齐也。离也者,明也,万物皆相见,南方之卦也。圣人南面而听天下,向明而治,盖取诸此也。坤也者,地也,万物皆致养焉,故曰致役乎坤。兑,正秋也，万物之所说也，故曰说言乎兑。战乎乾，乾西北之卦也，言阴阳相薄也。坎者，水也，正北方之卦也，劳卦也，万物之所归也，故曰劳乎坎。艮东北之卦也，万物之所成终而成始也，故曰成言乎艮。

神也者，妙万物而为言者也。动万物者莫疾乎雷，桡万物者莫疾乎风，燥万物者莫熯乎火，说万物者莫说乎泽，润万物者莫润乎水，终万物始万物者莫盛乎艮。故水火相逮，雷风不相悖，山泽通气，然后能变化既成万物也。

乾，健也；坤，顺也；震，动也；巽，入也；坎，陷也；离，丽也；艮，止也；兑，说也。

乾为马，坤为牛，震为龙，巽为鸡，坎为豕，离为雉，艮为狗，兑为羊。

乾为首，坤为腹，震为足，巽为股，坎为耳，离为目，艮为手，兑为口。

乾，天也，故称乎父；坤，地也，故称乎母；震一索而得男，故谓之长男；巽一索而得女，故谓之长女；坎再索而得男，故谓之中男；离再索而得女，故谓之中女；艮三索而得男，故谓之少男；兑三索而得女，故谓之少女。

乾为天，为圜，为君，为父，为玉，为金，为寒，为冰，为大赤，为良马，为老马，为瘠马，为驳马，为木果。

坤为地，为母，为布，为釜，为吝啬，为均，为子母牛，为大舆，为文，为众，为柄，其于地也为黑。

震为雷，为龙，为玄黄，为旉，为大涂，为长子，为决躁，为苍筤竹，为萑苇，其于马也为善鸣，为馵足，为作足，为的颡，其于稼也为反生，其究为健，为蕃鲜。

巽为木，为风，为长女，为绳直，为工，为白，为长，为高，为进退，为不果，为臭，其于人也为寡发，为广颡，为多白眼，为近利市三倍，其究为躁卦。

坎为水，为沟渎，为隐伏，为矫揉，为弓轮，其于人也为加忧，为心病，为耳痛，为血卦，为赤，其于马也为美脊，为亟心，为下首，为薄蹄，为曳，其于舆也为多眚，为通，为月，为盗，其于木也为坚多心。

离为火，为日，为电，为中女，为甲胄，为戈兵，其于人也为大腹，为乾卦，为鳖，为蟹，为蠃，为蚌，为龟，其于木也为科上槁。

艮为山，为径路，为小石，为门阙，为果蓏，为阍寺，为指，为拘，为鼠，为黔喙之属，其于木也为多节。

兑为泽，为少女，为巫，为口舌，为毁折，为附决，其于地也为刚卤，为妾，为羊。

序卦传

有天地然后万物生焉。盈天地之间者唯万物，故受之以《屯》；屯者盈也，屯者万物之始生也。物生必蒙，故受之以《蒙》；蒙者蒙也，物之稚也。物稚不可不养也，故受之以《需》；需者饮食之道也。饮食必有讼，故受之以《讼》。讼必有众起，故受之以《师》；师者众也。众必有所比，故受之以《比》；比者比也。比必有所畜，故受之以《小畜》。物畜然后有礼，故受之以《履》。履者礼也。履而泰，然后安，故受之以《泰》；泰者通也。物不可以终通，故受之以《否》。物不可以终否，故受之以《同人》。与人同者，物必归焉，故受之以《大有》。有大者不可以盈，故受之以《谦》。有大而能谦必豫，故受之以《豫》。豫必有随，故受之以《随》。以喜随人者必有事，故受之以《蛊》；蛊者事也。有事而后可大，故受之以《临》；临者大也。物大然后可观，故受之以《观》。可观而后有所合，故受之以《噬嗑》；嗑者合也。物不可以苟合而已，故受之以《贲》；贲者饰也。致饰然后亨则尽矣，故受之以《剥》；剥者剥也。物不可以终尽，剥穷上反下，故受之以《复》。复则不妄矣，故受之以《无妄》。有无妄，物然后可畜，故受之以《大畜》。物畜然后可养，故受之以《颐》；颐者养也。不养则不可动，故受之以《大过》。物不可以终过，故受之以《坎》；坎者陷也。陷必有所丽，故受之以《离》；离者丽也。

有天地然后有万物，有万物然后有男女，有男女然后有夫妇，有夫妇然后有父子，有父子然后有君臣，有君臣然后有上下，有上下然后礼义有所错。夫妇之道不可以不久也，故受之以《恒》；恒者久也。物不可以终久于其所，故受之以《遁》；遁者退也。物不可以终遁，故受之以《大壮》。物不可以终壮，故受之以《晋》；晋者进也。进必有所伤，故受之以《明夷》；夷者伤也。伤于外者必反其家，故受之以《家人》。家道穷必乖，故受之以《睽》；睽者乖也。乖必有难，故受之以《蹇》；蹇者难也。物不可以终难，故受之以《解》；解者，缓也。缓必有所失，故受之以《损》。损而不已必益，故受之以《益》。益而不已必决，故受之以《夬》；夬者决也。决必有遇，故受之以《姤》；姤者遇也。物相遇而后聚，故受之以《萃》；萃者聚也。聚而上者谓之升，故受之以《升》。升而不已必困，故受之以《困》。困乎上者必反下，故受之以《井》。井道不可不革，故受之以《革》。革物者莫若鼎，故受之以《鼎》。主器者莫若长子，故受之以《震》；震者动也。物不可以终动，止之，故受之以《艮》；艮者止也。物不可以终止，故受之以《渐》；渐者进也。进必有所归，故受之以《归妹》。得其所归者必大，故受之以《丰》；丰者大也。穷大者必失其居，故受之以《旅》。旅而无所容，故受之以《巽》；巽者入也。入而后说之，故受之以《兑》；兑者说也。说而后散之，故受之以《涣》；涣者离也。物不可以终离，故受之以《节》。节而信之，故受之以《中孚》。有其信者必行之，故受之以《小过》。有过物者必济，故受之以《既济》。物不可穷也，故受之以《未济》终焉。

杂卦传

　　《乾》刚《坤》柔，《比》乐《师》忧；《临》、《观》之义，或与或求。《屯》见而不失其居，《蒙》杂而著。《震》起也，《艮》止也；《损》、《益》盛衰之始也。《大畜》时也，《无妄》灾也。《萃》聚而《升》不来也，《谦》轻而《豫》怡也。《噬嗑》食也，《贲》无色也；《兑》见而《巽》伏也。《随》无故也，《蛊》则饬也。《剥》烂也，《复》反也。《晋》昼也，《明夷》诛也；《井》通而《困》相遇也。《咸》速也，《恒》久也；《涣》离也，《节》止也。《解》缓也，《蹇》难也。《睽》外也，《家人》内也；《否》、《泰》反其类也。《大壮》则止，《遁》则退也。《大有》众也，《同人》亲也；《革》去故也，《鼎》取新也；《小过》过也，《中孚》信也。《丰》多故，亲寡《旅》也；《离》上而《坎》下也。《小畜》寡也，《履》不处也。《需》不进也，《讼》不亲也。《大过》颠也，《姤》遇也，柔遇刚也。《渐》女归待男行也。《颐》养正也，《既济》定也。《归妹》女之终也，《未济》男之穷也。《夬》决也，刚决柔也。君子道长，小人道忧也。

附 录

1. "易经"之"易"

《周易》为什么要使用"易"字呢?这个"易"字又是什么意思呢?关于"易"的涵义,主要有两种说法:一种说法认为"易"是一个象形字,它代表天上的飞鸟的形象,而伏羲画八卦,有时候是"远取诸物",所以,"易"象征"远取诸物"的意思;另外一种法说认为,根据《说文解字》这本书,"易"是指蜥蜴,即蜥蜴的象形文字,而在生物学上,蜥蜴是一种变色动物,它的身上具有一层保护色,能够随着外界环境的变化而变化,所以,伏羲在画八卦的时候,根据八卦不断变化的涵义,命名为"易",用来象征宇宙天地间万事万物的千变万化。根据《说文解字》中的解释,"易"是由"日"和"月"组合而成的,日代表太阳,象征阳,月代表月亮,象征阴,所以,"易"也象征着阴阳二元论的哲学。

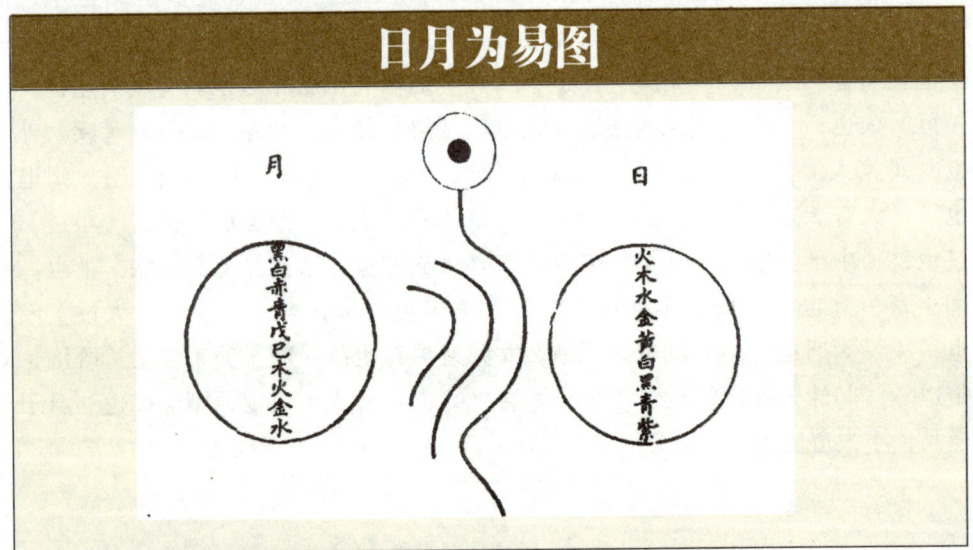

日月为易图

2.《易经》的内容

《易经》的内容主要有两大部分,一是本文,一是解说。

本文也称为"经",它包括六十四个用象征符号构成的卦,以及对卦的解说。卦的解说又包括"卦辞"和"爻辞"。"卦辞"是对卦的解说,"爻辞"

是对卦中每一爻的解说。另外,"经"又分为"上经"和"上经"两部分,其中"上经"有三十卦,"下经"有三十四卦。

解说也称为"传",即《易传》,它专门用来解释"经"的意思。

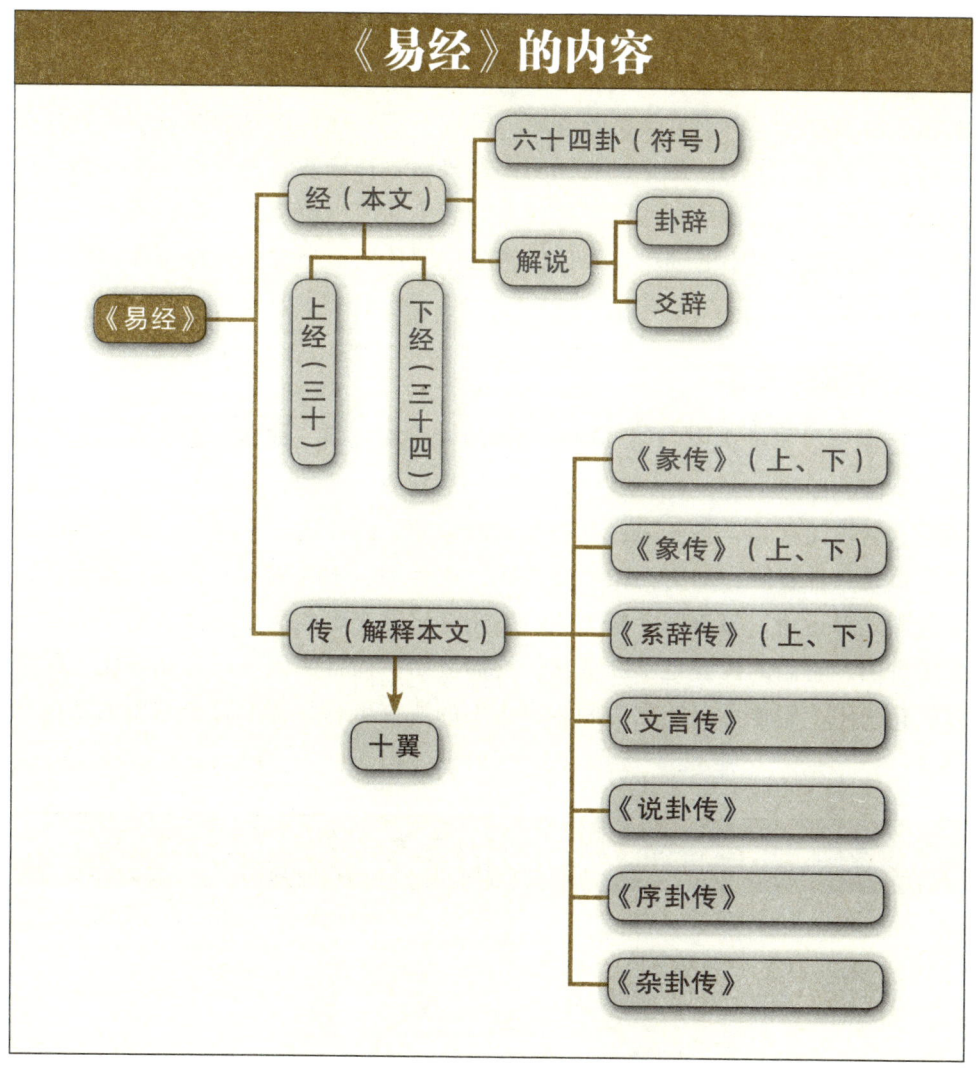

3.十翼

《易传》一共有七种十篇,它们分别是《象传》上、下篇、《象传》上、下篇、《文言传》和《系辞传》上、下篇、《说卦传》、《序卦传》和《杂卦传》,是对《周易》的解说和发挥,据说是孔子所著,并由孔子的弟子整理传承。从汉代开始,这十篇文章又被称为"十翼"。

4.阴阳

阴阳是中国古代哲学的一对范畴，来源于古代中国人民的自然观，是古人对自然界中各种既对立、又相互关联的自然现象的总结。最初，阴阳代表阳光的向背，朝向阳光的为阳，背对阳光的为阴。后来，人们又将阴阳的含义引伸为气候的寒暖、方位的上下、左右、内外，以及运动和静止等等。通过各种现象和事物的对比，中国古代的哲学家们又进一步发现自然界中的一切现象既相互对立，又相互作用，于是，就用阴阳的概念解释自然界中两种对立和相互消长的物质势力。从春秋时代的《易传》到老子的《道德经》，都提到了阴阳的概念，而且关于阴阳的理论，早已渗透到中国传统文化之中，如宗教、哲学、历法、中医、书法、占卜等。

5.阴阳的关系

阴阳代表了宇宙中一切事物最基本的对立面。阴，即寒、暗、聚，是实体化的；阳，即热、光、化，是气化的。凡是剧烈运动的、外向的、上升的、温热的、明亮的事物，都属阳；凡是相对静止的、内守的、下降的、寒冷的、晦暗的事物，都属阴，如男为阳、女为阴，火为阳、水为阴，天为阳、地为阴，日为阳、月为阴，暑为阳、寒为阴。阴阳是水乳交融的两个方面，阴中有阳，阳中有阴，它们的位置也不断变化，周而复始；而且阴阳可以互相转化，阴可以转化为阳，阳也可以转化为阴。宇宙中的所有事物，都要符合阴阳的结构和规律。

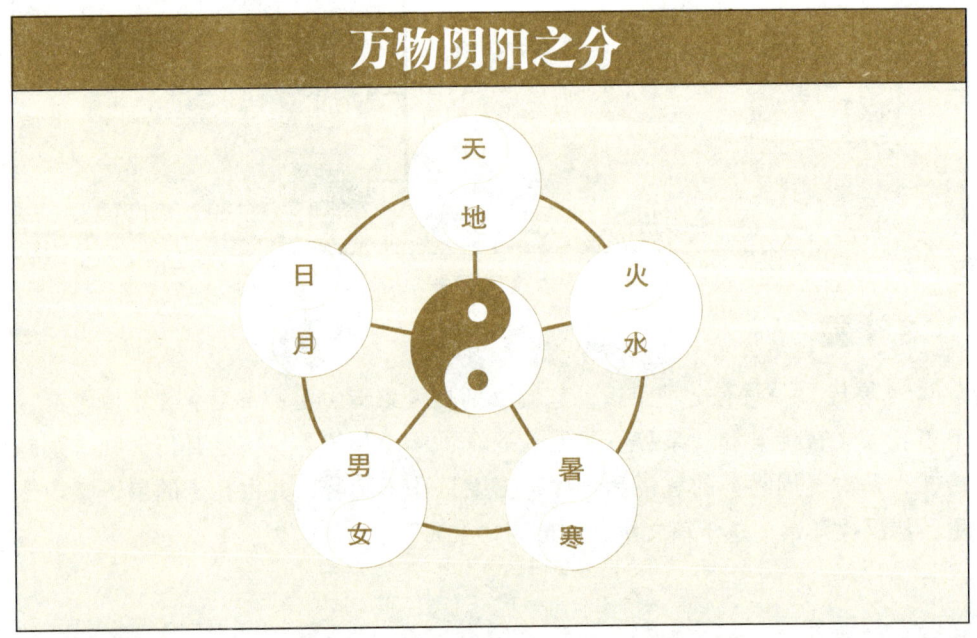

万物阴阳之分

6.太极

《易经·系辞传》中提出的哲学概念，又称"太一"、"大一"。大即太，至高无上的意思；一，整体或绝对唯一的意思。"极"的本义是房屋的最高处，在此引申为至高的事物。《易经·系辞上》："《易》有太极，是生两仪，两仪生四象，四象生八卦。"其认为太极是天地万物的本源，由太极而生天地阴阳，天地阴阳产生四时（四象），四时再产生出天、地、雷、风、火、水、山、泽八种自然物(以八卦为象征)。

太极被认为是一种阴阳未分的原始混沌状态。周敦颐《太极图说》："无极而太极，太极动而生阳，动极而静，静而生阴，静极复动。一动一静，互为其根。""五行一阴阳也，阴阳一太极也，太极本无极也。"认为阴阳五行均源自太极，并提出了"太极(无极)—二气—五行—万物"的宇宙生成模式。

7.两仪

"两仪"的概念包含两种含义：一、在《易经》中，指天地。《周易·系辞上》："易有太极，是生两仪。"即认为世界之初是混沌未分的太极，天地两仪是由太极产生的。《正义》中也提到："太极，谓天地未分之前，元气混而为一，即是'太初'、'太一'也。"二、综合历代易学家理论，共有七种说法，即指阴阳、天地、奇偶、刚柔、玄黄、乾坤、春秋，但大多情况下指阴阳。两仪的符号为爻，图形表示为：阳爻—，阴爻- -。

太极两仪四象八卦图

8.四象

"四象"出自于《周易·系辞上》:"两仪生四象,四象生八卦",即天地两仪产生春、夏、秋、冬四象,四象又产生八卦,这是对《易经》宇宙生成及成书过程的描述。从卦形上分析,表示两仪的阴阳又各自再生出阴或阳,从而形成老阳、少阴、少阳、老阴四象。但"四象"所指范围广泛,即可象征春夏秋冬,或金木水火,或东西南北,或阴阳刚柔,而其本质上是在阴阳的基础上生出新的阴阳,象征阴阳的进一步变化。

9.八卦

所谓八卦,是我国古代一套具有象征意义的符号,据说是伏羲氏创造发明的,后来多用于占卜。在八卦中,"—"代表阳,称"阳爻","--"代表阴,称"阴爻",每三个阴爻和阳爻为一组,共同组成八种形式,叫做八卦,即乾卦、坤卦、震卦、离卦、坎卦、艮卦、兑卦、巽卦。每个卦形都代表一种特定的事物,例如:乾卦代表天,坤卦代表地,坎卦代表水,离卦代表火,震卦代表雷,艮卦代表山,巽卦代表风,兑卦代表沼泽。这八种卦形又互相搭配,推演出了六十四卦,各自象征不同自然、人文现象。八卦又被称为小成之卦。

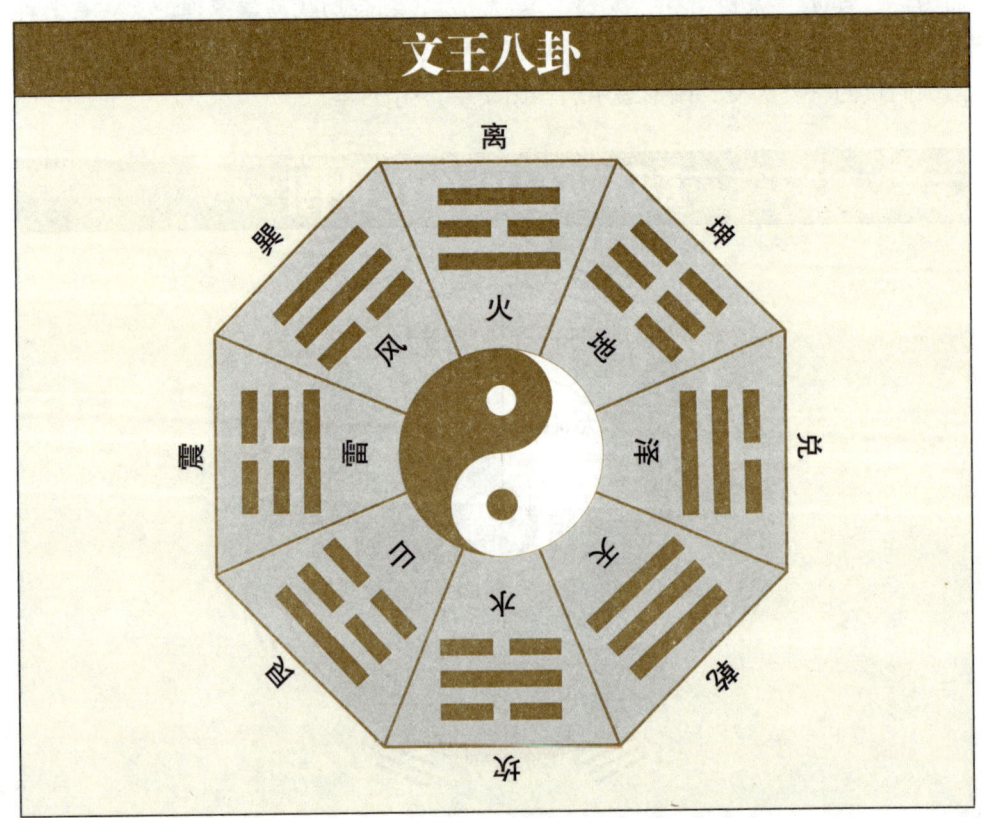

文王八卦

10.八卦的表示方法

在《周易》中，符号"—"代表阳刚、积极、进取、独立的性格，代表奇数，所以，奇数一、三、五、七、九都属阳，于是，用奇数中最大的数字"九"代表"—"，称为"九"。符号"--"代表阴柔、消极、退让、依附的性格，代表偶数，所以，偶数二、四、六、八、十都属阴，于是，用偶数的中间数"六"来代表"--"，称为"六"。此外，《周易》中的卦，是从下而上的，也就是说，最下面的位置称为"初"，即开始的意思，然后，按顺序而上，分别是二、三、四、五，最上方的位置称为"上"，意思是最上面。例如：乾卦全部是由"—"组成的，全部是刚爻，所以，从下而上的六爻，分别称为初九、九二、九三、九四、九五、上九；坤卦全部是由"--"组成的，全部是柔爻，所以，从下而上的六爻，称为初六、六二、六三、六四、六五、上六。《周易》中的每一卦，就这样通过简简单单的象征符号和数字表达了出来。

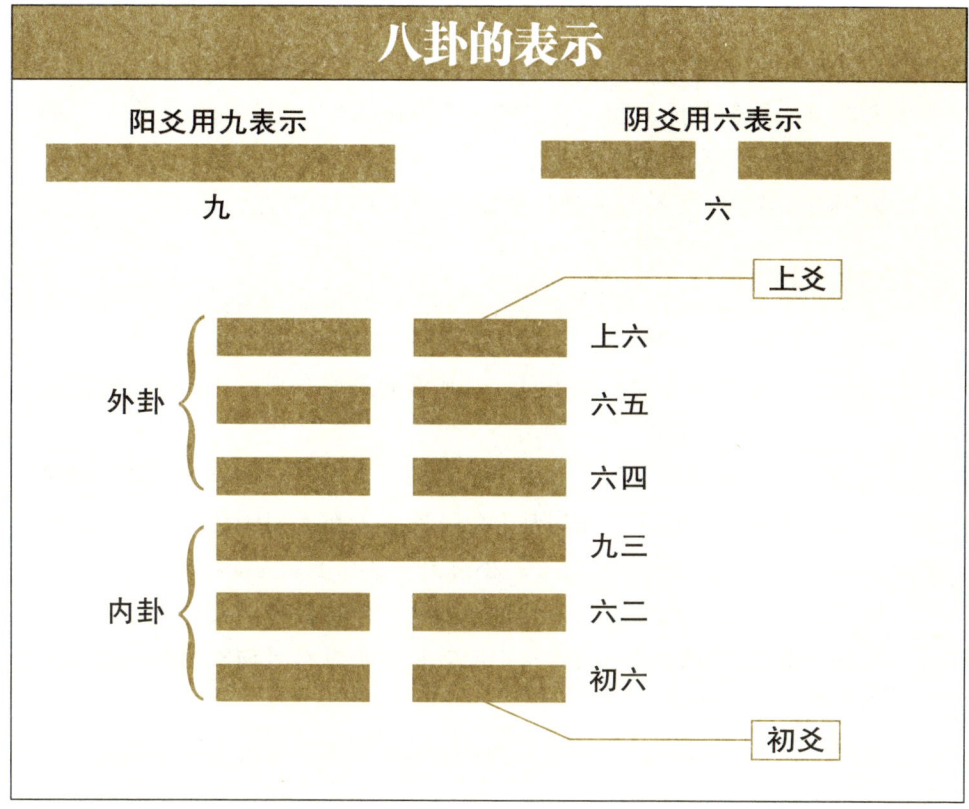

八卦的表示

11.八卦取象歌

所谓八卦取象歌，是指将八卦的符号转变为歌诀的形式。八卦取象歌是：乾三连，坤六断，震仰盂，艮覆碗，离中虚，坎中满，兑上缺，巽下断。意思是说：乾卦是由三条连在一起的阳爻组成的，所以称"三连"；坤卦是由三条断开的阴爻组成的，每个阴爻断成两半，所以称"六断"；震最下面是阳爻，上面两条线是断开的阴爻，看起来就像一个仰口朝上的盆，所以称为"仰盂"；艮卦最上面是阳爻，下面两条是断开的阴爻，看起来就像一个口朝下，扣着的碗一样，所以称为"覆碗"；离卦上下都是阳爻，只有中间是断开的阴爻，所以称为"中虚"；坎卦上下都是断开的阴爻，只有中间是阳爻，所以称为"中满"；兑卦最上面是断开的阴爻，下面两条线是连着的阳爻，所以称为"上缺"；巽卦最下面是断开的阴爻，上面两条都是连着的阳爻，所以称为"下断"。

12. 八卦图

所谓八卦图，是指《易经》中使用的八种卦象的基本图形，它们用代表阳的"—"和代表阴的"--"组成。八卦图大约产生于五千多年前，来源于伏羲所创制的先天八卦。在先天八卦中，以阴爻和阳爻的不同组合来阐述自然界中八种最原始的物质。后来周文王又创制了后天八卦。实际上，后天八卦和先天八卦只是各卦的排列顺序不同，含义并没有发生变化。春秋时期，孔子开创儒家，将周文王的《易经》收录为儒家经典之一。到了汉朝时期，道家又在《易经》中的阴阳、八卦、五行等原理的基础上，创出了无数的术数。

13. 六十四卦

将八卦两两相重，即构成六十四个不相同的卦形，这就是"六十四卦"，其中自重而成的八个卦仍与原名相同，而其他的卦均有别名，如下坎上离相重为未济卦，下巽上震为恒卦等。

六十四卦不同的卦形，以特殊的象征形象，有着不同的喻示意义，反映了作者对自然界与社会的认识。如姤卦上乾下巽，天在上而风在下，风行天下，因此无物不遇，象征"事物相遇"；小过卦上震下艮，雷震于山上，其声过常，因此象征"小有过越"。其他卦也均如此。而每卦中六爻的变化，又反映了不同事理发展的各个阶段。因此六十四卦是一个以八卦物象和阴阳变化为基础的完整的符号象征系统。

六十四卦的排列顺序并不是随意的，而是存在着一定的规律。第一，相邻两卦大多以卦象相互倒置排列，如师卦和比卦、同人卦和大有卦。但六十四卦中乾、坤、颐、大过、坎、离、中孚、小过八卦，其卦体颠倒但卦形不变，因此它们是以六爻阴阳互变的关系排列的，如颐卦中六爻阴阳互变，则变为大过卦。其余卦也皆是如此。第二，从六十四卦的象征意义来看，其排列的顺序反映了事物由产生到强盛再到灭亡的整个过程，因此六十四卦始于乾、坤两卦而终于既济、未济卦。

古人为了便于记忆六十四卦的排列顺序，专门编写了一首歌诀，见于朱熹的《周易本义》中：

卦名次序歌

乾坤屯蒙需讼师，比小畜兮履泰否；
同人大有谦豫随，蛊临观兮噬嗑贲；
剥复无妄大畜颐，大过坎离三十备。
咸恒遯兮及大壮，晋与明夷家人睽；
蹇解损益夬姤萃，升困井革鼎震继；
艮渐归妹丰旅巽，兑涣节兮中孚至；
小过既济兼未济，是为下经三十四。

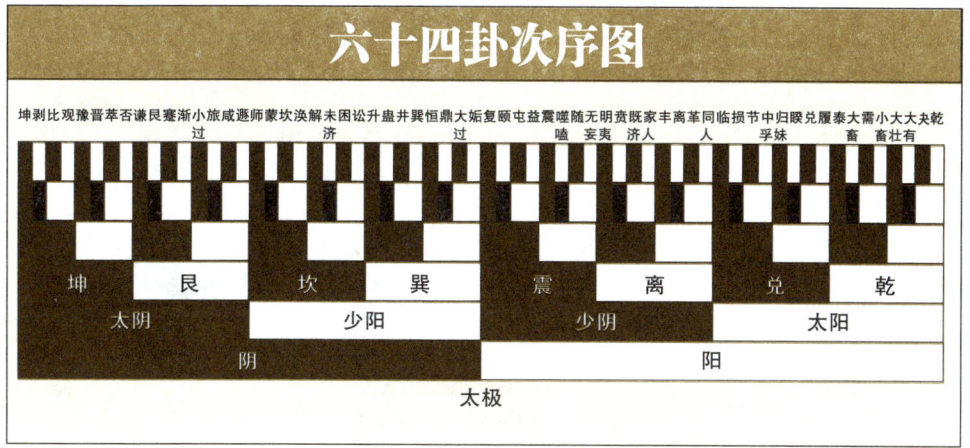

14.卦辞

《周易》中，在六十四卦的每一卦后面，都附有用来解说全卦意思的"卦辞"，也被称为"象辞"。"象"的本意是指一种长有尖利的牙齿的兽，引申出来是"断"的意思。也就是说，所谓卦辞，实际上是对每一卦的解说和推断，也就是占卜的结果。周文王把伏羲八卦推演成六十四卦的时候，同时也写作了卦辞。

15.爻

在《周易》的卦中，"—"和"--"被称为"爻"。在属于解说的"传"中，大多数时候都在使用概括性的词语，如刚和柔、阴和阳等，而"—"代表的是阳、刚强、强大，"--"代表的是阴、柔弱、弱小，因此，在《周易》中，"—"被称为"刚爻"，也叫"阳爻"，"--"被称为"柔爻"，也叫"阴爻"。

16. 爻辞

"爻辞"在"卦辞"的后面，它是专门用来解释卦中每一爻的具体含义，以及说明爻与爻之间相互可能具有的因果，以及可能会产生的变化关系。所以，在《周易》六十四卦的"爻辞"中，对每一爻都有与之相应的解释。

17. 爻位

爻位是《易传》中的一个术语，是指在《周易》六十四卦中，每一卦的每一爻所处的位置。六十四卦的每一卦都是由六个爻组成的。六个爻分别处于高低不同的六个等次，象征事物在发展过程中，所处的不同的地位、条件，或者身份等，体现了事物从低级向高级生长变化的发展规律。

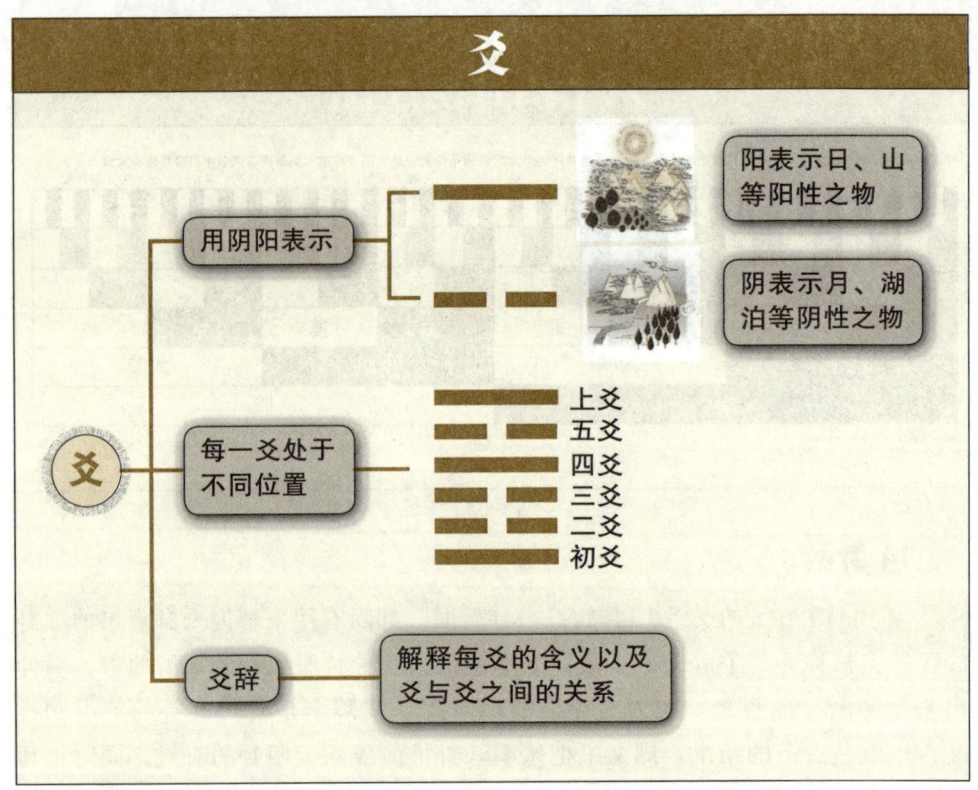

18. 当位和不当位

《周易》六十四卦，每一卦由六个爻组成，每一爻都各有其位，位又有阴阳、奇偶之分。在六个爻中，初爻、三爻、五爻都在奇数位，是阳位；二爻、四爻、上爻都是在偶数位，是阴位。所以，如果阳爻位于初爻、三爻、五爻的位置，阴爻位于二爻、四爻、上爻的位置，即阳爻在阳位，阴爻在阴位，就称为"当位",也叫得位、得正。反之,若阳爻居阴位,阴爻居阳位,则称"不当位"。当位之爻,象征事物的发展、变化合乎规律;不当位的爻则象征事物的发展变化违反规律。因此,通常当位之爻则得吉,不当位之爻则获凶。但仅凭当位与否还不能判断吉凶,有时,当位与不当位间可以相互转化。所以,爻辞中常会提醒当位者守正防凶,不当位者趋正求吉。

19.中位

六十四卦中六爻所居位次,第二爻处下卦之中,第五爻处上卦之中,称为"中",象征事物守持中道,行为不偏。若阳爻居中位,象征"刚中"之德;阴爻居中位,则象征"柔中"之德。在一般情况下,即使爻不当位,但如果居二爻、五爻之位即中位,仍然可得吉。如果阴爻居于二位,阳爻居于五位,则既中且正,称为"中正",中正之德是《易经》中最为美善的象征。

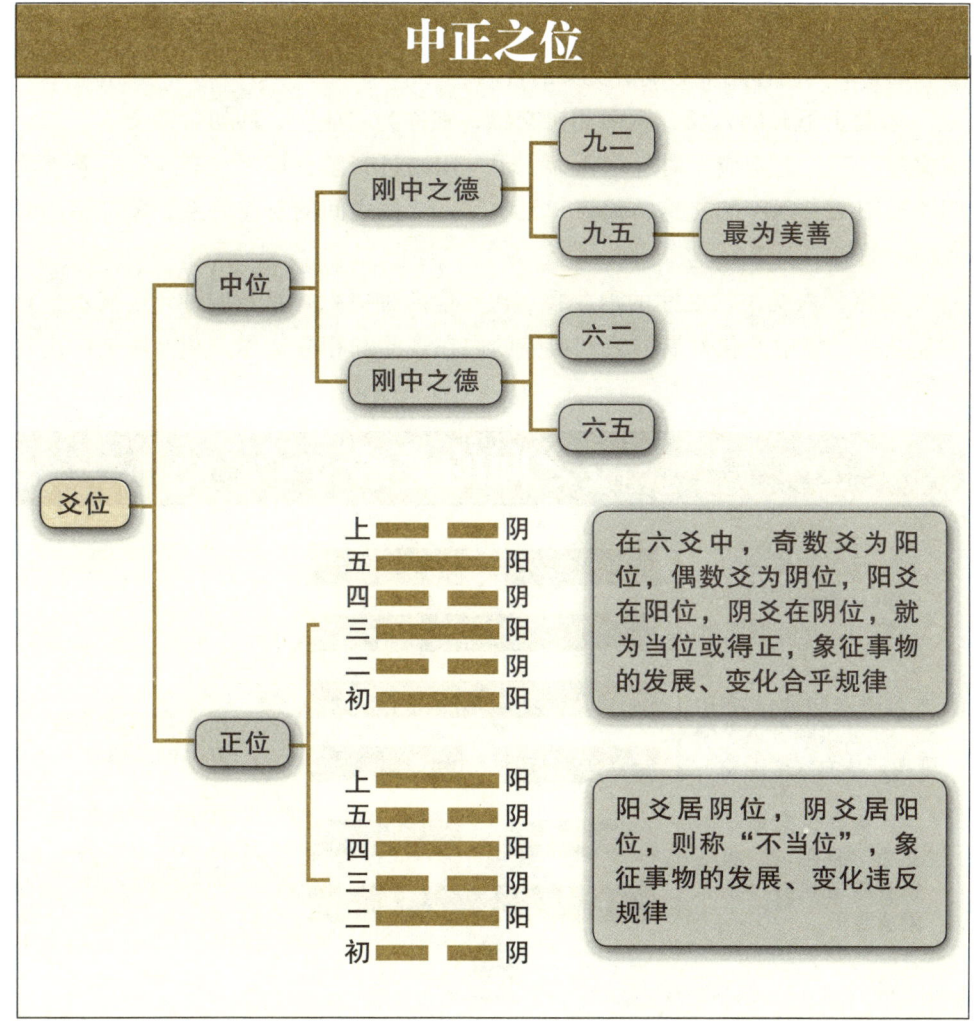

20.承、乘、比、应

《易经》中每一卦的六爻由于位次、性质、远近距离等因素，因而各爻之间具有承、乘、比、应的关系。

若下爻紧邻上爻则谓"承"，而这种关系又侧重于阴爻上承阳爻的意义，以象征卑小、柔顺者上承居尊、刚强者，从而获得援助。其时，爻义应根据具体情状而定。大多以阴阳爻当位的相承为吉，不当位的相承为凶。

若上爻凌据下爻则谓"乘"，通常以阴爻乘阳爻为"乘刚"，象征弱者乘凌强者、小人乘凌君子，因此爻义多不吉。但阳爻居阴爻之上则不言"乘"，并认为是常理，由此可见《易经》中"扶阳抑阴"的思想。

若两爻相连并列者则谓"比"，如初与二比，二与三比，三与四比，四与五比，五与上比。具有互比关系的两爻，同时往往具有"承"或"乘"的关系。例如初六与九二相比，则初以阴承阳；九二与六三相比，则三以柔乘刚。爻位间互比的关系，通常象征着事物处在相邻环境中的作用与反作用，往往在其它因素的共同作用下影响着爻义的吉凶。

若处上下卦的六爻，两两相对交感，则称为"应"，即初、四交应，二、五交应，三、上交应。对应之爻为一阴一阳则可交感，谓之"有应"；若俱为阴爻或阳爻，则不能交感，称为"无应"。爻位之间的对应关系，象征事物对立统一的运动规律。

总之，六爻位次之间的承、乘、比、应四种关系，是从四种角度展示事物在复杂的环境中变化发展的或利或弊的内在规律和相互作用、相互影响的内在关系。

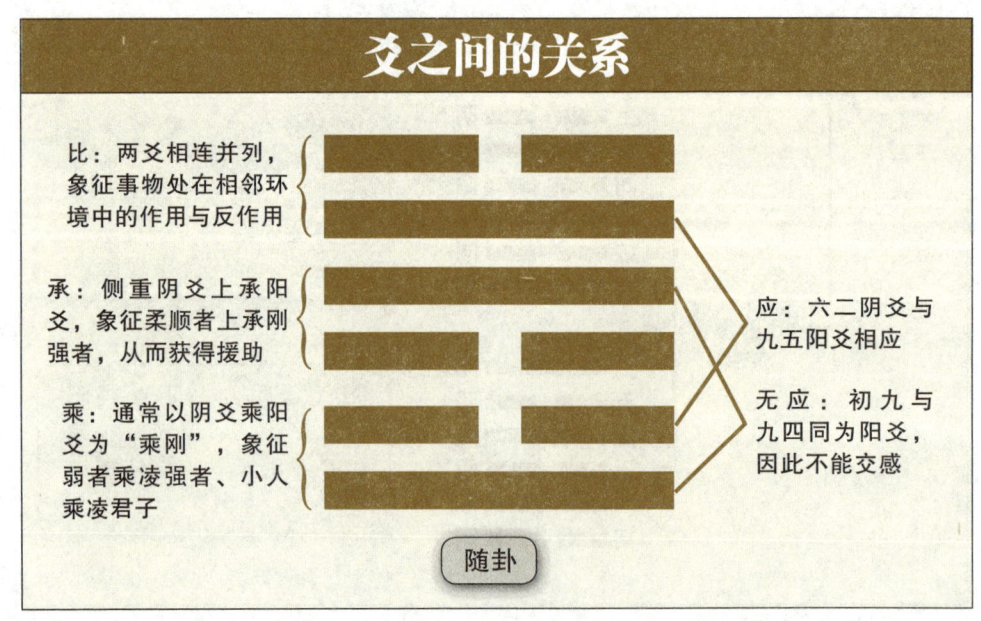

爻之间的关系

比：两爻相连并列，象征事物处在相邻环境中的作用与反作用

承：侧重阴爻上承阳爻，象征柔顺者上承刚强者，从而获得援助

乘：通常以阴爻乘阳爻为"乘刚"，象征弱者乘凌强者、小人乘凌君子

应：六二阴爻与九五阳爻相应

无应：初九与九四同为阳爻，因此不能交感

随卦

21.外卦和内卦

除了乾、坤、震、离、巽、坎、艮、兑这八卦外，六十四卦中的每一卦，都分别是由"—"和"--"这两种符号交替组合的六爻构成的。在每一卦中，上面的三爻为一组，下面的三爻为一组。上面的三爻称为"上卦"，也叫"外卦"；下面的三爻称为"下卦"，也叫"内卦"。

22.同卦相叠

同卦相叠也称为同卦相重，是重卦的一种方式，指相同的经卦重叠组合在一起，也就是说，每一卦的上卦和下卦都是同一个经卦。在六十四卦中，只有八个卦是同卦相叠，它们是乾卦、坤卦、震卦、巽卦、坎卦、离卦、艮卦、兑卦，也被称为八纯卦。

23.异卦相叠

异卦相叠也称为异卦相重，是重卦的一种方式，指不同的经卦重叠组合在一起，也就是说，每一卦的上卦和下卦都是不同的经卦。在六十四卦中，重了八纯卦以外，其余的都是异卦相叠。

24.阳卦和阴卦

所谓阳卦，是指在《周易》六十四卦中，属性为阳的卦。所谓阴卦，是指在《周易》六十四卦中，属性为阴的卦。其中，在乾卦、坤卦、震卦、巽卦、离卦、坎卦、艮卦、兑卦这八卦之中，阳卦是乾卦、震卦、坎卦、艮卦这四卦，阴卦是坤卦、巽卦、离卦、兑卦这四卦。

25.四正卦

所谓四正卦，是指在八卦中，位于东、南、西、北四个正位上的卦。在先天八卦之中，四正卦是乾卦、坤卦、离卦、坎卦，因为乾卦在南方，坤卦在北方，离卦在东方，坎卦在西方。在后天八卦之中，四正卦是坎卦、离卦、震卦、兑卦，因为坎卦在北方，离卦在南方，震卦在东方，兑卦在西方。四正卦分别与春、夏、秋、冬四季相配，四正卦中的初爻，分别代表冬至、夏至、春分、秋分。

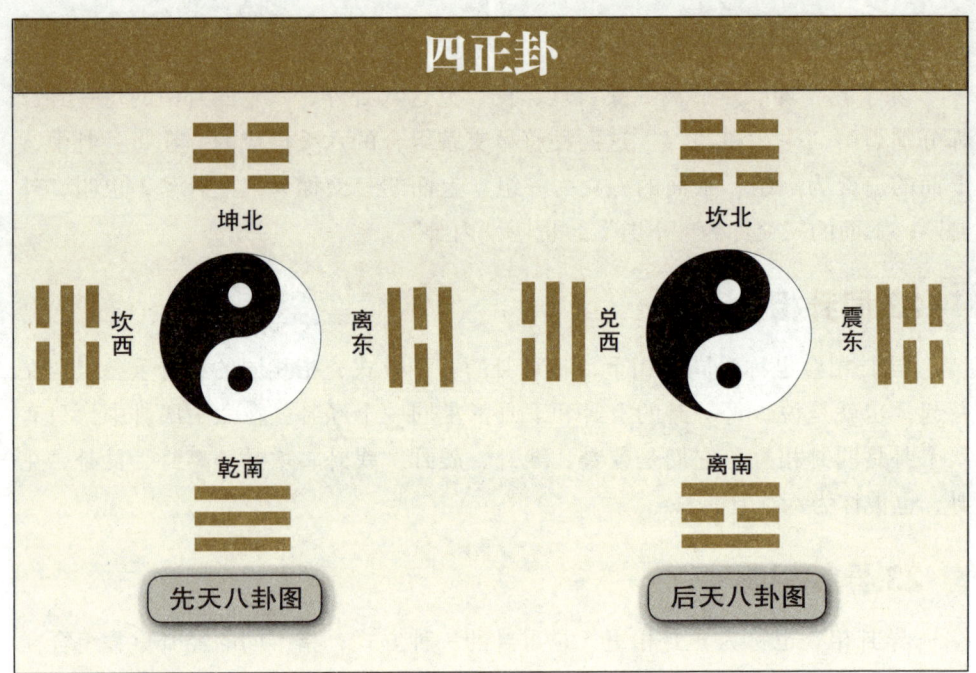

26. 四隅卦

四隅卦是指在八卦中，分别位于东南、西南、东北、西北这四个隅位上的卦。在先天八卦中，四隅卦是震卦、巽卦、兑卦、艮卦，因为震卦在东北方位，巽卦在西南方位，兑卦在东南方位，艮卦在西北方位。在后天八卦中，四隅卦是乾卦、坤卦、艮卦、巽卦，因为乾卦在西北方位，坤卦在西南方位，艮卦在东北方位，巽卦在东南方位。

27. 错卦和综卦

错卦，是阴阳爻错的意思，即把卦中的每一爻都阴阳互变，就称为该卦的错卦。错卦的理是立场相同，但是看问题的角度不同，因此得出的结论也就不同。如：天水讼卦，它的初、三两爻是阴爻，其余都是阳爻，若每一爻阴变为阳，阳变为阴，则就变为明夷卦。明夷卦初、三两爻是阳爻，其余都是阴爻，它的外卦是坤，坤为地，内卦是离，离为火，所以天水讼卦的错卦就是地火明夷卦。

综卦，是指将一卦颠倒过来所得到的卦，又称为"反卦"或"覆卦"。如师卦，若将其完全颠倒，就成了比卦，因此师卦的综卦就是比卦。综卦是相对的，所有六十四卦，除了乾、坤、坎、离、大过、小过、颐、中孚八个卦以外，都有相对的综卦。这五十六个卦表明了宇宙间事物所具有的相对性，这就是综卦所要反映的道理。

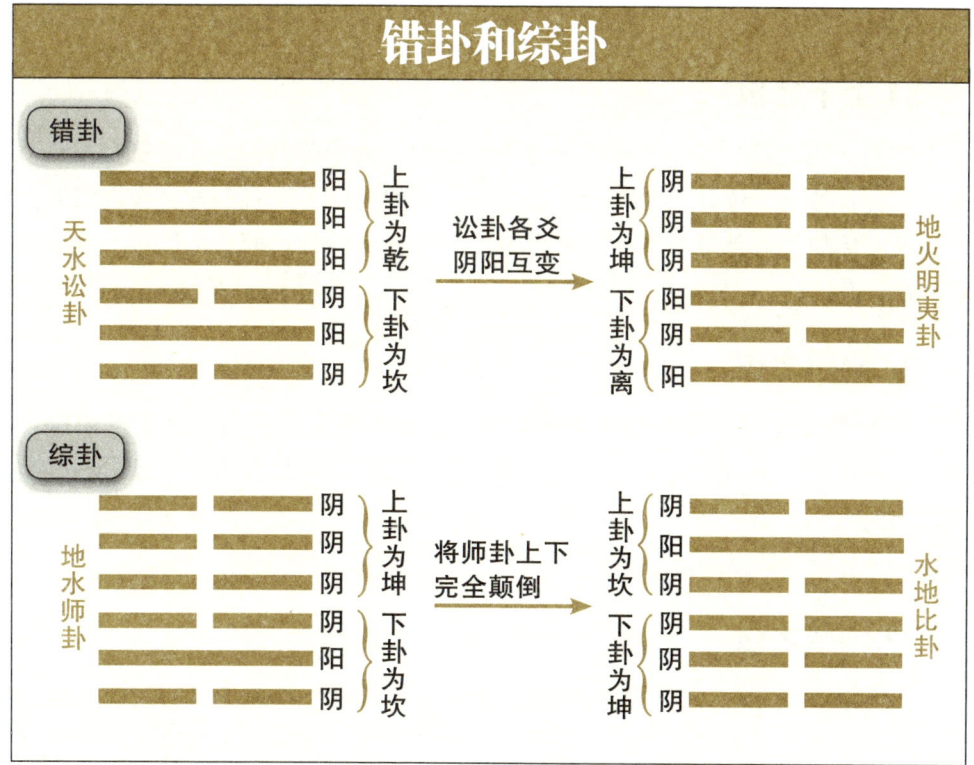

28. 互卦

互卦又称互体或互象，指除初、上两爻之外，一卦中上下卦交互组成的新卦象。如需卦，下卦为乾，上卦为坎，二至四爻可组成互卦兑，三至五爻可组成互卦离，一卦六爻便可以生出四种卦象。郑玄注："《易》之为书，六爻皆有变象，又有互体。圣人随其义而论之。"孔颖达疏："二至四、三至五四体交互各成一卦，先儒谓之互体。"

29. 卦位

所谓卦位，是指《周易》六十四卦的方位。卦位从属于卦象。卦位有两种，一种是八卦方位，一种是六十四卦方位。另外，卦位也指在重卦之中，两经卦的位置，分为上下之位、内外之位、前后之位、平列之位、重复之位、同体之位，等等。

30. 内外之位

所谓内外之位，是指在异卦相重的别卦中，两个单卦的内外位置。一般来说，下卦处于内位，上卦处于外位，内位和外位象征着两种事物之间的内外关系。例如：明夷卦是由下离上坤组成的，下卦是离卦，它处于内位，上卦是坤卦，它处于外位。

31. 上下之位

所谓上下之位，是指在异卦相重的别卦中，两个单卦的上下位置。一般来说，下卦就处于下位，上卦就处于上位。上位和下位象征着两种事物之间的上下关系。例如：蒙卦是由下坎上艮组成的，下卦是坎卦，处于下位；上卦是艮卦，处于上位。

32. 阴阳之位

所谓阴阳之位，是指在异卦相重的别卦中，两个单卦各自所处的阴阳位置。一般来说，阳卦都处于阳位，阴卦都处于阴位。阴位和阳位象征着两种事物之间的阴阳关系。例如：蛊卦是由上艮下巽组成的，上卦艮卦是阳卦，位于阳位；下卦巽卦是阴卦，位于阴位。

33. 刚柔之位

所谓刚柔之位，是指在异卦相重的别卦中，两个单卦各自所处的刚柔位置。一般来说，阴卦处于柔位，阳卦处于刚位。柔位和刚位象征着两种事物之间的刚柔关系。例如：履卦是由上乾下兑组成的，上卦乾卦是阳卦，处于刚位；下卦兑卦是阴卦，处于柔位。

34. 卦时

六十四卦中每卦各象征某一类事物、现象在特定背景下产生、变化、发展的规律。伴随卦义而存在的这种"特定背景"，称之为"卦时"。六十四卦表示六十四"时"，即从不同角度喻示了自然界、人类社会中某些有典型意义的事理，塑造出了六十四种"特定背景"。如蒙卦象征"蒙昧"之时的道理，讼卦象征"争讼"时的道理，既济卦象征"事已成"之时的道理等。每卦六爻的变化情况，都以特定的"时"为背景，从而揭示事物发展到某一阶段的规律。

35. 卦气

卦气为汉代易学术语，以《易卦》与四时气候相配，因此称为卦气。此说始于西汉孟喜，其以坎、离、震、兑为四正卦，主四时，其爻主二十四节气；其余六十卦，主六日七分，其爻主三百六十五又四分之一日。内自复至乾，自姤至坤另为十二月消息卦，主十二辰，其爻主七十二候。京房后来又发展了孟喜的观点，提出"八卦卦气说"和"六子卦卦气说"等不同形式，或将六十四卦三百八十四爻配一年之日数，或将六子卦配以二十四节气。刘歆又以乾坤两卦十二爻配十二月。虽然诸家学说中卦与时辰、节气的配法多有不同，但其实质都是把《易》卦与天文历法相结合，或以历释易，或以易衍历，这对后来的易学和天文历法都产生了很大的影响。到清代的时候，惠栋在《易汉学》中作《卦气六日七分图》，又对此进行了详尽的阐发。

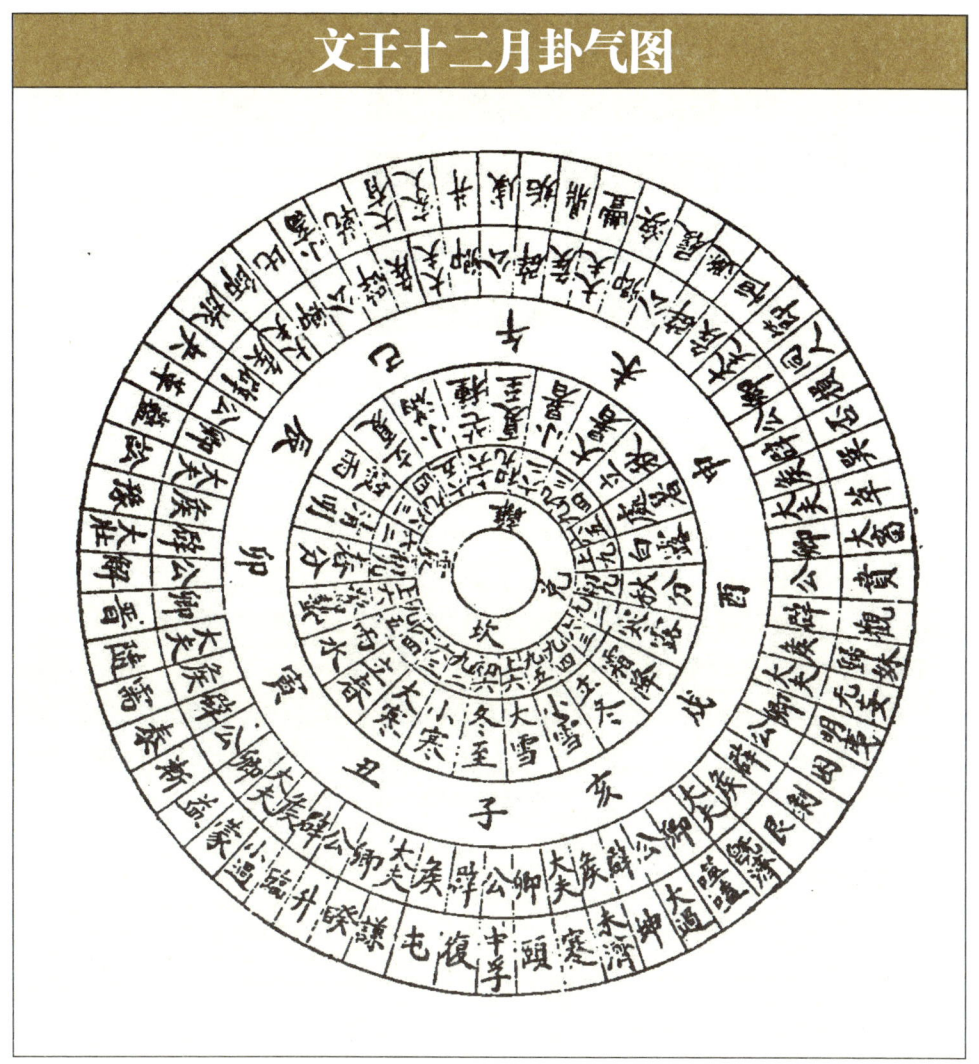

文王十二月卦气图

36. 三才

"三才"包括两种意思：一、以八纯卦的初画、中画、上画分别象征地、人、天，称为"三才"。《周易·系辞下》："《易》之为书也，广大悉备：有天道焉，有地道焉，有人道焉。兼三才而两之，故六。"二、重卦六爻依次两两并列，以初、二两爻象征"地"，三、四两爻象征"人"，五、上两爻象征"天"，合天、地、人，谓之"三才"。

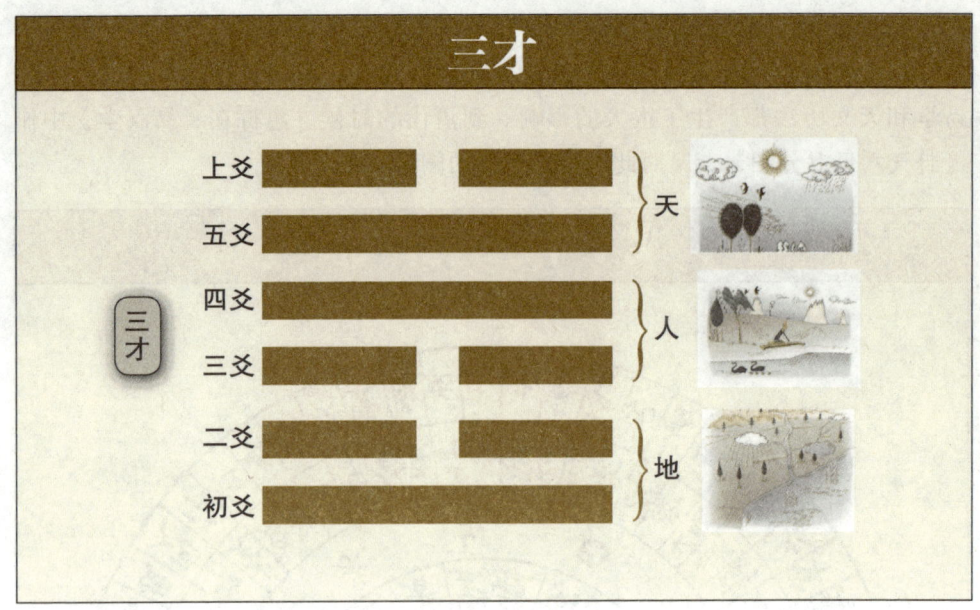

37. 二体

六十四卦均由八卦两两重叠而成，每卦之中都含有两个纯卦，成为六画卦。人们把卦中的初爻至三爻这三爻，称为下体，由于爻画位次是由里而外，由下而上，因此又叫做"下卦"或"内卦"，《左传》谓之"贞卦"。而把第四爻至上爻这三爻，称为上体，也叫做"外卦"、"上卦"，《左传》谓之"悔卦"。上下体合称为"二体"。上下体（或上下卦、内外卦）既可以象征事物发展变化的两个阶段，即下卦处于"小成"阶段，上卦为"大成"阶段，又可象征事物所处地位的高低，或所居地域的内外、远近等。

38. 卦主

每卦六爻中，都有作为主的爻，称之为"卦主"。卦主可以分为两种：一种指成卦之爻，即不论其爻位高低，是否具有善德，只要卦因其而起，则即为卦主，这种类型的称为"成卦之主"。第二种类型是"主卦之主"。这种卦主必然要具有善德，守正得时者才能当之，因此五爻为卦主者居多，有时也可是其他爻。《象传》中对每卦的释义，往往会反映出卦主之所在。

由于每卦所处情况不同，因此判断卦主，应根据实际情况来分析。关于卦主的认识，《周易折中》揭示出四种情况，可供参考："若其卦成卦之主，即主卦之主，则是一主也；若其卦有成卦之主，又有主卦之主，则两爻皆为卦主矣；或其成卦者兼取两爻，则两爻又皆为卦主矣；或其成卦者兼取两象，则两象之两爻，又皆为卦主矣。亦当逐卦分别观之。"

39.十二消息卦

乾、坤二宫所包括的十二个卦刚好反映了六阴爻与六阳爻的渐次消息,故称为十二消息卦。十二消息卦依次为:复卦(一阳息阴)、临卦(二阳息阴)、泰卦(三阳息阴)、大壮卦(四阳息阴)、夬卦(五阳息阴)、乾卦(六阳息阴)、姤卦(一阴消阳)、遁卦(二阴消阳)、否卦(三阴消阳)、观卦(四阴消阳)、剥卦(五阴消阳)、坤卦(六阴消阳)。京房《易》说中又称十二消息卦为辟卦,统帅其余各卦。《汉书·京房传》记载:"然少阴倍力而乘消息。"并注解:"孟喜曰,房以消息卦为辟,辟,君也,息卦曰太阴,消卦曰太阳,其余卦曰少阴、少阳,谓臣下也,并力杂卦气于消息也。"

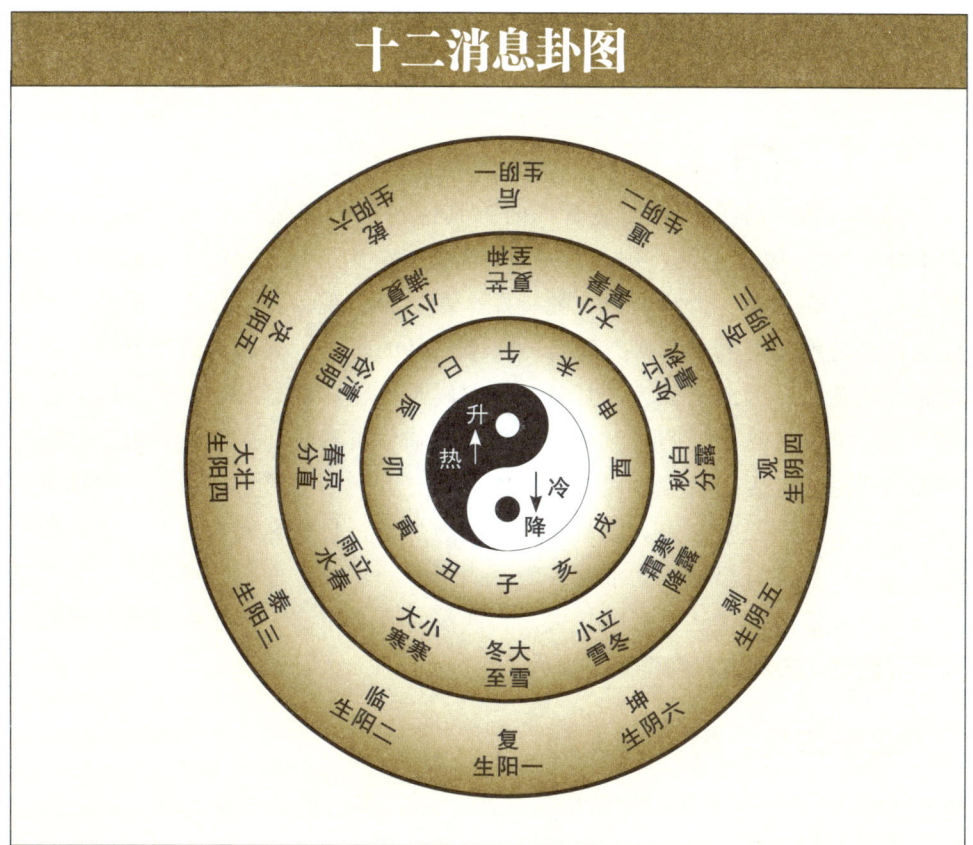

十二消息卦图

40.十二月卦

十二月卦又称"月卦",即以十二辟卦代表一年的十二个月,其排列顺序如下:复卦,十一月中,冬;临卦,十二月中,冬;泰卦,正月中,春;大壮卦,二月中,春;夬卦,三月中,春;乾卦,四月中,夏;姤卦,五月中,夏;遁卦,六月中,夏;否卦,七月中,秋;观卦,八月中,秋;剥卦,九月中，秋；坤卦，十月中，冬。这十二卦代表一年节气中的中气。十二卦共七十二爻，代表七十二候。选此十二卦代表十二月，主要因为其中刚柔二爻的变化，正好体现了阴阳二气的消长过程。前六卦，从复到乾，阳爻从下往上逐渐增加，表示阳气逐渐增强。复卦一阳生，临卦二阳生，泰卦三阳生，大壮卦四阳生，夬卦为五阳生，乾卦为六阳生，表示阳气逐步增加，这是阳息的过程，同时也是阴消的过程。后六卦，由姤而坤，阴爻逐渐增加，表示阴气逐渐强盛。姤卦一阴生，遯卦二阴生，否卦为三阴生，观卦为四阴生，剥卦为五阴生，坤卦为六阴生，表示阴气逐渐增长，此即为阴息，也是阳消的过程。这十二月卦又象征着二十四节气和七十二候的变化，因而又被称为"十二消息卦"。复卦初九爻表示阳气始动，为十一月冬至次候；到乾卦六爻皆阳，表示阳气盛极，为四月小满次候；姤卦初六爻表示阴气始动，为五月夏至次候；到坤卦六爻皆阴，表示阴气极盛，为十月小雪次候。

41. 十二辟卦

孟喜《易》学以四正卦主管四时，其他六十卦则配以七十二候。而且这六十卦，按辟(君)、公侯、卿、大夫四等爵位，分为五组，每组十二卦。十二辟卦包括复、临、泰、大壮、夬、乾、姤、遯、否、观、剥、坤十二重卦。古人以这具有特殊卦形的十二卦，配合一年十二月的月候，表示自然界万物"阴阳消息"的意义，因此又称为"月卦"、"候卦"、"消息卦"。十二辟卦说法的产生较早，首见于《归藏》："子复、丑临、寅泰、卯大壮、辰夬、巳乾、午姤、未遯、申否、酉观、戌剥、亥坤。""辟"为"君"、"主"的意思，表示十二卦为十二月之主。阳盈为息，阴虚为消，自复至乾为息卦，表示阳气逐渐增长；自姤卦至坤卦为消卦，表示阴气不断增长。而乾、坤两卦又为消息之母。十二辟卦的说法，影响较大，自西汉孟喜、京房，至东汉马融、郑玄、荀爽、虞翻，再到清代易学家，多为采用。

42. 十二公、卿、大夫卦

十二公卦指六十四卦中的中孚、升、渐、解、革、小畜、咸、履、损、贲、困、大过十二重卦；十二卿卦指睽、益、晋、蛊、比、井、涣、同人、大畜、明夷、噬嗑、颐十二卦；十二大夫卦指谦、蒙、随、讼、师、家人、丰、节、萃、无妄、既济、蹇十二个重卦。

43. 河图、洛书

伏羲对日月星辰，季节气候，草木兴衰等等，都有一番深入的观察。不过，这些观察只是伏羲创出先天八卦的部分原因，部分则得益于伏羲得见龙马的奇遇。据说有一天，黄河中忽然出现了一匹龙马，在那一刻，伏羲深切地感到自身和自然之间的一种莫名其妙的和谐统一。他还发现龙马身上的图案，和自己观察认识的万物自然暗合，于是，他就结合龙马身上的图案和自己的观察，画出了八卦。而龙马身上的图案就叫做河图。

古时洛书被称为"龟书"，传说有神龟出于洛水，其甲壳上带有图像，结构是戴九履一，左三右七，二四为肩，六八为足，以五居中，而且五方白圈者都是阳数，四隅黑点者都为阴数。最为奇妙的是，洛书图中，纵、横、斜三条线上的三个数字，其和皆等于15。

河图与洛书是中国古代流传下来的两幅神秘图案，是中华文化阴阳五行术数之源。

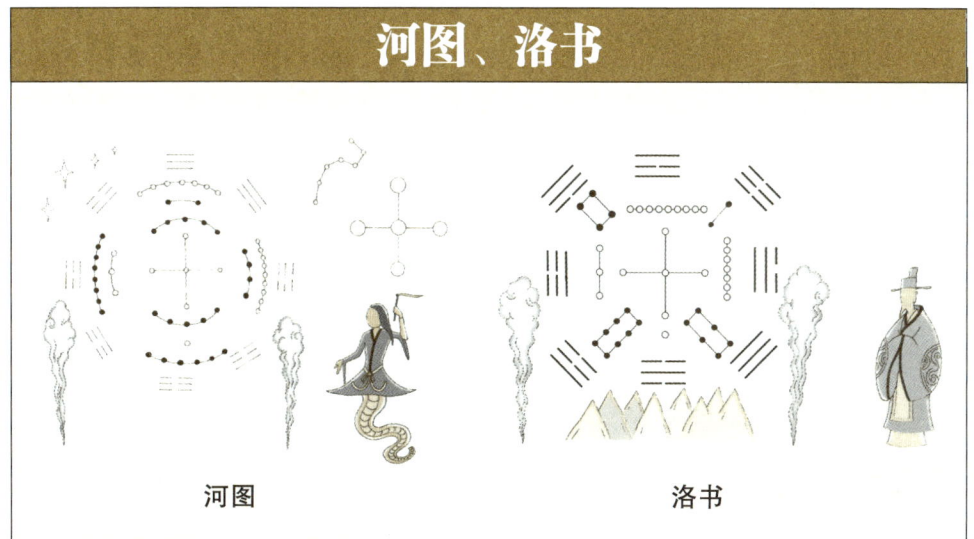

河图、洛书

河图　　　　　　　　洛书

44.河图之象

河图是用十个黑白圆点来表示阴阳、五行、四象，图形是四方形。其中，北方是一个白点在内，六个黑点在外，分别表示玄武星象，五行中属水；东方是三个白点在内，八个黑点在外，分别表示青龙星象，五行中属木；南方是二个黑点在内，七个白点在外，分别表示朱雀星象，五行中属火；西方是四个黑点在内，九个白点在外，分别表示白虎星象，五行中属金；中央是五个白点在内，十个黑点在外，分别表示时空奇点，在五行中属土。

45.卦象

卦象是指卦所象征的万事万物之象。《周易》八卦是根据物象创造出来的，它把纷乱的物象简洁化、规范化，并且利用卦的抽象符号，触类旁通，可以用来去比拟、类推万事万物。卦象的产生符合从具体到抽象的认识规律，卦象比拟又能使认识从一般到个别，因象明理，启发类比，从而诱发人们的想象力。

46. 爻象

"爻象"也称"爻符"、"爻画"。所谓"爻象"，是指卦中的每一爻所象征的事物。阳爻象征阳性的事物，象征天、君子、大人、父亲、男人、奇数、刚健、运动等；阴爻象征所有阴性的事物，象征地、小人、臣子、百姓、母亲、偶数、柔顺、静止等。

47. 大象

"大象"是《易传》中《象传》的一部分，是用来解释卦的象传。在八卦中，"大象"象征着八卦的基本构象，例如：乾象天，坤象地，艮像山，兑象泽，坎象水，离象火，震象雷，巽象风。八卦的大象是《周易》的根本。然后，八卦演绎为六十四卦，阴阳相交，变化以生，于是，象的变易，也因各自时位的不同而不同，但总的来说，都不超出八卦大象的范围。

48. 小象

和"大象"一样，"小象"也是《易传》中《象传》的一部分，不过，"小象"是用来解释爻的象传。《周易》中的每一卦，都是由阴爻和阳爻混合组成的。在六十四卦中，每一卦都有六个爻。在八卦中，每一卦有三个爻。在《象传》中，对各卦每一爻都有具体的解释，这就是"小象"。

49. 五行象

所谓五行象，是指《周易》八卦的五行属性，是关于八卦的刚柔盛衰之象。例如：乾卦的象为金、为刚；坤卦的象为土、为柔；艮卦的象为土、为阳；兑卦的象为金、为阴；震卦的象为木、为刚；巽卦的象为木、为柔；坎卦的象为水、为阳；离卦的象为火、为阴。

50. 身象和物象

"身象"是《周易·说卦》中对八卦人体的取象。八卦的人体取象分别是：乾为首，坤为腹，震为足，巽为股，坎为耳，离为目，艮为手，兑为口。"物象"是《周易·说卦》中对八卦动物的取象。八卦的动物取象分别是：乾为马，坤为牛，震为龙，巽为鸡，坎为豕，离为凤，艮为狗，兑为羊。

八卦的动物取象

51. 方位之象

所谓方位之象,是指《周易》八卦所象征的方位。震在正东方,兑在正西方,离在正南方,坎在正北方,艮在东北方,巽在东南方,乾在西北方,坤在西南方。另外,方位之象也分为先天方位和后天方位。先天方位是指先天八卦的方位,即乾在南方,坤在北方,离在东方,坎在西方,震在东北方,巽在西南方,艮在西北方,兑在东南方。后天方位是指后天八卦的方位。

52. 易数

所谓易数,是指《周易》中关于数的思想和占筮的方法。在《易传》中,数主要被用来占筮定卦,用数来定象,并用象把数显示出来。后来,宋代易学家创立了图书之学,他们注重用数来解说《周易》,并用数进行比类。易数主要包括卦数、爻数、天地数、大衍数、河数、洛数、生成数、体用数等。

卦数圆图	爻数图
	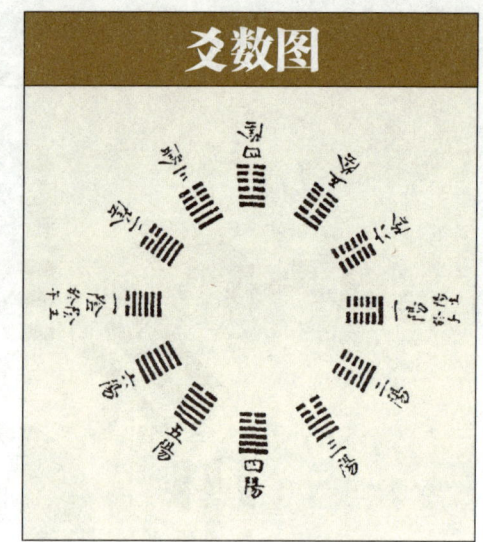

53.天数和地数

天数和地数都是《周易》中的术语。《周易》认为，数分为天数和地数。天数是五个奇数，即一、三、五、七、九，它们加起来的和是二十五；地数是五个偶数，即二、四、六、八、十，它们加起来的和是三十。天数和地数加起来的总和是五十五。所以，天地之数为五十五。

54.老阳数和老阴数

老阳数与老阴数皆出自《周易》中的筮法。老阳数也称为太阳数，为数九。老阳数在本卦之中，是用卦画阳爻来表示的，而在变卦之中，则是用卦画阴爻来表示的。因为《周易》以变为占，所以老阳数九是卦中阳爻的标志。

老阴数也称为太阴数，为数六。老阴数在本卦中，是用卦画阴爻来表示的，而在变卦中，是用卦画阳爻来表示的。由于《周易》以变为占，所以，把老阴数作为卦中阴爻的标志。

55.先天八卦图和后天八卦图

乾在上，坤在下，乾坤正合天上地下的宇宙观。因此先天八卦图是立体的去看风水。在对房屋来说，首先要用到先天图，以便确定房屋每个布局应有的特性，这是风水的基础，先天八卦图是必不可少的理论工具。

后天八卦图是看风水中的重要依据，它跟先天八卦图不同，它是以俯视角度观看的平面图，类似于普通地图。主要是根据具体的房屋内部布局，针对每个物件的摆放，以南太阳为火，北光照弱而寒水的特点，对住房的光照提出依据。同时形成水木火土金水的气场转换机制，根据后天八卦图来摆设物品能自然增强每个部位的气场，实现天人合一的境界。

56.六十四卦方圆图

六十四卦方圆图又叫"大圆图"或"六十四卦圆图"，其为北宋邵雍的先天图之一。此图以伏羲八卦方位图为基础加以推行，即以八卦两两相重形成六十四重卦所得之图。它以乾坤离坎为四正卦，左半圈自复至乾共三十二卦，阳爻共一百一十二，阴爻共八十，阳爻多于阴爻，故称阳；右半圈自姤至坤，亦三十二卦，阴爻一百一十二，阳爻八十，阴爻居多，因此称阴。乾坤为诸卦之祖，乾坤相交生复姤二卦，其它卦皆生于复姤，所以此二卦又被称为"复姤小父母说"。复卦为一阳生，乾卦为六阳生，左半圈从复至乾阳爻由少到多，为阳长阴消的过程，乾为阳之极盛。姤卦为一阴生，坤卦为六阴生，右半圈从姤至坤阳爻由多变少，是阳消阴长的过程。此图仍以邵雍的卦气说为内容，以说明一年节气变化与阴阳二气互为消长的关系。此外，邵雍还根据此图阐述了天道消长与人道兴废的关系："天地之气运，北而南则治，南而北则乱，乱久则复，北而南矣。天道人事皆然。推之历代，可见消长之理也。"（《皇极经世·观物外篇》）从北而南，即由复至乾，阳气为主，故世道治；从南而北，即由姤而坤，阴气为主，故世道乱。虽然以卦气推断社会治乱，具有主观主义的色彩，但此图却又说明了宇宙间事物处于循环不穷的阴阳推移的变化过程中，具有一定的哲学意义。

六十四卦方圆图

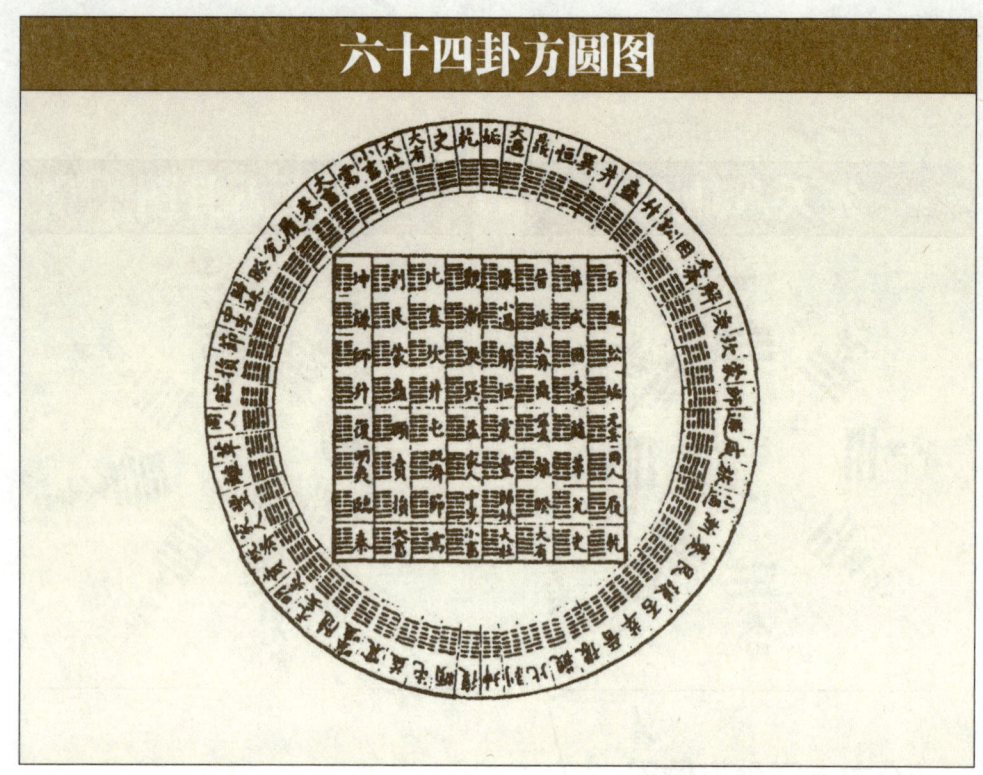

57.六十四卦相生图

六十四卦相生图为北宋李之才所作，其内容是：乾卦与坤卦首次相交生出姤与复两卦，复卦是五阴一阳之卦，其一阳爻逐步上升，经过五次变更而生出五卦；姤卦为五阳一阴之卦，其一阴爻逐步上升，历经五变而生出五卦。乾、坤第二次相交，生出遯、临两卦。临为四阴二阳之卦，从明夷至艮卦，阳爻逐步上升阴爻逐步下降，五变而生出十四卦，皆四阴二阳之卦；遯卦为四阳两阴之卦，从讼至兑卦，阴爻逐步上升而阳爻逐步下降，五变而生出十四卦，皆四阳二阴之卦。乾、坤第三次相交，产生否、泰两卦。泰为三阴三阳少卦，历经三变而生成九个卦；否为三阳三阴之卦，三变而产生九卦。泰卦所生九卦从归妹到丰，到恒，表示三阳爻逐步上升。第一、三变，指归妹卦一组从归妹到损三阳中一阳逐步上升的变化过程。第二复三变，指丰卦一组从丰到贲三阳爻中二阳逐渐上升的变化过程。第三复三变，指恒卦一组从恒到蛊三阳爻逐渐上升的变化过程。否卦所生九卦之变化过程与其他相同，体现了三阴爻逐渐上升的过程。六十四卦相生图是对虞翻卦变说的发展，将虞说更加系统化、逻辑化，而且对象数学的发展也有一定的影响。北宋邵雍所作的《伏羲六十四卦方圆图》及其"复姤小父母说"，都与此图有密切关系。